Roberto Saviano
Aufschrei

Wie kein anderer steht Roberto Saviano für Mut und Zivilcourage. ›Gomorrha‹, sein investigatives Werk über die Mafia, machte ihn weltberühmt und zwang ihn unter Personenschutz. Jetzt zieht er Bilanz – und ruft die nächste Generation auf, ebenfalls die Stimme zu erheben. Wie ist es um die Menschenrechte bestellt? Sind wir Propaganda und Lügen gewachsen? Wo stehen wir im Kampf gegen organisierte Kriminalität? Zwischen Reportage und romanhafter Erzählung, in auch einzeln lesbaren Kapiteln, schöpft Saviano aus eigenen Erfahrungen und berichtet von großen Frauen und Männern der Geschichte, die im Kampf für die Wahrheit kein Risiko scheuen. Ein Aufschrei – und eine mutige Inspiration für alle, die sich für eine gerechtere Welt engagieren wollen.

Roberto Saviano, geboren 1979 in Neapel, ist Autor des internationalen Bestsellers ›Gomorrha‹. Wegen andauernder Morddrohungen vonseiten der Camorra steht Saviano unter Polizeischutz und lebt seit vielen Jahren im Untergrund. Er erhielt 2009 den Geschwister-Scholl-Preis und 2011 den Olof-Palme-Preis für seinen publizistischen Einsatz gegen organisiertes Verbrechen und Korruption.

ROBERTO SAVIANO

AUFSCHREI

30 Anstöße für eine mutigere Welt

Aus dem Italienischen
von Annette Kopetzki

dtv

2024 dtv Verlagsgesellschaft mbH & Co. KG, München
Lizenzausgabe mit Genehmigung der
Carl Hanser Verlag GmbH & Co. KG, München
© 2022 Carl Hanser Verlag GmbH & Co. KG, München
Titel der Originalausgabe: ›Gridalo‹
Mailand, Bompiani 2020
© 2020 Roberto Saviano
All rights reserved
Illustrationen: Alessandro Baronciani
Umschlaggestaltung: dtv nach einem Entwurf von
Peter-Andreas Hassiepen, München
Satz: Greiner & Reichel, Köln
Druck und Bindung: Druckerei C.H.Beck, Nördlingen
Printed in Germany · ISBN 978-3-423-35224-6

FÜR G., DER SICH IM DUNKEL VERLOR,
SEIN SCHREI HAT MIR DEN WEG GEZEIGT.

Das Universum hat sich selbst ins Leben geschrien.
Wir sind einer dieser Schreie.

RAY BRADBURY

INHALT

Landkarte 11

1. Hypatia und die Taliban 23

IDEENKONSTRUKTEURE 29
2. Freund Feind 31
3. Nichts ist, wie es scheint 43
4. Der Verräter 59
5. Dreihunderttausend Dislikes 73
6. Der ewige Wachposten 87

NUR WORTE 93
7. Sabot 95
8. Der Plagiator 103
9. Unschärfe 117
10. Halb Nonne, halb Hure 135
11. Ich sehe euch 147

VERSUCHE 159
12. Die Worte des Volkes 161
13. Das Komplott 169
14. Motel 187
15. Die Scherben 207
16. Was du mir nicht sagst 221

EIN GUTER NAME ... 231
17. Verdammte Schönheit ... 233
18. Hulk, der nicht Hulk ist ... 245
19. Hotel ... 257
20. Nina ... 267
21. Die Tankstelle ... 293

TROMMELWIRBEL ... 303
22. Tutorial ... 309
23. Der Radiomoderator ... 333
24. Tamtam ... 351
25. Nur ein Leben, das zu Boden fällt ... 367

ES LEBE ITALIEN! ... 391
26. Dagos ... 393
27. Contrade ... 429
28. Gloria ... 443

ATEM ... 455
29. The Tag Writer ... 457
30. Luft ... 467

Übergabe ... 495
Schrei ... 503
Textnachweise ... 507

LANDKARTE

Ich spreche mit dir, als wärst du mein anderes Selbst. Du bist jetzt der Schüler am Gymnasium Diaz in Caserta, meiner alten Schule. Du suchst jetzt dieselben Antworten, die ich damals suchte.

Ich stehe jeden Tag vor dem Eingang deiner Schule. Gegen meinen Willen gehe ich dorthin.

Noch bevor die Schulglocke läutet, bin ich schon auf dem Vorplatz. Du kannst mich nicht übersehen, ich stehe immer in der Nähe des Pfostens vor dem Tor und warte auf mich als Junge.

Ich fürchte mich jedes Mal davor, auf ihn zuzugehen. Ich fürchte seinen Blick. Weißt du, warum? Weil ich sein Urteil fürchte. Dieser Junge ist mittlerweile ein Fremder für mich.

Wenn du mich beobachtest, während ich auf ihn warte, wirst du bemerken, dass ich nervös bin.

Wenn die Türen sich öffnen und das Gebäude sich leert, gehe ich ihm entgegen, packe ihn am Pullover und fuchtele mit den Händen vor seinem Gesicht, ich versuche, seine Aufmerksamkeit zu erregen, aber ich bin durchsichtig für ihn.

Das lässt mich verzweifeln. Ich weiß, ich müsste aufhören, jeden Tag dorthin zurückzukehren. Ich muss aufhören, vor der Schule auf ihn zu warten. Ich kann nichts mehr für ihn tun. Er kann mich nicht hören oder will es vielleicht nicht. Vielleicht sieht er mich. Vielleicht weiß er schon, was ich ihm sagen möchte, und hat Angst, dass ich versuche, ihn aufzuhalten.

Das stimmt nicht. Nein, es stimmt zum Teil oder ist wenigstens nicht nur falsch. Ich möchte ihm nur eine Landkarte geben, ihm sagen, was ich begriffen habe, ihn auf die Fallen hinweisen, die Sackgassen, ihm zeigen, dass der kürzeste Weg nicht immer der sicherste und der längste Weg nicht immer der richtige ist. Kurz, ich möchte ihm einen Plan, einen Kompass geben. Einen Kompass, weil ich weiß, dass es schwierig ist, den Kurs zu erkennen, während man aufsteigt und einem die Sonne ins Gesicht scheint. Dabei geht dir sofort die Luft im Speicher deiner Lunge aus, du verirrst dich oft, und es ist fast unmöglich, die richtige Strecke wiederzufinden. Die Wege vorher zu kennen, kann nützlich sein.

Also spreche ich mit dir, der du mich liest, als wärst du mein anderes Selbst. Du bist jetzt fünfzehn oder sechzehn oder achtzehn Jahre alt. Oder aber siebzig, das ist unwichtig. Du bist ein Mann, du bist eine Frau, auch das ist irgendwie gleichgültig, du bist jedenfalls du, ich als ein anderer, für den sich nichts ineinanderfügt und der immer das Gefühl hat, die Kehrseite der Geschichte zu erleben, nicht ihre gute Seite.

Nun, ich will dir zeigen, was unter dem Putz verborgen ist. Was es ist, das in meinem Fall nicht funktioniert hat. Aber nicht, um dich aufzuhalten, im Gegenteil, ich möchte deinen Schritten mehr Kraft geben.

Als ich Schüler war, schrieb ich viele Briefe, ich war besessen davon. Schreiben war meine Art, in der Welt zu sein. »Ich schreibe, was ich niemandem sagen könnte«, sagte Primo Levi. Manche machten sich Sorgen wegen meiner Briefschreiberei, zum Beispiel meine Mutter. Sie hätte es vorgezogen, wenn ich öfter nach draußen gegangen wäre, mehr Menschen getroffen, mein Leben nicht nur mit Worten gefüllt hätte. Oft überkam mich ein Gefühl der Leere, wenn ich rausging. Aber die Leere ermöglicht die Fülle. Meine Mutter hatte recht, ein andauernd gespanntes Gummiband ist zu gar nichts nütze. Ein Gummiband wird nur dann zu einer großartigen Sprungfeder, wenn Trägheit und Spannung sich abwechseln.

Heute schreibe ich nur noch selten Briefe. Doch nicht, weil ich aufgehört habe, zu suchen. Ich habe nur aufgehört, zu fragen. Den, der vor mir steht, zu fragen, was man weiter vorn sieht, ob es Sinn hat, zu kämpfen, ob es gelingen kann. Heute empfinde ich den entgegengesetzten

Impuls, ich will nicht mehr den fragen, der vor mir steht, sondern versuchen, dem, der hinter mir steht, etwas mitzuteilen. Ich will derjenige sein, der dir sagt, was man von dieser Stelle des Weges aus sieht.

Noch einmal, ich möchte dir nur eine Landkarte geben. Ich möchte nur, dass du in Deckung gehst.

Was für ein hässlicher Ausdruck, »in Deckung gehen«. Deckung bedeutet, die rechte Faust bis zum Kinn zu heben, und wenn man geschickt ist, den linken Arm auf Nasenhöhe vorzustrecken, sich leicht nach vorn zu beugen, auf die Zehenspitzen zu stellen und sich bereit zu machen, Schläge auszuteilen oder einzustecken. Darum habe ich den Ausdruck »in Deckung gehen« hässlich genannt, denn wenn du in Deckung gehst, weißt du schon, dass du einen Hieb austeilen oder kassieren wirst – eine dritte Möglichkeit gibt es nicht.

Trotzdem möchte ich, dass du in Deckung gehst, genau das.

Man sagt, wenn wir vorhersehen würden, was uns erwartet, wären wir nicht mehr in der Lage, auch nur einen Schritt zu gehen. Mich überzeugt das nicht, im Gegenteil, ich glaube, die Richtung angezeigt zu bekommen, kann uns helfen, das bisschen Zeit, das wir haben, darauf zu verwenden, uns besser auf die Reise vorzubereiten. Besser heißt für mich mit mehr Energie, weil man in jedem Moment spürt, was sich anbahnt.

Wenn du mit einer Wanderkarte in den Wald gehst, ist dein Weg damit noch nicht vorherbestimmt. Die Karte enthebt dich nicht der Mühe, durch eine Furt zu waten, sie schützt dich nicht vor dichtem Gestrüpp, das du oft wirst zerreißen müssen, und vor allem hindert dich keine Karte daran, dich unterwegs zu verlaufen. Vielleicht macht sie deine Wanderung sicherer, weil sie dir zeigt, wo du gerade entlanggehst, ganz bestimmt aber erspart sie dir, Zeit auf Pfaden zu vergeuden, die nirgendwohin führen.

Mit der Karte in der Hand, und das ist es, was ich dir unbedingt sagen möchte, wirst du den Ort, wo der Überfall lauert, im Voraus sehen können. Denn – das kann ich dir garantieren – er wird kommen. Sobald die Lichtung enger wird und die Felswände steil in die Schlucht abfallen, wird der Hinterhalt kommen. Sieh ihn voraus. An dieser Stelle deines Weges wirst du gefangen genommen. Und danach wird es Nacht sein. Vielleicht wird auch der Zweifel kommen, und die Angst.

Während ich dir diese Karte aushändige, widerstrebt es einem Teil von mir, er überlegt, dass der Unterschied zwischen einem Entdecker und einem schlichten Bootsführer darin besteht, keine Routen zu respektieren und den Karten zu misstrauen, denn die Karten zeichnen nur das Bekannte auf, die bereits entdeckte Welt – die wilden Orte zeigen sie nicht. Aber genau dorthin sollst du gehen. Hör mir zu, dorthin will ich dich bringen. Ich will dich an den Punkt bringen, wo du selbst beschließt, dich zu verirren. Wenn ich dir eine Karte gebe, versuche ich nur, zu erreichen, dass du dort ankommst, wo ich angekommen bin, damit du von der Stelle ausgehen kannst, über die ich nicht hinausgekommen bin. Ich will dich keine schon begangenen Wege gehen lassen, um dich auf einem vorgezeichneten Pfad zu halten, ich will dich nicht Vorsicht lehren, im Gegenteil, ich will dich an den Punkt bringen, an dem die Vorsicht waghalsig werden muss und die Klugheit tollkühn, denn vielleicht kann man nur so eine neue Trasse abstecken.

Es ist so, wie ich es sage: Zu sehen, wo die Pfade Gestalt annehmen und wo sie sich verlieren, verlangsamt deinen Schritt nicht, es macht ihn nur entschlossener. Eine Karte, die das Bekannte verzeichnet, verschließt dir neu zu entdeckende Gebiete nicht. Doch die Karte hilft dir, wenn du in den Abgrund stürzt, wenn du sicher bist, dass nichts mehr zu machen ist, wenn du drauf wettest, dass du geliefert bist.

Wenn du abstürzt, schaukele, aber lass den Haken nicht los. Baumele in der Leere, aber schlaf nicht ein, sonst wirst du ein Fraß der Geier.

Ich habe dir die Wege aufgezeichnet, die Lichtungen, ich habe dir die Stellen markiert, wo das Wasser seichter ist und der Fluss leichter überquert werden kann. All das, um dir zu sagen: Gib nicht auf, wenn das Vorankommen schwerer wird. Lass dich von deinem heimlichen Kompass leiten, dem, der das Schiff lenkt, wenn niemand mehr am Steuerruder steht. Folge dem magnetischen Feld. Verleugne nicht den Horizont der Gerechtigkeit und des Guten, von dem du als Junge gelernt hast. Diesen Horizont musst du dir bewahren, was auch immer um dich herum geschieht. Welche Fehler auch immer du machen wirst. Egal, ob ausgerechnet sie dich abstürzen lassen. Fehler wirst du machen, rechne damit. Widersprüche wirst du leben, nimm sie an. Du wirst dich verändern und nicht immer so korrekt und gerecht sein, wie du gewollt hättest. Aber begeh deshalb nicht den Irrtum, zu denken, dass es diesen Horizont nicht gibt, dass er nicht tagtäglich geltend gemacht und beschützt werden muss, dass er dir nicht mehr eingebrannt ist. Erlieg nicht der Versuchung, zu behaupten, Wahrheit und Gerechtigkeit seien Märchen für naive Gemüter oder Masken für die »falschen Guten«. Glaub nicht, dass die radikale Suche nach Wahrheit narzisstisch, der Versuch, zu überleben, ein bürgerliches Bestreben und mit eigener Arbeit Geld zu verdienen ein unerträglicher Betrug ist. Lebe. Bleib auf den Beinen, denn ein toter Krieger dient keiner einzigen Sache. Doch bewahre dir den Raum der Gerechtigkeit, den du als Junge entdeckt hast. Diesen Raum muss es weiterhin geben, auch über das Ende deiner Jugend hinaus. Gib nicht auf, glaub nicht, dass es jugendliche Naivität war, sich zu ihm zu bekennen.

Glaubst du, der du hier vor mir stehst, glaubst du wirklich, das Leben bestünde nur darin, zu betrügen oder sich betrügen zu lassen? Zu konkurrieren? Jemandem Informationen vorzuenthalten, aus Angst, er könnte sie missbrauchen, oder sie ihm zu enthüllen, damit sie anderen schaden? Verstopf dein Herz nicht mit diesem Müll. Glaub dem Gesang dieser Sirenen nicht, die immer darauf abzielen werden, Zweifel an allem und allen in dir zu wecken, dich zu überreden, dass es keinen Unterschied gibt zwischen einem reinen und einem verdorbenen Herzen.

Es gibt den Psalm 24, den ich sehr liebe: »Wer darf auf des Herrn Berg gehen, und wer darf stehen an seiner heiligen Stätte? Wer unschuldige Hände hat und reinen Herzens ist, wer nicht bedacht ist auf Lüge.« Er gefällt mir, weil er sich nicht auf die allgemeine Aussage beschränkt. Er ist kein Aphorismus, keine Maxime oder eine banale Sentenz. Er macht sich die Mühe, das reine Herz zu erklären: eines, das nicht auf Lüge bedacht ist. Doch nicht die Lüge, mit der man sich schützt, oder die Lüge, um nicht zu verletzen, nein, die echte Lüge, die dem Nächsten schaden soll.

Nimm dein Herz in die Hand, lege es auf eine Waagschale, und auf die andere legst du eine Feder als Gegengewicht. Wenn es nicht mehr wiegt als diese Feder, hat es nach Wahrheit und Gerechtigkeit gestrebt, ist leicht geblieben. Wenn es aber schwerer wiegt, ist es verstopft, etwas hat es verschlossen. Dann wird Ammit es verschlingen, das dämonische Wesen aus der ägyptischen Mythologie. Damit ist kein Urteil gesprochen, das Böse hast du dir selbst zugefügt. Das gefällt mir am Mythos, er macht deutlich, dass dich keine Gefangenschaft oder Hölle erwartet, wenn du dein Herz gefährdest. Keine Strafe, außer der, schon mit verwesenden Organen, mit schon von innen verpestetem Fleisch an der Tür zum Jenseits angekommen zu sein. Das Böse hast du dir selbst zugefügt! Doch nicht, als du irrtest, das wird unvermeidlich sein; nicht, als du gefallen bist, das wird mehr als einmal vorkommen; nicht, als du dich in den Widersprüchen des Lebens verfangen hast, du wirst oft nur das kleinere Übel wählen können. Sondern dann, wenn du der Versuchung erliegst, zu glauben, alles sei nur Scheiße, wenn du den Impuls »Rette sich, wer kann« siegen lässt.

Nach der Wahrheit zu streben, an die Gerechtigkeit zu glauben, das hält das Herz gesund, weil es ihm erlaubt, seine eigene Rolle zu spielen: dein Handeln zu leiten. Es sind die Gründe des Herzens, die das ganze Leben pulsieren lassen. Und das Herz schlägt, wie du weißt, unabhängig vom Kopf, von dem, was er will. Es ist der heimliche Kompass, der dich in viele Richtungen lenkt, in denen du dich oft nicht wiedererkennen wirst. Du wirst – zu Unrecht – glauben, aus einem impulsiven Antrieb oder nur zufällig dort gelandet zu sein. Diese Entscheidungen werden dir unangenehm sein. Du wirst erleben, dass du nicht erklären kannst, warum du auf dieser Demonstration warst, warum du nicht zu diesem Vorstellungsgespräch erschienen bist, warum du bei dieser Fernsehsendung nicht dabei warst … Für viele plötzliche Kursänderungen wirst du Müdigkeit, vorübergehende Verwirrung, vermeintliche Schwäche verantwortlich machen, aber er war es, der Kompass, der gemerkt hat, dass du nicht mehr hinter diesen Entscheidungen stecktest. Und weil keiner mehr am Steuerruder stand, hat er dich geleitet.

Vom Moment unserer Geburt bis zu unserem Tod schlägt das Herz etwa drei Milliarden Mal. Ich habe gelernt, diesen drei Milliarden Schlägen zuzuhören, die uns zugedacht wurden, fast allen. Hier ist die Karte dieser Schläge. Es sind Geschichten, die dir eine Methode beibringen sollen. Eine Methode, die mir fehlte, denn ich ging ohne Training los, ohne Horizont. Angst hatte ich nicht, habe ich nie gehabt – das war das große Problem –, aber ich war völlig unvorbereitet.

Die Geschichten, die ich erzählen werde, könnten dir, wenn du sie richtig liest, bei Bedarf als Schutzschild dienen. Sogar als Munition, hoffe ich, eine besondere Munition, die bei ihrer Explosion Leben schenkt, statt es zu vernichten. Nimm sie als Geschenk eines Freundes, eines Veteranen, oder nimm sie als Laterne.

Manche Geschichten sind jüngeren Datums, sie riechen noch nach Sprengstoff. Andere sind Plusquamperfekt, ich habe sie aus einem Tümpel gezogen, der nur noch festgetrockneter Schlamm war, kaum mehr zu spalten. Manche erzähle ich dir so, wie ich sie aus den Quellen gewonnen habe, aus anderen habe ich Narrative gemacht, damit sie für dich klingen wie ein Sinnspruch, eine Parabel, ein beispielhaftes Leben.

Aber aufgepasst! Es ist alles wahr, was ich dir erzähle. Nichts ist erfunden. Ich bin so verfahren wie die Archäologen, wenn sie den Unterbau der Umfassungsmauern eines Gebäudes vor sich haben und mithilfe ihrer Vorstellungskraft die einstigen Aufbauten beschreiben müssen. Doch diese Vorstellung ist nur ein Versuch auf die Wahrheit, die die Herzschläge jener Mauer zusammenfügt.

All diese nach Gruppen geordneten Geschichten sind mit Bedacht ausgewählt. Ich habe sie fast wie unter Zwang hinzugefügt und wieder verworfen. Hartnäckig konzipiert und wieder neu zusammengestellt, es sollten die richtigen Geschichten sein, keine zu wenig, keine zu viel, und ich bitte dich, gebrauche nicht nur deinen Kopf, um sie zu verstehen. Bewusst habe ich vermieden, sie in chronologischer Folge zu reihen, sie sollten nicht nur einem rationalen Kurs folgen, sie sollen dir nicht wie ein Handbuch vorkommen. Denn was ich hier für dich gesammelt habe, ist keine Abfolge von Geschichten, sondern eine Prozession aus den Negativen von Geschichten. Es sind nur Kehrseiten. Und ich werde dein Antiführer sein. Ich will dir nicht zeigen, was oben ist, sondern nur das, was unten ist: keine Aufbauten, nur Gräben, Keller, Tunnel, Kloaken …

Als kleiner Junge wollte ich die Verwandten aus Norditalien, die uns besuchen kamen, nicht zu den touristischen Sehenswürdigkeiten meiner Heimatstadt führen. Ich habe ihnen die Kreuzungen gezeigt, wo die Soldaten der Camorra erschossen wurden. Ich habe sie zu den Gedenktafeln gebracht, den Gipsfigürchen, das heißt zu den improvisierten Ädikulen, die in den Gassen meiner Stadt auftauchten wie Pilze nach einer Regennacht. Es gefiel mir, dass die Verwandten den Krieg, in dem ich lebte, von Weitem beobachten konnten, dass sie die Mütter der Toten sahen, die Blumen an diese trostlosen Orte brachten, die Rahmen der Fotografien putzten, Tränen vergossen, Worte und Gebete. Alle Blutflecke auf dem Asphalt sollten die Verwandten sehen. Die sollten alle sehen. Ich wollte, dass sie die Maschinengewehrsalven auf den Rollläden der Geschäfte fotografierten, um sie nach der Heimreise ihren Freunden zu zeigen. So ließ ich die Wahrheit pulsieren, glaubte ich, denn die Wahrheit blutet, sie gerinnt nicht.

Meiner Mutter gefiel das nicht. Wahrscheinlich wäre es ihr lieber gewesen, wenn ich ihnen das Meer und die Sonne, die Plätze und Monumente gezeigt hätte. Ich kannte alle Monumente in meiner Stadt, ich kannte die Straße, die zum Meer führte, doch das waren Orte, die ohne mich atmen konnten. Das geronnene Blut aber musste in die Adern zurück, Sauerstoff aufnehmen, neue Arterien finden.

Die Sonne ist unaussprechlich für mich, das Licht ist unaussprechlich für mich, wenn es den Schatten verbirgt. Der Schatten existiert, gerade weil es das Licht gibt, und das ist es, was ich sehen und zeigen wollte.

Bei dir aber bin ich mir sicher, dass du die andere Stadt kennenlernen willst. Die unter unseren Füßen atmet. Ich bin mir sicher, dass du die Stadt aus Pappmaschee satthast, die posiert und dich anlächelt. Dich interessiert die echte Faser der Welt, ihre tiefste Peripherie, wo niemals direktes Licht einfällt, sondern nur das schräge, schiefe.

Doch auch hier muss ich dich warnen. Wer die Peripherie der Welt kennenlernen will, braucht ein Herz, das sieht. Und das Herz, das sieht, ist ein reines Herz.

Die Reinheit des Herzens ist weder die eines sterilen Isolierraumes gegen Viren und Bakterien noch die biologische Reinheit der Pseudowissenschaftler der »Rassenforschung«. Sie haben uns dieses Wort gestohlen, wir müssen es uns zurückholen. Wir müssen es einer hinterhältigen Vergangenheit aus Schädelmessungen, Katalogisierung von Oberschenkelknochen und Erhebungen von Nasenlochweiten entziehen. Reinheit ist nicht das, was die Stammbäume von Tieren bescheinigen, und sie ist auch nicht die moralische Reinheit des immer tugendhaften Menschen, der sich nie beschmutzt, nie dem Laster nachgibt, auch dann nicht, wenn dieses Nachgeben die einzige Möglichkeit ist, eine größere Tugend zu leben, wie Christus es tat, der mit den schlimmsten Sündern am Tisch sitzt und die empörten Pharisäer anschreit: »Barmherzigkeit will ich und nicht Opfer!«

Reinheit hat auch nichts mit Sexualität zu tun. Die der Jungfräulichkeit, der Abstinenz, der Keuschheit, der Treue. Die des Menschen, der seinen Körper von den Wünschen und Trieben des Fleisches fernhält. Das manichäische Bild vom Körper als Gefängnis des Geistes ist mir immer wie eine Strafe erschienen. Lieber ist mir ein Körper, der bei Impulsen, die denen des Geistes zuwiderlaufen, den Geist verleugnet, zur Sicherheit aber das Herz behält.

Rein ist nicht das Herz, das immer verborgen blieb, das geschützt wurde, dem der Irrtum erspart blieb, das durch nichts verunreinigt wurde, das sich nie beschmutzt hat, das noch unbescholten ist. Rein ist dagegen das Herz, das gelebt hat, alles berührt hat, sich befleckt hat, das zusammen mit anderen mitten durch die Hölle ging. Das aber wahrhaftig blieb. »Eine wehrlose Brust kann sogar Panzern widerstehen, wenn in ihr ein reines Herz schlägt«, schrieb Alexander Solschenizyn.

Rein ist das Herz, das am Spieltisch immer nur auf sich selbst gesetzt hat.

Schrei du seine Schläge.

Schrei sie laut!

WARUM DENKST DU IMMER, DASS SIE DICH HEREINLEGEN, WENN SIE DIR DIE HAND REICHEN? [350]

WEISST DU, WANN DAS GIFT EINER LÜGE ZU WIRKEN BEGINNT? [42]

WEISST DU VON ALL DEN WORTEN, DIE DIR TAG FÜR TAG IN DEN MUND GELEGT WERDEN? [308]

WEISST DU, DASS DEINE PRIVATSPHÄRE JEDEN TAG, BEI JEDEM SCHRITT, BEI JEDEM CLICK VERTEIDIGT WERDEN MUSS? [72]

WEISST DU, DASS MAN DIE WAHRHEIT NUR VERTEIDIGEN KANN, INDEM MAN SIE MIT ANDEREN TEILT? [102]

WER HAT DAS DREHBUCH GESCHRIEBEN, DAS DU GERADE LIEST? [160]

WEISST DU, DASS KLATSCH TÖTET? [266]

GLAUBST DU AN EINE IDEE, WEIL SIE RICHTIG IST ODER WEIL SIE DICH BERUHIGT? [168]

KANNST DU DEN ROTEN FADEN ERKENNEN, DER DAS OPFER UND DEN HENKER VERBINDET? [58]

WEISST DU, DASS DIE SCHÖNHEIT IM BLICK FREIER MENSCHEN LIEGT? [232]

UND DU, HAST DU ENTSCHIEDEN, AUF WELCHER SEITE DU STEHST? [186]

GLAUBST DU WIRKLICH, DU BIST INTELLIGENTER ALS DIE ANDEREN, WENN DU SAGST, ALLES KOTZT DICH AN? [116]

WAS BLEIBT DIR, WENN DU ALLES ZUM TEUFEL GESCHICKT HAST? [332]

KANNST DU DEN STUMMEN SCHREI IN DEN DINGEN HÖREN, DIE UNSERE LEBEN AUSFÜLLEN? [366]

UND WENN DU DERJENIGE WÄRST, DER KEINE LUFT MEHR BEKOMMT? [466]

GLAUBST DU, FANATISMUS GIBT ES NUR BEI DEN ANDEREN? [22]

WEISST DU, DASS EIN POLITISCHER FÜHRER UNIFORM TRÄGT, WENN ER DICH ERSCHRECKEN WILL? [86]

WELCHE ALIBIS BENUTZT DER, DER IN DEINER UMGEBUNG MACHT AUSÜBT? [30]

KANNST DU KÄMPFEN, AUCH WENN DU ANGST HAST? [206]

WEISST DU, DASS NIEMAND DAS RECHT HAT, ÜBER DEIN PRIVATLEBEN ZU URTEILEN? [256]

KANNST DU DIE FALLEN ERKENNEN, DIE AUS WORTEN BESTEHEN? [220]

WIE OFT HAST DU VON EINEM OPFER GEDACHT: »SELBST SCHULD«? [292]

WEISST DU, DASS EINE NUR MIT WORTEN BEWAFFNETE FRAU EINEM DIKTATOR ANGST MACHEN KANN? [134]

WEISST DU, DASS DU UMSO FREIER BIST, JE MEHR WÖRTER DU KENNST? [94]

SCHOCKIERT ES DICH AUCH, WENN MAN ZWISCHEN EINEM ÜBEL UND EINEM »KLEINEREN ÜBEL« WÄHLEN MUSS? [456]

SIND EIN HIEB MIT DEM KNÜPPEL UND EIN GEKLAUTES FOTO DASSELBE? [244]

JEDES TALENT BRAUCHT EINEN GROSSZÜGIGEN BODEN, UM ZU WACHSEN. [442]

ES GIBT UNGERECHTIGKEITEN, DIE LAUTER SCHREIEN ALS ANDERE. [454]

WUSSTEST DU, DASS DU DIR SELBST RECHTE NIMMST, WENN DU SIE ANDEREN VERWEIGERST? [428]

ERINNERST DU DICH, DASS AUCH WIR IN EINER LANGEN SCHLANGE GEWARTET HABEN, UM IN EIN FREMDES LAND EINZUREISEN, UND NICHT MAL EINEN KOFFER BEI UNS HATTEN? [392]

BIST DU BEREIT ZU SCHREIEN, WENN HUNDERT AUF EINEN LOSGEHEN? [146]

1.
HYPATIA UND DIE TALIBAN

Das sind nur Worte!
Nur Worte?
Und was benutzt du,
wenn du deine Liebe erklärst?
Worte.
Wenn du verletzt?
Worte.
Wenn du zu beschützen versuchst?
Worte.
Wenn du Trost suchst?
Worte.
Um zu trösten?
Worte.
Benutzt du nicht sogar Worte,
wenn du Gott anrufst?

Es waren nie nur Worte, sonst verstünde man nicht, warum sie schon immer ausgelöscht, zum Schweigen gebracht, verborgen, verzerrt, zerrissen, verboten, verbrannt, verfolgt und eingesperrt wurden.

Es waren nie nur Worte, sonst verstünde man nicht, warum sie schon immer so gefürchtet wurden. Worte überleben diejenigen, die sie ausgesprochen haben, sie überleben diejenigen, die sie erstickt und erwürgt haben, um Jahrhunderte.

Worte machen Angst! Worte durchqueren die Jahrhunderte, durchlöchern Wände, sitzen in den Herzen, bewohnen die Gewissen, werden durch Absonderung nicht isoliert, durch den Strick nicht erwürgt, sind immun gegen das Feuer, werden beim Vierteilen nicht zerrissen, werden weder von Kugeln getroffen noch vom Dynamit zerfetzt.

Es geht darum, ob man diese Worte aussprechen soll oder nicht. Denn jedes Wort hat einen sehr hohen Preis, und den bezahlt man mit Verdruss, Groll, Spott, Verleumdung, Neid, Isolierung, Bedrohung, Folter, Gefangenschaft, Tod.

Was drängt uns immer noch dazu, zu sprechen? Der Gedanke, dass der Mensch mit dem Wort seine Wildheit überwand, die Höhle, die ihn an seine Primärbedürfnisse fesselte, an die Jagd, das Essen, das Feuer, das Überleben, das Götzenbild, dem er alle Macht zuerkannte. Mit dem Wort schuf der Mensch Straßen, Verbindungen, Brücken; mit dem Wort band er sich an andere, erklärte sich und ließ zu, dass andere sich ihm erklärten. Durch das Wort vereinte er sich mit anderen, um zu kämpfen, besser zu werden, neue Räume des Lebens, des Denkens, des Rechts zu erschließen. Durch das Wort trat der Mensch aus der Vorgeschichte heraus und in die Geschichte ein, die Geschichte komplexer, beständiger Gesellschaften, Kulturen der Schrift, des Buches, des Lesens. Mit dem Wort überwand der Mensch das prähistorische Graffito und wählte die Reflexion, die Analyse, das Zeugnis, das Gesetz.

Das Wort ist der Gedanke, und kein Gedanke existiert außerhalb des Wortes.

Je größer die Anzahl der Wörter wird, die wir sprechen können, desto ausgedehnter und kräftiger wird unser Denken. Ebenso viele Wörter wie Gedanken, wenige Wörter und wir kehren zurück in die Höhle, zum Aberglauben, zur Angst vor der Dunkelheit, zum unkontrollierten Schrecken, für den man weder eine Erklärung noch Trost hat.

Mit der Zeit habe ich gelernt, dass jeder auf seine Weise an die Geschichte denkt. Ich meine, je länger die Schuljahre hinter einem liegen, desto weniger denkt man sich die Geschichte als Abfolge epochaler Daten, berühmter Persönlichkeiten und blutiger Kriege. Wir alle beginnen, die Geschichte umzudeuten, und folgen dabei unserem eigenen roten Faden.

Jeder sieht die Vergangenheit unter seinem eigenen, präzisen, voreingenommenen, persönlichen Blickwinkel. Mir ist das passiert, ohne dass ich es bemerkte. Mit der Zeit verschwanden die großen Schlachten aus meiner Vorstellungswelt, die ich als Kind liebte, wo die Infanterie und die Kavallerie sich an zwei Fronten aufgereiht gegenüberstehen; dann verschwand die Geschichte der Forschungsreisen, der Handelsrouten, der wissenschaftlichen Entdeckungen, die mich in meiner Jugend an die Enzyklopädien fesselten; dann ist auch die »durch und durch ökonomische« Geschichte meiner Zwanzigerjahre verschwunden. Wer heute sehen will, wie die verschiedenen Bereiche meines Gehirns in Kontakt treten, muss mir von der Geschichte des *Wortes* sprechen. Heute ist die Geschichte für mich die Geschichte von Menschen, die mit Worten gekämpft, mit Worten gebaut haben, die versuchten, mit Worten Veränderung zu bewirken. Auch in entgegengesetzter Richtung: die Geschichte derer, die diese Worte bekämpft, verfolgt, zum Schweigen gebracht haben. Also Geschichte von Scheiterhaufen, Stricken, Ketten und Handschellen, Umerziehungslagern, psychiatrischen Kliniken und Rizinusöl, die Geschichte der entführten, gefolterten, verhöhnten, gedemütigten Worte, die man in Wannen voller Scheiße verfaulen ließ, damit niemand sich ihnen mehr näherte ... mit Geldstrafe belegte, bedrohte, angeklagte, vor Gericht gestellte, betrogene, beleidigte, gehackte, *gefakte* Worte. Worte, die mit einer lächerlich übertriebenen Menge TNT gesprengt wurden, denn die Hälfte der Hälfte hätte gereicht. Je öfter ich ihnen nachgehe, sie sammele, bekannt mache, publiziere, twittere, weiterleite, desto mehr bin ich davon überzeugt, dass das Phänomen sich verschlimmert, statt abzuklingen.

In der Zwischenzeit sehe ich nichts anderes als Ebenen, Haufen, Lagerhallen, Wälder, Dickichte, Berge von Worten. Worte der Freiheit, Worte der Veränderung, Worte des Trostes, Worte des Dienstes, Worte der Solidarität, Worte des Danks, Worte des Verzichts, Worte der Reue, Worte der Loslösung, Worte der Einschüchterung, Worte der Drohung, Worte der Verbannung, überall und immer nur Worte.

Willst du wissen, wie meine Geschichte der Worte anfängt? Mach einen Sprung über die Prähistorie. Ich bin kein Archäologe, die Vorgeschichte spricht nicht zu mir. Wenn ich ehrlich sein soll, sagen mir auch die stotternden Ideogramme der Sumerer und die ägyptischen Hieroglyphen nichts. Als Junge hätte ich gedacht, dass nur ein Idiot so etwas behauptet, doch heute kann ich nicht anders, wenn du mich heute bittest, dir die Geschichte zu erzählen, von Anfang an, dann beginne ich bei der Agora von Athen. Erst wenn ich das Murmeln der Menge höre, das Gedränge der Körper auf einem Platz spüre, den Schweißgeruch der diskutierenden Menschen rieche, die sich streiten, sich auseinandersetzen, Lösungen suchen, dann beginnt das Blut mit Macht zu fließen.

Weißt du, was ich von der Römerzeit sehe? Ich sehe die Volkstribune. Sie stehen auf, um den Senat herauszufordern, sie erheben ihre Stimme, weil sie ein Recht darauf haben, sie gebrauchen ihre Worte, um denen eine Stimme zu geben, die sie bis dahin noch nicht besaßen.

In der Spätantike gibt es nur eine Frau. Ich liebe diese Frau, und das nicht im übertragenen Sinne. Eine Frau, die freigebig mit ihren eigenen Worten umging. Eine Frau, die an die heilende Kraft des Wissens glaubte und mit allen Mitteln versuchte, es zu teilen und ansteckend zu machen. Eine Frau, die unter anderem zeigte, dass Frauen wie Männer sind, wenn man ihnen erlaubt, zu lernen. Das ist eine Banalität? Ich weiß, aber glaub mir: Es gibt immer noch Leute, die das bezweifeln. Ich spreche von Hypatia, die in Alexandria in Ägypten eine eigene philosophische Schule gründete, in Zeiten, in denen das für eine Frau absolut außergewöhnlich war. Doch Hypatia war so entschlossen, dass die Männer um sie herum Vorurteile überwanden und zu ihren Anhängern wurden. Hypatia war eine Philosophin im umfassendsten Sinn des Wortes, sie liebte das Wissen, und an ihrer Schule blühten die Mathematik und Astronomie. Ihre Schüler waren bereit, alles für sie zu tun, auch zu sterben, wie jeder Schüler für seinen Meister, wenn es sich um einen Meister handelt.

Weißt du, was Taliban bedeutet?

Taliban bedeutet »Student«, im weiteren Sinne aber auch »Student des Korans« mit Bezug auf jene Gruppe Koranstudenten, die zwischen 1996 und 2001 ein fundamentalistisches Regime in Afghanistan errichteten. Also bedeutet es in noch weiterem Sinn »integralistischer Student«, außerdem »Zensor und erklärter Feind des Wortes«. Aber wie kann es passieren, dass ein *Student* das Wort zensiert?

Die Taliban erlauben – genauer: sie wünschen – die Anwendung von Gewalt, wenn bestraft werden soll, wer die Prinzipien nicht respektiert, die die Taliban mit offensichtlichen Verzerrungen aus dem Koran ableiten. Was hat das mit Hypatia zu tun? Nun, es waren die »Taliban«, die sie umbrachten.

Richtig, damals war der Islam noch nicht einmal entstanden, religiösen Fanatismus aber gab es schon, und er lieferte ungeheuerliche Beweise seiner Existenz. Es waren fanatische Bibelstudenten, neu getaufte Christen, die den freien, mutigen Worten von Hypatia den Krieg erklärt hatten, und auch in ihrem Fall kannte die Gewalt, die sie einzusetzen bereit waren, um Hypatias Worte zum Schweigen zu bringen, keine Grenzen.

Sie entführten Hypatia. Sie brachten sie in eine Kirche, rissen ihr die Kleider vom Leib und zerstückelten sie. Dann wurde sie verbrannt. Dass sie Hypatia nackt ausgezogen haben, ist die Tat, die mich am meisten schmerzt.

Du wirst fragen: Schmerzt es dich wirklich am meisten, dass sie sie ausgezogen haben? Sie zerstückelten ihren Körper, verbrannten ihn, und dich schmerzt am meisten, dass sie vorher entkleidet wurde? Ja, du hast richtig gehört. Ich weiß, es mag paradox erscheinen, ich weiß, dass diese von allen drei Aktionen anscheinend die am wenigsten gewaltsame ist, aber lass uns nichts übereilen, ich werde dir alles sagen, wenn wir zu Giordano Bruno kommen. Ihm wurde 1185 Jahre später das Gleiche angetan.

Wo und in welcher Zeit sie auch lebten, immer habe ich die Menschen eingeteilt in die, die das Wort verteidigen und beschützen, und die, die es bloßstellen und verletzen. Egal, ob entgegengesetzte Ideen widerstreiten, egal, ob es in gewaltsamen und widersprüchlichen Kontexten geschieht, wer das Wort verteidigt, gehört für mich zum wertvollen und häufig unsichtbaren Teil des Menschengeschlechts, der die Humanität verteidigt.

SCHREI, WENN MAN DICH ZUR VEREINFACHUNG ZWINGT.

IDEENKONSTRUKTEURE

2.
FREUND FEIND

Der Ausnahmezustand hat für die Jurisprudenz
eine analoge Bedeutung wie das Wunder für die Theologie.
CARL SCHMITT

Ich fand es immer interessant, an Orte zu gehen, die mir nicht vertraut waren, in den Teil der Welt, wo mir widersprochen wurde. Auf der Suche nach anderen Wegen sah ich mich in Begleitung von Autoren, von deren Lektüre mir oft abgeraten wurde. Denn wer meine Harmonien kannte, war überzeugt, ich würde deren Klänge als dissonant wahrnehmen. Aber ihre Bücher haben mir erlaubt, andere Straßen kennenzulernen, neue Horizonte zu betrachten, und nur diese bewirken Veränderung in mir.

Ich träumte davon, jemandem Geschichten zu erzählen, den ich fragen würde: »Möchtest du die Geschichte von einem oppositionellen Schriftsteller hören, der im Gulag gefangen war? Vom Tod eines afroamerikanischen Schwulen, der von der Polizei bis aufs Blut verprügelt wurde? Vom Mord an einer russischen Journalistin?«, und der mir dann geantwortet hätte: »Was ist das für ein Scheiß, von dem du da redest?«

Genau diese Art Mensch wollte ich finden.

Lange Zeit bot das Fernsehen mir diese Möglichkeit, denn die Fernsehzuschauer vertrauten dem Raum, in dem man wie auf einem Spaziergang jemandem begegnen kann, der ganz anders ist als man selbst.

In den Achtzigerjahren moderierte Raffaella Carrà ein paar Jahre lang die Fernsehshow *Pronto, Raffaella?*. Den Höhepunkt der Sendung bildete das Telefonquiz, wenn das Publikum von zu Hause raten musste, wie viele Bohnen in einem riesigen Glasbehälter lagen. Eines Tages war Jorge Luis Borges Gast im Studio. Viele seiner Leser empörten sich, dass ein Intellektueller dieses Kalibers sich mit Raffaella Carràs Bohnen gemein machte. Doch an dem Tag begegnete ein Teil der Welt, die diese Sendung verfolgte, Borges und las danach vielleicht sogar eines seiner Bücher, möglicherweise nur zur Hälfte, aber diese beiden Universen, die sich niemals begegnet wären, kamen miteinander in Kontakt.

Die Begegnung zwischen den Verschiedenen, den am weitesten voneinander Entfernten, ist das, was die Filter der Online-Plattformen heute verhindern. Eigens geschaffene Trichter bringen uns dazu, Bücher mit Ideen zu lesen, die wir schon haben, Lieder zu hören wie die, die wir schon kennen, Ferien an Orten zu machen, die denen gleichen, wo wir schon waren.

Die Filter bringen uns auch Nachrichten und Meldungen aufs Display unseres Smartphones, die denen ähneln, die wir schon einmal gesucht haben. In gewisser Weise Nachrichten, die wir schon kennen, und Ideen, die wir schon haben. Die Plattformen benutzen, was sie von uns wissen. Sie kümmern sich nicht um das, was wir noch erfahren könnten, sie wollen nur, dass uns weiterhin gefällt, was uns schon jetzt gefällt. Dass wir weiterhin Frauen treffen wie die, die wir schon getroffen haben. Sportarten betreiben wie die, die wir schon betrieben haben. Filme sehen wie die, die wir schon gesehen haben. Ist dir das mal aufgefallen? Wenn du und deine Klassenkameradin mit euren jeweiligen Handys eine Suche im Internet macht, bekommt ihr unterschiedliche Ergebnisse oder wenigstens nicht in derselben Reihenfolge. Der Grund ist banal: In den letzten Jahren habt ihr auf unterschiedliche Sites geklickt, dem Netz unterschiedliche Fragen gestellt, also sind die Pop-ups, die Anzeigen, die Informationen, die sich für dich öffnen, nicht dieselben wie die auf ihrem Handy. Von dir wissen sie, dass du eine schreckliche Angst vor Haarausfall hast, von ihr, dass sie keinen Partner, sondern eine Partnerin haben will. Das bedeutet, dass die Plattformen von dir und von ihr privatere Dinge wissen als eure Mütter.

Die Filter verdammen uns dazu, vorgezeichnete Wege zu gehen, als hätten sie bei unserer Geburt schon entschieden, welchen Beruf wir ergreifen, und uns in eine geplante Ehe gezwungen. Wir leben, ohne dass es uns bewusst ist, eingesperrt in einem Hühnerkäfig: Jeder in seiner Legebatterie, umgeben nur von Gleichen. Kontamination – der eigentliche Motor von Fortschritt und Veränderung – ist nicht mehr möglich. Uns trennen nicht die sozialen Schichten, sondern die Gedanken.

Aufgrund deiner Gedanken bestimmen sie, was du kaufst, isst, welche Leute du triffst. Wer dir etwas verkaufen will, wird versuchen, anhand der besuchten Webseiten zu finden, was dir gefällt; wenn du Heavy Metal magst, werden sie dir Leder anbieten, wenn du Filme des Typs »interracial romance« schaust, werden sie dir vorschlagen, eine Biografie von Nelson Mandela oder Martin Luther King zu kaufen. Ein Politiker, der die Wahlen in Montreal gewinnen will, wird sich den Wählern als Liebhaber von Country-Musik oder als Hockey-Fan vorstellen, denn die Interessen der Wähler öffentlich zu teilen, ist der einzige Schlüssel zum Rathaus. Doch die Verflachung betrifft nicht nur Konsumenten, auch Autoren werden dazu verdammt sein, immer wieder das gleiche Produkt hervorzubringen. Schriftsteller wie Umberto Eco, der an einem Tag über Thomas von Aquin und am nächsten über Mike Bongiorno sprach, wird es nicht mehr geben. Wirst du als *romantic* geboren, stirbst du als *romantic*, *crime* bleibt *crime*, *fantasy fantasy*, *comedy comedy*. Jedem Schriftsteller, jedem Regisseur, jedem Sänger, jedem Sportler, sogar jedem Aktivisten oder Politiker wird ein virtuelles Regal zugeteilt, an dem ein Etikett klebt. Wehe, ihr vermischt Blut, es ist verboten, Hybriden zu gebären.

Und während sie lernen, uns immer besser zu katalogisieren, werden wir immer weniger Mittel haben, um zu verstehen, was um uns herum geschieht, denn alles wird dafür eingerichtet sein, uns so vorhersehbar wie möglich zu machen. Je banaler wir sind, desto leichter und schneller bringen sie uns dazu, Waren zu kaufen.

Was brauchst du in so einer Welt? Nun, du brauchst ein einfaches Schema: Freund–Feind, italienisch *amico–nemico*, französisch *ami–ennemi*, albanisch *mik–armik*.

Das hatte Carl Schmitt verstanden, wie ich bei der Lektüre seines Buchs *Politische Theologie* entdeckt habe, das 1922 herauskam, und als ich es las, fragten mich alle: Warum vergeudest du Zeit mit diesem Scheißnazi?

Du aber verschließ dich niemals in deinen Sicherheiten, im Gegenteil, sobald du dich wohlfühlst, streu Splitt auf deinen Stuhl – eine gewisse Unbequemlichkeit ist immer nötig, um den Horizont zu wechseln.

Wenn die jungen Spartaner gezwungen wurden, vor den Toren der Stadt zu schlafen, um ihre kriegerischen Fähigkeiten zu prüfen, gab man ihnen nichts, um sich zuzudecken, nur den einen Rat, ihr Lager nie mit Stroh zu bedecken, denn das würde sich nach Einbruch der Nacht in die Erde bohren. Besser sei stacheliges Gestrüpp, denn durch die Dornen, die den Männern während des Schlafs ins Fleisch stechen, würden sie die Wärme ihres Blutes spüren.

Die dornigen Sträucher sind die Suche nach dem, was dir ganz und gar nicht gleicht. Ich habe mich dabei oft in Gesellschaft von Louis-Ferdinand Céline, Ezra Pound, Ernst Jünger, Julius Evola und ja, sogar diesem Nazi Carl Schmitt wiedergefunden, der die theoretische Grundlage für die Konstruktion des Nationalsozialismus lieferte. Im Laufe der Zeit habe ich Personen wiedergesehen, die ich in deinem Alter kennengelernt hatte und die auf völlig anderen Lebenswegen als meinem zu genau denselben Schlussfolgerungen gekommen waren wie ich. Es gibt nicht nur eine einzige Straße zur Wahrheit, nicht nur einen Weg, um dort anzukommen. Ich habe keine Vorurteile. Aber ein Urteil habe ich natürlich: Keiner dieser Schriftsteller ist Teil meines Fleisches, meiner DNA, trotzdem haben alle zu meiner Bildung beigetragen. Sie waren nicht mein Sauerstoff, sondern das Kohlendioxid, auch das ist sehr wichtig.

Weißt du, warum Carl Schmitt mich interessiert? Weil die Radikalisierung, die wir heute in der Politik und den medialen Debatten erleben, mit ihm zu tun hat.

Schmitt hatte vorausgesagt, dass man Konsens nur erzielt, indem man Polarisierung, Entgegensetzung und Vereinfachung unterstützt. Er hatte entdeckt, dass sich das soziale Gefüge nur festigt, wenn es einen Feind gibt, einen heimtückischen, gefährlichen, bedrohlichen Feind.

Du wirst mich fragen: »Aber warum muss das soziale Gefüge sich festigen?«

Damit die Geburt eines Führers möglich wird.

»Der politische Feind braucht nicht moralisch böse, er braucht nicht ästhetisch hässlich zu sein, er muss nicht als wirtschaftlicher Konkurrent auftreten, und es kann vielleicht sogar vorteilhaft und rentabel scheinen, mit ihm Geschäfte zu machen. Er bleibt aber ein Anderer, ein Fremder. Der Feind ist in einem besonders intensiven Sinne existenziell ein Anderer und Fremder, mit dem im extremen Fall existenzielle Konflikte möglich sind. Derartige Konflikte können weder durch eine im Voraus getroffene generelle Normierung noch durch den Spruch eines ›unbeteiligten‹ und deshalb ›unparteiischen‹ Dritten entschieden werden.«

Was sagt Schmitt? Was zeigt er? Er zeigt uns, dass Menschen nur regiert werden können, wenn sie sich von Feinden umringt fühlen. Das besorgt heute das Marketing. Es bewirkt, dass du dich nur von dem umgeben fühlst, was dir vertraut ist, sodass du, ohne es zu merken, nach und nach allem misstraust, was dir nicht gleicht. Also muss ein Produkt dir ähneln, um dir zu gefallen, oder so tun, als sei es dir ähnlich. Es wird dann immer wichtiger für dich werden, dem zu vertrauen, der dir sagt, dass du völlig in Ordnung bist und dass die anderen, oder ein Teil von ihnen, die Feinde deiner Identität sind. Gib dieser Versuchung nicht nach und warne auch die Menschen in deiner Umgebung.

Weißt du, wie oft das Wort »Feind« in Hitlers furchtbarem Buch *Mein Kampf* auftaucht? Über hundertsiebzig Mal. Was das bedeutet? Dass Hitler die Lektion von Schmitt gut verinnerlicht hatte. Fall du nicht drauf rein, wenn sie dir einreden wollen, dass alle um dich herum Feinde sind. Schrei!

Schmitt hatte verstanden, dass ein Politiker, der sich durchs Studium auf diese Aufgabe vorbereitet, einer, der sich – einmal an der Regierung – darauf »beschränkt«, seine Funktion gut auszuüben, die Gesetze anzuwenden und die staatlichen Institutionen zu respektieren, keinerlei Hoffnung hat, Einfluss auf die Menschen auszuüben. Auch heute will man uns glauben machen, dass erfolgreiche Politik, die Begeisterung entfacht, nicht die des besonnenen und fachkundigen Politikers ist.

Wir dachten, wir hätten für immer abgeschlossen mit der Liturgie der Macht, ihren spektakulären Militärparaden, Ritualen und Fiktionen, stattdessen sind wir wieder mittendrin.

Schmitt behauptete noch etwas anderes, das mir auf unheimliche Weise aktuell erscheint, er sagte, ein Führer könne den gesellschaftlichen Konsens nur im »Ausnahmezustand« erhöhen. Die Macht wird seiner Meinung nach nur dann als solche wahrgenommen, wenn sie einschreitet, um Auswege aus dem Ausnahmezustand aufzuzeigen. Im Ausnahmezustand wird der Führer zum Führer, dann verstärkt sich der Eindruck, er sei unersetzlich und unumgänglich. Der Ausnahmezustand – Schmitt war sich dessen sicher – ist wie das Wunder für den Gläubigen. Ist dir klar, was ein Ausnahmezustand ist? Er ist wie die Pandemie. Dieses Wort kennst du gut, nicht? Du hast erfahren, was es bedeutet, sich mitten in einem Ereignis zu befinden, das die gewöhnlichen Ordnungen unzureichend macht, das die Nervensysteme der Gesellschaft zusammenbrechen lässt und das ganze System zum Absturz bringt.

Wenn die Gefahr mich erschreckt und die Ereignisse nicht erklärbar sind, will ich jemanden, der Entscheidungen trifft. Ich will ein Oberhaupt über mir. Dann sind mir der Schutz der Bürgerrechte und ihre Garantien egal, ich bin bereit, auf meine Freiheit und meine Rechte zu verzichten, nur um jemanden zu haben, der mich aufmuntert, mich leitet und vor allem die anderen ringsumher leitet, die sich auf mich zu stürzen drohen. Schmitt hätte dir erklärt, du könntest dank des Coronavirus nun mit Händen greifen, dass du in einem »unzureichenden System« lebst. Stimmt genau, die Welt, in der du lebst, ist ein unzureichendes System, sogar für Gott. Warum? Weil Gott die Welt erschafft und ihr seine Gesetze gibt, aber das genügt nicht. Er muss ständig eingreifen, um sie zu flicken, um die Risse zu kitten, die sich plötzlich auftun. Das ist für Schmitt das, was wir »Wunder« nennen – ein außergewöhnlicher und nicht geplanter Eingriff Gottes in die Welt. In analoger Schlussfolgerung sagt dir Schmitt, dass die Staaten aus demselben Grund nicht funktionieren: Sie geben sich Verfassungen und Gesetze, in der trügerischen Hoffnung, damit alles kontrollieren zu können, doch in Wirklichkeit bleiben sie Texturen mit losen Maschen und vielen Löchern. Ein Erdbeben genügt, ein Tornado, ein Krieg, eine Finanzkrise, eine Pandemie, und das System schlägt auf allen Seiten leck. Ausnahmezustand. Vorübergehender Verlust eines Gleichgewichts. Und dieser Notstand erfordert das Eingreifen eines »Führers«, der unabhängig vom gesetzlich vorgeschriebenen Weg Entscheidungen trifft, der die Situation in die Hand nimmt. Nur in diesem Moment, so Schmitt, sehen die Menschen in dem »Führer« einen aufsteigenden Stern, ein unvermutetes, blendendes Licht, das jahrhundertlange Kämpfe um Rechte vergessen und starr in nur eine Richtung blicken lässt, auf sein leuchtendes Gesicht.

Ich denke, du hast verstanden, wohin Schmitt dich bringen will. Nur der Ausnahmezustand kann einen Führer erschaffen. Im gewöhnlichen mechanischen, repetitiven Fortgang des Lebens will niemand einen Führer, die Gesetze genügen völlig, und jeder erledigt seine Angelegenheiten allein. Doch wenn die Ereignisse unvorhergesehen und erschreckend sind, willst du die Stimme des »Führers« hören, möchtest du dich seinem Schutz, seinen Entscheidungen anvertrauen, die auf dich ein wenig so wirken wie ein Beruhigungsmittel bei hohem Fieber.

Was folgt nun aber daraus? Dass jeder, der von seinen »Untertanen« wirklich als ein Führer, ein Duce angesehen werden will, unabhängig von Gesetzen, von Gut und Böse, einen Ausnahmezustand braucht. Auf einen Ausnahmezustand muss er hoffen, vertrauen und setzen. Er muss sich wünschen, dass sein Mandat nicht von Wohlstand und Gesundheit, sondern von einer oder mehreren Notlagen geprägt ist, denn nur im Notstand ist der führende Politiker kein hinfälliger, sterblicher Körper wie alle, sondern wird ein Halbgott wie die ägyptischen Pharaonen oder die Kaiser im alten Rom.

Nun frage ich dich: Was tut einer, der »Führer« werden will, aber keine Ausnahmezustände zur Verfügung hat? Er erfindet sie. Er vervielfacht sie. Die Zahlen der Mord- und Einbruchstatistik sinken? Nein, das stimmt nicht, pass auf: Sie werden in deine Wohnung eindringen, dich vergewaltigen, deine Kinder entführen. Die Anzahl der Migranten ist beherrschbar und vertretbar? Falsch, sie steigt schwindelerregend, es gibt eine Invasion!

Denn die »Invasion« ist der Ausnahmezustand!

In geregelten Verhältnissen kann ein Mann der Vorsehung, ein charismatischer Führer, ein starker Mann, der unter außergewöhnlichen Bedingungen eingreift, die Ordnung wiederherstellt, sein Volk rettet und den Sohn beruhigt, der aus einem Albtraum aufschreckt, nicht Gestalt annehmen.

Polarisierung, Radikalisierung, »Freund-Feind«-Schema, in einem Wort: Ausnahmezustand. Alles muss Ausnahmezustand werden, damit du nicht mehr vom Gesetz oder von dir selbst verlangst, zu verstehen, sondern von einem anderen, dass er Entscheidungen trifft. Und wie viel einfacher ist es für dich, am Ende eines anstrengenden Tages dem »Führer« zuzuhören, der dir sagt, wie die Dinge laufen.

Doch wenn das geschieht, wenn du das bemerkst, schrei laut!

Als ich auf dem Gymnasium war, gab es oft Besetzungen. Gibt es sie heute noch bei dir, auf dem Gymnasium Diaz? Ich sehe mich, noch mit Haaren, wie ich aufs Katheder springe, und ich spüre deutlich, wie verlegen es mich macht, mit den Füßen auf dem Tisch zu stehen. Noch lächerlicher aber fühle ich mich heute, wenn ich mich für mein schlechtes Benehmen schäme, denn das ist eine rebellische Tat, wir besetzen die Schule, das Obere muss das Untere werden und das Untere nach oben kommen. Dort stehe ich, ergreife das Wort und spüre, dass etwas um mich herum sich verändert, auf einmal hören die anderen mir zu, vertrauen mir, denn Selbstverwaltung ist ein Ausnahmezustand, es ist mein Ausnahmezustand, der mich zum Anführer macht. Aber schon verklemmt sich etwas im Mechanismus, ich merke, dass die Menschen jetzt mir vertrauen, nicht dem, was ich sage. Das ist riskant. Und wenn ich mit der Polizei verhandle? Und wenn die Lehrer mich überreden, die Besetzung aufzuheben? Ich erkenne, dass ich beides tun könnte, ohne Erklärungen abzugeben, denn die Menschen glauben jetzt an mich. Doch das will ich nicht. Das eine ist, ein Sprecher zu sein, die Diskussion am Leben zu halten ... Meine Schulkameraden aber haben den Becher ihrer Rebellion in mich gegossen, und mit diesem Wein kann ich jetzt machen, was ich will ... ich kann ihn sogar auf dem Boden ausschütten. Also denke ich, wenn einer die Bewegung und ihre Prinzipien bekämpfen wollte, müsste er mich jetzt nur als Geisel nehmen. Ich gehe auf die Schultoilette und betrachte mich misstrauisch im Spiegel: Ich bin ein Führer geworden! Ein Schauder läuft mir über den Rücken. »Pass auf, jeder Führer endet als Spinner.« »Wieso Spinner?«, wehre ich mich grimmig gegen den Typen im Spiegel, der sich einen Spaß daraus macht, mich zu provozieren. »Ich bin kein Spinner!«, schreie ich ihn wütend an. »Macht finde ich zum Kotzen! Nicht deshalb habe ich auf diesem Katheder gestanden! Blödes Stück Bleiglas, hörst du mich? Ich kämpfe für ein Prinzip, ich verteidige die staatliche Schule, ich bin gegen Privatisierungen ... nein, nicht ›ich‹, sondern ›wir‹ sind gegen die Privatisierung der Schulen, wir wollen, dass die Schule weiter dem Nutzlosen verpflichtet bleibt, nicht dem Nützlichen ... wir sind Anhänger einer Religion ohne Gott, wir bekennen uns zum Nutzlosen der Ethik und des Wissens! ›Wir‹ wollen keine Sponsoren, keine Manager als Schuldirektoren, keine Profite ... Wir kämpfen, damit die Regeln da draußen nicht hier eindringen und damit die hier drinnen nach draußen gelangen!« Ich argumentiere, rege mich auf, protestiere, doch der Scheißtyp, der mich aus dem Spiegel ansieht, hört mir nicht mal zu, lacht und verspottet mich: »Spinner! Spinner! Roberto ist ein Spinner!«

Tatsächlich hat der Direktor schon nach mir gerufen, er will nur mit mir reden, hat erkannt, dass ich der Krug bin, in den meine Kameraden ihren Wein gegossen haben, und dass es reicht, mich in Stücke zu schlagen. Das sagt er nicht direkt, aber ich verstehe trotzdem – es kann mir nur nützen, wenn ich mit ihm verhandle. Denn das Anliegen ist natürlich vernünftig. Jetzt, wo ich der »Anführer« bin, muss ich mir vornehmen, in die Politik zu gehen, damit ich wirklich etwas verändern kann ... Scheiße, ich bin wirklich hier reingegangen, ins Büro des Direktors, und habe keine Ohrenstöpsel dabei! Schon ahne ich, dass das Schiff, das ich lenke, direkt auf die Klippen zusteuert, gleich wird es auflaufen und versinken. »Spinner! Spinner! Roberto ist ein Spinner!«, dröhnt mir immer noch die blöde Leier im Kopf. Ich lasse den Direktor stehen, reiße mich aus den Armen der Kameraden, die sich an mich klammern, um zu erfahren, wie es gelaufen ist, schubse einen weg, der sagt, er sei Journalist und würde mir gerne ein paar Fragen stellen ... gehe zurück auf die Toilette und versetze dem Spiegel einen Hieb mit der Rechten. Ich blute, aber ich bin wieder frei.

SCHREI, DASS DU VON DEM LERNST, DER ANDERS DENKT ALS DU.

Das Motto und der im Kapitel zitierte Abschnitt stammen aus:
Carl Schmitt, *Der Begriff des Politischen*, in: »Archiv für Sozialwissenschaft und Sozialpolitik«, 1927, erste Buchausgabe 1932 in der Hanseatischen Verlagsanstalt.

Zur Kombination »Freund-Feind« als grundlegender Kategorie der Gefahr, siehe ebd.

Zum »Politischen« bei Carl Schmitt, vgl. auch: ders., *Die Diktatur. Von den Anfängen des modernen Souveränitätsgedankens bis zum proletarischen Klassenkampf* (1921), Berlin 2015, 8. Auflage.

Zum Filter, den die Internetplattformen einsetzen, siehe: Eli Pariser, *Filter Bubble: Wie wir im Internet entmündigt werden*, München 2012.

3.
NICHTS IST, WIE ES SCHEINT

> Ich bin bewohnt von einem Schrei.
> Nachts flattert er aus.
> Und sucht mit seinen Haken nach etwas zum Lieben.
> SYLVIA PLATH

Weißt du, was als Erstes passiert, wenn totalitäre Regime stürzen? Immer? Was sofort geschah, als das kommunistische Regime der Deutschen Demokratischen Republik endete, an der wirklich nichts demokratisch war? In den Kneipen, wo man noch für wenige Mark ein Bier trinken, wo man noch, ohne ausspioniert zu werden, Leute treffen konnte, einen Freund, einen Verwandten, haben sie Pornofilmkassetten verkauft. Ja, damals gab es noch Videokassetten, und kurze Zeit später wurden in Geschäften Leggins verkauft, Schuhe mit sehr hohen Absätzen, Handtäschchen mit Strass. Das Gleiche passiert überall dort, wo ein Regime stürzt: Immer gibt es zuallererst freien Zugang zu Pornos, als wären Pornos der sichere Beweis für das Ende der Kontrolle durchs Militär. Wo es Pornografie gibt, kann es keine totale Ordnung geben. Sie ist zwar kein Maßstab für Menschenrechte und Gerechtigkeit, sicher aber ist, dass autoritäre Regime sie nicht tolerieren, zumindest nicht öffentlich. Alle wollen das Triebleben der Individuen unterdrücken, aus Angst, Freiheit, beginnend mit der sexuellen, könnte sich in vollkommene Freiheit verwandeln. In der Sowjetunion war Pornografie verboten. Als die Sowjetunion fiel, war sie zwar nicht mehr ausdrücklich verboten, wurde in Russland aber stark diskreditiert. Sogar Sexualerziehung, die mit Pornografie nichts zu tun hat, wird als eine Beleidigung der Werte der orthodoxen Kirche und der laizistischen Moral des Staates angesehen.

Für Boris war das jedoch nie ein Problem, denn Boris sah sich, wie die anderen 147 Millionen Russen, Pornos im Netz an. Dort blieben sie zugänglich, trotz der wiederholten energischen Zensurversuche des Roskomnadzor, des föderalen Dienstes für die Aufsicht der Informationstechnologie und Massenkommunikation.

Eines beliebigen Moskauer Morgens steht Boris an der roten Ampel und traut seinen Augen nicht: Hoch über ihm prangt eine halb nackte Frau auf einem Reklameplakat. Also ist die Pornografie aus dem Netz herausgekommen und in die Häuser und Straßen Moskaus eingedrungen. Weiße Haut, halb geschlossene Augen, grellroter Lippenstift, die Scham verborgen, eine Brustwarze deutlich sichtbar. Vier Männerarme und ein Kopf – ebenfalls männlich – versinken im Schoß der Frau, die nicht mehr ganz jung, aber schlank und attraktiv ist. Ein interessantes Detail – findet Boris – ist der Gegensatz zwischen ihrem nackten Körper und den bekleideten Männern, die eine Uniform tragen. Die Uniform der russischen Armee.

»Warum lieben Frauen Uniformen eigentlich so sehr?«, fragt sich Boris, der sich eher fragen sollte, warum dieses Plakat im pornografiefeindlichen Russland Putins auftaucht, als wäre man in Mailand oder New York ... Hätte Boris jedoch die einzige Aufschrift am unteren Rand des Plakats gelesen, hätte er verstanden, dass es sich nicht um Werbung oder Pornografie handelt, sondern um Politik. Aber Boris interessiert sich nicht im Geringsten für Politik, er registriert nur befriedigt die erfreuliche Anomalie. Trotz der Kälte kurbelt er das Fenster herunter, zwinkert einem jungen Mann zu, der die Straße überquert, und fragt ihn: »Warum lieben Frauen Uniformen eigentlich so sehr?«

Der Mann antwortet nicht, er hält ihn für verrückt.

Boris fährt los, als die Ampel auf Grün umspringt, und gibt sich selbst die Antwort: »Uniformen sind Ordnung, Sex ist Unordnung. Uniformen sind Benzin für die Erotik, darum geht es!«

Zu Hause angekommen, ruft Boris seinen besten Freund an. Er denkt immer noch an das Plakat, fragt den Freund, ob er es gesehen hat. Der erwidert gelangweilt: »Na, was hast du denn erwartet? Sind doch alle gleich, diese Journalistinnen.«

»Was haben Journalisten damit zu tun?«

»Wieso, hast du sie nicht erkannt? Das ist Anna Politkowskaja! Hast du die Aufschrift nicht gelesen? *Sonderausgabe der Zeitschrift Ogonëk: Anna Politkowskaja und ihre Rotlicht-Partys mit russischen Soldaten.*«

»Haha, das glaub ich nicht!«

Der Freund: »Ist ja auch unglaublich! All diese Artikel, um der Welt zu sagen, dass russische Soldaten staatliche Vergewaltiger sind, und dann landet sie ausgerechnet mit denen im Bett ...«

»Die wollte alle Soldaten für sich allein!«

»Genau ... sie war bloß eifersüchtig, weil die immer andere vergewaltigten! So sind die Frauen, sie sagen, sie mögen es nicht, aber sie mögen es, und wie!«

Nach beendetem Telefonat stellt Boris den Fernseher an. Auch in den Nachrichten wird von dem Plakat gesprochen. Die Liberalisierung der Pornografie hat nichts damit zu tun. Sein Freund hatte recht: Es wird berichtet, dass die Journalistin der *Nowaja Gaseta*, die über jeden Missbrauch schrieb, den die russischen Soldaten in Tschetschenien begingen, sich heimlich mit ihnen vergnügte, während sie dort unten stationiert waren.

Boris denkt an einen bestimmten Artikel, in dem diese Journalistin, Anna Politkowskaja, besonders erbittert gegen die Soldaten wütete, hysterisch geradezu, wie Frauen immer sind, wenn es um Sex geht. Sie berichtete über etwas, was drei jungen Mädchen in der Stadt Argun in Tschetschenien passiert war. Die Soldaten hätten die Mädchen nackt auf dem Marktplatz zur Schau gestellt, mit einem Pappschild, wo auf Russisch geschrieben stand: »Das erwartet euch alle, jede von euch, dreckige Nutten. Ihr werdet alle mit uns ficken.« Auch da trugen die Männer Uniform, und die Mädchen waren völlig nackt. Genau dieser Kontrast ist interessant, denkt Boris. Im Artikel hieß es weiter, ältere Frauen hätten sich den Schleier vom Kopf genommen, um die Mädchen zu bedecken, aber die Soldaten hätten sie daran gehindert.

Boris hat seinen Militärdienst gemacht und weiß, dass dieser Geist bei der Armee herrscht, außerdem kriegt man sowieso Lust, die tschetschenischen Frauen zu vergewaltigen, denn die reden nicht, sie zeigen niemanden an. Die Tschetscheninnen haben eine besondere Mentalität. Der Oberst seiner Truppe hatte sie gewarnt: »Rührt die westlichen Frauen nicht an, vor allem die Journalistinnen oder die von Amnesty International nicht, denn die machen dir dann die Hölle heiß mit all den Journalistenfreunden, die sie haben, diese Nutten! Aber bei den Moslemfrauen könnt ihr beruhigt sein, die können nichts erzählen, weil ihre Männer sie sonst verstoßen würden.« Sergej Kusnezow, der Oberst, erzählte ihm, dass es in Bosnien genauso war. Die Bosniakinnen redeten nicht. Die Serben rissen ihnen einen Schneidezahn aus, um allen zu zeigen, dass diese Frauen vergewaltigt worden waren, das war eine Methode, um sie zu kennzeichnen und deutlich zu machen, dass sie diese Frauen vergewaltigt hatten. Wenn die Frauen nach Hause zurückkehrten, wussten ihre Väter, ihre Kinder, sogar ihre Ehemänner, wenn sie von der Front kamen, was passiert war. »Aber wir«, sagte der Oberst immer, »müssen vorsichtiger sein, denn das hier ist nicht Bosnien, das sowieso allen egal ist! Das hier ist Russland, und Putin wird nervös, wenn gewisse Dinge in der internationalen Presse landen. Er hat sogar Angst vor dem Urteil der Deutschen, wer weiß warum besonders vor den Deutschen, mehr als vor anderen ...«

Da ist er, Putin. Gerade ist er im Fernsehen erschienen. Er erklärt, er sei gegen die Enthüllungen über das unkonventionelle Verhalten der Journalistin. Er sagt, diese Fotos drohten das Bild der gesamten Armee zu beschädigen, der Medienrummel um diese Geschichte gefalle ihm nicht, er verlange von den Journalisten mehr Respekt gegenüber den Familien der Soldaten und den Verwandten der Journalistin.

Boris aber denkt, dass Putin sich gewaltig irrt, dass dieses Plakat dem Ansehen der Armee mitnichten schadet. Schließlich haben die Soldaten Anna Politkowskaja nicht vergewaltigt, sie ist es doch, die sichtlich genießt, von allen genommen zu werden! Wenn überhaupt, ist das ein Superspot für die russische Armee! Ihr werdet sehen, die Bitten um Aufnahme in die Militärakademie werden sich verdreifachen.

Das Telefon klingelt.

»Siehst du?«

»Hab's gesehen, ja. Du hattest recht, vielleicht wollte sie sie nur interviewen ... hahaha!«
»Nichts ist, wie es scheint!«
»Stimmt ... nichts ist, wie es scheint.«

Am 27. März 2000 zwischen Mitternacht und ein Uhr geschah in Tschetschenien ein Mord, der in der ganzen Gegend einen Flächenbrand hervorrief.

Am Anfang einer Fehde steht immer eine grausame Bluttat, die alles auslöst. Sie prägt sich dem Bewusstsein der Menschen auf der einen und auf der anderen Seite der Barrikade wie ein Brandzeichen ein, und von ihr hängt dann die endlose Reihe der Racheakte ab.

Sogar das Blutbad von Beslan ließe sich auf diesen ersten Mord zurückführen. Hast du die Bilder in der Schule von Beslan gesehen? Als die Terroristen mit der Durstfolter bei den Kindern begannen? Je länger es dauerte, bis ihre Forderungen erfüllt wurden, desto länger durften die Kinder nicht trinken. Jede Stunde, die verging, war eine Stunde ohne Wasser für die Kinder. Und jetzt erkläre ich dir, wie die Bilder dieser Kinder, obwohl sie, ja, da hast du recht, vier Jahre später gemacht wurden, in einem Ursache-Wirkungsverhältnis zu dem Mord in Tschetschenien zwischen Mitternacht und ein Uhr am 27. März 2000 standen.

Jedes Land hat seine Konfliktzonen. Regionen, in denen die Verletzungen so tief waren, dass sie atavistischen, glühenden Hass erzeugten. Großbritannien hat Ulster, Spanien die baskischen Provinzen, Indien hat Kaschmir. Russland hat nach dem Ende des Kommunismus unter vielen ungeklärten Identitätsproblemen dasjenige Tschetscheniens.

Am Ende des 18. Jahrhunderts wurden die Tschetschenen unterworfen und ihre Territorien gewaltsam dem zaristischen Russland angegliedert. Um ihre Unabhängigkeit zu erlangen, haben sie sich seither, immer wenn sich die Gelegenheit ergab, jedem Feind des Kremls, ob gut oder böse, angeschlossen. Sie haben auch jene unterstützt, die auf ihren Uniformen das Hakenkreuz trugen, denn sie hätten die Nazis den Russen vorgezogen, so unglaublich dir das erscheinen mag. Zur Strafe ließ

Stalin sie massenhaft deportieren, wobei es viele Tote gab, doch gerade das machte den Geist der Tschetschenen noch unbeugsamer.

Als die Sowjetunion 1991 zerfiel, lief man hinaus auf die staubigen Straßen dieser Gebirgsregion und feierte! Onkel und Tanten umarmten ihre Nichten, Väter ihre Kinder, die Nachbarn gaben sich tief bewegt die Hand. Doch von den Öffnungen durch Gorbatschow und Jelzin war auf den Bergen des Kaukasus bald nichts mehr zu spüren. Und durch die Nebel dieser abermaligen von zahllosen Enttäuschungen schlichen sich die islamistischen Warlords ein, die alles noch komplizierter machten. Ein Wettstreit begann, wer die Zivilbevölkerung grausamer behandelte: Die tschetschenischen Guerillakämpfer drangsalierten die Zivilisten, damit sie nicht mit den Russen kollaborierten, die Russen drohten den Zivilisten, damit sie nicht mit den tschetschenischen Guerillakämpfern kollaborierten. Ein »Wettstreit«, den Russland in den 90er-Jahren mit zwei blutigen Kriegen gewann, die 100 000 Zivilisten und 25 000 Soldaten das Leben kosteten und 31 000 tschetschenische Kinder zu Invaliden machten. Eine weitere Folge waren zermürbende, grausame Guerillakämpfe.

Flüchtlinge, Deportationen, Vergewaltigungen, Traumata. Die Vorgehensweise in dieser Art bewaffneten Konflikten kennst du, oder?

Durch Tschetschenien, wird man dir sagen, verlaufen Öl- und Gasleitungen, die Russland nicht verlieren darf. Du wirst auch hören, was Afghanistan die Parteispitzen gelehrt hat: Wenn die russischen Panzer islamisierte Gebiete verlassen, kommt nicht die Demokratie, es kommen die Taliban. Wer so argumentiert, unterschlägt dir, was in Syrien passiert ist. Die »Taliban« kommen, weil der Staat die Zivilbevölkerung bis aufs Blut quält, nicht weil die Panzer sich zurückziehen. Junge Menschen ohne Rechte, ohne Schule, ohne Respekt, ohne Zukunft – sie reihen sich bei dem ein, der ihnen als Erster ein AK-47 in die Hand gibt.

Wenn der Staat seine Rolle aufgibt und zur bewaffneten Bande wird, endet die Hälfte der Zivilbevölkerung in den Händen der Warlords, und die andere Hälfte kann nur darauf warten, dass man ihr die Kehle durchschneidet und sie in ein Massengrab wirft. Heißt man dann

Wladimir Putin – wurde also im Inneren des KGB aufgezogen –, ist es schwer, wenn nicht unmöglich, aus dem Schema staatlicher Rache auszubrechen.

Wenn du beim Betrachten eines Konflikts den Überblick verlierst, rate ich dir, dich immer an das Recht zu halten. Denn Regierungen entstehen und vergehen, manchmal sind sie gut, öfter sind sie schlecht, doch die Errungenschaften des Rechts, die sind unveränderlich. Dafür gibt es internationale Gerichte, sie haben die Aufgabe, zu bestätigen, dass kein Ausnahmezustand, in keinem Teil der Welt, unter welcher Regierung auch immer, die totale oder partielle Aufhebung des Rechts legitimieren kann.

Ich weiß schon, du denkst jetzt, was ich dir eben gesagt habe, sei eine Banalität. Auch weil du dir sicher bist, dass du in jeder deiner Handlungen das Recht geltend machst. Und Öl ins Feuer von Gefühlen wie Hass und Rachegelüsten zu gießen, kommt für dich nicht infrage, auch da bist du dir sicher. Du würdest drauf schwören, dass das Gesetz der Vergeltung, Auge um Auge, Zahn um Zahn, überholt ist. Wenn nun aber jemand deinen Freund, Bruder, deine Verlobte anrührt, nimmst du die Kalaschnikow, und dann kann es sogar sein, dass du dich nicht mit dem Auge um Auge, Zahn um Zahn begnügst, sondern anfängst, in der Logik der Rache zu denken: Reiß du mir ein Auge aus, ich zerfetze dir zwanzig, deine Augen und die deiner Familie. Wenn du nur zwei Augen hast, suche ich mir die anderen neun Opfer zufällig aus und reiße ihnen ihre achtzehn Augen raus.

Ich weiß. Rache ist ekelhaft. Auch das Gesetz der Vergeltung. Darüber muss man nicht diskutieren. Doch du musst zugeben, dass die Idee der Rache eine gewisse Macht über uns hat, sie bewahrt ihre Aura der Dignität.

Dieses von der Rechtsordnung nicht berücksichtigte Gefühl nistet heimlich in unseren Herzen, und das ist bewiesen durch die Tatsache, dass Mörder sich überall auf der Welt vor Gericht darauf berufen, um sich zu verteidigen. Wer des Mordes angeklagt ist, rechtfertigt seine Tat mit dem Wort »Rache!«, als wollte er sagen, sie stecke uns im Blut, sei unabhängig von unserem Willen. Wir werden von der Rache bewegt, nicht wir bewegen die Rache.

Jetzt habe ich eine Bitte an dich: Spiel für mich den Geschworenen im Prozess Nr. 14/00/0012–00, besser bekannt als der Fall Budanow. Der Prozess fand von 2000 bis 2003 in Russland statt, angeklagt war der Offizier Juri Dmitrijewitsch Budanow, der zur Zeit der Ereignisse, um die es ging, im nordkaukasischen Militärbezirk Dienst hatte. Ich möchte, dass du die beiden Versionen, die im Gerichtssaal vorgetragen wurden, aufmerksam verfolgst und mir sagst, ob der Mord deiner Meinung nach mit dem falschen – doch auf seine Weise noblen – Gefühl der Rache zu tun hatte oder nicht.

VERSION DER VERTEIDIGUNG

Am 26. März 2000 wird Oberst Juri Budanow, zwei Tapferkeitsmedaillen, stationiert am Rand des Städtchens Tangi-Ču in der tschetschenischen Provinz Urus-Martan, benachrichtigt, dass in der Zarečneja-Straße Nummer 7 zwei Scharfschützinnen wohnen, Mutter und Tochter.

Der Informant des Obersts, ein tschetschenischer Zivilist, zeigt ihm ein Foto von der Tochter, sie zückt ein Gewehr.

Beim Anblick des Fotos wird der Oberst, der einen Monat zuvor bei einem Feuergefecht mit tschetschenischen Rebellen in der Schlucht von Argun einige seiner Männer verlor, von Rachedurst gepackt. Wieder sieht er die Gesichter seiner im Staub der kaukasischen Berge sterbenden Kameraden vor sich.

Von Schuldgefühlen gequält, weil er seine Leute nicht schützen konnte, plant er am Abend die Rache. Er stellt ein Kommando aus drei Soldaten zusammen, die in einem Jeep, bewaffnet mit Kalaschnikows, das Militärlager verlassen und in das Städtchen fahren.

Es ist tiefe Nacht, in dem schmutzig weißen oder roten Haus – er erinnert sich nicht mehr, es ist jedenfalls das Haus, das ihm der Informant genannt hatte – herrscht völlige Stille.

Die Familie hat keinen elektrischen Strom, liegt also schon seit Sonnenuntergang im Bett. Der Vater, der in dieser Nacht allein schläft, weil seine Frau Verwandte besucht, springt beim Bremsgeräusch des Jeeps aus dem Bett und geht die älteste Tochter wecken. Er drängt sie, die Geschwister anzuziehen und zu fliehen, weil ein Militärjeep direkt vor ihrer Haustür gehalten hat. Dann verlässt er ungesehen das Haus, um seinen Bruder zu warnen, der in der Nähe wohnt. Bei seiner Rückkehr findet er nur die kleineren Kinder vor, die Älteste haben die Soldaten mitgenommen.

Im Lager angekommen, befiehlt Oberst Budanow seinen Männern, das Mädchen in seine Unterkunft zu bringen und draußen Wache zu stehen, allerdings etwas entfernt, weil er allein sein möchte, wenn er die Gefangene verhört.

Oberst Juri Budanow, zwei Tapferkeitsmedaillen, bedrängt das Mädchen mit Fragen über ihre Mutter: Warum ist sie nicht zu Hause? Von wem erhält sie Befehle? Wo versteckt sie die Waffen? Das Mädchen, Elsa Kungajewa, antwortet, sie wisse nichts, doch auch wenn sie etwas wüsste, würde sie einem »Russenschwein« nichts sagen. Sie begnüge sich damit, die Russen zu erschießen, wenn sie sie mit ihrem Gewehr im Visier hat.

Die bösartigen Beleidigungen des Mädchens bringen Budanows Blut zum Kochen, er ohrfeigt sie. Das Mädchen spuckt Blut, lässt sich aber nicht einschüchtern. Sie provoziert ihn weiter, beschuldigt die russischen Soldaten, allesamt Serienvergewaltiger zu sein. Doch die tschetschenischen Guerillakämpfer würden jedem einzelnen russischen Soldaten früher oder später in den Schluchten des Kaukasus die Haut abziehen.

Die Erinnerung an seine in diesen Bergen heldenhaft gefallenen Kameraden, deren Andenken von den Lügen des Mädchens beschmutzt wird, entfacht im Oberst abermals rasende Wut, er legt seine Hände um ihren Hals.

Sie kann sich dem Griff entwinden, doch er hält sie fest. Dabei reißt er ihr – unabsichtlich – die Bluse vom Körper. Ein erbitterter Kampf beginnt, bei dem auch der Träger ihres BHs abreißt. Als der Widerstand des Mädchens bezwungen scheint, ergreift Elsa eine Pistole, die auf dem Nachttisch neben der Pritsche lag, und versucht, auf den Oberst zu schießen. Der kann sie entwaffnen, bevor sie den Abzug drückt, und dieses Mal würgt er sie, bis sie erstickt.

Als er wieder zu sich kommt, erkennt er seinen Fehler. Er bittet seine Männer, sie in den nahe gelegenen Wald zu tragen, um sie dort anständig zu begraben, damit sie in Frieden ruhe.

Noch immer erschüttert von den Ereignissen der Nacht, erhält er am nächsten Morgen einen Anruf seines Kommandanten Walerij Wassiljewitsch Gerassimow, der ihn auffordert, das Mädchen sofort freizulassen, welches er, wie alle berichten, in der Nacht verhaften ließ, ohne einen entsprechenden Befehl bekommen zu haben.

VERSION DER ANKLAGE

Am 26. März 2000 dringt der Oberst Juri Budanow in das Haus aus rotem Ziegelstein an der Nummer 7 der Zarečneja-Straße im Städtchen Tangi-Ču ein, wo einheimische Bauern wohnen, die Familie von Visa Kungajewa. Es ist tiefe Nacht, im Haus schlafen alle, weil sie keinen elektrischen Strom haben. Vom Lärm eines Militärjeeps, der auf dem Vorplatz bremst, jäh aus dem Schlaf gerissen, geht Visa Kungajewa – der in dieser Nacht allein schläft, weil seine Frau Verwandte besucht – in das Zimmer der ältesten Tochter und sagt, sie solle die Geschwister anziehen und fliehen. Er selbst geht hinaus, um den Bruder zu warnen, der etwa zwanzig Meter entfernt wohnt. Die Soldaten kommen ins Haus, als das Mädchen noch die Geschwister anzieht, und bringen sie weg. Elsa, achtzehn Jahre alt, wird unter einer Decke versteckt, doch die Nachbarn sehen einige ihrer Locken unter der Decke hervorkommen.

Elsa ist schön, vielleicht ein wenig zu schüchtern. Sie geht kaum aus dem Haus, hat keine Freunde, muss fast immer auf ihre kleineren Geschwister aufpassen, denn die Mutter ist oft krank. Sie wurde nie mit einem Gewehr in der Hand fotografiert, denn sie kann nicht schießen und hat weder mit Männern noch mit kriegerischen Rebellen Umgang.

Es ist ausgeschlossen, dass sie den Oberst beleidigt hat, sagen die Nachbarn, denn sie spricht kein Russisch.

Den Ärzten zufolge, die bei der Auffindung der Toten im Wald neben dem Lager anwesend waren, ist es ebenfalls ausgeschlossen, dass die Kleider des Mädchens unabsichtlich zerrissen. Der am Rücken zerrissene Wollpullover, der seitlich aufgetrennte Rock, das an der Hinterseite gerissene weißgelbe Unterhemd und der beige BH mit dem abgerissenen Träger wurden nämlich neben ihrem Körper gefunden, nicht an ihm.

Im Lauf des Prozesses gelang es nicht, eindeutige Beweise zu finden: das Foto des bewaffneten Mädchens, das die Strafaktion des Obersts auslöste, und den Namen des tschetschenischen Informanten.

Aus diesem Grund ist die Anklage zu der Überzeugung gekommen, dass Oberst Juri Budanow am 26. März 2000 nicht Informationen über eine Tschetschenin einholte, die er für den Tod seiner Kameraden bestrafen konnte, sondern über ein Mädchen, das er nach einem ordentlichen Besäufnis vergewaltigen konnte. Ein junges Mädchen aus einer konservativen Familie, das sich schämen würde, die Tat anzuzeigen. Ein schönes Mädchen mit armen Eltern, die einen Anwalt nicht hätten bezahlen können.

Im Protokoll, das die Spurensicherung bei der Exhumierung des Leichnams anfertigte, werden außer Schlägen am ganzen Körper, vor allem auf der linken Gesichtshälfte, wie von Budanow zugegeben, auch Risse am After und am Hymen vermerkt, die von einem harten Objekt etwa in der Größe eines erigierten Penis stammen.

Die Geschichte, die du gerade gelesen hast, möchte Putin nicht im Umlauf sehen, doch Anna Politkowskaja, die russische Journalistin, die sie zusammentrug, erzählte sie andauernd. Sie nahm sie auch in ein Buch auf, *Putin's Russia*, 2004 in England erschienen. Anna war für Putin nicht nur ein Ärgernis, weil sie in zweitausend Artikeln vom tschetschenischen Krieg berichtete, sondern auch, weil sie erzählen konnte. Sie schrieb ein klares, elegantes, anschauliches Russisch, das Gogols Stil ähnelte. Sie schonte niemanden, weder den Terrorismus der Unabhängigkeitsbewegung noch die Moskauer Regierung. Sie erzählte von Überfällen auf Märkte, auf Entbindungsstationen, auf Frauen und Kinder. Dann sammelte sie die Berichte in ihren Büchern, damit die Namen der Mörder, der Vergewaltiger, der Entführer, der Folterer nicht vergessen wurden, damit der Beweis ihrer Verbrechen blieb. Sie beschränkte sich nicht darauf, anzuklagen, sie begnügte sich nicht mit der bloßen Nachricht, aber sie opferte auch nicht alles dem Vorrang der Berichterstattung. Wenn sie etwas entdeckte, das durch seine Veröffentlichung das Leben eines Menschen, eines Zivilisten, eines Journalisten wie sie in Gefahr bringen würde, verzichtete sie auf die Verbreitung dieser Information. Weißt du, wenn man mit Händen greifen kann, dass jemand eine Sache verteidigt, die ihm selbst keinerlei Nutzen bringt, ja dass er sich selbst in Gefahr bringt, nur um diese Sache zu verteidigen, dann überzeugt dieser Mensch. So war es bei Anna, sie gewann das Vertrauen der tschetschenischen Zivilbevölkerung. Als sie in Tschetschenien angekommen war, hatten die Menschen sie scheel angeblickt, wie man eine privilegierte Russin betrachtet, eine, die nach ein paar Fragen und Fotos direkt nach Moskau zurückgeht, während sie in dieser Hölle bleiben und unter dem Joch der russischen Armee leiden mussten. Doch als die Menschen dann sahen, dass Anna Tag für Tag, Monat für Monat, Jahr für Jahr in ebendieser Hölle durchhielt, dass sie von Haus zu Haus ging und ihre Hilfe anbot, Kontakte zwischen der gedemütigten Bevölkerung und den Vereinen, den Freiwilligen, den Sozialarbeitern, den NGOs und Anwälten knüpfte, die mittellosen Familien wie der Familie von Visa Kungajewa kostenlos beistanden, fingen sie an, für sie zu beten. Jeden Abend, wenn sie, oft zu Fuß, zurück in ihren Unterschlupf ging, betete man, dass ihr auf den dunklen Straßen nichts passieren möge. Jeden Abend beteten die ältesten und die jüngsten Frauen für sie, damit Allah sie bis zu ihrer Haustür beschützte. Anfangs beteten sie, damit die Terroristen Anna kein Leid antaten, denn sie wussten, dass die Guerillakämpfer sehr übel mit den Russen verfahren konnten, dann aber, als mit der Zeit auch bei ihnen das Echo dessen ankam, was Anna in der *Nowaja Gaseta* über die Gewalttaten, die Betrügereien, die Demütigungen, die Schikanen schrieb, die sie durch die russische Armee erleiden mussten, begannen sie darum zu beten, dass Putin ihr kein Leid antun möge. Als dann sogar die in Tschetschenien stationierten russischen Soldaten mit ihr zu sprechen begannen, um ihr zu bestätigen, dass es der Wahrheit entsprach, was die Zivilbevölkerung anklagte, und dass sie diese Taten ihrer Kameraden mit eigenen Augen gesehen hätten, ließ die Moskauer Regierung Anna aus dem Land ausweisen. Fortan musste sie heimlich nach Tschetschenien zurückkehren, noch ungeschützter, noch gefährdeter, denn der Inlandsgeheimdienst FSB, der »Föderale Dienst für die Sicherheit der Russischen Föderation« folgte ihr wie ihr eigener Schatten.

Während der dramatischen Tage des Blutbads von Beslan verlangten die Geiselnehmer im nahen Ossetien, dass sie die Verhandlungen führte, sie vertrauten nur ihr, denn sie wussten, dass der anständige Teil Russlands hinter ihr stand und dass sie ihr eigenes Leben als Garantie für jedes gegebene Versprechen einsetzen würde, wie sie es schon 2002 getan hatte, als das Dubrowka-Theater in Moskau von Terroristen überfallen wurde.

Ihr Mann flehte sie an, nicht nach Beslan zu gehen, die ganze Familie flehte sie an, denn es ließ sich nicht einschätzen, wie hoch die Gefahr bei dieser Operation war. Doch Anna ging hin. Sie bestieg ein Flugzeug nach Ossetien, und während des Flugs begann sie, sich schlecht zu fühlen. Zunächst dachte sie, es sei das Herz, die vielen Spaltungen, die sie erleben musste, hätten ihm zugesetzt. Dann, sie war schon kurz davor, ohnmächtig zu werden, hatte sie eine Eingebung, fast schon eine Gewissheit: Der Tee, den der Steward an Bord serviert hatte, war vergiftet.

Sie wurde in die Notaufnahme des Krankenhauses in Rostow gebracht. Allmählich erholte sie sich, und das Bulletin der Ärzte verzeichnete den Zwischenfall als vorübergehende Unpässlichkeit. Denn die Formulare, die der Kreml seit Breschnews Zeiten den Ärzten zum Ausfüllen gibt, sind so angelegt, dass man eine Lungenentzündung immer als Erkältung und Nowitschok als Digestiv durchgehen lassen kann.

Am 7. Oktober 2006 wurde Anna Politkowskaja vor der Fahrstuhltür ihres Moskauer Wohnhauses erschossen. Sie hatte im Supermarkt eingekauft. Vier Schüsse, von einem Unbekannten abgefeuert. In Journalistenkreisen hieß es jedoch, der eigentliche Plan sei nicht gewesen, sie zu erschießen, auch nicht, sie zu vergiften, sondern sie zu betäuben, um dann diese Pornofotos zusammen mit russischen Soldaten zu machen, deren Verbrechen an der tschetschenischen Bevölkerung sie angezeigt hatte.

Die Geschichte des Reklameplakats, die du am Anfang gelesen hast, ist nicht passiert, aber sie sollte passieren. Sie hätten Anna so zerstören wollen, wie ich es mir vorgestellt habe. Es war ihnen nicht gelungen, sie zu diskreditieren, also haben sie sie umgebracht.

Du musst dir vorstellen, dass diese Frau monatelang in der Angst gelebt hat, genau das würde passieren, man würde sie unter Drogen setzen und in eine Kaserne verschleppen, aus der dann eine Geschichte herauskommen würde, die nichts mit der Wahrheit zu tun hatte. Schließlich hat sie dieser Schmach den Tod vorgezogen, denn ihr Tod – das wusste Anna – würde ihre Leser nicht aufhalten, ihre Verleumdung aber würde die Menschen misstrauisch machen. Wer hätte geglaubt, dass diese Fotos gefälscht waren? Oder echt, aber in einem perfekt aufgebauten Setting geschossen? Wer hätte, beginnend bei ihren Freunden, geglaubt, dass das nicht wirklich Anna war, die am Abend dieselben Soldaten umarmte, die sie am Tag anklagte?

Die Verleumdung ist zerstörerischer als der Tod, denn sie weckt Krebszellen nicht bei den Feinden, sondern bei den Freunden. Darum kann man sie nur bekämpfen, indem man es herausschreit, sobald man sieht, dass sie ihr Gift zu injizieren beginnt. Es laut herausschreit.

SCHREI, DASS DAS VATERLAND ANZUKLAGEN NICHT BEDEUTET, ES IN MISSKREDIT ZU BRINGEN!

Anna Politkowskaja, *Tschetschenien. Die Wahrheit über den Krieg*, aus dem Russischen von Hannelore Umbreit und Ulrike Zemme, Köln 2003 (hier die Episode der russischen Soldaten und der drei Mädchen mit dem Schild).

Eine wichtige Lektüre ist auch: Anna Politkowskaja, *In Putins Russland*, aus dem Russischen von Hannelore Umbreit und Ulrike Zemme, Köln 2005 (aus diesem Buch stammt die Rekonstruktion des Prozesses gegen Juri Budanow).

Zum Krieg in Tschetschenien siehe auch: Norman Naimark, *Fires of Hatred: Ethnic Cleansing in Twentieth-Century Europe*, Harvard 2001.

JAMAL KHASHOGGI

4.
DER VERRÄTER

> Wenn er tot ist, und ich hoffe noch immer, dass es nicht wahr ist,
> werden Tausende Jamals geboren werden.
> HATICE CENGIZ

Im September 2017 geht der Journalist Jamal Khashoggi in die USA. Er flieht aus Saudi-Arabien, wo er zur Zielscheibe des Regimes geworden ist. In den nationalen Tageszeitungen und über Twitter-Hashtags hat er mehrmals die autoritären Einschüchterungsmethoden des Kronprinzen von Riad, Mohammed bin Salmān, attackiert und harte Kritik an dessen leichtsinniger Militärinvasion im Jemen geübt.

In den USA macht Khashoggi weiter, was er gut kann: von seinem Land erzählen. Weißt du, es ist ein Beweis von Loyalität, von wahrer Zugehörigkeit zu deinem Heimatland, dass du um den Schlaf gebracht bist, wenn du siehst, wie es zum Opfer schlimmster Vernachlässigung und Korruption wird. Zum Bürger eines Staates wird man nicht durch den Pass, sondern durch den Versuch, diesen Staat zu verbessern. Und das tut Khashoggi systematisch in der *Washington Post*, der Zeitung, wo er eine Anstellung gefunden hat.

Mit jedem Artikel sät er – auch jetzt, wo er in New York lebt – Zweifel an dem Bild, das der Kronprinz von Riad weiterhin strahlend und freundlich haben will. Das Bild eines zunehmend offeneren und toleranteren Landes. Auch für die Frauen, die mit seinem Segen jetzt allein am Steuer über die asphaltierten, geraden Straßen seines »neuen Arabien« rasen dürfen.

Die saudische Regierung verfügt über die erforderlichen Mittel und die Entschlossenheit, damit die nationalen Presseorgane nur dieses eine

Bild verbreiten, dasselbe Bild, das ein Team aus Hackern im Internet künstlich glänzend und verlogen aufrechterhält, als ein Etwas zwischen touristischer Exotik und Lawrence von Arabien. Es sind vielleicht dieselben Hacker, die, koordiniert von dem Anwalt Saud al-Qahtani, eine zentrale Rolle bei Jamals Bespitzelung spielen werden. Mohammed bin Salmān mangelt es weder an Geld noch an der nötigen Autorität, um dafür zu sorgen, dass zuverlässige Mitarbeiter jede einzelne Information überwachen, die aus der Wüste heraus ins Netz wandert. Sollten das Foto, das einer seiner Untertanen machte, der Kommentar, den ein Saudi postete, den Kronprinzen nicht überzeugen, weiß er, wie er einem Heer von Technikern, Hackern und fachkundigen Informatikern den Auftrag erteilt, dieses Material zu löschen. Und wie er den Schuldigen dieser unverantwortlichen Aktion dann identifiziert, um ihm das Recht auf Leben zu entziehen. Wer über ein Vermögen von vielen Milliarden Euro verfügt, kann immer wieder Personen einstellen, die bereit sind, diesen Theatertrick jedes Mal aufs Neue anzuwenden.

Wenn du dich eines Tages in Saudi-Arabien befinden solltest, rate ich dir, nicht allzu oft die siebzehn Buchstaben, die den Namen Mohammed bin Salmān bilden, in eine Suchmaschine einzugeben. Deine Suche würde abgefangen und die ID deines Computers identifiziert werden. Außerdem verspricht die Zahl Siebzehn für Italiener bekanntlich nichts Gutes.

Mohammed bin Salmān ist jung. Stattlich. Regelmäßige Gesichtszüge. Sein gesamtes Erscheinungsbild ist attraktiv. Vor allem kann er fast unbegrenzt Geld ausgeben, da er dank der Einkünfte, die das Erdöl – doch nicht nur das – weiterhin üppig in die königlichen Kassen fließen lässt, jeden Tag fünfzig Millionen Euro verdient. Was würdest du tun, wenn du jeden Tag fünfzig Millionen Euro mehr auf deiner Kreditkarte hättest?

Über die arabischen Prinzen kursieren im Westen bekanntlich viele Legenden, doch dass in seiner Residenz ein Saphir den Kaltwasserhahn und ein Rubin den Warmwasserhahn anzeigt, scheint wahr zu sein. Mohammed bin Salmān verschenkt Diamanten mit der gleichen Unbekümmertheit, mit der andere Feldblumen schenken. Denn er hat schon als Kind gelernt, dass der sechzehnte und der zweiundvierzigste Name Allahs jeweils al-wahhaab, »der Gebende«, und al-kariim, »der Großzügige«, lauten.

Es ist also ungerecht, dass Jamal Khashoggi diese positiven Seiten des Charakters des Kronprinzen in seinen Leitartikeln niemals hervorhebt und sich stattdessen hartnäckig auf die wenig schmeichelhaften Aspekte konzentriert, wie die Grausamkeit, mit der er seine politischen Gegner zu verfolgen pflegt, indem er sie von korrupten Hackern bei Twitter und Facebook ausspionieren lässt.

Khashoggi weiß, dass er dafür bezahlen muss. Und insgeheim ist er sicher, dass er eines Tages bezahlen wird, obwohl Freunde und Verwandte ihm beteuern, der Kronprinz werde niemals so kühn sein, ihn außerhalb der Grenzen Saudi-Arabiens anzurühren. Solange Khashoggi sich im Ausland aufhält, ist er in Sicherheit.

Doch im Mai 2018 verlässt Khashoggi New York, um an einer Tagung in der Türkei teilzunehmen. Hier lernt er eine Frau kennen, Hatice Cengiz. Eine Doktorandin, mit der er viel gemeinsam hat, wie er entdeckt. Es ist die Art und Weise, wie Hatice die Welt sieht, die bei Jamal Funken schlägt. Die Form der Beine, die Bewegung der Finger, die vollen Lippen, die Rundung der Brust, all das leuchtet auf, wenn du spürst, dass die andere Person den gleichen Blick auf die Welt hat und den gleichen Wunsch, die Welt zu verändern.

Im September 2018 beschließt Jamal, Hatice zu heiraten, und begibt sich ins saudische Konsulat von Istanbul, um die Dokumente anzufordern, die die Trennung von seiner ersten Frau bescheinigen. Im Konsulat sind alle sehr freundlich, man hat Verständnis für seine Eile. Die Genehmigung für die neue Heirat, so wird ihm versichert, wird bald da sein, er kann sie am 2. Oktober abholen.

Die Wahrnehmung ist kein abgeschlossener, klarer Gedanke, im Gegenteil, sie ist ein Gefühl, das umherschweift, ohne je konkret werden zu können. Wie der Halbschlaf, wie ein halbbewusster Zustand: Anzeichen, die das Gehirn noch nicht registriert hat, die es aber in Alarmbereitschaft versetzen. Jamal Khashoggi bemerkt eine leise Verlegenheit – vielleicht Angst – in der Stimme des Angestellten, der ihm den Abholtermin nennt. Und diese unmerkliche Verlegenheit, diese Angst, die er gespürt hat, beunruhigt ihn, obwohl seine Verlobte sagt, er solle sich keine Sorgen machen.

Am Tag, an dem die Bescheinigung abgeholt werden kann, stehen Jamal und Hatice im Licht des frühen Nachmittags wieder vor dem Konsulat. Nur ein Tor trennt das Haus von der Straße, doch vor dem Tor ist Jamal im Land seiner Verlobten, der Türkei, und dahinter wird er nach Saudi-Arabien zurückgestoßen werden, wo man ihm den Tod geschworen hat. Ein Schritt nach vorn, und er ist in Riad, einer zurück, in Istanbul. Die Verlegenheit des Angestellten liegt ihm seit Tagen im Magen, nagt an seinen Eingeweiden, doch ohne das Hirn zu erreichen.

Seltsam, dass die Menschen nur der Vernunft vertrauen, statt auf ihren Instinkt zu hören. Meistens hat der Instinkt bereits Dinge erkundet, denen die Vernunft noch keinen Zugang gewährt hat.

Lauf weg, Jamal, sei kein Mann, sei ein Kind, Kinder sind wachsam, sie riechen die Gefahr.

Geh nicht hinein, Jamal, geh zurück in die USA, bring deine Haut in Sicherheit, bevor es zu spät ist …

Dreh dich um, Jamal, kehr um.

Während er wartet, dass das Tor sich hinter ihm schließt, wechselt Jamal einen letzten Blick mit Hatice. Ein »Bis gleich«. Doch etwas lässt ihn ahnen, dass dies ein Abschied ist. Warum hätte er sonst sagen sollen: »Ruf Hilfe, wenn du nicht in Kürze von mir hörst.« Denn genau das sagt er zu ihr. Angesichts einer solchen Bitte war Hatice vielleicht versucht, ihm zu entgegnen: »Halt! Was willst du da drinnen? Wir müssen nicht unbedingt heiraten! Halt! Geh nicht …« Aber sie tat es nicht. Wer mit vom Tode bedrohten Menschen zusammenlebt, muss früher oder später lernen, die eigenen schlechten Gefühle zu verdrängen, es gibt zu viele davon, darum hört man nicht mehr auf die bösen Vorahnungen. Sie würden dem Bedrohten das Leben unerträglich machen, weil alles um ihn herum vom Tod spricht, alles Gefahr und Hinterhalt ist. Doch wenn die Luft so klar und duftend ist wie an diesem Tag, kann man sich den Tod nicht wirklich vorstellen, er erscheint als etwas Verworrenes, Irreales.

Während Hatice vor dem saudischen Konsulat alle Gründe durchging, warum nichts Schlimmes passieren konnte – wenigstens nicht an diesem Tag, nicht kurz vor ihrer Hochzeit –, hatte Jamal jenseits des Tores bereits begonnen, mit dem Tod Schach zu spielen.

Mit wem er spielte? Nein, nicht mit dem Angestellten, mit dem er vor wenigen Tagen gesprochen hatte. Der Angestellte war an diesem Tag nicht im Dienst. Niemand vom Konsulatspersonal war an diesem Tag im Dienst. Alle hatten Sonderurlaub bekommen. Statt ihrer waren am selben Morgen fünfzehn Kakerlaken des saudischen Geheimdienstes mit einem Privatflug aus Riad angekommen.

Unter ihnen erkannte Jamal einen alten Bekannten, Maher Abdulaziz Mutreb, vielleicht ein Leibwächter von Mohammed bin Salmān, und einen zweiten Mann aus dem Umkreis der Krone, Salah Mohammed al-Tubaigy, ein Gerichtsmediziner, der sich trotz seines hippokratischen Eides später darauf spezialisiert hatte, Leichen verschwinden zu lassen.

Du kannst es dir vielleicht nicht vorstellen, aber die Arbeit von Doktor Salah ist extrem hart. Wer annimmt, als Verbrecher arbeite man nur gelegentlich und unter privilegierten Bedingungen, der irrt. Es gibt keinerlei Arbeitsschutzmaßnamen in der Produktionskette des Verbrechens, keine Zuschläge in der Lohntüte bei Überstunden oder Feiertagen, die Schichten sind lang und ermüdend.

Salahs Arbeit darf sogar als zermürbend angesehen werden, denn der Lärm der Motorsäge führt zu empfindlichen Schäden des Gehörs und häufigen Angstzuständen. Vielleicht hat Salah deshalb gelernt, mit Ohrhörern in den Ohren und sehr lauter Musik zu arbeiten. Er behilft sich auch mit viel Kaffee, vor allem wenn das Leben in dem zu bearbeitenden Körper noch im Halbschlaf ist.

Warme Körper will niemand bearbeiten, die Totenstarre hat noch nicht eingesetzt, die Muskeln sind weich und das Gewebe nass. Beim Kontakt mit der Klinge zischt das Fleisch und spritzt in alle Richtungen. Aber es gibt keine guten und schlechten Jobs. Das weiß Doktor Salah. Arbeit ist per Definition gut. Allenfalls muss man sich ein bisschen ablenken, wenn die Anstrengung größer wird und das Erstickungsgefühl zu stark.

Jamal wundert sich nicht über die Begegnung mit Doktor Salah.

Wer eine Verabredung mit dem Tod hat, ist nicht überrascht, wenn er ihn plötzlich vor sich sieht. Im Gegenteil. Es ist, als würde man ein Pflaster abziehen. Sich einen Zahn ziehen. Man hört auf, andauernd auf der Kippe zu stehen, ein bisschen hier, ein bisschen dort. Ein sauberer Schnitt, und alles ist vorbei.

Ja, aber Hatice? Natürlich denkt er an Hatice, aber sein Pakt mit dem Tod war vor ihr da. Wahrscheinlich hatte er Hatice sogar gesagt, dass er kein freier Mann mehr war. Dass es in seinem Leben schon den Tod gab. Und der Tod überwacht jeden deiner Schritte, hindert dich. Als Hatice sich in Jamal verliebt hatte, war sie bereit gewesen, mit dem Tod an seiner Seite zu leben. Wahrscheinlich hatte sie bis zum Schluss gehofft, sich zwischen die beiden stellen zu können und damit den Tod zu vertreiben.

Jamal war ein zum Tode Verurteilter und wusste es, so wie wir es wissen, obwohl uns davor graut, es zuzugeben. Das einzige Problem des saudischen Geheimdienstes war die Frage, wie man dieses Verschwinden der Welt erklären sollte. Seine Mörder beschlossen, die Sache direkt mit ihm zu diskutieren, obwohl man – da hast du recht – mit seinem eigenen Hund niemals darüber sprechen sollte, wie man ihn aussetzt. Doch Jamal war kein Hund, und er war erfahren genug, um zu verstehen, dass die Entscheidung, ihn zu eliminieren, nichts Persönliches hatte, denn diese Leute gehorchten nur dem Befehl des Kronprinzen.

Sie baten ihn, eine Nachricht zu schreiben. Eine einfache SMS an seinen Sohn, um Verwirrung über die letzten Momente seines Lebens zu stiften. Die Bitte wurde höflich vorgetragen. An guten Manieren mangelt es Geheimagenten in aller Welt nicht:

»Setzen Sie sich und schreiben Sie, Mr. Jamal. Beeilen Sie sich. Helfen Sie uns, damit wir Ihnen helfen können, denn am Ende werden wir

Sie zurück nach Saudi-Arabien bringen ... Wenn Sie uns nicht helfen, wissen Sie, was am Ende passieren wird.«

Doch Jamal setzte sich nicht. Denn wenn man sterben muss, möchte man lieber stehend sterben. Als würden wir uns mit uns selbst eher im Reinen fühlen, wenn wir stehen. Jedenfalls ist es so, als würdest du vor einem Exekutionskommando auf die Frage »Willst du stehen?« antworten: »Ja, aufrecht stehen. Ich bin hier. Ich drücke mich nicht.« Die Faschisten ertrugen es nicht, dass die Partisanen ihnen bei der Hinrichtung direkt in die Augen schauten. Das Geheimnis, damit man den Abzug entschlossen bedienen kann, besteht darin, die Hintergrundgeräusche des Gewissens und die Zweifel im Kopf zum Schweigen zu bringen, doch wenn der Sterbende dir direkt in die Augen schaut, wenn der Sterbende dir sagt, dass es schrecklicher ist, unter einem Tyrannen zu leben, als für die Freiheit zu sterben, dann droht das Kartenhaus der Propaganda einzustürzen. Darum zwangen die Faschisten ihre Gegner, dem Erschießungskommando sitzend den Rücken zuzudrehen. Ein aufrecht stehender Mensch stirbt gewaltsam, und ein Mensch, der gewaltsam stirbt, reißt Abgründe des Zweifels in demjenigen auf, der zurückbleibt.

»Bitte setzen Sie sich. Wir müssen Sie zurückbringen. Es liegt eine Anweisung von Interpol vor. Interpol hat gefordert, dass Sie zurückgebracht werden. Wir sind hier, um Sie mitzunehmen.«

Doch Jamal blieb stehen. Er sagte sogar, dass solche Dinge in einem Konsulat nicht passieren könnten und dass draußen jemand auf ihn warte, der als Zeuge aussagen würde, wenn ihm etwas zustieße:

»Es gibt kein Verfahren gegen mich. Und draußen wartet meine Verlobte.«

Doch das wussten die Männer vom Geheimdienst. Sie wussten genau, dass Hatice auf ihn wartete, sie wussten, wer Hatice war und mit welcher Zahnpasta sie sich morgens die Zähne putzte. Doch was zählt die Aussage einer Frau, obendrein einer Ausländerin, für jemanden, der in Saudi-Arabien aufgewachsen ist? Nichts, sie zählt absolut nichts.

Ihre Sorge war anderer Art. Es ging darum, wie sie das, was sie gleich tun würden, ihresgleichen erzählen sollten, Männern und Saudis, darunter den zwei Söhnen von Jamal, die keine Kinder mehr waren. Weißt du, ein angehender König muss gewisse Dinge berücksichtigen, wenn er von seinen Untertanen wie ein Vater angesehen werden will. Darum insistierten sie:

»Hinterlassen Sie Ihrem Sohn eine Nachricht. Sie werden so etwas schreiben wie ›Ich bin in Istanbul. Mach dir keine Sorgen, wenn du mich nicht erreichen kannst‹.«

Warum diese Nachricht? Jamal weiß, was er seinen Kindern sagen soll: Wenn sie ihren Vater nicht mehr finden, müssen sie schweigen und sich damit das Recht auf ihr Leben sichern. Das Recht auf ein normales Leben, das bin Salmān mit einem Ja oder einem Nein gewähren oder verweigern kann. Dieses Recht bezahlt man in Saudi-Arabien mit Schweigen. Jamal weiß, wenn er diese Nachricht nicht schickt, bringt er das Leben seiner Kinder in Gefahr. Doch er weiß auch, wenn er diese Nachricht nicht schreibt, gibt er seinen Kindern die Wahrheit an die Hand. Wahrheit, nicht Sicherheit. Er schützt sie auf andere Weise, indem er ihnen indirekt sagt, wer der Feind ist, vor dem sie sich hüten müssen. Er bestätigt ihnen, dass dieser Mann vor nichts haltmachen wird. Jamal beschützt sie mit der Wahrheit, denn die Lüge lässt dich auf Dauer verrückt werden. Ich bin sicher, dass dies die Gedanken sind, die ihm in jenen Minuten durch den Kopf gingen, oder vielleicht sollte ich sagen, durchs Herz.

Jamal setzte sich nicht. Er wollte sich nicht an der Vertuschung seines gewaltsamen Todes beteiligen. Denn dessen war er sich sicher, binnen Kurzem würde ein Mord geschehen, sonst hätte die Anwesenheit des Einbalsamierers keinen Sinn.

»Ich schreibe nichts.«

Und wieder bitten sie ihn, mit väterlicher Freundlichkeit: »Beeilen Sie sich, Jamal, helfen Sie uns.«

Doch Jamal setzte sich nicht, also mussten die Angestellten handeln, ohne sich weiter um die Wahrung des Anscheins zu kümmern. Sie stülpten ihm eine Plastiktüte über den Kopf, um ihn zu ersticken. Eine in den Wänden des Konsulats versteckte türkische Wanze – wie sie üblicherweise eingebaut wird, um zu überwachen, was die, die eine andere Fahne schwenken, bei dir zu Hause so treiben – zeichnete ohne Wissen der Abgesandten des saudischen Prinzen die letzten Worte von Jamal Khashoggi auf. Sie registrierte die Geräusche seines Körpers, denn wenn man erstickt, kämpft jeder Zentimeter des Körpers um Sauerstoff, die Finger, die Arme, die Beine, die Füße, die Schultern, alles verbündet sich, um Luft zu holen, so wie jeder Körperteil kämpft, um die Wahrheit zu erfahren. Khashoggi starb durch Ersticken.

»Ich habe Asthma. Tu das nicht! Du wirst mich ersticken ...«

Doktor Salah brauchte eine gute halbe Stunde, um Jamals Körper in Stücke zu sägen. Nach beendeter Arbeit säuberten sie den Tisch, verstauten die Körperteile von Jamal sorgfältig in Plastiktüten und verteilten sie auf mehrere Koffer. Die luden sie dann auf einen Lastwagen, der hinter dem Gebäude parkte.

Hatice roch das Blut ihres Verlobten nicht – keine Erschütterung, kein einziger Schrei. Warum ich das weiß? Weil Hatice wider alle offensichtlichen Tatsachen weiter herauszufinden versuchte, wo die Saudis Jamal hingebracht hatten. Ein typischer Schutzmechanismus der Liebenden: Bis sie keinen greifbaren Beweis haben, bis sie den Verstorbenen nicht mit eigenen Augen sehen, glauben sie nicht an den Tod. Die Hoffnung ist, wie du weißt, die Tochter unserer Verzweiflung.

Ein paar Monate später erregten heiße Selfies in Online-Zeitungen großes Aufsehen. Es waren Selbstporträts von Jeff Bezos, dem Amazon-Gründer, die er seiner damaligen Geliebten Lauren Sanchez geschickt hatte.

Nenn mich nicht zynisch, weil ich eben noch über den Tod sprach und jetzt zu erotischem Klatsch übergehe. So absurd es dir auch scheinen mag, die Körperteile, die unter den ahnungslosen Blicken von Hatice Cengiz an ihr vorbeigetragen wurden, haben mit den erotischen Selfies von Jeff Bezos zu tun.

Folge mir bitte ein paar Zeilen lang. Die mächtige amerikanische Verlagsgesellschaft AMI, Eigentümerin des Boulevardblatts *National Enquirer*, kam in den Besitz einiger erotischer Selfies und Textnachrichten, die mit Bezos' außerehelicher Beziehung zu Lauren Sanchez zu tun hatten. Manche veröffentlichte die AMI, mit den intimsten Fotos wollte sie ihn erpressen.

Zunächst musste Bezos den Schock über die Nachricht, dass skrupellose Menschen Teile seines Intimlebens in Händen hielten, verdauen, dann engagierte der Amazon-Boss eine Mannschaft aus Anwälten und Detektiven, damit sie herausfanden, durch welches Leck in seinem Privatleben diese Selfies gesickert waren.

Unmittelbar danach machte Jeff Bezos die erpresserischen Mails, die AMI ihm geschickt hatte, öffentlich.

Ja, du hast richtig verstanden: Bezos tat von sich aus, was die AMI ihm androhte. Das ist ungewöhnlich. Als würde man das eigene Haus anzünden, bevor andere es tun. Nein, das ist keine Selbstverletzung. Es bedeutet, der Erpressung ihren Gegenstand zu entziehen. Die Sprengkapsel der Drohung zu entfernen. Den Erpressern ihren Fraß zu entreißen, bevor sie zubeißen können.

»Wenn ich mich in meiner Position nicht gegen diese Erpressung wehren kann, wie viele Menschen können es dann? Unsere Fahndungsgruppe erhielt zahlreiche Nachrichten, in denen Menschen von ähnlichen Erfahrungen mit der AMI berichteten und beklagten, dass sie nachgeben mussten, weil sie sonst unter anderem ihre Existenzgrundlage verloren hätten.«

So Bezos. Er will dem »Junk-Journalismus« eine Lehre erteilen. Ich glaube, er hofft auf ein historisches Urteil, denn du musst wissen, die Geschichte wird immer häufiger von Gerichtsurteilen geschrieben. Ein Urteil kann die Logik der journalistischen Erpressung brechen, meint Bezos. Was er sagt, ist eine Art programmatisches Manifest: Wer Geld und Anwälte für seine Verteidigung hat, soll klagen. Soll für alle kämpfen, die sich tagtäglich Erpressungen beugen müssen, weil sie sich keine guten Anwälte leisten können, weil sie kleine Kinder haben, weil sie keine Zeit haben, weil ihnen mit den schlimmsten Konsequenzen gedroht wird, weil sie ihren Arbeitsplatz verlieren könnten, ohne jede Chance, einen neuen zu finden.

Ja, diese Argumentation überzeugt mich, und sie ist meiner Meinung nach die einzig mögliche.

Aber es steckt noch mehr dahinter. Die Geschichte von Bezos' Selfies hat mit Jamal Khashoggi und dem grausamen Regime zu tun, das ihn ermordete. Dieses Regime kommt immer ungeschoren davon, das ist etwas, was ich nicht ertrage. Es muss nicht für seine Verbrechen zahlen, weil es sein Volk fest im Griff hat.

Doch worin besteht die Verbindung zwischen dem Mord an Khashoggi und der Erpressung von Jeff Bezos? Das willst du mich fragen, ich weiß.

Offenbar hat die AMI Bezos' heiße Selfies von Laurens Bruder erhalten – war Lauren einverstanden? Wusste sie davon? Keine Ahnung. Aber ich weiß, dass dieser Bruder einem Freund einen Gefallen tun wollte. Einem sehr bekannten Freund. Seinem politischen Idol: Donald Trump.

Ich vermute, du weißt, dass Trump Bezos nicht mag. Nicht wegen der Niedriglöhne der Angestellten bei Amazon oder wegen der stressigen Schichten seiner Lagerarbeiter – als würde Trump sich für so was interessieren! Sondern weil Bezos die *Washington Post* besitzt, die Zeitung, für die Khashoggi arbeitete.

Kannst du die Verbindung jetzt erkennen? Es gibt einen roten Faden zwischen Trump, Bezos und Khashoggi. Der Mann, der diese erotischen Selfies in der Hand hat, ist kein Spanner und erst recht nicht an Geld interessiert. Nein, es ist einer, der die Journalisten der *Washington Post* zum Schweigen bringen will. Den Grund kennst du, und du weißt, wie Trump darüber denkt, oder? Journalisten sind Privilegierte mit Standesdünkel, die sich gegenseitig verteidigen. Nicht nur Trump denkt so, viele zielen gern auf Journalisten, um dann ironisch zu bemerken: »Schießt man einen von ihnen ab, schreien sie alle sofort: Skandal!« Denn wie du inzwischen gelernt hast, gibt es nichts Schlimmeres, als dort Licht zu machen, wo man gebeten wurde – bitte nicht, auf keinen Fall! –, alles im Dunkeln zu lassen. Dieses Lichtmachen wird von vielen, von allen, die das Dunkel lieben, als eine untragbare Grenzüberschreitung angesehen. Wenn du Journalist sein willst, wird deine Arbeit dir verziehen, solange du dich mit Artikelschreiben begnügst, doch wenn du anfängst, Nachforschungen anzustellen oder Fährten bekannt zu geben, nennen sie dich einen Sherlock Holmes, behaupten, du würdest immer noch gerne Puzzles zusammensetzen, wie damals als Kind. Sie haben recht, ich mag Puzzles noch immer … Weißt du, wer in diesem Fall das Zentrum des Puzzles bildet? Trump und die saudische Königsfamilie, die Einladungen, Freundlichkeiten und Gefälligkeiten austauschen. Nun wird es dich nicht wundern, dass Trump Druck auf die *Washington Post* ausübte, damit diese Gefälligkeiten nicht öffentlich werden. Doch warum wurde diese Freundschaft zwischen einer laizistischen Demokratie und einer islamistischen Theokratie nötig, jetzt, wo das Erdöl nicht mehr, wie früher, die Bündnisse auf dem Schachbrett der Welt bestimmt? Jetzt, wo die vernetzte Welt es möglich macht, Versorgungsquellen schnell zu wechseln, und der globale Markt einen sofortigen Austausch der Lieferanten erlaubt? Auch wenn du Trumps Aktivitäten in den sozialen Medien nur flüchtig gefolgt bist und nur nebenbei ein paar der Filme oder Fernsehserien angeschaut hast, die in den letzten Jahren in Amerika gedreht wurden, weißt du, dass die Saudis von den USA heute das kaufen, was Trump am liebsten verkauft: Waffen. Den Klebstoff zwischen zwei scheinbar so unterschiedlichen Ländern erklärt dir die Tatsache, dass die Saudis zwischen 2017 und 2021 gut fünfzig Milliarden Dollar für amerikanische Waffen ausgegeben haben, außerdem hundert Milliarden Dollar für Investitionen in amerikanische Bauvorhaben.

Doch trotz der festen, auf wirtschaftliche Interessen gegründeten Freundschaft zwischen den Saudis und Trump erklärte Letzterer, er wolle den Mord an Jamal Khashoggi untersuchen lassen, und gab sich sogar empört: Er dulde nicht, dass eine so schwerwiegende Tat ungestraft bleibe! Trump forderte Mohammed bin Salmān auf, alle nötigen Maßnahmen zu ergreifen, damit die Ereignisse um das Verschwinden des saudischen Journalisten aufgeklärt werden, und – bitte lach jetzt nicht – Mohammed bin Salmān antwortete, er sei der Erste, der die Verantwortlichen bestrafen wolle für das, was er ein schändliches Verbrechen gegen die Freiheit des Wortes nennt.

Ja, ich weiß, nach der Ermordung Matteottis antwortete auch Mussolini der aufgebrachten Öffentlichkeit, er werde Aufklärung verlangen. Er werde die Verantwortlichen für diesen Mord finden. Er werde sie mit exemplarischer Härte bestrafen. Dann überlegte er es sich anders. Im Parlament sagte er etwas, was ungefähr so klang: »Und wenn ich selbst Matteotti getötet hätte? Was macht ihr dann mit mir?«

SCHREI, WENN – AUCH BEI DIR – DIE GEWISSHEIT SIEGT,
DASS SICH NICHTS ÄNDERN WIRD.

Hatice Cengiz beschreibt ihren letzten Tag mit Jamal in dem Artikel »My Fiancé Jamal Khashoggi Was a Lonely Patriot«, erschienen in der *New York Times* v. 13.10.2018.

Zu Zensurmaßnahmen gegen Journalisten, die Mohammed bin Salmān »kritisch« gegenüberstehen, siehe Khashoggis eigenen Artikel »Saudi Arabia's Crown Prince is Acting Like Putin« in der *Washington Post* v. 6.11.2017.

Die in den Text eingefügten Sätze aus dem Gespräch zwischen Jamal und seinen Henkern sind authentisch, sie wurden von einer im saudischen Konsulat in Istanbul versteckten Wanze aufgezeichnet und im September 2019 zur Veröffentlichung freigegeben. Zuerst erschienen sie in der türkischen Tageszeitung *Daily Sabah*. Zum saudischen Regime und den Spitzeln in den sozialen Medien siehe den Beitrag von David Ignatius in der *Washington Post* vom 7.12.2018: »How a Chilling Saudi Cyberwar Ensnared Jamal Khashoggi«.

Der Post von Jeff Bezos, in dem die Drohung der AMI öffentlich gemacht wird, »No Thank you, Mr. Pecker« wurde am 7.2.2019 auf *Medium* veröffentlicht: https://medium.com/@jeffreypbezos/no-thank-you-mr-pecker-146e3922310f.

Mussolinis Rede im Parlament am 3. Januar 1925, sieben Monate nach dem Mord an Giacomo Matteotti, in der er die Verantwortung für alle Taten der Faschisten übernimmt, markiert zweifellos das Datum des »Beginns« der faschistischen Diktatur, da hiermit im Grunde die Tötung aller Andersdenkenden gerechtfertigt wurde.

> WEISST DU, DASS DEINE PRIVATSPHÄRE JEDEN TAG, BEI JEDEM SCHRITT, BEI JEDEM CLICK VERTEIDIGT WERDEN MUSS?

EDWARD SNOWDEN

5.
DREIHUNDERTTAUSEND DISLIKES

> Ich brauche eine kleine Sprache,
> wie Liebende sie verwenden (...)
> Ich brauche ein Aufheulen; einen Schrei.
> VIRGINIA WOOLF

Stell dir vor, du machst eines Morgens dein Smartphone an und findest auf dem Display sämtliche Erinnerungen deines Lebens in ungeordneter Folge wieder, auch die, die du auf keinen Fall behalten wolltest: der erste Kuss, das erste Kotzen, als du deiner Mutter unfreundlich geantwortet hast, als du nicht am Stoppschild gehalten hast, die erste Prügelei, als du deine Freundin oder deinen Freund betrogen hast, all deine Audionachrichten auf WhatsApp, die Liste der Pornos, die du gesehen hast, jeden dummen, sexistischen oder unbekümmerten Spruch gegenüber deinem besten Freund, ein paar nackte Selfies ... Jetzt stell dir vor, all das, was du vor dir hast, könnte jeder sehen. Nichts von alledem könnte mehr gelöscht werden, weder in deinem Smartphone noch im Netz. Jedes Mal, wenn du das Smartphone oder den Computer anstellst, bist du gezwungen, alle negativen oder positiven Gefühle von deiner Geburt bis zum jetzigen Zeitpunkt wieder zu durchleben. Alles, jeder einzelne deiner leidvollen und glücklichen Momente, wird gleichzeitig auf einem virtuellen Desktop aktualisiert, zu dem alle Zugang haben. Auch wenn du nicht mehr der Junge bist, der du bei deinem ersten Kuss warst, und nicht mehr der von diesem einen Besäufnis, das mit Gekotze endete, auch wenn du jetzt am Stoppschild hältst und deiner Mutter freundlich antwortest, im Netz wird jede deiner früheren Dummheiten haufenweise mit Likes kommentiert und dadurch unvermeidlich am Leben gehalten. Ein anderes Du wandert durchs Netz, eine Art Zombie, das alle sehr lustig finden. Alle außer dir.

Vielleicht hast du über so ein Szenario schon mal nachgedacht. Aber wer weiß, ob dir wirklich bis in letzter Konsequenz bewusst ist, was es bedeutet. Seit deinen ersten Aufträgen an eine Suchmaschine hast du den Plattformen den Schlüssel zum Verständnis deiner Seele gegeben. Du hast deine geheimen Wünsche offenbart, das, wovor du Angst hast, was du in deinem Leben ändern möchtest.

Denk genau nach. Bist du sicher, dass du auf den Internet-Plattformen – Facebook, Twitter, Amazon, ThisCrush, TikTok – niemals gesagt hast, du hättest Lust, deinen Partner zu betrügen, oder im Scherz zu deinen Freunden, wenn man dir einen Haufen Geld, also wirklich viel Geld, anbieten würde, würdest du vielleicht ein Kilo Koks von Dakar nach Mailand transportieren? Kann sein, dass deine Chats für immer privat bleiben und dass deine Internetsuchen niemals veröffentlicht werden. Ich wünsche es dir. Die Stores aber, wo du eingekauft hast, werden deine Einkaufsliste nur dann nicht an Dritte weitergeben, wenn du nicht berühmt wirst, nicht in die Politik gehst, nicht in der Lotterie gewinnst, keinen schweren Verkehrsunfall hast, dich nicht spektakulär scheiden lässt, nicht an Protest-Sit-ins teilnimmst, nicht in einen Kampf verwickelt wirst, nicht angezeigt wirst oder in eine gründliche Polizeikontrolle gerätst. In all diesen Fällen werden die Informationen über dein Verhalten weitergegeben, da kannst du sicher sein. Warum? Weil die Plattformen sie niemals gelöscht haben. Sie bewahren diese Informationen auf, um sie dem Meistbietenden zu verkaufen. Jetzt sehe ich dich den Atem anhalten, während du versuchst, dich an alles zu erinnern, was du im Netz verstreut hast. Keine Sorge, du kannst nichts mehr dagegen unternehmen. Es ist zu spät. Das lässt sich nicht mehr rückgängig machen. Und selbst wenn du in deiner Jugend wie ein Trappistenmönch gelebt hast, irgendetwas, an das du dich nicht gern erinnerst, kommt immer zum Vorschein. Das müssen keine Straftaten sein, die Normalität deiner privaten Chats reicht völlig: vertrauliche Mitteilungen an Freunde, Wünsche, Liebeserklärungen, Fotos, Videos ... persönliche Vorlieben, irgendein beliebiger Widerspruch, auch der dümmste, Irrtümer, Leidenschaften, die du nach Recht und Gesetz nur vor dir selbst verantworten müsstest. Oder höchstens vor den Menschen, mit denen du sie teilen wolltest. Stattdessen erkennst du in einem bestimmten Moment deines Lebens, dass sie den Netzwerken gehören, dass sie jedem in die Hände fallen können, vor allem irgendwelchen bestechlichen »Journalisten«, Klatsch-Foren, Betreibern von Fake-Profilen oder Hackern, die deinen Ruf zerstören wollen.

Keine Angst, ich will das Netz nicht dämonisieren. Auch ich glaube an das »erste Gesetz der Technologie« von Melvin Kranzberg:

Technik ist weder gut noch böse.

Ja. Das Netz ist nicht gut. Aber es ist auch nicht böse. Es ist nicht böse, weil es uns erlaubt, uns auszudrücken, und indem wir sie ausdrücken, machen wir uns unsere Wünsche, unsere Vorlieben, unsere Sehnsüchte bewusst. Das Netz hat uns miteinander in Verbindung gebracht, auch wenn wir Tausende Kilometer voneinander entfernt waren. Das Netz ist nicht böse, weil es heute in Afrika Apps gibt, die den Frauen beim Gebären helfen. Frauen, die weit weg von Krankenhäusern leben und sich eine betreute Geburt ohnehin nicht leisten könnten. Das Netz ist nicht böse, weil die Ehemänner dieser Frauen – Lehrlinge, Tischler, Maurer – ihr Handwerk von den Tutorials im Netz lernen. Das Netz ist nicht böse, weil es Millionen Menschen ein einheitliches Alphabet beibringt, so wie das Fernsehen in Italien in den Siebzigerjahren Menschen, die nur Dialekt sprachen, Italienisch beibrachte. Das Netz ist nicht böse, weil es Scharen von Jugendlichen, die aus der Schule geworfen wurden, ermöglicht hat, auf TikTok zu zeigen, was sie können: tanzen, Witze erzählen, sich verkleiden, singen, Streiche spielen ... Das Netz ist nicht böse, weil es einer verstreuten, isolierten Menschheit ermöglicht hat, mitten in der Pandemie vereint zu bleiben, weil es jungen Menschen mit selektivem – oder freiwilligem – Mutismus ermöglicht, sich die Kehle wund zu schreien, wenn sie zusammen mit Unbekannten, mit anderen einsamen Jugendlichen, PlayStation im Netz spielen. Das Netz ist nicht böse, weil wir uns mit seiner Hilfe zusammenfinden, aufeinander abstimmen und organisieren, um dann gemeinsam auf der Straße zu demonstrieren. Das Netz ist nicht böse, weil es ohne Kosten und Mühen Protestbewegungen entstehen lässt. Doch pass auf, das erste Gesetz von Melvin Kranzberg endet nicht so wie eben zitiert. Es hat einen wichtigen Zusatz:

Technik ist weder gut noch böse; aber sie ist auch nicht neutral.

Die Plattformen aber behaupten, dass sie neutral sind. Dass sie uns niemals etwas gestohlen haben und auch nicht daran interessiert sind, unser Verhalten zu beeinflussen. Sie entgegnen, wir selbst hätten überall Profile hinterlegt, während wir an ihren Hubs anhielten, durch ihre Ströme schwammen und in ihren Regalen stöberten. Ungeduldig und nachlässig haben wir jede Klausel umschifft: AKZEPTIEREN AKZEPTIEREN AKZEPTIEREN ANNEHMEN ANNEHMEN ANNEHMEN. Während wir versuchten, das Netz zu verstehen, hatte es schon alles über uns gesammelt.

Das haben wir spät bemerkt, erst als wir das Handy wieder einschalteten und auf dem Display Dutzende Nachrichten fanden, die dem ähnelten, was wir schon einmal gesucht hatten. Denn das ist der Vorteil des Internets: Es denkt auch dann an uns, wenn wir nicht an es denken. Es fährt auch dann fort, Teile unseres Lebens zu verbinden, wenn wir glauben, wir hätten uns ausgeloggt. Wir jammerten, keiner höre uns zu, gleichzeitig aber schenkte es uns Aufmerksamkeit, kümmerte sich um uns, erlaubte uns, im Schaufenster zu stehen und dort unsere Ideen zu überbelichten, unsere Talente zu zeigen. Während wir woanders hinschauten – auch wenn unser Handy ausgeschaltet, unser Computer nicht verbunden war –, hat es uns beobachtet. Während wir schliefen, uns unter der Bettdecke küssten, ließ das Netz uns weiter Luft zuströmen wie ein andauernd laufender, stiller Ventilator.

Jetzt sag nicht, nur ich würde alles in einem so schlechten Licht sehen. Ein Hacker namens Edward Snowden hat den Beweis für das geliefert, was ich sage. Er war ungefähr so alt wie du, als er Anfang der Zweitausenderjahre als Informatiker vom amerikanischen Geheimdienst angeworben wurde. Er hatte kein Examen, keinen Doktorgrad. Er hatte nicht einmal ein Diplom, das sollte er später machen. Edward aber war der Beste in seiner Gruppe. Die CIA wurde auf ihn aufmerksam und stellte ihn als Informatiktechniker ein. So sah sich Snowden, erst dreiundzwanzigjährig, plötzlich mit ungeheurer Macht ausgestattet. Er und wenige andere junge Männer konnten Menschen verhaften, versetzen und töten lassen, ja, wenn sie gewollt hätten, sogar Kriege auslösen. Woher sie das wussten? Während sie dem Geheimdienst die Informationen weitergaben, die sie hatten hacken sollen, bemerkten sie nach und nach, dass die Ehen der ausspionierten Personen endeten, ihre Freunde Tausende Meilen entfernt versetzt wurden und die Firmen, die sie besaßen, in Konkurs gingen. Denn genau das passiert, wenn du bespitzelst wirst: dein Leben zerbricht. Egal, ob du ein Staatsoberhaupt bist oder ein Arbeiter – dein Leben bleibt nur intakt, solange du es schützen kannst, es dir also allein gehört. Wenn jemand jede einzelne deiner Schwächen, jede Inkonsequenz ausspioniert, endet deine Freiheit und mit ihr das Recht auf Glück.

Anfangs überwand Snowden sein Schuldgefühl wegen der Einbrüche in die Privatsphäre anderer Menschen, die er jeden Tag beging, weil seine Vorgesetzten ihm immer wieder versicherten, es gehe um wichtige Informationen für die Verteidigung der USA. Du musst bedenken, es waren die Jahre unmittelbar nach dem Angriff auf das World Trade Center. In diesem Sinn an die Gefühle eines jungen Amerikaners zu appellieren, war damals leicht.

Innerhalb kurzer Zeit hatte Snowden Geld, eine wichtige Position und einen guten Ruf. Trotzdem beschloss er, das alles aufzugeben. Warum?

Snowden hatte gut rechnen gelernt. Addieren und subtrahieren. Und Politik ist leider oft nur eine Frage von Addition und Subtraktion. Dank seiner Berechnungen erkannte Snowden, dass es keinen Sinn hatte, Menschen auszuspähen, um terroristische Angriffe abzuwehren. Allein seine Landsleute zählten 320 Millionen Menschen, unmöglich, sie alle zu überwachen. Lächerlich, die ganze Welt zu überwachen.

Snowden schloss daraus, dass es nicht der Terrorismus war, was seine Vorgesetzten interessierte, sondern das Leben bestimmter Menschen: Staatsoberhäupter, Richter, Unternehmer, einige Aktivisten. Snowden begriff, dass das Hacken eine Macht war – tatsächlich ist es die neue Macht, die die ganze Welt beherrscht. Dank der von Hackern gesammelten Daten kann man sogar den Ausgang einer Präsidentenwahl beeinflussen. Stell dir vor, Facebook würde heute hier in Italien die Daten der Nutzerprofile verkaufen. Das ist kein Geheimnis: Wenn eine neue Partei wüsste, was Menschen wünschen, welche Filme, welche Lektüren sie lieben, könnte sie ihre Kampagne im nächsten Wahlkampf so gestalten, dass sie die Stimmen dieser Menschen bekommt.

Snowden hatte also begriffen, dass dies ein perverser Mechanismus der Politik war, der schwere Schäden in der Privatsphäre anrichten konnte. Es genügt, ins Visier des Geheimdienstes zu geraten, und dein Leben geht in die Brüche. Man sagt so oft, es sei schrecklich, nur wegen dem geliebt zu werden, was man hat, nicht wegen dem, was man ist, doch niemand zieht je die Möglichkeit in Betracht, dass es umgekehrt laufen könnte, dass man zwar hat, aber fürchtet, nicht mehr geliebt zu werden, weil das, was man ist, manipuliert wird.

Stell dir vor, dein Liebesleben wird nicht durch Untreue oder einen krisenhaften Moment zerstört. Du hast richtig verstanden. Dein Partner oder deine Partnerin hat keinen anderen. Und sie oder er hat auch deine Schwächen nicht satt. Sie beschuldigen dich nicht, dass du zu wenig Zeit mit ihnen verbringst, und begehren dich noch immer.

Doch jemand beobachtet euch. Jemand bespitzelt eure privaten Chats, eure Gespräche und gibt diese Daten an Dritte weiter. An einflussreiche Personen, die bewirken können, dass dein Partner in eine andere Stadt versetzt wird oder seinen Job verliert. Die sich an ihn heranmachen, ihn verleiten, zu trinken und sich dann ins Auto zu setzen, wo er einen Unfall riskiert. Sie können auch deiner Partnerin ein Foto von dir aufs Smartphone schicken, wo du einfach nur eine Freundin umarmst oder aus Versehen jemanden küsst.

Es gibt viele Methoden, dein Leben zu zerstören, die Informationen über dich müssen nur von Menschen ausgewählt werden, die andere Prioritäten haben als du. Die Beispiele, die ich genannt habe, das Foto eines Kusses oder jemanden zum Trinken zu verleiten, sind wirklich passiert und von Snowden angezeigt worden. Sie sind nicht erfunden.

Es müsste ein Grundrecht sein, dass unser aller Leben in natürlichen Bahnen verläuft. Das Leben würde sich nicht lohnen, wenn wir nicht aus persönlichen Gründen mit unserer Mutter oder unserer Freundin streiten, sondern weil jemand – von oben – die Macht hat, unser Verhalten zu lenken. Denk darüber nach. Wenig genügt, damit wir emotional zusammenbrechen. Es reicht, dass man uns – möglichst in rascher Folge – eine Autopanne haben lässt, uns kündigt, unser Konto sperrt, uns fünf Mal hintereinander von der Polizei anhalten lässt. Am Ende eines Tages, an dem auch nur eines dieser Dinge passiert, würde jeder wegen einer Kleinigkeit aggressiv reagieren oder Leuten auf den Leim gehen, die bezahlt wurden, um sich uns zu nähern ... Es braucht nicht viel, glaub mir, um einen Menschen vollständig aus der Bahn zu werfen.

Als er erkannte, dass die Informationen, die er den amerikanischen Geheimdiensten weitergab, derartige Folgen für das Leben der Menschen hatten, sagte Snowden sich von ihnen los. Ihm war klar geworden, dass kein einziger Zweck den Einsatz solcher Mittel rechtfertigen konnte. Kein einziger Gott konnte und durfte der Demiurg unserer Leben werden.

Snowden rief Journalisten an und packte aus. Heute lebt er in Russland. Verrückt, findest du nicht? Er hat sein friedliches Leben aufs Spiel gesetzt, um die Freiheit zu verteidigen, und hat dadurch seine Freiheit für immer verloren. Gehetzt von den amerikanischen Geheimdiensten, musste er Zuflucht in einem der antiliberalsten Länder der Welt suchen. Das ist der Beweis, dass es keine Freiheit geben kann, wenn die Geheimdienste dich überwachen.

Der beste seiner vielen Alarmrufe ist für mich dieser:

»Zu sagen, dass Ihnen das Recht auf Privatsphäre egal ist, weil Sie nichts zu verbergen haben, ist nichts anderes, als zu sagen, dass Ihnen die Meinungsfreiheit egal ist, weil Sie nichts zu sagen haben. Dass die Pressefreiheit Sie nicht interessiert, weil Sie nicht gern lesen. Dass die Religionsfreiheit Sie nicht interessiert, weil Sie nicht an Gott glauben.«

So ist es wirklich: Das Netz hat uns in seinen gefährlichen Treibsand gelockt, indem es uns weismachte, es sei demokratisch und gleichgültig gegenüber sozialen Schichten, Ideologien und religiösen Überzeugungen. Doch es hat einen gefräßigen, alles verdauenden Magen, der uns alle verschluckt, und wir wissen nicht, was wir sein werden, wenn es uns wieder ausspuckt, nachdem es uns so lange in seinen Magensäften aufgeweicht hat.

Vorerst wissen wir nur, dass es unsere Identitäten in der Hand hat. Und was erschreckt, ist nicht das massenhafte Profiling für kommerzielle Zwecke, sondern dass nach den Geschäftsleuten die Autokraten unsere Profile nutzen werden. Sie tun es bereits. Sie haben eine Kartei mit unseren Profilen, die die Netzwerke gesammelt haben, ohne bei Gericht, bei der Polizei oder bei den Geheimdiensten um Erlaubnis zu fragen. Und dann sind wir alle geliefert, wie Snowden warnt:

»Sind die Daten einmal gesammelt und auf Vorrat gespeichert, kann eine Regierung jeden beliebigen Menschen zum Sündenbock machen, sie muss ihn nur auswählen und unter seinen Daten den Beweis für die passendste Straftat finden.«

Früher nutzten die Machthaber Geheimdienste wie die Gestapo oder die Stasi für ihre Bespitzelung, diese drängten dann auch Verwandte, Nachbarn, Lehrer und Freunde, jeden Abweichler zu denunzieren. Heute observiert die Macht alle ohne Unterschied, sie braucht dafür weder eine Geheimpolizei noch muss sie jemanden zur Denunziation zwingen. Früher drohte die Stasi: »Beschatte deinen Mann, sonst sorgen wir dafür, dass du deine Arbeit verlierst. Wie willst du dann deine Kinder ernähren?«

Die Stasi stellte dich immer vor die Wahl: dein Mann oder deine Kinder? Das Haus oder der Arbeitsplatz? Gesundheit oder Sicherheit? Heute muss uns keiner mehr drohen, denn wir selbst liefern die Daten unserer Leben. Früher hatten die Verwandten und Nachbarn derjenigen, die ins Visier der Geheimpolizei geraten waren, gelernt, beim Verhör etwas auszulassen, so viel wie möglich zu verheimlichen, um nicht alles preiszugeben. Heute vergisst das Netz nichts mehr, alles ist da, jeder einzelne unserer Schritte ist aufgezeichnet. Und es stimmt zwar, dass diese Art Informationen berühmten Personen stärker schadet, denn diese erregen schneller Aufmerksamkeit, doch noch schädlicher ist sie paradoxerweise für jene Normalbürger, die ihre Privatsphäre oftmals allein und unvorbereitet im Inneren einer Gemeinschaft verteidigen müssen, die nicht aus fanatischen, aber fernen Social-Media-Nutzern besteht, sondern aus Menschen aus Fleisch und Blut, die uns nahe sind. Sehr nahe.

Ich sehe, dass du skeptisch bist. »Ich habe doch gar nichts angestellt! Ich habe nichts zu verbergen! Du kannst meine Chats ruhig überwachen, damit hätte ich überhaupt kein Problem!« Das glaube ich dir gern, aber die Details deines Lebens bedeuten nur so lange nichts, wie sie deine bleiben. Wenn sie öffentlich werden, wenn sie sich in den sozialen Medien verbreiten, auf den Handys deiner Freunde, deines Vaters und deiner Tante, wird es außerordentlich schwierig für dich, für jede deiner Behauptungen, jede Entscheidung, jede Handlung, und sei es die unschuldigste, geradezustehen. Wir alle haben das Recht auf einen für niemanden zugänglichen Bereich, in dem wir leben und Dinge tun können, die anderen nicht zugänglich sein sollten – nicht, weil es sich um Straftaten oder grobe Unmoral handelt, sondern weil jedes Leben einen intimen Raum braucht.

Das Innerste der Menschen zu erforschen, ist schön, für die Privatsphäre gilt das nicht. Das Innerste ist der tiefe Wert einer Person, es sind persönliche Entscheidungen, Gefühle, die dem Licht der Öffentlichkeit verborgen bleiben und nur denen gegenüber zum Ausdruck gebracht werden, die es verdienen. Die Privatsphäre ist der Alltag: sich die Schuhe ausziehen, der Teller beim Abendbrot, der heimliche Kuss, Untreue und Flirts. Diese Fährte zu verfolgen gleicht einem verabscheuungswürdigen Spionieren durch ein halb geöffnetes Fenster. Den Einbruch in die Privatsphäre überstehen nicht einmal Helden. Gandhi auf der Kloschüssel sitzend, weltweit gesendet, ist nicht mehr Gandhi; Mandela, der in seiner Zelle auf Robben Island masturbiert, ist nicht mehr Mandela. Damit wir uns schon als Kinder an so etwas gewöhnen, müssten die Geschichtsbücher vielleicht, statt Hochglanzfotos von Helden und Staatsoberhäuptern zu zeigen, Bilder von Präsidenten auf dem Bidet enthalten, von hochrangigen Militärs, die sich unter Darmkoliken krümmen, und von Bürgerrechtsaktivisten, die auf einer öffentlichen Toilette oder im Fahrstuhl ihre Pickel im Spiegel betrachten. Ja, vielleicht sollten wir lernen, uns ein für alle Mal mit den intimsten und empfindlichsten Seiten unseres Menschseins vertraut zu machen, damit es keine traumatische Erfahrung für uns ist, wenn jemand sie klaut und dem Netz zum Fraß vorwirft. Viele Psychoanalytiker sagen voraus, dass all das für die nächsten Generationen normal sein wird. Ja, jeder Mensch mit öffentlichem Profil, wie ein Staatsoberhaupt, wird wissen, dass er alles online teilen muss: den ersten Kuss, die erste alberne Party, wo er nackt in den Schnee hinausgelaufen ist ... Die Grenzen der Privatsphäre verschieben sich bereits. Journalisten, die sich auf die systematische Verletzung der Privatsphäre spezialisieren, und Zeitschriften, die sich für so etwas hergeben, um mehr Leser zu erreichen, rechtfertigen sich mit einem Trick. Sie sagen, wenn es stimmt, dass du in der Nase gebohrt hast, dann handelt es sich um eine Nachricht, und die dürfen sie veröffentlichen! Wenn du in der Schule einen Verweis bekommst, weil du deine Klassenkameraden verspottet hast, wird der nicht zurückgenommen, weil du erklärst, dass Silvia wirklich im Heim lebt, dass Marcos Mutter wirklich im Gefängnis sitzt, das Jashan wirklich nach Kohl und Zwiebeln stinkt und Mirkos Vater tatsächlich arbeitslos ist!

Wir müssten also dafür kämpfen, dass die Regeln, die in der Schule gelten, auch außerhalb der Schule, in der Welt angewendet werden. Denn es geht um Folgendes: Du kämpfst gerade für eine wichtige Sache, da öffnet jemand plötzlich die Tür deiner Toilette, fotografiert dich und postet das auf einer Website für Klatschgeschichten. Was auch immer du danach sagst oder schreibst, wird kaum gehört werden, die Menschen werden sich kaum auf den Sinn konzentrieren können, denn alle werden dich immer nur mit heruntergelassener Hose und der Klopapierrolle in der Hand sehen.

Jemand hat gesagt, die Nachrichten seien komprimierte Literatur. Ich sage, dass die Skandalnachrichten komprimiertes Leben sind. Wenn dem Leben eines Menschen – einem höchst empfindlichen Mechanismus – seine Ganzheit, seine Komplexität genommen werden, reduziert es sich auf peinliche Details: das Nachwachsen der Haare, ein deplatziertes Gelächter, eine dumme SMS, die heruntergerutschte Badehose am Strand, der weit aufgerissene Mund, wenn man eine Olive isst, die halb geschlossenen Augen beim Gähnen, ein dämlicher Gesichtsausdruck.

Wenn sich jemand Teile unserer Intimsphäre nimmt, um sie auf der Straße vorzuführen, müssten wir alle einer Meinung sein, dass es sich dabei um Einbruchsdiebstahl handelt, um bewaffneten Raubüberfall, um Gewalt und Missbrauch – und dass es so bestraft werden muss wie diese Verbrechen. Stattdessen gehen wir in die entgegengesetzte Richtung: Wir zögern, wir lassen es geschehen und wir amüsieren uns, denn die Verletzung der Intimsphäre anderer kommt allen gelegen. Sie ist eine großartige Waffe für Einschüchterung und Erpressung, die bei den Nachbarn angewandt werden kann, beim unbequemen Richter, bei der lästigen Journalistin. In der Welt des »Jeder gegen jeden« ist die Schlammschlacht keine Ausnahme mehr, sondern zur Regel geworden. Sie ist kein Mittel devianter Geheimdienste mehr, keine Einschüchterungsmethode mächtiger krimineller Vereinigungen oder brutaler, korrupter Regime. Sie ist der Abgrund, in den wir alle gestürzt werden, das »Wir sind doch alle gleich«, »Wir sind alle Ungeheuer«. Wenn mit solchen Reden die Fehlbarkeit gemeint wäre, die uns allen angeboren ist, wäre ich sehr einverstanden, das würde ich sofort unterschreiben. Doch das Gegenteil ist gemeint. Es ist ein »wegtreten!«, denn mittlerweile hat das Spiel keine Regeln mehr. Es ist der deutlichste Ausdruck des Rückzugs aus allem Engagement.

An diesem internationalen Moratorium der Privatsphäre beunruhigt mich, dass das Recht auf freie Meinungsäußerung heutzutage von den Wildwest-Methoden der Medien ernsthaft bedroht wird. Wer die Machthaber kritisiert, wird mittels systematischer Verletzung seiner Privatsphäre zum Ungeheuer gemacht, und das Netz ist dabei eine große Hilfe. Für die Bestrafung politischer Gegner benutzten die Faschisten Rizinusöl, die Maoisten Umerziehungslager, die Schergen von Videla Todesflüge und die Sowjets den Gulag. Heute stehlen die Diktatoren aller Welt den Menschen, die Widerstand gegen sie leisten, Einzelheiten ihres Privatlebens, stellen sie ins Netz und nähren damit Hass, Klatschgeschichten, Scham und Absonderung. Dreihunderttausend Dislikes und fünftausend Morddrohungen können eine Überlebende der Konzentrationslager in ein lächerliches Meme ohne Bedeutung und Autorität verwandeln.

SCHREI, DASS JEDER DAS RECHT AUF SEINEN INTIMEN RAUM HAT.

Zum »ersten Gesetz der Technologie« von Melvin Kranzberg, siehe: ders., »Technology and History: Kranzberg's Laws, in: *Technology and Culture*, vol. 27, No. 3, 1968.

Zu Edward Snowdens Analyse der Politik der Plattformen im Netz und den in diesem Kapitel zitierten Sätzen Snowdens siehe: ders., *Permanent Record. Meine Geschichte*, Frankfurt 2019.

Siehe auch: Roger McNamee, *Zucked. Waking Up to the Facebook Catastrophe*, New York 2019.

WEISST DU, DASS EIN POLITISCHER FÜHRER UNIFORM TRÄGT, WENN ER DICH ERSCHRECKEN WILL?

6.
DER EWIGE WACHPOSTEN

Der Preis der Feigheit ist immer nur das Böse.
ALEXANDER SOLSCHENIZYN

Wenn du wissen willst, in welchem Ausmaß deine Regierung bereit ist, Gesetze zu brechen und die fragilen Gleichgewichte der Demokratie zu schwächen, musst du den Grad an Liturgie messen, der in der Luft schwebt. Die Art der Kleidung bei öffentlichen Auftritten, zum Beispiel, gehört zur Liturgie, die die Macht versprüht. Wer sich wirklich in den Dienst seiner öffentlichen Aufgabe stellen will, personalisiert sie nicht, trägt keine exzentrische Kleidung, sondern die, die er immer schon trug, auch bevor er Regierungsämter übernahm. Der Politiker aber, der die Macht benutzen will, um sie zu vergrößern, verwendet große Sorgfalt auf den Anzug, in dem er sich den Massen präsentiert. Doch aufgepasst, jemand, der seiner Kleidung politische Botschaften anvertraut, ist offenbar nicht imstande, sie Worten, demokratischen Debatten oder Entscheidungen anzuvertrauen. Wenn er es täte, würden seine Botschaften nämlich als das gelesen, was sie sind – inhaltsleere Hüllen. Also zieht er es vor, durch Gesten zu kommunizieren, durch Symbole, den auf die Kamera gerichteten Zeigefinger, Augenzwinkern, Drohungen, Beleidigungen und natürlich durch Kostümierung. Das sollte uns beunruhigen, denn jedes Mal, wenn wir in der Geschichte so etwas gesehen haben, hat es nichts Gutes gebracht, vor allem dann nicht, wenn die Kostüme Uniformen waren.

Wer außerhalb der Dienstzeiten, ungeachtet ihrer eigentlichen Funktion eine Uniform trägt, will uns etwas demonstrieren: Er ist nicht wie die anderen. Er will sagen, dass er der ewige Gendarm, der ewige Wachposten ist, der über seine guten Untertanen wacht. Er will sagen: »Schlaft in aller Ruhe, ich kümmere mich um euch! Doch als Preis für einen bewachten Schlaf müsst ihr mir eure Wachsamkeit anvertrauen.«

Wer wird dann über die »bösen« Untertanen wachen? Die, die anderer Meinung sind? Die die Regierenden ärgern? Die Kritik üben? Dürfen sie auch in Ruhe schlafen? Oder soll diese Uniform sie vielleicht daran erinnern, dass sie Scherereien bekommen, wenn sie widersprechen, wenn sie rebellieren?

Man wird einwenden: Was ist falsch daran? Ich trage nur eine Uniform. Bist du etwa gegen die Polizei? Außerdem haben das alle Staatsoberhäupter getan! Ja, aber nur unter besonderen Bedingungen, wenn das Staatsoberhaupt in Uniform für einen Tag aus einem bestimmten Anlass für ein paar Stunden zum Polizisten wird. Es ist etwas anderes, als einen Regierungsbeamten oder einen Minister zum Polizisten oder Soldaten zu machen.

Man wird einwenden, dass dies eine Respektsbekundung für die Ordnungskräfte sei – was ist falsch daran? Es ist falsch, weil die Stärke einer Demokratie in der Gewaltenteilung liegt, weil die Polizeikräfte nie politische Absichten haben und die Uniform nicht zu einem Machtmittel werden kann. Und noch eine Überlegung: In einer Demokratie trägt man Uniform, wenn das Land sich im Krieg befindet und sein gewählter Vertreter auch der Oberbefehlshaber der Streitkräfte ist – doch sogar in diesem Fall ist das riskant.

Die Uniform dient dazu, eine Unterscheidung zu ermöglichen, damit das Auge, der Blick sofort erkennt, welche Funktion ihr Träger hat. Die Uniform ist eine Garantie für den, der sie vor sich sieht. Der Kittel des Arztes, der Krankenschwester, das Gewand des Priesters zeigen, dass ihre Träger denjenigen zur Verfügung stehen, die diese Uniform nicht tragen, und sie ist für beide ein Bezugspunkt, der weitere Vermittlungen unnötig macht. Doch der Politiker, der eine Uniform trägt, gibt etwas anderes von sich zu erkennen, das macht ihn so unheimlich. Der Krankenpfleger zieht seinen weißen Kittel an, um seiner Arbeit nachgehen zu können, um seine Kleidung zu schützen, aus hygienischen Gründen und um für seinen Patienten sofort erkennbar zu sein. Warum müsste ein Politiker sich als solcher erkennbar machen?

In Demokratien sind die Polizeikräfte Teil jenes hochempfindlichen Gleichgewichts, das auf der Äquidistanz zwischen Polizei und Politik beruht. In Diktaturen aber tragen die Tyrannen stets Uniform, um zu signalisieren, dass diese Distanz aufgehoben wurde und sie jetzt an der Spitze der Milizen und der Polizei stehen. Ihre Botschaft lautet, dass die Armee ihnen und keinem anderen gehorcht. Fidel Castro trug jahrzehntelang bei seinen öffentlichen Auftritten eine Uniform. Die Logik war in allen Ländern des realen Sozialismus dieselbe: Die Armee ist das Volk, ich bin der Oberbefehlshaber der Armee, ich bin der Führer des Volkes. Wer Fidel Castro angriff, hatte also sämtliche Ordnungskräfte gegen sich. In sehr wenigen Fällen legte Fidel Castro die Militäruniform ab, zum Beispiel als er 1998 eine Begegnung mit Papst Johannes Paul II. hatte. Und es war kein Zufall, dass nach diesem Treffen viele politische Gefangene freigelassen wurden. Es ist, als hätte Castro mit dem Verzicht auf die Uniform dem Papst gesagt: »Ich komme in Frieden!«, und als würde die Uniform einem Zivilisten sagen: »Ich bin bereit zum Krieg«. Doch gegen wen?

Gaddafi trug die Uniform, um zu zeigen, dass er über militärische Macht verfügte, die mit Waffengewalt errungen war. Seinen Untertanen signalisierte die Uniform: »Ich regiere euch mit eiserner Faust.« Kein Wunder, dass Libyen unter Gaddafis Regierung in seine Kaserne verwandelt wurde.

Es stimmt, was du sagst, auch in Demokratien wurde Uniform getragen, Winston Churchill zum Beispiel trug sie. Ja, aber England war offiziell im Krieg, und die Uniform sollte bedeuteten, dass Churchill nur für die Zeit an der Spitze der Streitkräfte stand, die für das Unternehmen »Blut, Schweiß und Tränen« gebraucht wurde, zu dem er sein Land gezwungen hatte, um sich Hitler entgegenzustellen. In Jalta hebt sich Roosevelt mit seinem bürgerlichen Anzug von Stalin in der Uniform des »Obersten Heerführers der Sowjetunion« ab und schreit ihm damit wortlos entgegen: In meinem Land gebührt diese Uniform nur Eisenhower.

Eine Uniform zu tragen, bedeutet bei einem politischen Führer niemals nur die theatralische Zurschaustellung von Macht. Die Uniform verweist immer darauf, dass Waffen zur Verfügung stehen und eingesetzt werden können. Wer eine Uniform trägt, wird sich früher oder später auch mit einer Waffe in der Hand porträtieren lassen: Ich und die Armee, ich und die Polizei, das ist Umarmung, Verschmelzung, Identität. Oder will jemand, der eine Uniform trägt, die ihm nicht gehört, uns verkünden, dass der Alarmzustand herrscht? Etwas, das wir nicht wissen, er aber weiß, weil er der politische Führer ist? Er weiß alles, sagt uns aber nichts, weil er sich um uns sorgt und über seine kindlichen Untertanen wacht.

Du aber schrei laut: Du bist kein Kind. Schrei, dass du nicht willst, dass er sich Tag und Nacht in dieser Uniform aufopfert, um dir Sicherheit zu garantieren. Denn was er tut, bedeutet, dass jegliche Kritik an seinem Tun wie ein Sicherheitsproblem behandelt werden wird.

Achte einmal darauf: Wenn du dir die schlimmsten Diktaturen der Welt ins Gedächtnis rufst, fallen dir Männer in Uniform ein: Hitler, Stalin, Mussolini, Gaddafi, Fidel Castro, Pinochet, Umar al-Bashir, Mobutu Sese Seko. Herrische Männer, die dir weismachen wollen, ihr Körper sei nicht einfach nur ein Körper, sondern die Inkarnation einer überzeitlichen Mission.

Die Uniform des Staatsführers ist das Zeichen seiner Befehlsgewalt. Ein Politiker in Uniform ist nicht mehr das Ergebnis freier Entscheidungen der Wähler, sondern eines »Charismas«, einer höheren »Ernennung«.

Schrei du! Lass dich nicht von der stummen Liturgie täuschen, richte deinen Blick auf den, der die durch Regeln und demokratische Mandate gesetzten Grenzen respektiert. Vergiss nicht, dass man eine Wählerstimme nicht wie ein Like auf der Welle einer instinktiven Zustimmung ausdrückt, sondern erst nachdem man zugehört, überlegt und Fakten verglichen hat. Wenn sie dir sagen, dass man Feuer entfacht, indem man zwei Stöckchen aneinanderreibt, fordere sie auf, das Experiment vor deinen Augen zu wiederholen – egal, ob sie dich einen Scheißpositivsten nennen.

Was auch immer ein Politiker dir einreden will, sag ihm, er soll aufhören, Kaninchen aus dem Zylinder zu ziehen. Den Zauber eines Unterhaltungskünstlers braucht er nicht, er muss dich nicht verblüffen, sondern nur beweisen, dass er etwas von seinem Fach versteht – denn wenn der Motor streikt, überlässt du dein Auto einem Mechaniker, nicht einem Friseur.

Die stumme Geste, die Uniform, Theatralik ohne Worte, die unterschwelligen Reize dieser Liturgie dürfen dich nicht verführen.

Ich weiß schon, bei dir klappt das nicht, es macht nicht den geringsten Eindruck auf dich.

SCHREI, DASS DU NICHT ZUM BEWAFFNETEN MILIZSOLDATEN
EINES KRIEGES GEMACHT WERDEN WILLST.

NUR WORTE

7.
SABOT

> Ich bin Schriftsteller.
> Ich bin weder dort, wo ich bin, noch dort, wo ich nicht bin.
> Ihr könnt mich ins Gefängnis stecken.
> Doch ihr könnt mich dort nicht festhalten.
> Weil ich die Zaubermacht besitze, die allen Schriftstellern eigen ist.
> Ich kann mühelos durch Wände gehen.
> AHMET ALTAN

Weißt du, was mir an Biografien nicht gefällt? Sie verdichten Leben und lassen sie am Ende alle gleich aussehen. Genormte Leben ohne Aussagekraft, weil sie auf wenige Daten, wenige Ereignisse reduziert wurden, die alle dasselbe Gewicht zu haben scheinen: Geburt, Hochzeit, Werke, ein paar Schwierigkeiten, Tod. Doch wenn du über dein Leben nachdenkst, erkennst du, dass kein Jahr mit den anderen vergleichbar ist, und wenn man verstehen soll, wer du wirklich bist, müssten die drei-, vierhundert Seiten deiner Biografie nur von einem einzigen Ereignis handeln, denn nur das zählt, nur das hat dich geprägt, nur das lohnt die genaue Betrachtung. Alles andere sind bloß Randbemerkungen.

Aber du hast sicher, wie ich auch, nur schmale, auf ihr Gerippe reduzierte Biografien gelesen, wo Freude und Schmerz gleichwertig sind. Wo vom Kampf zwar erzählt wird, aber in einer einzigen Tat komprimiert, sodass er verschwindet. Dann nur noch Prozesse oder Urteile.

Nimm die Literatur, zum Beispiel. Du hast mehrere Schriftsteller aufgereiht in einem Handbuch gefunden, vielleicht mit einem ausgewählten Text, oder du hast online eine Biografie geöffnet und dir auf diese Weise ein Bild von Schriftstellern als harmlose Menschen gemacht. Die nur über entschärfte Waffen verfügen. Die niemanden verletzen, niemanden aufhalten, niemanden töten. Du bist überzeugt, dass Worte weder Mauern einreißen noch Schranken sprengen können. »Es sind nur Worte!« Sagt man nicht so?

Hast du dir das mal überlegt? Wer liest, muss sich absondern, er führt eine intime Beziehung mit dem Buch. Und genau diese Beziehung mit dem Buch wird seit jeher als gefährlich angesehen. Was du auf der Straße machst, kann ich sehen, kontrollieren, angreifen, überwachen und dem Gespött preisgeben, aber was du in deinem privaten Bereich tust und denkst, ist unerträglich für mich, weil ich es nicht kontrollieren und seine Konsequenzen nicht vorhersehen kann. Im nicht öffentlichen Raum mit zugezogenen Gardinen entzieht das Buch den Leser der sorgfältigen Verführung durch den Demagogen.

Denn das wahrhaftige Wort unterbricht die Hypnose, blockiert die Übertragung, vereitelt die Trance, die der demagogische Verführer mit allen Mitteln bei der Masse erzeugen will. Das Wort will die Kraft sein, die sich dazwischenschiebt, die stört, wie der Holzschuh des Arbeiters, der in das Räderwerk des Montagefließbands gesteckt wird, um es anzuhalten. Weißt du, was Holzschuh auf Französisch heißt? *Sabot*. Daher unser Wort *Sabotage*. Man bezichtigt das Wort der Sabotage. Ich weiß, dass der Versuch, eine Übertragung zu unterbrechen, an sich keine Straftat ist, doch er wird tatsächlich fast überall in der Welt bestraft. Das beweist die Anzahl der Journalisten, Schriftsteller, Philosophen, Künstler und Intellektuellen, die von den Machthabern direkt oder indirekt tagtäglich mit großem Eifer verleumdet, verspottet, gedemütigt, verwarnt und bestraft wird. Ist dir klar, dass diese Anzahl weit größer ist als die der Kriminellen und Mörder, gegen die die Mächtigen einen offenen Kampf führen? Ein Mörder tötet, er wird vor Gericht gestellt und verurteilt, ein Dieb begeht einen Raub, er wird angeklagt und verurteilt. Man unterbindet die kriminellen Taten, beschlagnahmt das Raubgut, sichert die Banken, hindert diese Menschen daran, weiterhin zu töten. Doch wie sperrt man das Wort ein? Wie zerreißt man es?

Dann aber erkennt man, dass die Macht sich an dem stört, der schreibt, weil in Wirklichkeit der unbequem wird, der liest. Wer nur für sich schreibt, ist nicht gefährlich, denn wenn niemand ihn liest, hat er nur Zeit verschwendet. Das Problem sind die Leser. Wer liest, begnügt sich schwerlich mit dem Slogan, dem Schlagwort, dem Sinnbild, dem Symbol. Leser sind einsame Sucher, doch wer sucht, der gräbt und findet früher oder später beim Graben etwas heraus.

Nicht das Buch manipuliert den Leser, präge dir das ein, der Leser manipuliert das Buch. Das Buch ist ein Werkzeug, das der Leser benutzt, um sich selbst auszudrücken, um sich zu befreien, selbst zu denken, zu existieren. Diese Seiten habe ich geschrieben, ja, aber sie können nur dann wirken, wenn sie alles hervorholen, was am Grund lag, was du für dich behältst und was wir jetzt gemeinsam ans Licht bringen. In gewisser Weise schreibe ich jetzt deine Worte auf. Das trifft nicht auf alle Leser zu und natürlich nicht auf alle Schriftsteller. Es gibt die Unterhaltungsliteratur, die dich auf ein Fest mitnimmt. Ist sie weniger wichtig? Natürlich nicht. Doch sie riskiert viel weniger. Sie wird überall auf der Welt und zu jeder Zeit akzeptiert. Amüsiere dich! Sing harmlose Lieder!

In meinem Bekanntenkreis gibt es Belletristen, aber ich sehe den Unterschied zwischen ihnen und denen, die versucht haben, mit dem Wort zu kämpfen. Die für ihre Worte grausamer verfolgt wurden als die gefährlichsten Verbrecher. Und du, welche Art Leser möchtest du sein? Ein harmloser Leser? Nun, dann musst du dich mit harmlosen Autoren begnügen. Lies zum Beispiel nicht die *Göttliche Komödie*, denn dieses Buch entstand aus Dantes Blut im Exil! Und sag mir nicht, dass du schon *Die unerträgliche Leichtigkeit des Seins* gelesen hast. Auch Milan Kunderas Worte sind nicht leicht. Im Gegenteil, sie wiegen schwer. So schwer, dass man Kundera, nachdem er zweimal aus der Kommunistischen Partei der Tschechoslowakei ausgestoßen wurde, beschuldigte, ein Denunziant im Dienst ebendieser Partei zu sein! Ja, du hast richtig verstanden, ein Denunziant! Einer, der seinen Jugendfreund geradewegs in die Zwangsarbeit im Bergwerk geschickt hat! Sag jetzt nicht: »Das sind doch Dinge, die man nur im Kommunismus geglaubt hat!«

Du irrst dich, wenn du denkst, das seien alte Geschichten. Erst kürzlich wurde ein Dokument gefunden, das ihn festnageln könnte: Ein kurzer Auszug aus einem angeblichen Polizeibericht soll beweisen, dass Milan Kundera, damals Student, nicht zögerte, einen jungen Piloten zu denunzieren, und ihn damit zu Jahren in einem Straflager verdammte.

Wer das glaubt? Viele haben das geglaubt. Studierte Leute, nicht nur ahnungslose Tölpel. Diese Leute sagen dir: »Das Dokument ist aber echt!« O ja, es wurde wirklich in den Fünfzigerjahren und wirklich von der Prager Polizei geschrieben! Doch was für ein Zufall: Ein echtes Dokument aus genau der Zeit, in der Kundera aus der Kommunistischen Partei ausgeschlossen wurde, taucht heute in einem Artikel voller Mehrdeutigkeiten und Ungenauigkeiten wieder auf ... Aber es ist doch echt! Du schrei, dass auch Dantes Verurteilung zum Scheiterhaufen in einem echten Buch geschrieben steht! Dem berühmten Buch, genannt *Libro del chiodo*, in dem die Gerichtsurteile gegen die »rebellischen«, also vom bürgerlichen Leben der Stadt ausgeschlossenen Florentiner Familien verzeichnet waren. Ein echtes Buch aus dem 13. Jahrhundert, das die echten Maßnahmen eines echten Gerichts auflistet.

Wo liegt also die Fälschung? In der Anklage. Die Anklage ist falsch. Aus Kundera wurde ein Denunziant gemacht und aus Dante ein Feind seiner Heimatstadt. Und der Autor des *Doktor Schiwago*? Auch du liebst dieses Buch? Siehst du, auch du begnügst dich nicht mit harmlosen Schriftstellern! Wegen dieses Buches wurde Pasternak beschuldigt, »eitel« und »degeneriert« zu sein. »Innerlichkeitsliteratur«, so brandmarkte man damals Literatur, die kein Loblied auf Stalin sang. Warlam Schalamow schrieb seine *Erzählungen aus Kolyma*, nachdem er Jahre im Gulag verbracht hatte. Die Schriften von Liu Xiaobo sind in China verboten. Ich könnte lange weitermachen ...

Es ist der Leser, der die sowjetische Diktatur erzittern lässt, wenn er Schalamows Erzählungen liest. Es ist die Leserin, die die Eisengitter öffnet, hinter denen Liu Xiaobo im chinesischen Gefängnis sitzt.

Leser, das ist deine Macht, die größte Macht, die dir je gewährt wurde! Die Macht, zu lesen, in diese Seiten und diese Leben einzutauchen. Die Macht, diese Leben zu verteidigen. Zu einer Gemeinschaft zu gehören, die kämpft, die schreit, die sich nicht zum Schweigen bringen lässt. Diese »community«, ein oft zu leichtfertig gebrauchtes Wort, bezeichnet eine Gruppe Menschen, die durch starke Solidarität verbunden sind, Anhänger einer Idee, einer Vision von Gerechtigkeit und Kampf, Anhänger eines Schriftstellers, eines Politikers, einer Aktivistin. Was verächtlich eine »Herde« genannt wird, sollten wir eine Gemeinschaft nennen. Wir müssen lernen, uns als Gemeinschaft zu fühlen, denn nur die Gemeinschaft kann widerstehen, nur die Gemeinschaft kann hoffen, Dinge voranzubringen. Also müssen wir uns zählen, wir müssen zählen, wie viele zu unserer Herde gehören.

Es gab eine Zeit, in der auch ich dieses Wort benutzte, ohne seine Bedeutung zu verstehen. Ich habe damit die unkritische, stumpfsinnige Gefolgschaft von Ideen bezeichnet, die ich nicht teilte. Als ich auf dem Gymnasium das Wort »Herde« für all jene gebrauchte, die ihr Gehirn ausgeschaltet hatten, um sich mit der Propaganda zu begnügen, als ich die Deutschen, die den zerstörerischen, wirren Reden Hitlers applaudierten, »Herde« nannte, dachte ich nicht daran, dass es auch eine andere Herde gab, eine Herde, die Martin Luther King oder Nelson Mandela unterstützte. Eine Herde, ohne die diese Männer nichts bewirkt hätten. Keiner von ihnen hätte etwas bewirkt, wenn um sie herum nicht andere gewesen wären, die sich zusammen mit ihnen bespucken ließen, wenn nicht andere sich fest um sie geschlossen hätten, um sich zusammen mit ihnen schubsen, treten, schlagen, beleidigen zu lassen und dabei eng verbunden zu bleiben, Blicke zu wechseln, um sich gegenseitig die Angst zu nehmen, einander die Fackel weiterzureichen, um die Straße ein wenig zu beleuchten, um sich beim Gehen zu wärmen, die Ungewissheit ein wenig zu mildern, abwechselnd denen aufzuhelfen, die fallen, und all das obwohl keine Aussicht auf Ruhm und Ehre vor ihnen lag, obwohl gemeinsam zu marschieren nur bedeutete, Tritte, Kränkungen und Entbehrungen zu kassieren. Obwohl gemeinsam zu marschieren bedeutete, dasselbe Schicksal zu erleiden. Eine Herde sind die Apostel, die sich zu Zeugen der Kreuzigung Jesu machen, im Wissen, dass die römischen Besatzer ihre Namen vermerken und nicht zögern werden, es ihnen mit demselben Schicksal heimzuzahlen. Herde sind all jene, die immer dann aufschreien, wenn die Menschen guten Willens – die Menschen, die jeden Morgen mit einem einzigen Ziel aufstehen: versuchen, die Welt besser zu machen – als Betrüger, Profiteure, Verkommene, Vaterlandsverräter, Subversive, Gewalttäter, Egozentriker, Paranoiker, Geistesgestörte, Manipulierer, Lügner, Verrückte, Versager, als berechnend und habgierig dargestellt werden.

Während des Faschismus sahen die Gefängniswärter zu ihrem Erstaunen eine neue Art Häftlinge ankommen: gut gekleidet, höflich, sehr dankbar, wenn man ihnen Bücher oder Schreibpapier beschaffte. Bald darauf aber wurde es zur Norm, weitsichtige Menschen mit abgezehrten Körpern, verkrümmten Rücken, zerknautschen Anzügen, schmächtigen Armen und wehrlosen Beinen durch die Tore der faschistischen Gefängnisse eintreten zu sehen. Journalisten, Schriftsteller, Intellektuelle, Künstler und Dichter füllten die italienischen Strafanstalten. »Gehetzte Tiere« nannte sie Gaetano Salvemini. Weißt du, warum italienische Autoren bis heute nicht aufhören können, über den Faschismus nachzudenken? Weil der Faschismus uns mehr als jede andere politische Bewegung oder historische Periode in Italien Wörter gestohlen hat. Und einem Schriftsteller kann man nichts Schlimmeres antun, als ihm Wörter zu nehmen.

Mir hat der Faschismus viele Wörter genommen. Wörter, die ich vermeide oder aus der Schublade zu holen versuche, in die sie der Faschismus gesteckt hat; eine heikle und sehr komplizierte Aktion ohne Erfolgsgarantie. Ich weiß, nicht die Wörter an sich sind schuld daran. Sie haben sich nicht unterworfen, sie waren Opfer, und ich müsste Mitleid mit ihnen haben, aber es ist, als wären sie unwiederbringlich kontaminiert.

FAUST, GUMMIKNÜPPEL, RIZINUSÖL, GEIFER, FUSSTRITT, MANIPEL, VATERLAND, MARSCH, RASSE, IMPERIUM, EHRE, ITALIENISCHES VOLK, KÜHNHEIT, KAMERAD, die Adjektive TAPFER, MÄNNLICH, MANNHAFT, GESUND, WAGEMUTIG, WEIBISCH, VERWEICHLICHT, die Verben SIEGEN, GEHORCHEN, KÄMPFEN, SPURTEN, WAGEN, AUFSPRINGEN, UNTER-

WERFEN, BRECHEN und die Imperative SCHWEIGT! SCHWEIG! MUND HALTEN! und der Ausdruck DAS IST MIR SCHEISSEGAL!

Ich versuche, diese Wörter nicht zu benutzen, wenn es mir aber passiert, überwache ich sie, und dann ertappe ich mich dabei, dass ich das Gegenteil all dieser Wörter hintereinander aufsage wie eine Litanei, eine Beschwörung, ein verzweifeltes Gebet: Ich will nicht wagen, ich will nicht tapfer sein, ich will nicht »glauben und kämpfen«, sondern zweifeln. Ich will nicht knüppeln, ich will nicht marschieren, ich will keine Fußtritte geben. Das ist mir nicht egal, im Gegenteil, es ist mir sehr wichtig und ich mache es mir zur Pflicht. Vor allem SCHWEIGE ICH NICHT. Und ich möchte, dass auch du beschließt, niemals zu schweigen. Schrei, dass du nicht schweigen wirst.

SCHREI, DASS ES NIEMALS NUR WORTE WAREN.

8.
DER PLAGIATOR

Die Wahrheit ist die Nahrung der Seele.
GIORDANO BRUNO

Am 17. Februar des Jahres 1600 wird ein Mann auf den Campo de' Fiori in Rom geführt, vor aller Augen nackt ausgezogen und bei lebendigem Leibe auf einem Haufen Holz verbrannt. Dort, wo dieser Mann verbrannt wurde, steht heute eine Bronzestatue, die uns in Bann zieht, auch wenn wir versuchen, sie zu ignorieren.

Ich hebe die Augen, sie spricht zu mir:

»Siehe, was einem Menschen geschieht, der spricht!«

Der Mann, der auf dem Scheiterhaufen brennt, ist knapp über fünfzig, doch nach Aussage der Priester, die ihm die letzte Ölung spendeten, sah er jünger aus – das äußere Zeichen eines inneren Kampfgeistes. Denn der Körper, der auf dem Platz brennt, ist der eines Philosophen, eines Menschen, der das Kämpfen gewohnt ist.

Die Flammen, die fast bis zu den Dächern der Spelunken rings um den Platz aufsteigen, verbergen ein Paradox. Die Kirche, die Giordano Bruno – so heißt der Angeklagte – bestraft, hat ihm selbst die Waffen für sein Verbrechen geliefert. Die Kirche hat ihn ausgebildet, ihn alles gelehrt, was er weiß. Sie hat ihm gezeigt, wie man die Speicher des Wissens aufbricht, wie man sich unrechtmäßig Lehrmeinungen aneignet, wie man veraltete Theorien plündert, aus denen sich noch neue Ideen herausquetschen lassen. Sie hat ihm gezeigt, wo die Arsenale des Wortes liegen und wie man sich daraus bei Bedarf bedient. Wörter, die auf dem Markt viel wert sind, oder banale Worte, die du nicht gegen ein Loch in der Kutte tauschen könntest.

Doch nach den ersten Diebstählen hatte Giordano Bruno es satt, die üblichen Waren anzupreisen, und begann, selbst zu produzieren.

Brunos Kirche verfolgt die Strategie des einzigen Gedankens. Sie will nicht auf das Wissen verzichten, zur Ignoranz ermutigt sie nicht, doch das Produkt, das verkauft wird, muss immer das gleiche bleiben. Also gibt es nichts Persönliches, wenn keine Gedankenfreiheit gewährt wird. Das Prinzip des einzigen Gedankens ist auch heute das Gesetz des Marktes: niemals das Angebot diversifizieren, sondern die Nachfrage anpassen. Dies ist das grundlegende Gesetz des Kapitalismus, ob es um Waren oder Ideen geht, die Regeln sind immer dieselben. Es ist leichter, die Nachfrage anzupassen, also zum Konsum eines einzigen Produkts zu drängen, als das Angebot zu diversifizieren. Was aussieht wie viele verschiedene Lieder, viele verschiedene Schuhe, viele verschiedene Hemden, viele verschiedene Jacken, viele verschiedene Ideen, ist in Wirklichkeit immer das gleiche Produkt – sie versuchen immer, dich auf Kurs zu bringen.

Denn diversifizieren bedeutet, etwas zu riskieren und womöglich das ganze Produktionssystem in die Knie zu zwingen. Schon eine einzige Produktreihe zu erneuern, kann Erdbeben mit ungeahnten Folgen auslösen. Den Markt umzugestalten, bedeutet, eine neue Geografie der Produktion lernen zu müssen. Also besser keine Innovationen, alles lassen, wie es ist, so vermeidet man schmerzhafte Erdstöße und mögliche Stürze.

Doch hinter diesem Menschen, der brennt, verbirgt sich noch ein weiteres Paradox. Als junger Mann trug er den Habit eines Ordens, der darauf spezialisiert war, abweichendem Denken den Prozess zu machen: Katharer, Häretiker, Renegaten, Pauperisten, Freigeister. Die Dominikaner hatten die Aufgabe, diese Leute aufzustöbern, und Bruno war Dominikaner.

Zehn Jahre trug er diesen Habit, dann legte er ihn schon wieder ab.

Das brachte ihm die Exkommunikation und eine Anklage wegen Abfalls vom Glauben ein. Anfangs waren es nur Unannehmlichkeiten, lästig, aber harmlos. In der Ungewissheit, ob die Inquisitionsmaschinerie sich in Gang setzen würde, zog Bruno es jedoch vor, Italien zu verlassen und in ein langes, freiwilliges Exil zu gehen.

Auch in den Ländern, die zur Reformation übergewechselt waren, musste er sich mit dem Dogmatismus auseinandersetzen – dem der Calvinisten und Lutheraner. Auch dort klagten ihn seine Verleumder an und verfolgten ihn. Und auch dort bewiesen sie Sinn für Humor: Sie bezichtigten ihn des Plagiats und des abweichenden Denkens, also gleichzeitig zu kopieren und zu erneuern.

Für den Teil seines Denkens, der nicht widerlegt werden konnte, wurde Bruno des Plagiats beschuldigt: »Das wurde schon gesagt!«, »Das hat man schon gehört ...«, »Das sagte schon Marsilio Ficino!«. Seine radikal neuen Gedanken aber, die über die Unendlichkeit der Welten, wurden für nichtig erklärt.

Das ist eine Strategie, die du dir gut merken musst. Wer einer Person oder einer Sache die Legitimation abspricht, verfährt immer auf zwei Ebenen: Manches wird erhalten, der Rest wird verdammt. Diese Methode soll beweisen, dass man das Werk eines Autors vollständig bewertet hat, dass es in der Kritik an ihm nichts Persönliches gibt. Man versucht zu zeigen, dass man allen Seiten gerecht wird, dass man in gutem Glauben handelt, man gibt vor, im Namen der Wissenschaft oder aus Liebe zur Wahrheit zu agieren und sich von einer moralischen Pflicht, einer professionellen Ethik leiten zu lassen. »Eine Hälfte ist gut, die andere abgeschrieben«, wurde Giordano Bruno über sein Denken gesagt. »Zur Hälfte gut, zur Hälfte gefährlich.« »Zur Hälfte erbaulich, zur Hälfte unmoralisch.« Nicht: »Alles unmoralisch!« oder »Alles ketzerisch!« oder »Alles abgeschrieben!«. Halb und halb. Vergiss das nicht!

Bruno wird also von den Protestanten verachtet, die ihn beschuldigen, ein heuchlerischer Katholik geblieben zu sein, aber auch von den Katholiken, die ihn anklagen, er habe sich von Luthers Lügen verführen lassen und sei ganz allgemein ein Ketzer, einer, der jedwede Doktrin aufgreife, ohne Rücksicht darauf, welcher Mund sie ausgesprochen habe.

Denken ist doch kein Verbrechen, wirst du sagen. Doch das sagst du, weil jemand, der denkt, dir keine Angst macht, dich erschreckt höchstens jemand, der handelt. Du hast Angst, auf der Straße verprügelt zu werden, beim Warten in der Schlange am Check-in eines Flughafens in die Luft gesprengt oder vor der Kasse eines Weihnachtsmarkts bestohlen zu werden. Doch für die Macht gilt das nicht. Physische Gewalt fürchtet die Macht nicht, gegen die kann sie sich verteidigen, sie kann sie sogar benutzen, sie manipulieren. Nein, sie fürchtet das Wort, ein körperloses Etwas, das über Schranken springt, sich einschleicht, eindringt, sich duckt, einsickert. Wenn du es festhalten willst, rinnt es dir durch die Finger wie Wasser. Dieser Kampf zwischen dem Wort und der Macht ist uralt, der Macht gefällt es nicht, infrage gestellt zu werden, denn schon wenn sich ein leiser Zweifel einschleicht, droht ihre Autorität zu zerplatzen wie ein angestochener Luftballon.

Doch aufgepasst: Es ist nur eine urbane Legende, dass die Macht Gefallen daran findet, denjenigen zu beseitigen, der den Mund aufmacht. Die physische Vernichtung ist nur das letzte Mittel. Zunächst versucht die Macht, dich dazu zu bewegen, deinen Irrtum anzuerkennen, sie will, dass du aufhörst zu reden, sie versucht, dich zu überzeugen, deine Meinung zu ändern. Auch bei Bruno war das so. Die Kirche zögerte acht Jahre, bis sie ihn für den letzten Akt auf den Campo de' Fiori brachte. Vom Mai 1592, als der Prozess in Venedig begann, bis zum Februar 1600 in Rom vergingen knapp acht Jahre. Acht Jahre Anklagen, Protokolle, Verhöre, Zeugenaussagen, doch auch Versuche, ihn zur Vernunft zu bringen, ihn zum Verhandeln, zum Abschwören zu bewegen, vielleicht auch unter moderatem Einsatz der Folter, doch immer in der Absicht, ihm eine vorschnelle Hinrichtung auf dem Scheiterhaufen zu ersparen. Sie haben alles versucht.

Warum ist er nach Italien zurückgekehrt, fragst du. Ich habe nie eine Antwort darauf gefunden. Gewiss, wäre er im Exil geblieben, hätte er sich retten können. Doch er lebte seit sechzehn Jahren als heimatloser Wanderer. Vielleicht hoffte er, die Wogen hätten sich geglättet. Vielleicht hatte das Exil sein inneres Gleichgewicht unterminiert, sodass er, als dieser Brief mit der Einladung ankam, glaubte, sie sei ein Segen für ihn.

Welcher Brief? Alles begann mit einem Brief. Bruno lebte im Ausland, seine Bücher waren konfisziert, die Verleger druckten seine Werke nicht mehr, doch gleichzeitig bewunderte man sein Wissen überall. Er wurde an die Höfe ganz Europas geladen, oft von Königen, Fürsten, Adeligen unterstützt. Die Bewunderer gaben seine Lehre von Mund zu Mund, seine Bücher von Hand zu Hand weiter, versuchten, einen seiner Vorträge zu hören, wollten diesen Mann sehen, der so klein war und seine Philosophie »Philosophie aus Nola« nannte.

Da kam nun dieser Brief eines Bewunderers, einer, der schwor, er wolle ihm helfen, der versprach, er werde sein Freund sein, einer der vielen, die heimlich Brunos Werke lasen. Ein reicher, mächtiger Bewunderer, der bereit war, ihm alle Türen seines Palazzos in Venedig zu öffnen. Als Gegenleistung bat er nur um das Geschenk von Brunos Gegenwart. Bruno vertraute ihm. Wahrscheinlich wollte er vertrauen, denn ein Leben nur aus Vorsicht und Misstrauen ist kein Leben. Er wollte nichts anderes, als jemandem vertrauen zu können.

Doch als Giovanni Mocenigo – so hieß dieser Bewunderer – Bruno im Haus hatte, schwanden seine guten Vorsätze dahin. Mocenigo erkannte, dass er sich etwas Unmögliches erträumt hatte – er wollte wie Giordano Bruno werden! Je intensiver der Umgang mit seinem Idol wurde, desto enttäuschter und unglücklicher war Mocenigo. Er wollte von Bruno wissen, wie man ein so erstaunliches Gedächtnis und eine so harmonische Ausdrucksweise entwickelte, er wollte das Geheimnis seiner Widerstandsfähigkeit und Verführungsgabe erfahren. Mocenigo wollte alles wissen, er wollte wie Bruno werden. Bruno ahnte, worunter Mocenigo litt, und beschloss, wieder ins Exil zu gehen.

Doch angesichts des Wissensschatzes von Giordano Bruno verlor Mocenigo die Geduld: Wenn er nicht zu Bruno werden konnte, musste er ihn wenigstens bei sich behalten.

Er versuchte es im Guten, sagte, er mache sich Sorgen um Brunos Sicherheit außerhalb der Mauern des Palazzos, doch Bruno hatte bereits Verdacht geschöpft. Noch während der Vorbereitungen zu seiner Abreise sah er sich von sechs vermeintlichen Hausdienern umringt (in Wirklichkeit kräftige Gondolieri), die den Befehl hatten, ihn auf den

Dachboden des Palazzos zu bringen. Die Tür dieses Dachbodens öffnete sich erst wieder, um zwei Offiziere hereinzulassen, die ihn in den Kerker des Heiligen Offiziums bringen sollten.

Die Anklagen – die begründeten und die erfundenen – konnte Bruno sich vorstellen. Er hatte sich zu lange im Haus seines Gastgebers aufgehalten. Zu viele Wochen, während derer er aufrichtig, also leichtfertig ausgesprochen hatte, was er dachte. In solchen Reden sind die Männer Meister, wenn sie vor einem Glas Bier oder Wein sitzen und es schwierig wird, die Worte zurückzuhalten. Gedanken, die man besser für sich behält oder höchstens einem Freund anvertrauen dürfte, falls man einen hat. Bruno aber erzählte sie freimütig seinem Bewunderer, und der steckte sie sich in die Tasche, vielleicht schon mit der Absicht, sie weiterzuverkaufen.

Bruno vertraute ihm an, dass er Frauen sehr liebe. Dass er mit einigen Umgang gehabt habe und hoffe, noch mehr Frauen kennenzulernen. Hätte er sich auf dieses Geständnis beschränkt, wäre ihm nichts geschehen. Die katholische Kirche war mit Sicherheit die Institution mit der größten Neigung, bestimmte Sünden zu verzeihen. Du weißt, ein guter Beichtvater ist immer bereit, dich von unkeuschen Taten loszusprechen, den allein wie auch den gemeinschaftlich begangenen.

Doch wie alle Philosophen gab sich Bruno nicht damit zufrieden, Freiheit für sich selbst zu fordern, er wollte sie für alle. Und mehr noch. Er wollte aus seinen eigenen Prinzipien allgemeine Gesetze machen. Zu Mocenigo sagte er: Sexualität hat nichts Schmutziges, die fleischlichen Sünden sind keine.

Wie um seine Lage zu verschlechtern, ging er von der Moral zur Glaubenslehre über. Er sagte, dass er nicht an Wunder glaube, dass wahrscheinlich weder Moses noch Jesus Wunder gewirkt hätten, dass Reliquien anzubeten keine fromme Übung, sondern Fetischismus sei, dass eine Jungfrau nicht gebären könne, dass die Hölle nicht existiere, dass kein Gott die ewige Verdammnis für seine Kinder wünschen könne, wären sie auch die schlimmsten Verbrecher, und er fügte hinzu, dass die Gewohnheit dumm mache und Dummheit Ungeheuer hervorbringe. Er schrie diese Wahrheiten heraus, wahrscheinlich ohne Rücksicht auf seinen Gesprächspartner, denn er wollte sie nur aussprechen, er wollte sich nur ein Stück Freiheit schaffen.

Beim Verhör vor Gericht bekräftigte Bruno zunächst, was ihm bei Mocenigo entschlüpft war. Er bewies, dass seine Überzeugungen nicht im Widerspruch zur Bibel standen. Sich selbst und seine Ideen zu verteidigen, bedeutete nicht nur, sich Mocenigo entgegenzustellen, sondern auch, seine Weltanschauung zu verbreiten, sich selbst zu verwirklichen. Er war nicht nur Philosoph, er war ein Merkur, ein Botschafter, der den Auftrag hatte, die Menschen von den Zerrspiegeln zu befreien, durch die sie das Leben betrachteten.

Als er einige Jahre später begriff, dass die Mauer des Stumpfsinns, gegen die er ankämpfen musste, zu hoch war, um sie zu überwinden, hörte er auf, das Unmögliche zu versuchen, und stellte ein für alle Mal fest, dass man nicht aufhören kann, das zu denken, was man denkt!

Seine Richter aber beharrten darauf, dass das sehr wohl möglich war.

Alle Diktaturen der Welt entstehen aus derselben Überzeugung: das Denken der Menschen durch Training und eine konstante Überwachung der Denkprozesse ändern zu können. Orwell nannte sie *Verbrechenstop:*

»Verbrechenstop bedeutet die Fähigkeit, gleichsam instinktiv auf der Schwelle jedes gefährlichen Gedankens haltzumachen. [...] Verbrechenstop bedeutet, kurz gesagt, schützende Dummheit. Aber Dummheit allein genügt nicht. Im Gegenteil verlangt Rechtgläubigkeit im vollen Sinne des Wortes eine ebenso vollständige Beherrschung der eigenen Gedankengänge, wie sie ein Schlangenmensch über seinen Körper besitzt.«

Es ist, wie wenn du beginnst, deinen Körper Beugeübungen und 1000-Meter-Läufen zu unterziehen. Mit der Zeit ermöglicht das Training auch, Gedanken zu blockieren. Diese Art Gewöhnung versuchen die Mächtigen weiterhin der ganzen Welt aufzuzwingen, um nonkonformistisches Denken zu korrigieren.

Angepasstes Denken ist eine Garantie für Stabilität und Fortschritt, während das abweichende Denken Aufregung und gesellschaftliche Spannungen hervorruft, den guten Namen der Stadt und den Ruf von Regierungen, politischen Parteien und Nationen schädigt.

Auf jeden Fall – da hatten die Inquisitoren recht – versuchte Giordano Bruno nicht, sich im Verbrechenstop zu üben. Er hatte sein Leben dem Studium gewidmet, der Aufgabe, sich von Vorurteilen und Gemeinplätzen frei zu machen, und jetzt konnte man alles von ihm verlangen, außer umzukehren. Auch ein Märtyrer hatte er nicht sein wollen, das war ausgeschlossen. Das Leben war für Bruno das höchste Gut. Also versuchte er, zu verhandeln, zu erklären. Im Gefängnis füllte er Seiten um Seiten mit Notizen, die er seinen Richtern und seinen Verleumdern schickte. Er wollte den Richtern die Möglichkeit geben, sein Leben zu schonen, ohne ihm das zu verweigern, was es zu einem Leben machte, das Denken. Er versuchte einen Weg der Versöhnung, war bereit, sich für manche Dinge zu entschuldigen, einige Positionen zu revidieren, er zeigte sich entschlossen, sein Leben zu retten. Doch als er verstand, dass seine Richter nicht das von ihm verlangten, sondern dass er sein ganzes Wesen ändern sollte, dass er sprach wie sie, an das glaubte, was sie glaubten – Autorität, Zensur, Folter, Gehorsam, Dogma –, hörte er auf, sich um Vermittlung zu bemühen, und ging seinem Schicksal entgegen. Er sah ihnen in die Augen, als er sagte:

»Mit größerer Furcht verkündet ihr das Urteil gegen mich, als ich es entgegennehme.«

Verständlich, dass ihnen nichts anderes übrig blieb, als ihn zu verbrennen.

Während meines Studiums der Philosophie in Neapel bedauerte ich, dass ich nicht öfter nach Rom fahren konnte. Ich wäre gerne einmal im Monat für ein paar Stunden dort gewesen, um bis zum Campo de' Fiori zu spazieren und an dem Ort zu stehen, wo man ihn verbrannte. Und jetzt, wo ich viele Monate im Jahr in Rom wohne, kann ich paradoxerweise nie auf den Campo gehen, denn dort dürfen keine Autos fahren, und hinter den Scheiben eines gepanzerten Wagens wäre es ohnehin nicht dasselbe.* Wenn du aber dort hingehst, ob nun gerade Markt ist oder nicht, wirst du etwas Sonderbares erleben. Du wirst das Knacken der Holzscheite hören, die vor der stummen Menge brennen wie damals, am 17. Februar 1600.

Weißt du, was sie tun, als sie ihn aus dem Gefängnis Tor di Nona holen, wo er eingesperrt war? Sie sagen, er soll die Zunge rausstrecken. Dann nageln sie seine Zunge an eine Art Maulkorb. Mit der »Zunge unterm Joch« kann er nicht sprechen, der Maulkorb hindert ihn daran. Er schluckt sein Blut, und Spucke rinnt ihm über das Kinn. Sie haben Angst, er könne sprechen, seine Worte könnten die Menschen erreichen, die sich auf den wenigen Metern zwischen dem Gefängnis und dem Scheiterhaufen drängen.

Es wird schon Tag, sie bringen ihn auf den Campo de' Fiori. Dort ziehen sie ihn aus und fesseln ihn an einen Pfahl. Warum einen Menschen entblößen, dem das Feuer gleich die Haut abziehen wird? Kleider schützen uns wie Worte, sie verleihen uns Würde. Erinnerst du dich, was sie Hypatia antaten? Bevor man sie zerfleischte und verbrannte, riss man ihr die Kleider vom Leib. Wer dich gewaltsam entkleidet, will deine Würde vernichten. Die Menge beobachtet entsetzt das Schauspiel der äußersten Erniedrigung dieses Mannes. Nackt in der Februarkälte, auf dem Scheiterhaufen brennend, während das Tageslicht mühsam die nächtlichen Schatten zerstreut. Mit Bestürzung sieht die Menge zu, wie auch seine gefolterten und mundtot gemachten Worte grausam hingerichtet werden. Die Menschen sehen diese Worte eines nach dem anderen den Platz verlassen, Worte der Öffnung, der Freiheit, der Gleichheit, die sich jetzt am düsteren Himmel von Rom verlieren. Nach beendeter Hinrichtung beruhigt sich die Atmosphäre langsam. Jetzt atmet die Menge auf: Die Qual ist zu Ende. Das wissen die Menschen. Sie wissen genau, dass dieses makabre Spektakel nicht inszeniert wurde, um einen Menschen zu vernichten. Die Menge ist stumm, aber nicht dumm! Sie weiß, dass

---

* Roberto Saviano lebt seit seinem Enthüllungsbuch über die Mafia, *Gomorrha*, unter Personenschutz (A. d. Ü.).

dieses Schauspiel ihr galt, darum hat man alles getan, um dem Ereignis größte Aufmerksamkeit zu verschaffen, um es mit Plakaten in ganz Rom anzukündigen. Man musste das Volk zur Versammlung rufen:

Campo de' Fiori, am 17. des Monats Februar im Jahr 1600.

Und als alle auf dem Platz waren, kontrollierte man sie genau, damit keiner sich ablenken ließ, damit alle die Bestrafung eines Mannes sahen, der frei gedacht, frei gesprochen und geschrieben hatte.

Voller Erfolg: Die stumme Menge wurde umerzogen. Man hat ihr klargemacht, dass ihr alles vergeben wird – Neid, Betrug, Unzucht, Feigheit, Gier, Geiz, üble Nachrede, Gleichgültigkeit – nur nicht das freie Wort.

Du bist schuld, Giordano Bruno. Dein verfluchter Starrsinn ist schuld daran, wenn ich auf dem Campo de' Fiori jedes Mal den Gestank schmelzenden Fleisches rieche, wenn ich die Stimme deines Denkens hören muss, die verstummte.

Warum hast du es nicht getan? Warum hast du deine Worte nicht zurückgenommen? Warum hast du nicht gelogen, warum hast du deine Richter nicht getäuscht, wie Galileo es tat? Warum hast nicht auch du zugegeben, dass die Erde stillsteht und die Sonne sich um sie herumbewegt?

Galileo war Wissenschaftler, das ist die Antwort, die ich jahrelang gesucht und erst vor Kurzem gefunden habe. Als Wissenschaftler kannst du abschwören. Denn auch wenn Galileo behauptete, die Erde sei eine Scheibe, hätten alle weiterhin die gekrümmte Linie des Horizonts gesehen. Die empirischen Wahrheiten – ob man sie verteidigt oder nicht – werden früher oder später siegen. Auch wenn du nicht an die Schwerkraft glaubst, wird der Apfel trotzdem immer zu Boden fallen und nicht plötzlich in den Himmel hinaufschweben. Bei der Wahrheit des Denkens ist das jedoch nicht so, denn mit welchem superraffinierten Fernrohr wirst du je beweisen können, dass der Glaube eines Juden dem eines Christen gleicht? Welches Präzisionsmikroskop würde dir erlauben, festzustellen, dass die Rechte eines Kindes genauso viel

Gültigkeit haben wie die eines Erwachsenen? Mit welchen Röntgenstrahlen offenbarst du, dass Frauen und Männer gleich sind? Welcher Algorithmus wird zeigen, dass die Ausbeutung des Menschen durch den Menschen ein Verbrechen ist? Welche Waage könnte den Wert eines Menschen unabhängig von seiner sozialen Schicht, von seinen Besitztümern messen?

Du kannst es nicht.

Du kannst die Freiheit nicht mit einer Formel beweisen, du kannst nur versuchen, sie zu teilen. Je länger du Männer und Frauen beobachtest, desto klarer wird dir, dass man das Denken nicht einfach befehlen oder eintrichtern kann, es ist nicht wie eine Kontaktlinse, die aufs Auge gelegt wird, um Kurzsichtigkeit zu korrigieren, oder ein Impfstoff, den man zum Schutz vor den Pocken injiziert. Das Denken braucht Wege, Ablagerungen, Zeit, es hat nichts Plötzliches und endgültig Beweisbares. Du kannst versuchen, seine Stichhaltigkeit darzulegen, doch beim Denken und beim Recht wird es nie ein beweisbares Gesetz geben wie das, nach dem zwei Körper sich proportional zum Produkt ihrer Masse und umgekehrt proportional zum Quadrat ihres Abstands anziehen. Es gibt Wahrheiten, die nur verteidigt, nicht bewiesen werden können.

Giordano Bruno hatte mit dieser Art Wahrheit zu tun. Bruno dachte, dass alle gleich sind, Frauen, Männer, Kinder, Juden, Muslime, Christen, Weiße, Schwarze, Philosophen, Wissenschaftler, Diener, Färber, Staatsoberhäupter. Alle aus einer einzigen Substanz geschaffen. Die unendliche Substanz, aus der nach Brunos Meinung die Welt besteht. Ein einziger Lehm, aus dem das Menschengeschlecht, die Bäume, die Blumen, die Musik und der Gedanke geformt sind. Was sie unterschiedlich erscheinen lässt, ist nur die unterschiedliche Verteilung dieser Materie, die Menge des verwendeten Lehms. Quantität, nicht Qualität. Also ist kein Mensch besser als der andere, es kommt nur darauf an, zu verstehen, wie diese Quantität verteilt ist, und das gilt für die Ratte wie für den Baum – das ist die Unendlichkeit der Welten.

Die unendlichen Welten sind Brunos intuitive Erkenntnis. Er hatte bereits begriffen, dass wir nur ein winzig kleiner Teil des Universums sind, eine Weinrebe, wo jede Traube ein anderes Universum ist, das seinerseits weitere Weinreben enthält, deren Trauben Universen sind, die ihrerseits Weinreben enthalten. Eine Welt aus Fraktalen, genau das sind wir: unendliche Welten! Alle mit der einzigen Regel, uns mit den unendlichen Verschiedenheiten und den unendlichen Möglichkeiten der Verwandlung in Einklang zu bringen. Stell dir diese herrliche Symphonie aus Freiheit vor und die Angst, die sie bei jeder Macht auslöst, die die Grenzen des Denkens festsetzen, zentralisieren und kontrollieren will und Mauern um das Territorium deines Lebens zieht.

Diese unendlichen Welten – ethische, politische, soziale, menschliche Welten – sind Wahrheiten, die sofort sterben, wenn du aufhörst, sie zu verteidigen. So sterben auch das Recht und die Freiheit, wenn sie nicht verteidigt werden.

Galileo konnte seiner Lehre abschwören, weil die Erde sich weiterhin um die Sonne drehte, während er widerrief.

Wenn Giordano Bruno dagegen seine Wahrheiten leugnete, erloschen sie. Also blieb nichts anderes, als zu sterben, um sie zu bekräftigen.

Dieser Tod ist sein Schrei, dass die Freiheit des Denkens unendlich ist und dass durch das Denken unendliche Welten möglich sind. Dieser Schrei gehört jetzt dir. Er ist jetzt deiner.

SCHREI, DASS DAS WORT DEM FEUER STANDHÄLT.

Zum Plagiat, dessen Giordano Bruno angeklagt wurde, siehe: Germano Maifreda, *Io dirò la verità. Il processo a Giordano Bruno* (Ich werde die Wahrheit sagen. Der Prozess gegen Giordano Bruno), Laterza, Roma/Bari 2018: »Der Autor war wegen seiner enttäuschenden Erfahrungen im Begriff, England zu verlassen. Seine Gedanken waren jenseits des Ärmelkanals nicht wohlwollend aufgenommen worden. Er hatte sich mit Kollegen der Universität Oxford gestritten, die ihm vorgeworfen hatten, während eines Kurses Marsilio Ficinos *De Vita* als eigenes Werk ausgegeben zu haben.«

Zum Prozess gegen Giordano Bruno siehe auch: Duilio Ricci, *Bruno e Galileo. Il silenzio del pensiero* (Bruno und Galileo. Das Schweigen des Denkens), Florenz 2013: »Zum Schutz der staatlichen Behörden sollte der Prozess die einzige erlaubte Wahrheit bestätigen, und das war nur möglich, indem das nicht konforme Denken zum Schweigen gebracht wurde.«
G. Bruno, *Die Fackel der dreißig Statuen*, üb. von Erika Rojas, Skorpion Verlag 1999.

George Orwell, *1984*, üb. von Kurt Wagenseil, Rastatt 1950.

9.
UNSCHÄRFE

Bleibt einem nichts mehr, so muss man laut aufheulen.
Zu schweigen ist wahrlich ein Verbrechen
gegen die menschliche Spezies.
NADESCHDA MANDELSTAM

Hast auch du ihn gesehen? Er hat gerade den Zeitungsladen betreten. In der Tasche hat er ein bisschen Kleingeld, das sein Vater ihm jeden Morgen gibt. Es ist ein kostbarer Moment, wenn der Vater ihn zur Schule bringt, es ist ihr gemeinsamer Moment, vielleicht der einzige. Er steigt aus dem Auto und geht in den Laden, er will die Zeitung kaufen, bevor er ins Gymnasium Diaz geht. Immer dieselbe. Jetzt pass auf, wenn er herauskommt, wirst du ein Ritual sehen: Er rollt die Zeitung zusammen, steckt sie in die Gesäßtasche seiner Jeans. Er spielt den Gleichgültigen, in Wirklichkeit aber hat er sich die Zeitung so in die Tasche gesteckt, dass ihr Name für Leute, die hinter ihm gehen, gut sichtbar ist. Er steckt sie absichtlich in die Tasche, auch wenn es scheint, als täte er das nur aus Bequemlichkeit, um die Hände frei zu haben. Er kauft immer dieselbe Zeitung, denn die Meinung, die in dieser Zeitung ausgedrückt wird, hat ihn geprägt, und im Zuschnitt jeder neuen Nachricht findet er sich selbst wieder. Diese Zeitung vorzuzeigen, ist also, als zeigte er seine eigenen Ideen vor.

Der, den du siehst, bin ich mit sechzehn Jahren, als ich Investigativjournalist werden wollte. Nein, das ist ungenau, denn ich wollte zwar die Wirklichkeit erforschen, aber ich suchte nach etwas anderem als der journalistischen Methode. Ich wollte ein investigativer Schriftsteller werden: recherchieren und schreiben gleichzeitig, aufdecken und anklagen. Diese Vorstellung begeisterte mich. Ich glaubte, man könnte sich nichts Besseres wünschen, als zu schreien, die Wahrheit herauszuschreien. Aber nicht irgendeine Wahrheit, die könnte dir jedermann zeigen. Nein, eine Wahrheit, die man ganz allein entdeckt, die man in der Nase hat, mit Fingerspitzen fühlen kann, deren üblen Geruch man riecht, die zu erreichen einem den Schweiß auf die Stirn treibt. Eine Wahrheit, die im Schlamm steckt.

Kennst du Robert Capa? Robert Capa hat mich gelehrt, mein Leben niemals ganz scharf einzustellen, es immer ein wenig unscharf zu lassen. Nur wenn dein Leben nicht vollkommen scharf ist, heißt das, du bist nah an den Dingen dran, siehst sie, verstehst sie. So hat Capa mich Schreiben gelehrt. Wieso »schreiben«?, wirst du fragen, war er nicht Fotograf? Ja, aber wenn es darum geht, die Wahrheit einzufangen, entdeckt man, dass jede Sichtweise sich anpasst, sich zu einem einzigen Sauerteig vermischt. Denn wenn es um die Wahrheit geht, gleichen sich alle Wege. Jeder Weg ist deiner.

Er hieß nicht Capa, nicht einmal der Name durfte scharf sein. Seine Freundin änderte ihn, machte aus Endre Ernö Friedmann Roberto Capa, weil das besser klang, musikalischer. Auch sie trug einen selbst gewählten Namen, Gerda Taro. Gerda meinte, mit dem neuen Namen würde Endre seine Fotos besser verkaufen können, und er war besessen vom Fotografieren. Der Nachname »Capa« klang wie ein Echo auf den Namen eines in Amerika sehr berühmten Regisseurs der Dreißigerjahre, Frank Capra. Wie Endre Ernö Friedmann war Frank Capra ein Auswanderer, der von Amerika forderte, ihm seine Träume zu erfüllen – von Europa aus erschienen die Vereinigten Staaten damals wie die Welt, die ganze Welt. Er sagte: Amerika, gib mir die Mittel, um die Wahrheit zu erzählen! Gib mir die vielen Megafone, die deine Gesellschaft besitzt, denn ich will die Ohren derer, die zuhören, vervielfachen, ich will die Augen derer, die zuschauen, verhundertfachen!

Nun, Capa sagte, wenn du ein Foto machst, darfst du die Kamera niemals ganz scharf einstellen. Weißt du warum? Nur wenn dein Leben nicht vollkommen scharf ist, heißt das, du bist nah an den Dingen dran, siehst sie, verstehst sie. Wenn du scharf stellen musst, heißt das, du hältst Abstand. Der Abstand, den dich die Theoretiker lehren, der Abstand, der dir erlaubt, wissenschaftliche Artikel zu schreiben. Doch wenn du Abstand hältst, willst du nicht dort ankommen, wo ich ankommen will. Ich spreche von Wahrheit, nicht von Wissen. Um die Wahrheit herauszufinden, musst du dich in das verwandeln, was du suchst, du musst dem Verbrechen verwandt sein, wenn du es verstehen willst, du musst verstehen, wie ein Gemeinderat funktioniert, um zu erfahren, wie man eine Ausschreibung frisiert. Um den Tiger zu fangen, musst du Tiger sein, sonst fängst nicht du den Tiger, er fängt dich.

Wie Jim Corbett. Jim war Jäger, ein so guter Jäger, dass man ihn eines Tages bat, Jagd auf einen Leoparden zu machen, der im indischen Teil des Himalaja Menschen überfiel und fraß. Als Jim gerufen wurde, hatte das Raubtier bereits über hundert Menschen gerissen. Keiner wusste, wo der Leopard sich versteckte. Er tauchte urplötzlich vor seinen Opfern auf, so unversehens, dass man glaubte, er sei kein wildes Tier, sondern ein Dämon. Alles war versucht worden, um ihn zu fangen, doch er erschien und verschwand wie ein Geist, ohne Spuren zu hinterlassen. Weißt du, warum Jim ihn schließlich fangen konnte? Weil nur er verstanden hatte, dass er den Leoparden niemals erlegen würde, wenn er sich wie ein Jäger verhielt. Um das wilde Tier zu erbeuten, musste er ein wildes Tier werden. Jim hörte auf, wie ein Mensch zu denken, sich wie ein Mensch zu kleiden, wie ein Mensch zu hoffen, und wurde zum Leoparden.

Du wirst mich fragen: Dann muss man also zum Tod werden, wenn man den Tod fangen will? Man muss ihm begegnen, dann wird er entscheiden, ob er dich nimmt oder dich am Leben lässt. Das tut Robert Capa. Er geht nach Spanien, mitten in den Bürgerkrieg, um die Milizsoldaten zu fotografieren, er geht nach Sizilien und landet mit den Engländern und Amerikanern, er geht in die Normandie und wartet, bis es Soldaten vom Himmel regnet. Er weiß, dass man die Wahrheit verfolgen, ihr nahe kommen muss. Den Großteil seiner Fotos von der

Landung in Sizilien verliert Capa, weil er den Film zu schnell belichtet, doch dank der Technik, die er seit dem Spanischen Bürgerkrieg benutzte, entstehen Meisterwerke. Eines seiner außergewöhnlichsten Fotos zeigt den Tod eines spanischen Soldaten genau in dem Moment, als ihn eine Kugel trifft: Noch lebt er, auf dem Foto spürt man seinen Atem, aber das Leben entweicht. Ein so unglaubliches Foto, dass Capa sofort beschuldigt wird, es sei gestellt, er habe einen Statisten bezahlt, damit er den sterbenden Soldaten spielt, der die Arme ausbreitet, zum Zeichen seiner Kapitulation vor dem Tod.

Glaub niemals, die Wahrheit aufzudecken sei vergleichbar mit dem Beweisen eines Theorems. Es ist nicht so, wie beim Hundertmeterlauf als Erster anzukommen. Wenn du als Erster durchs Ziel läufst, denkst du: »Keiner kann mich mehr reinlegen! Es ist objektiv! Ich bin nicht gedopt, ihr habt einen Bluttest gemacht! Beim Fotofinish hat die Kamera mich aufgenommen. Schluss. Ich bin die Nummer eins!« So funktioniert das bei der Wahrheit nicht, denn sehr oft will niemand die Wahrheit hören, die Wahrheit ist am allerschwersten zu akzeptieren, sie beunruhigt, zwingt die Menschen, sich zu verändern, und Veränderung erschreckt immer, also ist die erste, spontane Reaktion: »Das ist nicht wahr! Irgendwo muss der Trick sein!« Aber Capa hatte dieses Foto auf dem Schlachtfeld aufgenommen, und der sterbende Mann starb wirklich. Capa hatte sich in ein Erdloch herabgelassen, nur seine Kamera ragte noch aus dem Loch heraus. Sie ruhte schwankend auf seinen Armen und fotografierte selbstständig, wählte mit ihrem Auge aus, ohne einem menschlichen Blick zu gehorchen. Keiner sagte ihr, was sie aufnehmen sollte. Irgendwann sah dieses Auge einen Mann, der rannte und plötzlich zurückgedrängt wurde, sein Gewicht war noch ganz nach vorn verlagert, als er zurückprallte. Einen Mann, der noch kämpfte, als das Leben schon entwich. Um ein Foto zu schießen, sagte Capa, braucht man keine Tricks, man muss Dinge oder Personen nicht in Position bringen, die Fotos sind schon da, man muss sie sich nur holen, denn das beste Foto ist die Wirklichkeit. Aber die Wirklichkeit ist etwas Seltsames, das viele leugnen, auch wenn sie es direkt vor Augen haben.

Jason Russell zum Beispiel, weißt du, wer das ist? Ein amerikanischer Aktivist, aufgewachsen in einer christlichen Familie mit gesunden Grundsätzen. Die Eltern hatten einen Theaterverein für Kinder und Jugendliche gegründet. Dahinter steckte die Idee, dass jemand, der als Kind einen Theaterkurs gemacht habe, niemals zum Verbrecher würde, nie eine Waffe tragen würde, um zu töten. Denn das Theater ermöglicht dir, dein Leben zu betrachten, als wäre es getrennt von dir. Wer schauspielert, trennt die Dynamiken des Guten und des Bösen von seinem eigenen Leben, und wenn sie dann in die Ferne gerückt, etwas anderes geworden sind als das, was er selbst lebt, kann er anfangen, sie zu verstehen. Diese Wirkung hat das Theater auf alle, so wirken das Kino, die Literatur, die Oper, die Dichtung, die Kunst: das Leben beobachten, um es zu verstehen und zu versuchen, es zu ändern. Beobachten ist schon Verstehen, Verstehen ist Bewusstwerden und schon Übernahme von Verantwortung.

Von Kindesbeinen an hält Jason das Glück nicht für eine persönliche Angelegenheit, sondern für etwas, das alle betreffen muss. Darum wundert man sich nicht, als er Anfang der Zweitausenderjahre, er ist zwanzig, mit zwei Freunden nach Uganda reist. In Uganda begegnet er Jacob, und von dem Moment an haben alles Leiden und alle Ungerechtigkeit Jacobs Gesicht, seine Stimme und seine Art, zu weinen. Sie gehen Jason nicht mehr aus dem Kopf. Solange der Schmerz ein abstraktes Wort bleibt, können wir mit ihm leben, als ginge er uns nichts an, doch wenn sein Schrei der eines Menschen aus Fleisch und Blut wird, können wir ihn nicht mehr ignorieren.

Jacob ist ein Junge, der wegen der Rebellenbanden des Warlords Joseph Kony nicht mehr in seinem Dorf leben kann. Sie kommen nachts, überraschend, um Kinder zu entführen und sie zu Soldaten zu machen. Bei einem dieser Überfälle haben sie Jacobs älteren Bruder getötet, darum schlafen er und andere Kinder aus dem Dorf jetzt jede Nacht woanders, in Schlupfwinkeln, um nicht gefangen genommen zu werden.

Zurück in den USA beschließt Jason, all seine Kräfte dafür einzusetzen, um Jacob und Kindern wie ihm zu helfen. Er prüft seine Talente, um das zu finden, was Jacobs Sache am besten nützt. Was kann Jason?

Was gelingt ihm gut? Schon als Kind hat er geschauspielert, er hat es im Theater seiner Eltern gelernt, und das bedeutet, er beherrscht die Kunst der Kommunikation. Die will er nutzen, weil es nicht nur um die Geschichte geht, die er erzählen möchte – die Geschichte von Jacob –, sondern auch darum, wie er sie erzählt. Vor allem davon hängt es ab, ob er Hilfe für die Kinder in Uganda organisieren kann. Er beginnt, Kurzfilme zu drehen, und gründet den Verein Invisible Children, um die Schicksale dieser Kinder und ihres Landes sichtbar zu machen, im Bewusstsein vieler Menschen zu verankern. 2012 wird der Dokumentarfilm, der der ganzen Welt die Geschichte von Jacob erzählt und die Gräueltaten der Männer von Konys Lord's Resistance Army anklagt, in nur sechs Tagen hundert Millionen Mal im Internet angesehen! Nicht nur einfache Leute, auch Musiker, Sänger, Politiker und Journalisten sehen den Film und beschließen, Jasons Kampf für die Rettung von Jacob und der Kinder Ugandas zu unterstützen.

»Gut!«, wirst du jetzt sagen, »endlich mal eine Geschichte mit gutem Ausgang!« Leider nein. Denn durch seine große Resonanz zieht Jasons Dokumentarfilm in nur zwei Wochen nicht nur Anerkennung und Wertschätzung, sondern auch die schlimmsten Hasskommentare auf sich. Wenn du einen Spot für eine gute Sache drehst, ist nämlich entscheidend, wie du deine Botschaft rüberbringst. Ein Spot ist keine wissenschaftliche Abhandlung oder ein neuer Gesetzestext. Was Jason mit seinem Video sagen will, ist völlig klar: In Uganda gibt es Kinder, die ohne Heim und ohne Familie leben müssen, weil Rebellenbanden ihre Leben zerstören. Jason fordert, die von Kony angeführten Rebellen unschädlich zu machen und Geld zu investieren, um diese Kinder zu retten.

Gerade weil der Dokumentarfilm so erfolgreich ist, wird aber nicht über die Dringlichkeit seines Appells gesprochen, sondern man fragt sich, ob der Rebellenführer noch immer Joseph Kony sei, ob Jason ihn nicht zufällig mit einem anderen Mann verwechselt habe, der diese Rolle vor ein paar Jahren in Uganda innehatte, sich aber jetzt in den Kongo abgesetzt hat. Einwände werden auch aus ugandischen Regierungskreisen erhoben, was die Art der im Film beschriebenen Verletzungen betrifft, man sagt, Jason spreche von Wunden durch Stichwaffen, es handle sich aber vielleicht um Hautabschürfungen durch Feuerwaffen und auf jeden Fall entspreche die Anzahl der tatsächlich rekrutierten Kindersoldaten nicht genau der im Film erwähnten. Außerdem seien einige der benutzten Fotos nicht im Norden, sondern im Süden des Landes aufgenommen.

Dann geht direkt, ohne Umschweife, ganz offen die Verleumdungskampagne los: Jason benutzt Jacob, um berühmt zu werden! Natürlich wollte er sich mit dem Film bereichern. Auch seine Freunde, die gemeinsam mit ihm den Verein Invisible Children gegründet haben, wurden in den Schlamm gezogen. Aber sie waren besser gerüstet, wer weiß warum, vielleicht klopfte Jacobs Herz nicht ganz so stark in ihrer Brust, vielleicht waren sie dem Joch der Medien, den Attacken der Hater und Trolle weniger ausgesetzt. Ich weiß es nicht. Jedenfalls hielten die Freunde besser stand, Jason aber erlitt einen Nervenzusammenbruch. Du musst bedenken, dass Jason als Kind von der Lehrerin immer wieder hörte: »So ein kluger Schüler!«, und von den Eltern immer wieder gelobt wurde: »So ein braves Kind!«. Das wurde zu seiner Selbstwahrnehmung, alle hielten ihn für anständig, grundehrlich, einen Jungen mit gesunden Prinzipien. Und er hatte kämpfen müssen, um diesem Bild immer zu entsprechen. Als erwachsener Mann mit einer Ehefrau und zwei Kindern hätte er sich zufriedengeben, sich nur noch um das Glück seiner Familie kümmern können. Aber das tat er nicht, er kämpfte für das Glück anderer Menschen, ohne das er selbst nicht glücklich werden konnte.

Ist dir jetzt klar, warum Jason zusammenbrach?

Jason war völlig unvorbereitet. Er konnte sich nicht vorstellen, dass man ihn ausgerechnet auf dem Gebiet angreifen würde, auf dem er sich seiner Meinung nach nie hätte verteidigen müssen, dem der Ehrlichkeit.

Nie hätte er erwartet, neben den Likes so viele Beleidigungen zu bekommen, dass er an sich selbst, an seinen guten Absichten zweifeln musste. Warum sammelte er Geld, fragte er sich mit beängstigender

Insistenz. Tausendmal musste er sich dieselbe Antwort geben: Er sammelte Geld, weil er Jacob ohne Geld nicht helfen konnte. Ja, aber warum zahlte er sich selbst und seinen Freunden von diesem eingesammelten Geld ein Gehalt? Zu seiner Beruhigung musste er sich hundertmal am Tag antworten: Weil er ohne dieses Gehalt den Verein nicht fortführen konnte, und dann hätte es keine Hoffnung gegeben, Jacob zu helfen, Kony aufzuhalten und so viele Kinder wie möglich zu retten. Ja, aber warum gab er so viel Geld für Videos aus, die Jacob niemals sehen würde? Um die öffentliche Meinung zu sensibilisieren, um Unterstützung zu bekommen, um seiner Initiative Zustimmung zu verschaffen, um sie in konkrete Taten übersetzen zu können, wie er es sich vorstellte – damit sie nicht die isolierte Aktion von drei jungen Männern blieb, sondern die gemeinsame Aktion vieler Hunderttausend Menschen wurde. Etwas, was Druck auf Regierungen machen konnte, was die Politik der Kooperation und Unterstützung Afrikas endlich für immer neu ausrichten würde.

Obwohl er sich tausendmal immer wieder dieselben Fragen stellte und sich tausendmal dieselben Antworten gab, die ihn ermutigen und ihm helfen sollten, den Sinn seines Kampfes wiederzufinden, zweifelte Jason zuletzt an sich selbst. Und das ist unvermeidlich, denn es ist eine Art Naturgesetz: Man tut sich immer schwer, einem Kompliment zu glauben, aber an einer Beleidigung zweifelt man nie.

Genau darüber sollst du nachdenken, darüber, wie die Verschwörungsideologie funktioniert, das andere Gesicht des Populismus, das vorgibt, dir die geheimen Pläne hinter jeder Tat zu enthüllen.

Hinter dieser Umweltkampagne stecken ... Hinter diesem Protestmarsch verbergen sich ... Hinter dieser humanitären Initiative nisten ... Der Verschwörungstheoretiker wird dir immer sagen: »Jetzt erkläre ich dir, wie die Dinge laufen, jetzt verrate ich dir, wie es um die Welt steht ... sei nicht naiv, wach auf!«

Mit dieser Einstellung fühlt man sich gleich intelligenter als die anderen. Uns werden sie alles erklären, nur wir allein werden das Leben und seine Fallstricke verstehen, die Dummen aber werden das Nachsehen haben. Jetzt rate mal, zu welcher Schlussfolgerung die Harten und Reinen der internationalen Verschwörungsideologie, die subtilen Analytiker mit den robusten Mägen und dem klaren Verstand kommen? Wir sind alle gleich, alle bestechlich, alle eigennützig, alle schmutzig!

Du aber frag dich immer: Warum beharren sie so darauf, dass wir dieses furchtbare Lied singen? Denn wenn es wahr ist, wenn wir alle unwiderruflich kompromittiert sind, dann gibt es doch nichts mehr zu lernen, nichts mehr, für das es sich zu kämpfen lohnt, nichts mehr, das unseren Widerstand rechtfertigt, nichts zu verbessern, nichts mehr herauszuschreien ... Und wenn dir das alles nicht einleuchtet? Wenn du weiterschreist? Sie werden dich einen Idioten schimpfen.

Genau wie im Märchen von Hans Christian Andersen: Wenn du des Kaisers neue Kleider nicht sehen kannst, bist du ein Dummkopf! Ist es nicht das, was die falschen Schneider dem Kaiser sagen? Die Kleider, die sie nähen, sind aus einem ganz besonderen Stoff gemacht, den nur intelligente Menschen sehen können, die Dummen sehen ihn nicht.

Du aber schrei, dass der Kaiser nackt ist!

Sie wollen dir beibringen, dass die Welt von einer einzigen Spezies bevölkert ist, die der räuberischen Verarscher. Und diese einzige Spezies teilt sich in zwei Untergruppen: die Ehrlichen und die Heuchler. Die Ehrlichen geben zu, dass wir alle Verarscher sind, die Heuchler leugnen es. Doch so etwas behaupten die kriminellen Vereinigungen in meinem Land seit jeher: Man kann nichts ändern, je früher du das lernst, desto eher wirst du schlau, und dann verarschst auch du.

Doch hier ist ein Beispiel, das zeigt, wie falsch diese Philosophie ist. Yvan Sagnet, ein junger Mann aus Kamerun, kam mit einem Stipendium an die Technische Universität Turin, doch das Stipendium reichte nicht zum Leben, er musste als Tomatenpflücker in Apulien arbeiten. Yvan erkannte sofort, unter welchen Bedingungen die vielen Tausend Tagelöhner leben, die als Saisonarbeiter auf den Feldern Italiens ihr Geld verdienen. Niemand garantiert ihnen die vom nationalen Arbeitsvertrag vorgeschriebene Unterbringung, und so entstehen ganze Ghettos mit mangelhaften hygienischen Zuständen. Ihr Arbeitsplatz ist weit weg von öffentlichen Straßen und Wohnorten, die Erntehelfer müssen für jeden Transport und für ihre Verpflegung zahlen, was ihren armseligen Tageslohn schmälert. Zu protestieren scheint unmöglich, weil die Vorarbeiter, die Caporali, die zwischen der Nachfrage und dem Angebot an Arbeit vermitteln, ein grausames Regiment führen, weil die Rechtslage der Migranten ungeklärt ist, weil diese Organisation der Landarbeit ihre Wurzeln in ferner Vergangenheit hat, als die Italiener selbst eine solche Behandlung erfuhren, bevor sie zu Arbeitern und Angestellten wurden und diesen neuen Sklaven Platz machten. Yvan könnte den Mund halten, denken, dass das alles zum Kotzen ist, dass »die Welt nun mal so ist«, einen Sommer lang die Zähne zusammenbeißen und dann zu seinem Studium zurückkehren. Aber nein, er hebt den Kopf und die Stimme und schafft ein Netzwerk. Im August 2011 kann er den ersten Streik migrantischer Tagelöhner gegen die Vorarbeiter auf den Feldern Apuliens organisieren.

Sich vereint zu fühlen, gemeinsam zu schreien, das hilft, und zuallererst gibt es uns unsere Würde zurück. Es macht Hoffnung, dass es möglich ist, seine Rechte einzufordern. Mehr noch, durch die von Sagnet erreichte Mobilisierung wurden die illegale Vermittlung und Ausbeutung von Arbeitskraft – kurz, die Praktiken der Caporali – zur Straftat erklärt. Yvans Aktion war von großer Tragweite.

Halte es nicht für geil, wenn man dir erklärt, »der Ehrliche ist der Dumme!«, hinter diesem Schwachsinn verbirgt sich keine tiefere Wahrheit. Pessimismus ist keine Tugend, sondern ein Laster. Er ist das Laster der Trägheit, das Laster der Menschen, die nichts verändern wollen, die nur ein Alibi brauchen, um untätig zu bleiben, sich nicht für die Welt zu interessieren ... Früher oder später jedoch wird die Welt sich für sie interessieren. Ihnen wird widerfahren, was uns allen bevorsteht: Die Umwelt, die wir vernachlässigt haben, wird uns ersticken, denn ihrem Speicher ist die Luft ausgegangen. Die Wälder, die wir brennen ließen, rächen sich, indem sie unbekannte Viren auf uns spucken, die aus ihrem Lebensraum vertrieben wurden. Nationen, denen wir keinerlei Entwicklungsmöglichkeit gaben, explodieren und reißen uns mit ins Verderben. Vielleicht wäre es schön, befreiend vielleicht, »Leckt mich doch alle« zu sagen, doch nichts und niemand wird dich in Ruhe lassen, solange du auf diesem Planeten lebst. Also tu das, was du bei dir zu Hause machst: Wenn das Waschbecken tropft, repariere es, bevor alles unter Wasser steht, wenn die Gasleitung undicht ist, repariere sie, bevor du in die Luft fliegst. Und glaub mir, das Schlimme endet nie. Jedes Mal, wenn du dich zurückziehst, verlierst du nur an Boden, jedes Mal, wenn du dich zurückziehst, schreitet die Katastrophe voran, und früher oder später klopft sie auch an deine Tür, um dir die Rechnung zu präsentieren.

Es ist leicht und beruhigt das Gewissen, Jason Russell für einen geldgierigen Mann zu halten, einen Betrüger, der ugandische Kinder ausnützt, um Geld zu scheffeln. Schwieriger ist es, sich ernsthaft zu überlegen, ob wir selbst seine Sache unterstützen, ob wir unseren Beitrag leisten können. Es ist tröstlich, sich einzureden, unsere eigenen Probleme seien zu groß, um noch Platz für die Kinder Ugandas zu lassen. Dass man nicht die Kraft hat, Partei auch für Russells Sache zu ergreifen, ist das eine, etwas anderes aber ist, auf die Unterstützung aller möglichen Kämpfe zu verzichten und stattdessen den, der kämpft, zu verleumden.

Ruhm, Erfolg – auch das möchte ich dir sagen, Junge vom Gymnasium Diaz – verschaffen nur flüchtig Befriedigung, sind kein Traum, dem man nachjagen sollte. Sie sind eine sehr schmerzhafte Angelegenheit, vor der du fliehen musst, solange noch Zeit ist. Du glaubst, der Ruhm bringt dir Zustimmung, doch für jedes »Super!«, das man dir zuruft, bekommst du zwei »Verreck doch!« – das ist Jason Russell passiert. Du glaubst, der Ruhm bringt dir die Bewunderung deiner Familie ein, doch deine Verwandten werden die Ersten sein, die unter ihm leiden. Wenn alle dich auf der Straße anhalten, wenn man jeden Tag Neuigkeiten von dir hören will, wenn viele einen Gefallen von dir verlangen, werden deine Liebsten die Ersten sein, die sagen: »So kann es nicht mehr weitergehen!« Du glaubst, Ruhm bringt dir Zuneigung, Nähe, doch dich werden so viele Haie, Profiteure und Habgierige umringen, dass du für immer darauf verzichtest, menschliche Wärme zu suchen. Du glaubst, der Erfolg gibt dir Gelegenheit, dein Aussehen zu pflegen, doch der Druck, unter dem du stehst, wird deine Augen glanzlos machen, bis du aufhörst, dich im Spiegel anzusehen. Du glaubst, der Ruhm bringt dir Geld, viel Geld, doch ebenso viel Geld wirst du ausgeben, um dich zu schützen, um die Gerichtsverfahren zu bewältigen, die man gegen dich anstrengen wird. Du glaubst, der Ruhm wird dir helfen, mehr Freunde zu finden, doch deine Freunde werden sich abwenden, denn jeder Tag deines Lebens wird unerträglich sein, und die Entspannung, auf der Freundschaft einzig entstehen kann, wird dir immer fehlen.

Der Erfolg um des Erfolgs willen zählt nichts. Der Erfolg um des Erfolgs willen ist weniger wert als der schlimmste Moment deines normalen Lebens. Der Erfolg hat nur dann Wert, wenn dein Plan etwas wert ist, wenn deine Sache gerecht ist, wenn sie alle angeht, wenn sie ein Traum ist, der geteilt werden kann, wenn sie Leben verbessern, Seelen retten kann, egal, auf welche Weise, ob durch die Musik, die Politik, den Sport, den Tanz, den Unterricht, den Dienst an anderen … nur wenn es ein kollektiver Traum ist, der die Rechte und Möglichkeiten von allen erweitert, ja, dann such den Erfolg, denn dann wird er nicht mehr dein Zweck, sondern das Mittel sein, durch das sich eine Herde bildet, eine Gemeinschaft, entschlossen wie du, den Kampf zu kämpfen.

Finde dich nur dann geil, wenn du zu einer Gemeinschaft gehörst, die die Welt aufbauen will, nicht dann, wenn sie dir weismachen wollen, dein Leben wird besser, wenn du anderen Gift zu trinken gibst. So läuft das nicht – wenn du anderen Gift zu trinken gibst, tötest du nur die, die dir helfen könnten, die Welt zu reparieren.

Man braucht keinen Mut, um das Offensichtliche herauszuschreien, um zu erklären, dass alles Scheiße ist. Geil ist der, der für seinen Schrei etwas riskiert, wie Sophie Scholl, die unter dem immer lauteren, aufgeregten Lärm der Nazis schrie, die Leute sollten aufwachen und die Verirrung in den Slogans der Nazis erkennen. Ihren Schrei bezahlte sie mit dem Leben. Auf deinem Weg wirst du sie erkennen, die Menschen, die wirklich schreien, und die, die nur so tun. Die einen gießen, während sie schreien, eimerweise Wasser auf das Feuer, die anderen gießen schreiend Benzin in die Flammen. Schärfe deinen Blick, es gibt viele Fallen, und unendlich sind die Labyrinthe, in denen du dich verlieren kannst. Doch schlau, wachsam und geil wirst du erst sein, wenn du deine Zeit und Vernunft benutzt, um sehen zu lernen.

Ich glaube, man kann nichts anderes wünschen: die Stimme erheben, der Welt die Wahrheit ins Gesicht schreien. Darum möchte ich, dass du dich gut vorbereitest, denn es ist kein leichter Weg. Wenn du dich nicht nur »um deinen eigenen Kram kümmerst«, sondern nachforschst, verstehen willst, wenn du das Leben so sehr liebst, dass du auch seine Schattenseiten untersuchst, dann wirst du schreien wollen. Und wenn du erzählst, was du siehst, riskierst du, zum bürgerlichen Tod verurteilt zu werden. Glaub mir, der bürgerliche Tod ist schlimmer als der physische.

Als ich bei Epikur las, der physische Tod sei der Zustand des Nicht-mehr-Seins, fühlte ich mich in Sicherheit. Der bürgerliche Tod aber ist das Noch-Sein, und wie. Es ist eine Strafe, die du langsam abbüßt, jeden einzelnen Tag, 365 Tage im Jahr, vier Wochen im Monat, 24 Stunden am Tag am eigenen Leib spürst. Du selbst und alle – die wenigen –, die dir noch nahestehen.

Im Lauf der Jahre habe ich die drei Stadien beobachten können, die man bei dieser Art Verurteilung durchläuft, und jetzt kenne ich sie.

Die erste Ebene ist privat. Man zielt darauf ab, dein häusliches Gleichgewicht zu zerstören. Jeder von uns ist durch ein Netz menschlicher Beziehungen gebunden, klein oder groß, mit dem wir versuchen, die einzelnen Teile unseres Lebens zusammenzuhalten. Diese Bindungen zu kappen, bedeutet, jemandem, der im offenen Meer schwimmt, den Rettungsring wegzunehmen. Und das ist sehr einfach. Man setzt die Menschen in seiner Umgebung unter Druck, man erforscht ihr Leben, ihre Kontakte, man macht Fotos in ihren privatesten Momenten, man veröffentlicht sie und die dazugehörigen Telefonnummern samt Adressen, man notiert die Uhrzeit, zu der sie ihre Arbeitsstelle betreten und wieder verlassen, man verbreitet Informationen über die Flüge und die Art der Züge, die sie nehmen, kurz, man verfolgt sie, beschattet sie, lässt sie spüren, dass man dicht hinter ihnen ist. Sie sollen ihre Zeit damit verbringen, über die Bußgelder nachzudenken, die sie sich mit dem Mofa eingefangen haben, über die Küsse, die sie verteilt, über die Joints, die sie geraucht haben. Jede ihrer Wohnungen beschreibt man wie eine königliche Residenz, jeden Urlaub als Luxustrip. Sie müssen sich fühlen, als stünden sie jederzeit als Angeklagte vor dem strengsten Gewissensgericht, sodass jeder ihrer menschlichen Fehler, und sei er noch so gering, in ihren eigenen Augen riesengroß wird. Dann musst du aufpassen, denn jede Frau, die du triffst, wird als deine Geliebte bezeichnet, und jeder Mann, dem du die Hand gibst, wird als ein Krimineller dargestellt ... alles wird mit Verdacht durchtränkt, alles im schlechtesten Licht gezeigt, alles unwiderruflich beschmutzt.

Zu Hause wird die Stimmung immer angespannter. Die Pasta zerkocht auf dem Herd. Die Dichtungen im Bad sind kaputt, und da du keinen Klempner holen kannst, weil auch er ein Feind sein könnte, der anderen erzählt, dass du in einer Luxuswohnung lebst, dass du mit zwei Menschen im Bett warst, dass du die Katze misshandelst, schlägst du selber mit einem Hammer den Wasserhahn im Bad ab. Jetzt packen deine Liebsten den Koffer und gehen. Niemand möchte im Hausarrest leben, ohne ein Verbrechen begangen zu haben.

Die zweite Ebene ist die wirtschaftliche. Man wird dich mit Bußgeldforderungen überschütten, deine Konten sperren, Prozesse gegen dich anstrengen, die nicht im Gerichtssaal enden, man wird dir unterstellen, ein Steuerbetrüger zu sein, einfach so, nur um dich fertigzumachen, um Druck auf dich auszuüben.

Die dritte Ebene ist die Zerstörung deines Bildes in der Öffentlichkeit. Man nimmt dir die Glaubwürdigkeit, die Würde. Man sät Zweifel, streut Indiskretionen, Lügen aus. Bist du ein Mann, wirst du als Hurenbock dargestellt, als Perverser, als Impotenter, als Gehörnter, als Steuerhinterzieher, als krankhafter Lügner, als Junkie, als Versager, als Schlitzohr, als krank und als Psychopath. Bist du eine Frau, werden sie dich eine Hexe, eine Gans, eine Hysterikerin, Botox-aufgepumpt, frigide, eine Mumie, eine Nonne, eine Romantikerin, eine Lesbe oder eine Nutte nennen.

Jeder einzelne deiner Mängel, jede Schwäche, jeder noch so geringfügige Widerspruch wird riesenhaft vergrößert, verzerrt, der Presse und speziellen Websites für Gossip und Junk zum Fraß vorgeworfen. Dein Mann wird lesen, dass du mit der ganzen Redaktion im Bett gewesen bist, um aufs Cover zu kommen, deiner Mutter werden sie eine Botschaft schicken, in der es heißt, du hättest mit deiner Cousine Sex gehabt, während ihr Mann alles filmte. Beweise gibt es nicht, aber man braucht sie ohnehin nicht, der Zweifel und die Verlegenheit genügen. Deine Mutter weiß, dass es nicht wahr ist, trotzdem möchte sie im Erdboden versinken. Deine Tante, die einen Google-Alert für deinen Namen eingerichtet hat, weil sie auf dem Laufenden bleiben will, wird den Link zu einem anonymen Artikel erhalten, wo gemunkelt wird, du könntest zu den Inhabern millionenschwerer Offshore-Firmen gehören. Keiner weiß es genau, noch hat es keiner überprüft, aber das Gerücht ist schon im Umlauf. Das Smartphone deiner Verlobten wird mit Fotos bombardiert, wo du mit einer anderen Frau Samba auf einer Terrasse in Dubai tanzt. Tränen, Geschrei, Streit, obwohl du sicher weißt, dass du nie in Dubai warst und nicht Samba tanzen kannst. Doch es hat keinen Zweck mehr, sich zu verteidigen, denn dein Leben zerbröckelt weiter, die Wasserhähne tropfen, die Pasta zerkocht, die Gerichte machen dir den Prozess, und die Zahl der Falschinformationen im Internet oder in den Zeitungen wächst exponentiell. Es lohnt sich nicht einmal mehr, alle zu widerlegen.

Wenig genügt, um dein Leben in Stücke zu schlagen. Die Strafe für ein Verbrechen kannst du absitzen und danach in die Freiheit zurückkehren, doch wenn man dir eine entstellende Maske aufs Gesicht näht, musst du für den Rest deines Lebens mit dieser Maske kämpfen.

Sie wird dich auch dann noch verfolgen, wenn die anderen sie schon vergessen haben. Denn wann immer jemand dich ansieht, mit dir spricht, stellst du dir vor, er sähe diese Maske. So wird nichts von dem, was du tust, noch normal sein, alles wird immer nur im Hinblick auf diese Maske geschehen.

Doch es geht nicht nur darum. Unser Gehirn hat das Recht auf Vergessen, denn wenn es einen Teil des Geschehenen nicht eliminieren kann, kann es nichts Neues aufnehmen. Wenn du den Schmerz über eine Geschichte, die böse ausging, nicht loslässt, schaffst du keinen

Platz für neue Geschichten, die erst noch beginnen müssen. Dazu dient die REM-Phase des Schlafs, sie beschneidet die schädlichen und festigt die notwendigen Erinnerungen. Wer jedes Detail seines Lebens künstlich wach hält, muss sich ständig mit seinen vergangenen Geschichten, seinen Niederlagen und Widersprüchen auseinandersetzen.

Die Diskreditierung, die Verleumdung, der Klatsch und die urbanen Legenden sind mit dem Internet und seiner Fähigkeit, Millionen Menschen zu verbinden, sehr viel zerstörerischer geworden. Die Welt, in der du heute lebst, ist nicht schlechter als die, in der ich gelebt habe, als ich in deinem Alter war, doch die früher unvorstellbare Geschwindigkeit der digitalen Kommunikation macht es schwieriger, Daten und Fakten richtig zu deuten. Darum musst du doppelt so wachsam sein und unendlich viel geschickter, wenn es darum geht, dich zwischen falschen Informationen zurechtzufinden. Jede im Internet losgelassene Nachricht nimmt Dimensionen an, die sie in der realen Welt niemals hätte, einfach weil es dort nicht so viel Platz gibt. Das Netz kann Proportionen ins Riesenhafte vergrößern und verfälschen, und das erschwert eine ausgewogene Betrachtung der Dinge, die wir dort lesen. Früher mussten die Zeitungen beweisen, was sie veröffentlichen. Es wurde von den Redakteuren und Direktoren der Zeitungen geprüft. Wissenschaftliche Komitees überwachten die Enzyklopädien in Buchform, kontrollierten ihre Daten und Quellen. Heute macht die rasend schnelle Vervielfältigung der Netzinhalte es sehr schwer, ihre Stichhaltigkeit zu untersuchen, und es ist viel zu leicht, etwas als glaubwürdig und geprüft auszugeben, das es nicht ist. Wenn du früher ein Schmierblatt abonniert hattest, kam der Dreck nur bei dir an, jetzt erreicht er auch die, die ihn nicht wollen. Heute erscheinen die Nachrichten gratis auf deinem Handy, du wählst nicht mehr aus, es ist dir egal, woher sie kommen oder wer sie geschrieben hat. Wenn du für diese Nachrichten zahlen müsstest, bevor du ihnen Aufmerksamkeit schenkst, würdest du sehr wahrscheinlich erfahren wollen, woher sie kommen. Doch ein Click ist so unmittelbar, dass keine Zeit bleibt, auszuwählen und die guten von den unzuverlässigen Nachrichten zu trennen.

So wirst du immer an einen Punkt kommen, wo du allein entscheiden und bestimmen musst, was wahr ist und was vorgetäuscht, was richtig und was falsch ist. Natürlich kannst du eine Methode erlernen, um dich im Gewirr zurechtzufinden, doch der Moment wird kommen, in dem du fähig sein musst, zu erkennen, ob die Stimmen, die du hörst, nur vom Tonband kommen. Und es wird nicht genug Zeit geben, um alle Fährten zu verfolgen – du hast nur ein Leben und kannst nur eine auswählen.

SCHREI, WENN SIE INTELLIGENTE TECHNIKEN BENUTZEN, UM DIE WAHRHEIT ZU VERDUNKELN.

Auf invisiblechildren.com kann man Jason Russells Dokumentarfilm noch heute sehen: *Kony 2012*.

Zu den Konflikten und Menschenrechtsverletzungen in Uganda siehe: Adam Branch, *Displacing Human Rights: War and Intervention in Northern Uganda*, Oxford 2011.

Yvan Sagnet hat eine internationale Vereinigung zur Bekämpfung des Caporalato gegründet, NoCap, er hat zwei Bücher geschrieben und wurde von Italiens Staatspräsident Sergio Mattarella mit dem Verdienstorden der italienischen Republik ausgezeichnet.

ANNA ACHMATOWA

10.
HALB NONNE, HALB HURE

> Wir wissen, was heute am schwersten wiegt,
> Was heute geschieht. Die Stunde
> Der Tapferkeit hat uns geschlagen – wer biegt,
> Wer bricht uns mit ihr im Bunde?
> Trotz toter Kugeln leben wir fort
> Mit dem Tod unter dem Dache.
> Du bleibst uns erhalten, du russisches Wort,
> Du große russische Sprache.
> Vor Untergang und Gefangenschaft
> Bewahren wir deine Reinheit und Kraft
> Für immer.
>
> ANNA ACHMATOWA

Unter Stalin hieß die Zensur unmissverständlich »kulturelle Unterdrückung«. Ich weiß, das klingt irrwitzig für dich, so verrückt, wie der Ausdruck »Unterdrückung der öffentlichen Grünanlagen« heute für dich klingen würde. Doch mach dir eins klar: Die Hälfte der Menschheit kämpft, um ein paar Bücher und ein bisschen Kultur in jeden Winkel der Welt zu bringen, die andere Hälfte kämpft, um sie auszulöschen, als wäre sie eine Bedrohung. Doch inzwischen weißt du, das Wort ist Freiheit, wenn man einem Volk also die Freiheit nehmen will, muss man damit beginnen, ihm das Wort zu nehmen.

Anna Achmatowa, die vor der Oktoberrevolution wahrscheinlich als die bedeutendste lebende russische Dichterin galt, beschloss, nicht mehr zu schreiben, um nicht zum Opfer der stalinistischen Unterdrückung zu werden.

Ihre Texte, die vor der Revolution geschriebenen Gedichte, handelten vom Windhauch, von silbernen Bäumen, vom Schneegestöber und wärmenden Momenten des Gefühls. Darum konnte das Regime sie nicht anklagen und verurteilen wie ihre Kollegen. Zwanzig Jahre lang beschränkte Anna sich darauf, ihre Gedichte nur auswendig zu lernen. Wenn jemand sie bat, sie aufzuschreiben und ihm zu geben – Tinte auf Papier –, lehnte sie ab. Sie versuchte sogar, niemals einen Stift aufs Papier zu setzen, und wenn sie es tat, verbrannte sie das Papier sofort im Aschenbecher. Sie wusste, dass das Schreiben für sie den Gulag bedeuten und sie das Leben ihres einzigen Sohns Lev kosten konnte. Doch es gibt ein sehr lautes Schweigen. Ihr Schweigen schrie. Und dieser Schrei störte die sowjetischen Machthaber nicht weniger als offener Widerstand, als in Russland geschriebene Worte und Artikel in der ausländischen Presse. Kennst du das Gefühl, dass der Blick eines Menschen dir schwere Vorwürfe macht, obwohl dein Mund geschlossen bleibt? Und du wirst gelesen haben, dass die »Gewissensgerichte« sich nie mit dem Schweigen begnügen. Sie sind eigens dafür gemacht, jeden deiner geheimsten Gedanken wie mit Röntgenstrahlen zu durchleuchten, und es wird dir nicht gelingen, sie zu überzeugen, dass du ihnen recht gibst, wenn du es im Innersten nicht tust. Das sind Fachleute, sie erkennen, dass du mit dem Kopf nickst, im Herzen aber widersprichst. Das Regime ist ein eifersüchtiger Liebhaber, es will totale Hingabe und bedingungslose Kapitulation.

In Achmatowas ungeschriebenen Worten erklang das Echo dessen, was nicht gesagt werden konnte. Es gibt Musik, bei der die Noten, die nicht gespielt werden, anwesend sind. Doppelte Präsenz statt Abwesenheit. Gedichte, die von Zärtlichkeit, Gefühl, von Sehnsucht nach dem Leben sprechen, lösen unvermeidlich Gefühle und den Wunsch nach Leben und Glück, also nach Freiheit aus.

Autoritäre Regime wissen, dass Menschen nur dann, wenn ihnen jede Möglichkeit des Glücks genommen wird, resignieren und in der Reihe marschieren. Ohne Freiheit lässt es sich nur mit gelangweilten Köpfen, erloschenen Herzen und verstummten Hoffnungen leben.

Nimm zum Beispiel Nordkorea – wie, glaubst du, bringen sie all diese Menschen dazu, in Reih und Glied zu marschieren? Ganz einfach, sie haben alles andere beseitigt: die Freiheit, das Spiel, die Information, das Internet. Nur die Musik des Regimes erklingt noch. Und wie deprimierend und monoton sie auch sein mag, wenn es nur diese eine gibt, fängst auch du an zu marschieren.

Wegen dieser Noten, die nicht erklingen, aber präsent sind, wurde Anna Achmatowa zu einem Lieblingsziel der Sowjetpolizei. Man musste einen Weg finden, sie aufzustöbern und der »Umerziehung« im Gulag zuzuführen.

In ihren Gedichten gab es noch etwas Abwesendes: das Loblied auf Stalin und die Revolution. Es fehlte der donnernde Applaus, unter dem – wie die Mutter von Luke Skywalker sagt – die Freiheit immer zugrunde geht.

Nach der Revolution hatten viele ihrer Kollegen sofort ein Ausreisevisum beantragt, damit sie Russland verlassen konnten, doch Anna Achmatowa litt an einer Krankheit, die ich gut kenne: Sie liebte ihr Land und wollte sein Schicksal teilen, wie elend es auch sein mochte. Weißt du, es ist eine Art Naturgesetz, je mehr sie sich anstrengen, dich aus deinem Heimatland zu vertreiben, desto mehr sitzt du darin in einer Falle:

> Ich hörte einer Stimme tröstend Wort
> »Herüber komm, komm doch hierher
> Verlass den stummen blinden Sündenort
> Zurück nach Russland nimmermehr!
>
> Von Deinem Herz zerr' ich die schwarze Schand'
> Ich wasch' vom Blute Hände rein
> Ich lindre Schmerzen tief die Du gekannt
> Aus lauter Güte soll es sein!«
> Doch still bin ich und völlig in der Ruh
> dass Würdeloses ich verhüt'
> halt' ich mit Händen meine Ohren zu
> beflecke nicht traurig Gemüt.

Doch die Bürokratie der Sowjetregierung lässt sich von ihren Gefühlen nicht beeindrucken. Die noble Haltung der Heimatverbundenheit rührt sie nicht, im Gegenteil, sie tut alles, um die Heimat für Anna zur Hölle zu machen.

So ist es noch heute. Wenn du nicht zustimmst, wenn du dich der Politik der Regierung nicht anschließt, wirst du zum Feind, zum Verräter, zum Fremden. Dann gehört dein Vaterland dir nicht mehr.

Obwohl man sie als Verräterin behandelte, bewahrte Anna Achmatowa immer eine stolze und ergebene Haltung. Aber es gelang ihnen, sie vergessen zu lassen, dass sie die größte russische Dichterin gewesen war, indem man sie in ständiger Angst um das Schicksal ihres Sohnes hielt.

Wenn man eine Frau bestrafen will, muss man sie nicht foltern und töten, es reicht, ihr Kind zu foltern und zu töten. Das hat mir Maurizio Prestieri erzählt, die rechte Hand von Paolo Di Lauro, dem Camorra-Boss des Scampia-Viertels in Neapel. Einmal wollten sie eine Frau der Camorra bestrafen, krümmten ihr aber kein Haar, sondern töteten ihren Sohn vor ihren Augen. »Wir haben sie am Leben gelassen«, erzählte Prestieri, »denn wenn du einer Frau den Sohn tötest, würdest du ihr, wenn du sie auch erschießt, nur einen Gefallen tun.«

Eines Tages stand Anna Achmatowa vor dem Leningrader Gefängnis mit einem Paket für ihren Sohn, das sie den Wachen übergeben wollte. Manchmal mussten die Frauen zwölf, manchmal vierundzwanzig, manchmal achtundvierzig Stunden Schlange stehen, um ein leeres Paket zu übergeben. Ja, das Paket war leer, aber wenn die Wachen es annahmen, bedeutete das, der Sohn lebte, wenn sie es ablehnten, war er schon tot. Und das war die einzige Möglichkeit, es herauszubekommen. Also stellten die Frauen sich schon im Morgengrauen in die Schlange. Sie standen wartend im Schnee, im Regen, in der brennenden Sonne. Das Schlangestehen war kein Problem, das waren sie gewohnt. Es ging darum, das Paket nicht zurückzubekommen. Wenn die Wachen es ihnen zurückgaben, kämpften die Frauen verzweifelt darum, dass sie es doch noch annahmen. Die Wachen konnten sie schlagen, vergewaltigen, aber auf keinen Fall durften sie ihnen das Paket zurückgeben.

Eines Tages erkannte eine Frau in der Schlange Anna Achmatowa und fragte sie: »Können Sie das alles beschreiben?«

Das tat sie:

> Und wenn man einmal in diesem Land
> Mir ein Denkmal zu errichten gedenkt,
> So willige ich zu dieser Feier ein,
> Doch nur unter einer Bedingung: es nicht zu erbauen
> Am Meer, wo ich geboren:
> Die letzte Verbindung zum Meer ist zerrissen,
> Nicht im Zarengarten, am verborgenen Stumpf,
> Wo ein untröstlicher Schatten mich sucht,
> Sondern hier, wo ich dreihundert Stunden gestanden
> Und wo kein Tor sich geöffnet fand,
> Dies, weil ich fürchte, ich könnte im Tod
> Das Poltern der »schwarzen Maruss'« je vergessen,
> Das Schlagen jener verhassten Tür,
> Und das Heulen der Alten, gleich einem verwundeten Tier.

Ich habe mich oft gefragt, warum der Schmerz erzählt werden will. Noch nie hat mich jemand, der glücklich war, aufgefordert, von seinem Glück zu erzählen. Aber alle haben mich gebeten, Unglücklichsein zu beschreiben. »Das Unglück will ausgesprochen sein«, würde Corrado Alvaro sagen.

Beeindruckend finde ich auch, wie Alexander Solschenizyn vom Gulag erzählt, wo er zur gleichen Zeit gefangen war, als Anna Achmatowa vor dem Gefängnis ihres Sohnes in der Schlange wartete. Es gibt in seinem Schreiben nicht die geringste Rücksicht auf die Form, den Stil, die Einteilung in Kapitel. Es gibt nur die Dringlichkeit der Aufzeichnung, des Zeugnisses, der Mitteilung. Als würde es einzig zählen, den Zeugenbericht zu retten, denn in der Geschichte die Wahrheit zum Ausdruck zu bringen, ist allein entscheidend für den Akt des Schreibens. Kein Zufall, dass sein wichtigstes Buch *Der Archipel Gulag* mit diesen Worten beginnt:

> All jenen gewidmet,
> die nicht genug Leben hatten,
> um dies zu erzählen.
> Sie mögen mir verzeihen,
> dass ich nicht alles gesehen,
> nicht an alles mich erinnert,
> nicht alles erraten habe.

Im Verlauf des Zweiten Weltkriegs änderte Stalin seine Strategie, um die kämpfenden russischen Soldaten aufzumuntern. Die bolschewistische Propaganda hängte sich ein nationalistisches Mäntelchen um und benutzte dafür sogar die zaristische Vergangenheit. Natürlich war das gegen die Deutschen gerichtet, damit diejenigen, mit denen man kurz zuvor noch Abkommen geschlossen hatte, nun zu treubrüchigen Invasoren wurden. Also musste eine neue Erzählung her, eine nationale, wenn nicht gar nationalistische. In diesem neuen Kontext musst du die Tatsache verstehen, dass Anna Achmatowa überraschend erlaubt wurde, eine Gedichtsammlung zu veröffentlichen.

Leider bekam sie dadurch eines der größten Probleme, die einem Autor begegnen können, wenn er Dinge schreibt, die für einige oder alle Machthaber im Apparat unbequem sind. Es ist das Problem, zu viele Leser zu haben.

Anna Achmatowas Leser trotzten dem strengen russischen Winter, dem Mangel an Rubeln und dem nervösen Auge der Sowjetpolizei, denn sie gingen massenhaft auf die Straßen hinaus und bildeten lange Schlangen vor den Buchhandlungen, wo sie auf das Erscheinen ihrer Gedichte warteten.

Ich habe es schon gesagt. Schreiben ist an sich keine subversive Handlung, es ist die Tatsache, gelesen zu werden, die das Geschriebene extrem gefährlich macht.

Das Regime beeilte sich, die Gedichtbände zu konfiszieren.

Die Wartenden benutzten Anna Achmatowa als Vorwand: Sich in die Warteschlange zu stellen, bedeutete: »Wir widerstehen.« Gebückt, unterdrückt, aller Freiheiten beraubt – wir widerstehen.

Damit war klar, dass man Anna bestrafen musste, weil sie, wenngleich unfreiwillig, diese peinliche Situation geschaffen hatte. Weil sie das Regime lächerlich gemacht und zu einem spektakulären Rückzieher gezwungen hatte. Ihr Buch einzuziehen, bedeutete außerdem anzuerkennen, dass ihr Schreiben Gewicht hatte. Es hatte nichts genützt, dass man ihr so viele Jahre lang eine Existenz als Schriftstellerin verweigert hatte. Auch das Gefängnis und physische Repressalien wären jetzt sinnlos gewesen, denn sie hatte bereits zu viele Anhänger, und sie war zu einem Symbol geworden. Man konnte ihr Werk nicht mehr auslöschen, denn viele hatten ihre Gedichte auswendig gelernt. Welche Blätter konnte man jetzt noch verbrennen, welche Bücher beschlagnahmen, welche Brillen zerbrechen, um die Lektüre ihrer Verse zu verhindern? Man musste sich Zugang zu den Köpfen der Menschen verschaffen. Das haben die Geheimdienste der ganzen Welt schon immer versucht, aber noch ist es ziemlich kompliziert, wenn man keinen Schlüssel dafür besitzt. Jedenfalls durfte man Anna Achmatowa nicht zur Märtyrerin des russischen Volkes machen! Eine Schriftstellerin oder einen Schriftsteller darf man nie zum Märtyrer machen, denn dann wird man sie nicht mehr los, kann sie nicht mehr begraben.

Denk an das römische Reich: Kaum hatten die Verfolgungen begonnen, schlossen die Christen sich wie eine Mauer um jeden einzelnen Fingernagel, jedes Haar, jeden Knochen ihrer Märtyrer zusammen. Das gilt noch heute: Rühre ein Knochenglied von Petrus oder einen Tropfen Blut von San Gennaro an, schon gibt es Protest und Revolte.

Eine raffiniertere Technik musste her, man musste die Dichterin diskreditieren, sie durch eine Verleumdungskampagne unschädlich machen. Zu diesem Zweck vertraute man sie dem besten Mann des Regimes an: Andrei Schdanow, dem Schatten Stalins, einem der Urheber der stalinistischen Säuberungen und Ideologen der »kulturellen Unterdrückung« in der Sowjetunion.

Schdanow musst du dir als typischen Parteibürokraten vorstellen: stumpf, grau, eifrig. Der Typ Mann, der sich selbst nicht im Griff hat – er litt an unheilbarer Alkoholsucht – und darum versucht, die Gesellschaft in den Griff zu bekommen.

Stalin nannte ihn als möglichen Nachfolger, so sehr schätzte er seinen willfährigen Dienst. Jemand, der Stalin so gut gefiel, musste Anna Achmatowa zuwider sein. Und das war ein weiterer Grund, sie zu beschädigen. Schdanow erklärte, Anna Achmatowa sei »halb Nonne, halb Hure«, und die linientreuen Zeitungen druckten es.

Ich habe mich oft gefragt, was Schdanow mit dieser in sich widersprüchlichen Beleidigung »halb Nonne, halb Hure« sagen wollte. »Hure« wundert mich nicht, seit Jahrhunderten diskreditiert man mit dieser Beleidigung Frauen, die aufbegehren und durch ihr Verhalten lästig werden. Es ist eine einfache Methode, um Anna zu erniedrigen, ihre Schönheit in den Dreck zu ziehen, indem man unterstellt, diese Schönheit sei eine Ware, habe einen Preis. Ein Mittel, um den unschätzbaren Wert ihrer schwarzen Haare herabzusetzen, die mit dem milchweißen Teint kontrastierten, den Wert ihrer stolzen, ein wenig hieratischen Haltung einer byzantinischen Kaiserin, der langsamen Gesten, der regelmäßigen Gesichtszüge, die so oft von Malern beschrieben wurden, die sie kannten.

Sicher, du hast recht, wenn du denkst, Schdanow habe nicht nur ihre physische Anmut schmähen wollen, sondern vor allem ihren stummen Protest, der nun als Auswuchs eines unmoralischen Verhaltens dargestellt wurde. Sie ist käuflich, doppelzüngig, unehrlich, eine Profiteurin, das wollte Schdanow mit diesem Schimpfwort sagen. Doch warum verbindet er die Extreme »Hure« und »Nonne«? Nun, Schdanow wusste, dass die sowjetische Propaganda sich rühmte, die Frau befreit, zur Arbeiterin gemacht, als Heckenschützin im Krieg gegen die Deutschen rekrutiert zu haben, daher war es ihm unangenehm, den Ausdruck »Hure« zu benutzen, der nach der alten patriarchalischen, männlich dominierten Welt roch, die die ruhmreiche Oktoberrevolution angeblich ausgemerzt hatte. Also fügte er die »Nonne« hinzu, wodurch die erste Anschuldigung, eine käufliche Frau zu sein, erschwert wurde, weil sie andeutete, dass Anna diese neue Rolle der russischen Frau nicht wollte; frei ja, aber ein treues Mitglied der Partei. Wenn sie nicht einmal versuchte, so zu leben, dann musste sie verschlossen, bigott, religiös – in einem Wort antisowjetisch sein!

Schdanow würde gegen meine Interpretation protestieren. Er würde einwenden, er habe Achmatowa keineswegs im ideologischen oder metaphorischen Sinn »Nutte« genannt, sondern weil sie für ihn wirklich eine sei. Seiner Meinung nach bewiesen das ihre vielen Ehemänner und Liebhaber, die das Regime erschießen oder ins Gefängnis werfen ließ.

Zwischen den Zwanziger- und dem Beginn der Fünfzigerjahre wurden, wie du vermutlich in der Schule gelernt hast, in Russland siebenhunderttausend Menschen umgebracht. Darunter war Annas erster Ehemann, der Dichter Nikolai Gumiljow, der antisowjetischer Propaganda angeklagt wurde. Ihr dritter Mann, Nikolai Punin, der aus denselben Gründen in einem Gulag im Norden Russlands interniert war, starb dort.

Doch am schwersten wog für Schdanow jene Nacht, die Achmatowa mit dem großen britischen Philosophen jüdischer Abstammung, Isaiah Berlin, verbrachte.

Warum verbrachte Berlin eine Nacht bei Anna Achmatowa?

In Europa war sie sehr beliebt. Man wusste, dass die russischen Intellektuellen nach der Revolution ein schweres Los hatten. Man wusste um die Säuberungen und die Arbeitslager, die Massenerschießungen und willkürlichen Verhaftungen. Wahrscheinlich versuchte Berlin, mit Anna in Kontakt zu kommen, um zu erfahren, ob sie noch lebte und wie weit sie dem Druck nachgegeben hatte. Ich bin sicher, Berlin wollte sie aus demselben Grund sehen, aus dem jeder von uns die Autoren treffen möchte, die seine wichtigsten Bezugspunkte sind. Denn ihre Worte wenden sich an uns, sprechen von uns, verstehen unsere Lage genau. Wenn wir merken, dass jemand uns sieht, uns so gut versteht, dass er unsere innersten Regungen erklären kann, entsteht zwangsläufig Liebe.

Die Verse einer Dichterin, die Worte einer Schriftstellerin sind niemals nur Worte, sondern das Ergebnis Millionen anderer Worte. Worte, die man im Lauf eines Lebens ausbrütet, die man liest, studiert, analysiert, verinnerlicht und langsam in sich reifen lässt. Jedes Wort der Reflex von tausend anderen Worten. Jedes eine Folge komplexer Schichtungen. Jedes mit Gedanken und mit Leben durchdrungen, mit

Hochs und Tiefs, mit Theorie und Praxis, mit Momenten, in denen man las, und Momenten, in denen man lebte. Mit Wartezeit vor dem Theater und an der Supermarktkasse.

Auch der Prozess, durch den ein Wort in einem Vers oder in den Zeilen eines Prosatextes Eingang findet, ist eine Folge aller gedachten, ausgewählten, angenommenen, umgearbeiteten, zerkauten, gelebten und verdauten Worte. Und hinter jedem Wort ein Gedanke, ein gelesenes Buch, eine ausgeführte Handlung, eine Entscheidung, ein Verzicht, ein Kampf. Das wusste Berlin und das suchte er. Er wollte die Augen sehen, die die Worte ausgewählt hatten, die er gelesen hatte, den Klang der Stimme hören, die sie ausgesprochen hatte, das Lächeln sehen, das sie begleitet hatte. Er wollte zum zweiten Mal und endgültig von dem Menschen verführt werden, der ihn *allein* mit der Kraft des Wortes erschrecken konnte.

Darum forderte er die staatlichen Restriktionen im sowjetischen Russland heraus, wodurch er sein eigenes und das Leben von Anna Achmatowa riskierte.

Er kam im November 1945 in Leningrad an, wo er sich als britischer Diplomat ausgab – wodurch er für die Sowjets automatisch ein Spion war –, und versuchte verzweifelt, Erkundungen über sie einzuholen. Als er erfuhr, dass sie noch lebte, verlangte er ihre Adresse. Dann klopfte er an ihre Tür, ein verrücktes, leichtsinniges Unterfangen.

Er war damals irgendein beliebiger Unbekannter. Sie die bedeutendste lebende Dichterin Russlands.

Achmatowa wohnte zu der Zeit in einem heruntergekommenen Adelspalast, der beschlagnahmt und unter mehreren Familien aufgeteilt worden war.

In der sehr stark eingeschränkten Intimität dieses Hauses verbrachten, wie Schdanow später hinterbracht wurde, »der Jude und die Nutte« eine gemeinsame Nacht.

Was sie taten? Diese Frage machte Schdanow verrückt – es gab in Russland noch immer Dinge, die das Regime nicht verhindern konnte. Trotz aller eifrigen Bemühungen der Parteibürokratie erklang die Poesie des Lebens noch immer.

Wenn er diese Begegnung, die überraschend, durch das unbesonnene Verhalten eines störrischen Philosophen zustande gekommen war, schon nicht hatte verhindern können, konnte er doch wenigstens Achmatowa bestrafen, weil sie das Treffen erlaubt und so lange hingezogen hatte.

Ihre Lebensmittelkarte wurde eingezogen, und ein paar Jahre später verhaftete man ihren Sohn erneut. Diesmal wurde er in den Gulag geschickt, zehn Jahre Zwangsarbeit. Nach einer so langen Haftzeit kehrte niemand aus Sibirien zurück. Anna Achmatowa brach jeden Kontakt zu Berlin ab – der sie wiedersehen wollte – und verfasste eine Gedichtsammlung zu Ehren Stalins.

Das war der Preis, den sie zahlen musste, damit ihr Sohn im sowjetischen Russland überlebte.

SCHREI, WENN DIE MENSCHEN GUTEN WILLENS IN DEN DRECK GEZOGEN WERDEN, WENN MAN DIE HELDEN VERSPOTTET.

In seinem Buch *Persönliche Eindrücke* (Berlin 2001, üb. von Werner Schmitz, S. 366) schreibt Isaiah Berlin: »Gleichwohl war ihr ganzes Leben das, was Herzen einmal als das Wesen aller russischen Literatur bezeichnet hat – eine einzige ununterbrochene Anklage gegen die russische Realität.«

Über ihr jahrelanges Schweigen schrieb Achmatowa selbst: »Sie haben meine Muse zu Tode gepeitscht.«

Auf die Frage, ob sie das Leid der Frauen beschreiben könne, die vor dem Gefängnis warteten, antwortete Anna Achmatowa mit dem Gedichtzyklus *Requiem*, der zwischen 1935 und 1961 geschrieben und in der UdSSR nie veröffentlicht wurde. Deutsche Ausgaben u. a.: *Requiem*, üb. von Mary von Holbeck, Frankfurt/M. 1964; *Requiem*, üb. von Rosemarie Düring, Berlin 1987.

Anna Achmatova, »Ich hörte einer Stimme tröstend Wort«, zitiert nach: https://www.lokalkompass.de/bedburg-hau/c-kultur/anna-achmatowa-ich-hoerte-eine-stimme_a600279.

Anna Achmatova, »Und wenn man einmal in diesem Land«, zitiert nach der Übersetzung von Rosemarie Düring, http://www.planetlyrik.de/anna-achmatowa-requiem/2018/10/.

BIST DU BEREIT ZU SCHREIEN, WENN HUNDERT AUF EINEN LOSGEHEN?

ÉMILE ZOLA

11.

ICH SEHE EUCH

> Sie werden von allen Seiten beleidigt,
> das ist das Schicksal der Schriftsteller.
> Sie sind Vögel, auf die jeder schießt,
> während sie fliegen.
> Und wenn man ihnen die Flügel gebrochen hat,
> finden sie nur mit Mühe in ihr Nest zurück.
>
> VOLTAIRE

Am Ende des 19. Jahrhunderts waren die großen Pariser Häuser mit den Schieferdächern schon zergliedert und in unzählige, immer engere, immer schmutzigere kleine Wohneinheiten aufgeteilt worden. Aus zwei wurden vier, aus vier acht, aus acht sechzehn Wohnungen, und die Dachböden füllten sich mit Toiletten, überfüllten Gemeinschaftsbädern für eine große Menge Mieter, die erst zu sechzehnt, dann zu zweiunddreißigst, dann zu vierundsechzigst und zu hundertachtundzwanzigst waren ... Ständig wurden Kinder geboren, in den Wohnschlafzimmern drängten sich nicht nur Menschen jeden Alters, sondern auch Ratten, Wanzen, Flöhe, Läuse, Kakerlaken, Ausdünstungen, Rauch, Feuchtigkeit. Und kalt war es, bitterkalt in jenen harten Wintern Ende des 19. Jahrhunderts.

Wenn die Kälte beißt, kannst du nicht widerstehen. Du würdest alles verbrennen, nur um Feuer zu haben. Du nimmst einen Kanister, eine Schüssel, einen Topf, egal, wie verbeult und löchrig, Hauptsache, er ist aus Metall, und dann wirfst du ihm alles zum Fraß vor, was du findest, damit er dir ein wenig Wärme spendet, und sei es ein schwacher Anschein von Wärme, etwas, was dich von der quälenden Kälte ablenkt.

Das taten schon die alten Römer, und schon sie starben durch ihre Glutbecken.

Denn mit Feuer muss man vorsichtig umgehen. Heißt es nicht »Mit dem Feuer spielt man nicht«, was bedeutet, dass das Feuer eher Feind als Freund ist? Das Feuer umarmt dich mit seiner Wärme, gleichzeitig aber versucht es, dich mit Kohlenmonoxid zu vergiften, einfach so, um dich zu prüfen, um zu sehen, wie weit du den zwei Gesichtern seiner Wesensart standhältst.

Kohlenmonoxid. Wenn die Luft damit gesättigt ist, wachst du nicht mehr auf.

Noch heute sterben Menschen wegen einer Feuerstelle oder eines Ofens. Wo Armut herrscht, gibt es improvisierte Herde und Glutbecken, um ein Elend zu lindern, das niemals wärmt.

Auf den Pariser Dachböden des ausgehenden 19. Jahrhunderts starben die Ärmsten durch Ersticken, die Menschen, mit denen Émile Zola sich in seinen Romanen beschäftigte. Ja, Zola wollte von den Ärmsten erzählen.

Jetzt versuch einmal, in dieses Zimmer in der Rue de Bruxelles Nr. 21b zu blicken.

Ein Hinweis: Es ist der 29. September 1902.

Was siehst du?

Einen Schriftsteller, Émile Zola, der durch Rauch und Ruß erstickt ist.

Wenn du das siehst, konzentrierst du dich nicht genug.

Sieh genauer hin.

Genau. Er ist nicht durch Ersticken gestorben. Er ist an Vereinsamung gestorben.

Heute lernst du ihn in der Schule als den großen Meister der französischen Literatur des Naturalismus kennen, doch zu seinen Lebzeiten verbündeten sich Freunde und Feinde, um ihm zu erklären, er sei gar kein Literat, weder ein großer noch ein kleiner. Der Schriftsteller Léon Bloy nannte ihn einen »Kretin«, einen, der »die Seelen schändet«, Jules Claretie, damals Direktor der Comédie Française, schrieb, dass »seine Bücher nach Schlamm riechen« und »von all seinen Werken ein bestialischer Geruch ausgeht«. Der Theaterkritiker Francisque Sarcey bezeichnet ihn als »schlechten Literaten«, der Autor und Journalist Louis Ulbach sagte, Zolas *Thérèse Raquin* sei »verrottet«; man behauptete, er schreibe nur für sein Einkommen, nicht um Kunst zu schaffen. Man nannte ihn den »König des Abschaums« und seine Literatur »schleimig«.

Zola war einer, der an die Macht des Wortes glaubte. Er war überzeugt, dass eine scheußliche Realität sich schon dann verändert, wenn man sie beschreibt, wenn man sie aus dem Dunkel holt. Denn das Licht führt auf vielen Wegen zur Veränderung. Darum findest du in seinen Romanen keine Geschichten von eleganten Damen, vom Unverständnis zwischen Vätern und Söhnen, von der Sehnsucht nach der Kindheit, von betrogenen Lieben, exotischen Reisen. Nein, in seinen Büchern gibt es nur Elend. Soziale Ungerechtigkeit und Armut. Immer wieder Armut, Elend und eine soziale Ungerechtigkeit, die zum Himmel schreit.

Nur Geschichten von Unglücksmenschen, die alles auf ihr eigenes unsicheres Überleben setzen, dann wird ihnen unausweichlich ein Bein gestellt, und sie stürzen, ohne wieder aufzustehen.

Die Arbeiterviertel waren sein Forschungsfeld und seine Obsession. Finstere Elendsquartiere, in die keiner je einen Fuß setzen würde, der nicht dort geboren war. Warum sollte man das auch tun? Um sich anzusehen, wie verkommene Weiber den ganzen Tag herumlungern, während ihre kleinen Bastarde zwischen Ratten und Wanzen umherkrabbeln? Um des deprimierenden Schauspiels hüftlahmer, entsetzlich verstümmelter Riesenkerle willen, die ständig betrunken halb ohnmächtig auf Bergen von Unrat liegen? Arbeitsunfälle nennen wir das heute. Die den Körper entstellen und das Arbeiten unmöglich machen. Damals aber gab es noch keine Versicherung gegen Arbeitsunfälle – du hast recht, auch heute nicht überall –, und für diesen »Abschaum« der Gesellschaft gab es Arbeit ohnehin nur tageweise, wenn sie Glück hatten.

Abends erhielten sie ihren Lohn und sahen, dass er nicht für eine anständige Mahlzeit oder die Miete für eine Nacht reichte. Also vertrank man ihn besser. Eine Flasche Schnaps schlechtester Qualität, und man ließ dieses Leben für eine Stunde hinter sich. Ein Zeug, das schnell krank machte, einem die Eingeweide zerfraß oder, wenn man Glück hatte, einen Platz im Jenseits verschaffte.

Zola aber ging andauernd in diese Viertel, um das erbärmliche Schauspiel des Lebens zu betrachten. Er studierte die Gesichter, merkte sich die Namen, schrieb ihre Geschichten auf. Zehn, hundert, tausend Geschichten. Je mehr er sammelte, desto unersättlicher wurde er. Aufzeichnen, katalogisieren, sammeln, dokumentieren, bezeugen. Nur das hatte Sinn für Zola. Nur darin bestand seiner Meinung nach die Aufgabe des Schriftstellers: Reporter des Abgrunds sein, das Unglück fotografieren. Und wenn man ganz unten angelangt war, das Bild des Abgrunds an die Oberfläche bringen. Ohne diese Fotografien zu kommentieren, nur das Abbild der Verhältnisse, so, wie sie waren, ein Schrei, ohne jeden Trost, auch nicht den der Rhetorik, der Empörung, der Solidarität.

Anfangs fanden diese Sachen kaum Leser. Die Verleger sagten, dass die Leute nur Ablenkung und Zeitvertreib wollten, Figuren, mit denen sie sich identifizieren konnten, weil sie ein ähnliches Leben wie die Leser führten. Trotzdem wurden Zolas Texte bald ansteckend. Die Zahl der Menschen, die diese Wunden sehen und verstehen wollten, wo man ansetzen musste, um sie zu heilen, stieg exponentiell an. Und was noch unglaublicher ist, die Leser erkannten sich in diesen Wunden wieder. Sie verstanden, dass diese Geschichten, obwohl sie aus einer anderen Welt als der ihren kamen, zu ihnen gehörten. Denn es war eine Welt, die sie jeden Tag streiften, die sie schuldhaft am Leben hielten, aus der sie stammten oder in der zu enden sie fürchteten.

Doch jetzt komm mit mir, wir verlassen die Arbeiterviertel der Pariser Banlieue und gehen in die großbürgerlichen Stadtteile des Zentrums. Hier gab es gepflegte Blumenbeete, und in den Schaufenstern der Konditoreien prangten schon damals *macarons* und *crèmes brûlées*. Die Kinder waren gut gekleidet und spielten nicht barfuß auf der Straße.

Überraschung: Irgendwann richtet Zola seinen Blick auf diese Viertel.

Denn in den sauberen, eleganten Boulevards des von Haussmann gestalteten Paris wohnt ein Offizier des Generalstabs, der im aufsehenerregendsten politischen Justizskandal des Frankreichs jener Jahre zur Hauptfigur wurde: Alfred Dreyfus.

Dreyfus ist ein französischer Offizier, Hauptmann der Artillerie, zielstrebig und skrupulös, sein Eifer und sein Patriotismus grenzen an Starrsinn. Er ist Soldat aus Leidenschaft, weil er dank des Reichtums seiner Familie nicht arbeiten muss.

Du musst bedenken, dass Frankreich im ausgehenden 19. Jahrhundert ein wenig angeschlagen ist, denn es kann die Schande der Niederlage bei Sedan, die Deutschland ihm 1870 im französisch-preußischen Krieg bereitete, nicht abschütteln. Sie hatte zum Sturz des Zweiten Kaiserreichs geführt und im Laufe der Jahre ein stark nationalistisch geprägtes Gefühl der Feindseligkeit und Rachegelüste entstehen lassen. In diesem Klima von Schmach und Unbehagen entdeckt man, dass sich in den Reihen der Armee ein Spion der Deutschen verbirgt. Stell dir vor, was das bedeutet, in einem gedemütigten Land das Feuer des Ressentiments zu schüren, den Takt vom Verräter zu trommeln, der vertrauliche Informationen an die Feinde der Nation weitergibt.

1894 kommen die Behörden in den Besitz eines besorgniserregenden Dokuments. Ein Brief ohne Unterschrift und Datum, gefunden im Papierkorb einer der Niederlassungen der deutschen Botschaft in Paris. Der Verfasser, so vermutet man nach der ersten Lektüre, ist ein französischer Offizier, in diesem Schreiben bietet er dem zweifellos deutschen Adressaten militärische Dokumente an, die für die nationale Sicherheit von beträchtlicher Bedeutung sind.

Die Indizien machen einen kleinen Kreis von Offizieren verdächtig. Einer von ihnen ist Jude, es ist der Hauptmann, den ich dir oben vorgestellt habe. Die Handschrift des Briefes, sagt man, sei seiner Handschrift wirklich ähnlich. Jetzt ist klar, dass es sich um Verrat handelt, nur dieser Hauptmann kann der Spion sein. Denn die Juden sind weder Franzosen noch Deutsche noch Italiener. Sie sind Juden, Punkt.

Wenn Dreyfus sich für einen Franzosen hält, dann nur, weil er eine verzerrte Wahrnehmung der Wirklichkeit hat. Für den größten Teil der Franzosen bleiben die Juden auf jeden Fall Fremde, und ein Fremder ist – wie du weißt – immer ein potenzieller Verräter.

In der französischen Presse entbrennt eine Verleumdungskampagne. Die Anhänger der *Ligue des Patriotes*, einer wenige Jahre zuvor gegründeten Bewegung, die später vom Pariser Strafgericht aufgelöst werden wird, geben den Ängsten der Franzosen weiterhin Nahrung, damit sie sich dann als rettende politische Kraft präsentieren können. Dem »jüdischen« Hauptmann wird so ziemlich alles vorgeworfen: Dreyfus ist ein Weiberheld, ein Verschwörer, ein Aufrührer, geldgierig, unanständig reich, ein Freund der Mächtigen, ein Profiteur, ein Sadist, ein Spekulant, Zyniker, Verräter und Spion.

An einem eiskalten Wintermorgen wird Alfred Dreyfus im Hof der École militaire von Paris degradiert. Man reißt ihm die Epauletten ab, sein Säbel wird zerbrochen.

Weißt du, was er macht? Er schreit: »Vive la France!«

Damit das klar ist: Ich will dich nicht zum Nachdenken über die Traumata einer misslungenen Integration anregen, ich will dir von Émile Zola erzählen. Zola, der aufsteht, Zola der »J'accuse« sagt, also »Ich sehe«. Natürlich weiß ich, dass die wörtliche Übersetzung lautet, »Ich klage euch an«, aber glaub mir, Zola sagt »Ich sehe«! Ich sehe, dass es falsch ist, was ihr behauptet, ich sehe, dass Dreyfus kein Spion ist, ich sehe, dass ihr die willigen Komplizen einer Farce seid, ich sehe, dass ihr nur angreifen könnt, wenn ihr zu hundert gegen einen seid.

Verstehst du jetzt, warum Zola von allen Menschen verlassen sterben musste? Es genügt ein einziger Mensch, der aufbegehrt, und die Macht gerät ins Rutschen, die Lüge zerbröckelt, und die Willkür zieht sich zurück.

»J'accuse«, Émile Zolas langer, in der Zeitung *L'Aurore* veröffentlichter offener Brief an den Präsidenten der französischen Republik, in dem er Alfred Dreyfus verteidigt und die Öffentlichkeit über die wahren Hintergründe der Dreyfus-Affäre informiert, wurde von Millionen

Franzosen gelesen. Und er hatte Wirkung, Dreyfus wurde entlastet und ein paar Jahre später wieder in die Armee aufgenommen.

Natürlich vergesse ich nicht, dass es endlos lang dauerte, bis das erreicht war. Zwölf Jahre, in denen Dreyfus für eine nie begangene Tat der Beschuldigte in einem weltweit verfolgten Skandal war. Nein, auch die Verurteilung zur »Deportation in ein befestigtes Lager« und zu fünf Jahren Zwangsarbeit auf der Teufelsinsel, der Strafkolonie vor der Küste von Französisch-Guayana, will ich nicht übergehen. Diese Kolonie galt damals als ein sehr weit entfernter Teil der Welt. Du kannst dir das vorstellen, nicht wahr? Seine Gefängniswärter, die sich einen Spaß daraus machten, ihn ständig mit Schikanen zu quälen, damit die Insel ihrem Namen Ehre machte. Stell dir auch vor, was seiner Familie in Paris zustieß: Sie verlor ihre gesellschaftliche Stellung und ihr Ansehen, sie erhielt kaum Nachrichten über das, was auf der anderen Seite des Atlantischen Ozeans geschah. Wen kümmert denn auch die Würde eines Menschen, der so viele Meilen von zu Hause entfernt ist, dem Blick seiner Freunde entzogen, verborgen vor der öffentlichen Meinung, die Druck auf die Regierung ausüben könnte? Glaubst du nicht auch, dass man ihn so weit wegschickte, weil man ihn nicht mehr auf dem Gewissen haben wollte? Weil man verhindern wollte, dass der Gestank dieser ungeheuerlichen Ungerechtigkeit, dieses schändlichen Justizirrtums schon am frühen Morgen in die Schleimhäute der Franzosen drang, wenn sie bei einem Kaffee die Zeitung lasen und ein Croissant aßen? Und als dann schließlich die Beweise vorlagen, dass die Anklagen völlig unbegründet waren, wurde Dreyfus geraten, um seine Begnadigung zu bitten ... Ja, die Begnadigung, also die Vergebung! Kannst du nachempfinden, was Alfred Dreyfus spürte, als sein Anwalt ihn aufforderte, das Gnadengesuch zu unterschreiben?

Dennoch wird dir die Verletzung von Dreyfus, die mich am meisten erschüttert, vielleicht als die harmloseste erscheinen. Es ist die Art und Weise, wie er wieder in die Armee aufgenommen wurde.

Nach der endgültigen Revision des Prozesses, bei der das Urteil aufgehoben wurde, legte man, wie vorgeschrieben, das Datum der Zeremonie fest. Kannst du dir Dreyfus an diesem Tag vorstellen? Siehst du diesen Mann, der fünfunddreißig war, als der Sturm ihn mit sich riss, und jetzt als Siebenundvierzigjähriger um Jahre älter wirkt? Ein Mann, der alle Wunden des Geschehens am Körper trägt: Er hinkt, sein Rücken ist gekrümmt, er spricht abgehackt, sein Blick ist trübe. Dieser Mann erlebt jetzt endlich den Tag seiner Entschädigung! Dieser Tag ist für ihn seine vollständige Rehabilitation vor den Augen der Welt, es ist der Moment, seine Unschuld herauszuschreien, allen zu verkünden, dass jemand ihn vorsätzlich hineingezogen hat, um seine eigene Bestechlichkeit, den eigenen Verrat zu verbergen. Dies war der Tag der endgültigen Abrechnung, der Tag, an dem alle sich um ihn drängen würden, um ihm die Hand zu schütteln und sich zu entschuldigen. Viele würden die Augen senken, nicht zu gestehen wagen, dass sie, beeinflusst von den Lügen in schlechten Zeitungen, an ihm gezweifelt hatten. Aber man beschloss, das Schauspiel seines Triumphs nicht an dem Ort stattfinden zu lassen, an dem alles angefangen hatte. Nicht im großen Hof der École militaire von Paris, dem Cour Morland, wo ihm zwölf Jahre zuvor die Epauletten abgerissen und sein Säbel zerbrochen wurden, während die Journalisten sich hinter den Absperrungen drängten. Nein, man zog es vor, das abschließende Schauspiel, das sich eigentlich über die anfängliche Szene der Degradierung hätte legen und sie auslöschen sollen, im kleinen, abgeschlossenen Innenhof zu veranstalten, als müsste man eine Leiche verstecken. Dieser »unehrenhaften« Wiederaufnahme in die Armee hielt Dreyfus nicht lange stand. Sein Leben war jetzt für immer aus der Bahn geworfen. Ein paar Jahre später rief dasselbe Frankreich, das versucht hatte, ihn zu vernichten, ihn beim Ausbruch des Ersten Weltkriegs wieder in den Dienst, und er kehrte zurück und tat seine Pflicht für das Land, das ihn trotz allem immer noch als einen seiner Söhne erkannte.

Und Zola? Was geschah mit Zola, der Dreyfus so energisch verteidigt hatte? Zola starb 1902 in seinem Zimmer in der Rue de Bruxelles Nr. 21 an den giftigen Dämpfen eines Kamins, bevor er Dreyfus' vollständige Rehabilitation erleben konnte. Seit Jahren schon wurde er geächtet. Er war nicht mehr der Zola in den Zeiten von *Germinal*, als seine Romane den Markt beherrschten und seine Artikel die öffentliche Meinung beeinflussten. Seine Verteidigung von Dreyfus hatte ihn zwei Gerichtsurteile wegen Verunglimpfung der Streitkräfte gekostet, eines in erster, das andere in zweiter Instanz.

Schließlich wurde er amnestiert, also nicht freigesprochen. Doch wer zweifelte an ihm? Der Prozess gegen Dreyfus dauerte sehr lange, er war viele Jahre in Haft, die Wahrheit wurde auf vielerlei Weise vertuscht, die Öffentlichkeit wurde gedrängt, zu glauben, Dreyfus sei wirklich der Verräter, der geheime Informationen an das preußische Heer weitergegeben hatte. Unzählige Zeitungsartikel erklärten, Zola sei ein verkommener, liederlicher Mensch, der Dreyfus wahrscheinlich nur verteidigt hatte, um sich Bekanntheit zu verschaffen, um im Rampenlicht zu stehen und so mehr Bücher zu verkaufen. Warum liederlich? Weil diejenigen, die davon leben, die Wahrheit zu verzerren, nie Gegenargumente ins Feld führen, etwa: Wenn du Weiß sagst, sage ich Schwarz. Das tut nur jemand, der die Regeln respektiert. Doch wer das Spiel auf jeden Fall gewinnen will, versucht nicht einmal, deinem Argument ein anderes, deiner Weltsicht die seine entgegenzusetzen. Viel zu gefährlich! Diese Leute werden niemals antworten, indem sie eine Theorie mit einer anderen, ein Faktum mit einem anderen konfrontieren … Diese Leute werden immer nur versuchen, ihren Gegner mit einem persönlichen Angriff zu vernichten. Außerdem setzt oft ein trauriger Mechanismus ein: Wenn in einem Rechtsstreit die Wahrheit systematisch verzerrt wird, will niemand mehr davon hören. Du bist zu jung, um dich daran zu erinnern, aber in Italien geschah das in den Achtzigerjahren. Ein bekannter Fernsehmoderator, Enzo Tortora, wurde von einem Kronzeugen beschuldigt, und der darauffolgende Prozess dauerte so lange, dass er zu einem Derby zwischen den Vertretern der Unschuldsvermutung und denen der Schuldvermutung wurde. Schließlich setzten alle auf die eine oder andere Möglichkeit, niemand kümmerte sich mehr um die Wahrheit. Ob er schuldig oder unschuldig war, interessierte inzwischen keinen mehr, und keiner hätte es mehr akzeptiert, Tortoras Gesicht am Freitagabend im Fernsehen auftauchen zu sehen. Seine Stimme, seine Gesichtszüge waren nun untrennbar mit dem schmerzhaften, umstrittenen »Fall« verbunden. Tortora erlebte seinen Freispruch noch und kehrte ins Fernsehen zurück, doch die Ereignisse hatten ihn für immer gezeichnet. Er starb zwei Jahre später noch vor seinem sechzigsten Geburtstag.

Was Émile Zola betrifft, so schien sich niemand mehr daran zu erinnern, dass er der innovativste Schriftsteller Frankreichs gewesen war. Alle verbanden seinen Namen immer und ausschließlich mit dem Fall Dreyfus und dem, was der Fall politisch bedeutet hatte. Die einstigen Freunde hielten sich fern, um nicht mit ihm in Verbindung gebracht zu werden. Verurteilt, weil er die Ehre der Streitkräfte beschädigt hatte, sah er sich zur Flucht nach England gezwungen, und nach seiner Rückkehr gewährte ihm das Schicksal nicht einmal, an der kleinen Zeremonie der Wiederaufnahme von Dreyfus in die Armee teilzunehmen. Im kalten September 1902 nahmen die Ausdünstungen seines Kamins ihm für immer die Feder aus der Hand.

Über die Umstände dieses Todes wurden viele Vermutungen angestellt, doch jeder Zweifel wurde schnell unter den Teppich gekehrt. Henri Buronfosse, von Beruf Ofensetzer, ein Mitglied der antisemitischen, nationalistischen *Ligue des Patriotes*, ließ sich im Gespräch mit einem Freund zu der Aussage hinreißen, er habe den Luftabzug im Schlafzimmer des Schriftstellers verstopft.

Dafür gibt es aber keine Beweise, sagst du. Das ist egal. Ich bin kein polizeilicher Ermittler. Ich weiß, dass man Zola ermordet hat. Und das waren nicht nur die Antisemiten der Liga der Patrioten, Zola wurde von seinen Kollegen umgebracht, von denen, die sich nicht auf seine Seite gestellt hatten. Zola wurde von den Politikern umgebracht, die ihn nicht beschützt hatten. Zola wurde von den Journalisten umgebracht, die Kommentare wie die hier zitierten veröffentlicht hatten.

Als das Kohlenmonoxid aus der Glut seines Kamins zu entweichen versuchte, traf es auf den Stopfen, den die Lega der Patrioten im Abzugsrohr angebracht hatte. Es kapitulierte, stieg wieder hinab und legte sich ins Bett neben Zola. Am nächsten Morgen tranken Buronfosse und seine Kumpane auf die Nachricht von Zolas Tod, so wie die Mitglieder des Corleone-Clans im Ucciardone-Gefängnis auf die Nachricht tranken, dass Giovanni Falcone das Attentat nicht überlebt hatte.

Denk immer daran, bevor du jemanden isolierst, der für die Rechte aller kämpft, denn wenn du das tust, ist es, als würdest du ihn mit eigenen Händen ins Dunkel drücken. Und von diesem Dunkel werden seine Feinde profitieren.

Erinnerst du dich an die Proskriptionslisten im alten Rom? Wenn der Staat deinen Namen auf die Liste der Proskribierten setzte, übernahm er es nicht selbst, dich zu beseitigen, sondern er rief deinen Tod herbei. Es war wie die Einladung an einen potenziellen Mörder: »Greif zu, dieser Mensch ist nichts mehr wert.« »Greif zu, denn niemand wird dich für seinen Tod bestrafen.« »Greif zu, denn ich trete beiseite, rücke ihn dir ins Licht, damit du besser zielen kannst.« Die Proskriptionslisten waren eine Methode, jemanden zu beseitigen, ohne selbst die Verantwortung dafür zu übernehmen.

SCHREI, WENN SIE DIE DICHTER TÖTEN.

Von Émile Zola muss man *J'accuse* lesen, das Manifest aller Menschen, die Partei ergreifen. Deutsche Fassung im Internet: http://www.boerverlag.de/Aktuelles/Zola_Ich_klage_an.pdf

Die Behandlung, die ihm widerfuhr, schildert Dreyfus selbst in: *Fünf Jahre meines Lebens*, Berlin 2019.

Zu den Vermutungen über Zolas Tod siehe: Jean-Paul Delfino, *Assassins! Les derniers jours de Zola*, Paris 2019.

VERSUCHE

GEBRÜDER GRIMM

12.
DIE WORTE DES VOLKES

> Ihr habt lange genug geschwiegen.
> Es ist Zeit, damit aufzuhören!
> Schreit in hunderttausend Sprachen.
> Ich sehe, dass die Welt
> durch das Schweigen verfault ist.
>
> KATHARINA VON SIENA

Vermutlich hast auch du sie in der Schule gelesen, sie standen im Lesebuch des Gymnasiums: Die Geschichten der *Ilias* und der *Odyssee* wurden von den Griechen geschaffen und jahrhundertelang, von Generation zu Generation mündlich weitergegeben. Dann kam Homer, und diese flüchtigen Worte wurden in einem geschriebenen Text eingefangen. Schluss mit der oralen Tradition.

Ich bin mir ziemlich sicher, dass man auch dir, als du ein Kind warst, die Märchen *Hänsel und Gretel* oder *Die Boten des Todes* der Gebrüder Grimm vorgelesen hat.

Aber was haben die Gebrüder Grimm mit Homer zu tun?

Diese beiden räumlich und zeitlich scheinbar so weit voneinander entfernten Literaturen haben eine ungewöhnliche Gemeinsamkeit. Bei Homer neigt man dazu, ihm die Urheberschaft an seinem Werk streitig zu machen. Nicht er selbst soll es geschaffen, sondern lediglich die mythischen Heldentaten gesammelt haben, die die griechische Volksseele sich erzählte. Im Fall der Grimms aber lehnten die Brüder selbst die Autorschaft an ihren Märchen ab. Sie haben nichts geschaffen, sagten sie, sondern die Traditionen und Geschichten des Volkes seiner lebendigen Stimme abgelauscht und gesammelt.

Die Grimms waren außergewöhnlich gute Schriftsteller, aber auch Ethnografen. Was bedeutet, dass sie mehr Zeit damit verbrachten, inmitten des Gestanks der Ställe und des Fetts der Feuerstellen Wörter zusammenzufegen, als hinter den Türen ihrer Stuben zu schreiben. Den Schwarzwald durchstreiften sie Stein für Stein, Schlucht für Schlucht. Sie verzeichneten alle Arten von Menschen, die in diesen von Hunger und harter Arbeit gezeichneten Dörfern lebten. Entstellte, missgestalte, bestialische Gesichter. Echte Wölfe, wie ihren Märchen entsprungen, grausam und grimmig.

Auf ihrer Suche nach den Worten des Volkes drehten sie schimmelige Matratzen und klapprige Stühle um, stöberten Worte unter flohbesetzten Matten auf, fanden sie in Decken voller Zecken. Einfache Worte, die sie mit nach Hause nahmen, um daran zu arbeiten. Doch je länger sie arbeiteten, desto deutlicher spürten sie, dass sie dieses unter großen Mühen zusammengestellte lebendige Material verrieten. Jeder Tintenfleck auf dem Papier war ein Hieb in diesen Block aus purem Marmor, der sich mit jedem Schlag veränderte, mit jedem Eingriff etwas von seiner Eigenart verlor. Ihnen erschien das wie ein unverzeihlicher Verrat an der Volksseele. Sie konnten sich nicht freisprechen von der Verfälschung der Sprache des Volkes, der einzigen, die für sie zählte, der einzigen, an die sie glaubten. Also rechtfertigten sie sich, sagten, diese Worte zu bearbeiten, sei keine Fälschung, sondern Methode gewesen. Eine Methode, mit der sie diesen Worten ihren ureigensten Atem, ihre tiefste Wahrheit, ihre ursprüngliche Kraft zurückgeben wollten. Sie verfälschten das Wort des Volkes nicht, sie schnitten es nur zu, um es aussprechbar zu machen.

Aber niemand glaubte ihnen. Man hielt ihnen sogar vor, im Volk hätten sie höchstens Gestotter, Flüstern und Stammeln einsammeln können, die Handlung dieser Erzählungen aber stamme von ihnen. Sie hatten dem Volk ein paar Wörter abgemolken, doch die Geschichten selbst erfunden. Sie sollten aufhören, zu leugnen. Doch für die Grimms war das alles inakzeptabel, denn die Geschichten, die Kunst, das Wort, der Gedanke und die Wahrheit gehörten dem Volk und nur ihm allein. Auch heute sagt man, die Wahrheit gehört dem Volk. Nur das Volk hat gesunde Ideen, denn die Ideen des Volkes sind wahrhaftig.

Viele Jahrzehnte nach dem Tod der Gebrüder Grimm kam in den Vierzigerjahren des 20. Jahrhunderts ein Professor der Universität Wien auf die Idee, diese Überzeugung der Grimms auf die Probe zu stellen. Wenn sie wirklich recht hatten, wenn nur das Volk schöpferisch war, dann konnten alle die Probe aufs Exempel machen. Der Professor stellte eine Truppe aus Dolmetschern, Philologen und Anthropologen zusammen und fuhr mit ihnen auf die Hochebenen im Inneren des Balkans: karge, öde Gegenden, feindlich, ohne Kommunikationswege, die jahrhundertelang unzugänglich gewesen waren. Wenn es in Europa noch unberührte Enklaven gab, deren Bevölkerung ihre Eigenheiten unverändert bewahrt hatte, dann mussten es diese Gebiete sein.

Die Teilnehmer des Experiments aßen monatelang mit den Einwohnern, lachten mit ihnen, ließen sich gemeinsam mit ihnen ergreifen. Aber sie schliefen nicht mit ihnen zusammen. Sie schliefen gar nicht, sie blieben die ganze Zeit über wach, gierig wie die Geier, immer bereit, jedes einzelne Wort einzufangen, das aus diesen Mündern kam: Verben, Substantive, vor allem aber Adjektive. Denn in den Adjektiven steckt, wie du weißt, das Urteil, also das Denken.

Aufgehäuft in den Rucksäcken der Forscher, landeten die gesammelten Wörter in der dem Asphalt und Stahl geweihten Welt. Auf den Labortischen ausgeschüttet, wurden sie analysiert, unters Mikroskop gelegt und mit Reagenzmitteln in Kontakt gebracht, bis sie ihre wahre Zusammensetzung offenbarten: 90 % war Material, das unter anderem Namen gelebt hatte, homerisch, biblisch, tausendundeinenachtisch, und nur die verbleibenden 10 % waren neue, reine, nicht »verschnittene« Wörter.

Volkstümlich ist nicht das, was das Volk hervorbringt, sondern, was das Volk sammelt. Was sich im Volk ansiedelt und verbreitet, was Mode, Archetyp, Struktur und Kategorie wird. Das schöpferische Volk gibt es aus dem einfachen Grund nicht, weil es das Volk nicht gibt. »Volk« ist ein abstraktes Wort, eine Kollektivbezeichnung für eine Gesamtheit einzelner Elemente, die wir aus Bequemlichkeit als ein Ganzes betrachten.

Tausend Köpfe können gleichzeitig eine Geschichte hören, aber tausend Köpfe können nicht gleichzeitig eine Geschichte erfinden. Gemeinsam können wir keinen Gedanken denken, Gedanken werden immer allein gedacht und erst danach geteilt, gepostet, übertragen und verbreitet. Das bedeutet Verantwortung. Das bedeutet, wenn du oder ich Ideen ausdrücken, Sätze posten, sind wir verantwortlich für die Worte, die wir sagen und die aufgenommen und viral werden könnten. Es bedeutet, dass wir uns am Anfang aller Wortbildungsprozesse auf jeden Fall immer einen Kartengeber, einen Marionettenspieler, einen geheimen Player vorstellen müssen, der den ganzen Prozess in Gang setzt. Einen, der die Bühne vorbereitet, das Drehbuch schreibt und die Rollen verteilt. Einen, der mit den Worten spielt, als hätten Worte kein Gewicht, als würden Worte keine Zündschnüre legen, kein Dynamit explodieren lassen, keine Menschen töten.

Wenn du mit Worten spielst und der Tsunami anschwillt, geh nicht in Deckung, sag nicht, es sei nicht deine Schuld, es sei die Schuld des »Volkes«, weil das Volk roh ist, vulgär und wild. Denn nicht das Volk ist roh, du bist es. Es ist nicht das Volk, das erschafft, und es sind nicht die Autoren, die sammeln, sondern die Autoren erschaffen und das Volk sammelt. Der Prozess verläuft nicht so, wie die Grimms ihn sich vorstellten, sondern umgekehrt, und das kannst du heute vor allem im Internet beobachten. Im Gegensatz zu dem, was man überall hört, ist das Internet nicht die Personifizierung des Volkes. Das wollen uns die Populisten weismachen. Die Populisten wollen, dass wir glauben, sie gäben dem Volkswillen eine Stimme. Vielleicht lassen sie auch irgendeine Software Tausende Likes unter Ideen setzen, die sie als Volksmeinung verkaufen wollen, die aber ihre eigenen Ideen sind. Ideen, die sie angeblich in den Kneipen und Bussen aufgelesen haben, wo das Volk verkehrt, die sie aber in Wirklichkeit selbst dem Volk überreicht und unter den Menschen verbreitet haben, indem sie diese Ideen auf Versammlungen herausschrien und in den sozialen Netzwerken posteten.

Zuletzt aber fallen wir alle darauf rein. Wir alle lassen uns überzeugen, dass »das Volk« denkt, was sie denken, und will, was sie wollen.

Glaub nie daran.

Wenn es »das Volk« gäbe – ich sage dir noch einmal, es ist nur eine Redensart, eine Abstraktion –, würde es sich so verhalten wie jeder von uns, wenn er im Supermarkt nur eine Sorte Waschmittel findet: Er würde sie kaufen, obwohl sie schlecht wäscht und einen ekelhaften Geruch in den Kleidern hinterlässt.

Weißt du, warum ich sicher bin, dass das Internet heute mitnichten den Geist des »Volkes« verkörpert? Weil das Netz zur Zeit seiner Entstehung nicht so war. Es wurde noch nicht von Polarisierung und Banalisierung, vom manichäischen Denken beherrscht: Schwarz-Weiß. Wer sich einloggte, wollte Hilfe anbieten und erhalten. Er war neugierig, wollte sich umschauen, entdecken, Erfahrungen teilen. Er wollte einer seiner Identitäten – wahrscheinlich der echtesten, sicherlich der heimlichsten – freien Ausdruck verschaffen. Die Anonymität, hinter der sich die Identität des Users im Internet versteckte, war keine falsche Identität, sondern eine seiner vielen Identitäten. Eine der hunderttausend, die in unserem Inneren zusammenleben. Die Anonymität erlaubte dem Teil von uns, der aus Schüchternheit, Scham oder Konformismus fast immer im Schatten bleiben musste, sich frei auszudrücken. Paradoxerweise erlaubte sie uns, aufrichtiger zu sein. Sie hatte dieselbe Funktion wie die Masken im Karneval des 16. Jahrhunderts: für eine Nacht, für einen Tag konnte man alles sagen und tun. *Semel in anno licet insanire.* Das hat man auch dir beigebracht, stimmt's? Einen Tag im Jahr durfte man seinen heimlichsten Sehnsüchten und all seinen Widersprüchen freien Lauf lassen. Das Internet lässt diesen Tag nie vergehen.

Als das Internet entstand, war es noch eine grünende Insel. Die Wiesen standen in Blüte, und das Wasser war kristallklar. Der Wind wehte als leichte Brise, die Brise der Neugierde, ja der Solidarität. Wir loggten uns ein, um uns zu informieren, um zu erfahren, was Freunde und Verwandte oder Unbekannte taten, die die Welt so empfanden wie wir. Dann wurde dieser Geist solidarischen Teilens attackiert. In den Maschen des Netzes entstanden Formen von nutzenorientiertem Aggregationismus, die enorme Profitmöglichkeiten erahnen ließen, etwa wie die Bauunternehmer zu Beginn der Sechzigerjahre auf jede freie Grünfläche Italiens blickten und Quadratmeter sahen, auf denen man einen

Wolkenkratzer, ein Einkaufszentrum, Reihenhäuser errichten konnte. So haben sie den Grund und Boden vergewaltigt und auf die Schnelle Bienenwaben hochgezogen, und darin wurden die Menschen nur um des Profits willen massenhaft eingepfercht. Hühner in Legebatterien, denen man jeden Morgen ein Ei entnehmen konnte.

Aber wie hängen das Internet, Homer und die Gebrüder Grimm zusammen? Verseucht wurde das Internet nicht durch die Ankunft des »Volkes«, des brutalen, barbarischen Volkes mit niederen Antrieben, die ein Medium suchen, wo sie sich austoben können, sondern durch die Ankunft versteckter, unbekannter Verfasser. Sie arbeiten unablässig in Netzwerken, die jedes Gefühl, jeden im Internet arglos ausgesprochenen Wunsch in eine Strömung lenken, deren Richtung vorteilhaft für sie ist. Der Hass, die Fake News, das Lynchen, die Diffamierung, das Cyber-Mobbing, das Hacken von persönlichen Daten sind nicht durch die »instinktive Rohheit des Volkes« entstanden, sondern weil die Netzwerke anfingen, jedem Nutzer das Upgrade seiner bösesten Instinkte vorzuschlagen. Denn in der Ära der sozialen Medien und des Datenkrieges gilt die alte Regel: Wenn wir zornig sind, wenn wir uns angegriffen, ausgeschlossen, in die Ecke gedrängt fühlen, geben wir mehr und gieriger Geld aus. Aus der Wut lässt sich mehr Profit herausschlagen als aus dem Nachdenken.

Vergiss nicht: Jedes Drehbuch hat einen Autor, egal, wie gut er sich verstecken kann. Aus der Einsamkeit und visionären Kraft der Schriftsteller entstehen literarische Werke, die unsere Vorstellungswelt geprägt haben, die ganze Welten aus Figuren und Göttern schufen. Aber daraus können auch Städte entstehen, die mit Stacheldraht umgeben sind und unsere banalsten Fantasien üppig wuchern lassen. Hinter jeder Geschichte, die uns alle beeindruckt, steckt immer ein Verfasser. Davon war ich als Kind überzeugt, wenn ich die grimmschen Märchen hörte, als junger Mann, wenn ich Homer las, und heute, wenn ich das Internet beobachte.

SCHREI, DASS DU DIE QUELLE
JEDER NACHRICHT SUCHEN WIRST.

Eine Ausgabe der grimmschen Märchen in ihrer ursprünglichen, grausameren Fassung ist: Grimm, J./Grimm, W., *Kinder- und Hausmärchen. Ausgabe letzter Hand mit Originalanmerkungen der Brüder Grimm*. Hrsg. von H. Rölleke. Stuttgart 2014.

Die Hypothese eines oralen Ursprungs der epischen Poesie wird widerlegt von: Joseph Bédier, *Les légendes épiques. Recherches sur la formation des chansons de geste*, 4 Bde. Paris 1908–13.

Siehe auch: Italo Calvino, *Sulla fiaba*, Turin 1988.

GEORGE SOROS

13.
DAS KOMPLOTT

Siehe, Böses [...] wird Lüge gebären.
PSALM 7, 15

Es heißt, die Einfälle, die man in den oberen Stockwerken eines Hauses hat, seien besser als das, was man in den unteren Stockwerken denkt. Die Höhe ist Helligkeit und Weite, sie versetzt das Gehirn in die Lage, besser zu arbeiten, konstruktivere Gedanken zu entwickeln. Darum trifft man Politikberater – Personen, die Strategien entwerfen müssen – oft in den höheren Stockwerken an.

Arthurs Büro liegt hoch oben in einem Wolkenkratzer in Manhattan. Er ist über siebzig und hat viel Erfahrung auf dem Feld der Politikberatung. Die Sporen hat er sich mit hohen Tieren wie Richard Nixon und Ronald Reagan verdient. Politisch steht Arthur rechts, aber das ist nur ein Detail, denn für einen politischen Berater ist völlig unwichtig, was er sieht, es geht immer und ausschließlich darum, wie er es sieht.

Der Höhepunkt seiner Karriere kam mit Netanjahu, dem israelischen Politiker, der die ultraorthodoxen Kräfte unterstützt und Lebensraum für die Siedlungen jenseits der Grenze fordert. In Wirklichkeit liegt Netanjahu die jüdische Identität nicht besonders am Herzen, er will die Wahlen gewinnen, was ihm seit mehreren Mandaten gut gelingt, eben dank der Hilfe erfahrener Berater wie Arthur.

Es könnte dir paradox erscheinen – ist es aber nicht –, dass Netanjahu mit europäischen Staatsoberhäuptern befreundet ist, die die Ideen der Neonazis unterstützen. Und diese haben bekanntlich nicht aufgehört, Juden zu hassen. Anders gesagt, während sich gewisse Kreise in Europa auf die Nazis berufen, um Städte und Regionen von Muslimen zu »säubern«, beschuldigt Netanjahu in Israel die Muslime, Nazis zu sein. Laut Netanjahu ist das kein unkorrekter Gebrauch des Begriffs, sondern eine präzise Anklage. Er wirft den Palästinensern vor, sie seien blutrünstige Antisemiten. Ihr Antisemitismus habe seine historischen Wurzeln in dem Treffen zwischen dem Großmufti von Jerusalem, Mohammed Amin al-Husseini, und Adolf Hitler 1941 in Berlin. Bei dieser Begegnung beschlossen die beiden politischen Führer, nach der Lösung des »Judenproblems« in Europa denselben Ausrottungsplan auf den Mittleren Osten auszuweiten. Doch Netanjahu kehrt das Ursache-Wirkungs-Verhältnis um, denn in seinen Wahlkampfauftritten unterstellt er dem Großmufti, dieser habe Hitler die Idee von der »Endlösung« eingegeben. Stattdessen hatte die bereits in Gang gesetzte »Endlösung« den Großmufti auf den Gedanken gebracht, sie zu importieren.

Netanjahus Ziel ist bekanntlich nicht politischer Zusammenhalt, sondern die Unterstützung jener ultrarechten Kräfte, die er für weniger gefährlich hält, was seine eigene Sicherheit betrifft. So kann er einerseits in Europa antisemitischen Politikern die Hände schütteln und andererseits in Israel jeden Gegner einen Nazi schimpfen.

Für jemanden, der Wahlen gewinnen will, steht die Wahrheit ohnehin sehr oft nicht an erster Stelle. Im Gegenteil, die Wahrheit hat keinen Einfluss auf seine Wahlkampagne, weder vor noch nach den Wahlen. Das ist die »new policy«, nach der man sich nicht aufgrund gemeinsamer Ziele verbündet, sondern aufgrund gemeinsamer Lebensstile. Es geht nur darum, unter deinen möglichen Partnern den auszuwählen, mit dem du noch am ehesten ein Bier trinken würdest. Wenn ich ein Bier trinken gehe, denkt der postmoderne Wähler, möchte ich mich entspannen, offen sprechen, nicht jedes Wort abwägen müssen. Wenn der Alkohol zu wirken beginnt, will ich Leute wie mich am Tisch, Leute, mit denen ich Klartext reden kann, denn in der Politik ist alles sehr einfach: Es gibt die Schlägertypen, die gern niederknüppeln, und es gibt die beschissenen Gutmenschen, die dich andauernd nerven mit ihrem Das-sagt-man-nicht, Das-tut-man-nicht. Mit solchen Leuten geh ich nicht in die Kneipe.

Zurück zu Arthur. Netanjahu reicht seine »Nutte«, seinen käuflichen Spin-Doktor, an seinen Freund Viktor Orban weiter, einen erzkatholischen, antisemitischen Populisten.

Wir sagten es schon, für diesen Typ Politiker geht es nie um den Glauben. Der Glaube hat sowieso keinen Körper, keine Konsistenz, er ist so abstrakt, dass jeder ihn sich sogar falsch herum überziehen kann.

Ich gebe dir ein Beispiel: Michele Greco. Greco war ein Mafiaboss aus Palermo, der 1986 verhaftet und von Falcone persönlich auf die Liste der vierhundertfünfundsiebzig Angeklagten beim Maxiprozess von Palermo gesetzt wurde. Greco hatte rund neunzig Morde in Auftrag gegeben, darunter den Mord an Piersanti Mattarella, doch vor Gericht bezeichnete er sich als einen Mann von gefestigter Moralität und höchsten christlichen Prinzipien. Reg dich nicht auf. Wenn du dich aufregst, spielst du sein Spiel mit. Angesichts seiner selbst erklärten Heiligkeit taten viele das, was du jetzt tun möchtest, sie reagierten empört, sagten, Greco versuche, sich als frommen Menschen darzustellen, um das Gericht zu täuschen – denn wie hätte ein Mann mit christlichen Grundsätzen die Gräueltaten verüben können, derer er angeklagt war? Dutzende Menschen abschlachten? Andere aber sagten, das Dasein im Käfig habe bei ihm eine Bewusstseinsveränderung ausgelöst und seine Worte seien der Reflex einer vollständigen Verdrängung seiner Taten. Solchen Unsinn darfst du niemals glauben. Denn was Greco behauptete, entsprach voll und ganz seinen damaligen Überzeugungen.

Entschlossen und bei klarem Verstand verkündete Michele Greco den Richtern und seiner Gefolgschaft – die ihm vor den Mauern des mit Stahlbeton befestigten Gerichtssaals zuhörte –, dass er die Autorität der Richter nicht anerkannte. Ihre Gerichtsbarkeit war lachhaft für ihn. Das war nicht das Gesetz. Und wer vor ihnen niederkniete, war kein Mann, denn Männer knien nicht vor anderen nieder. Er, als Ehrenmann geboren, würde als Ehrenmann sterben, nur seinem eigenen Gesetz treu. Die, die ihn anklagten, waren Diener, und als Diener, als »Halbmenschen«, würden sie sterben.

Sein Platz in der Pyramide der Macht war der zwischen den Priestern, die nur vor Gott niederknien. Alle anderen standen tiefer, zwischen den Lasttieren, deren Wille sich brechen lässt.

Vor Gott niederknien – jetzt verstehst du es – bedeutet in der Logik der Macht nicht, fromm zu sein, es bedeutet nur, keine andere Autorität über sich anzuerkennen. Es bedeutet: Das Gesetz auf dieser Erde schaffe ich mir selbst, ich lege es fest, die Bilanz meines Lebens ziehe nur ich allein.

Glaub nicht, dass man diese Argumentation nur in Gerichtssälen oder Gefängniszellen hört. Die Mafiosi haben verstanden, dass im Urteil der Menschen nicht das Verhalten allgemein zählt, sondern nur das Verhalten in Bezug auf die eigene Familie, die Heimat. Du hast getötet? Du hast töten lassen? Das macht nichts, wenn es nicht mich oder meine Lieben betraf. In dieser Logik hatte Greco wirklich nach seinem Ehrenkodex und Gerechtigkeitsempfinden gehandelt.

Wenn du weiterdenkst, wirst du erkennen, dass dieses Denken sehr weit verbreitet ist, weit über die organisierte Kriminalität hinaus. In einer Zeit, in der fast jede Meinungsäußerung manipuliert, verzerrt oder aufgehetzt ist, oft von bezahlten Provokateuren, wird das Richtmaß für alle tendenziell zur einen entscheidenden Frage: Was hat er für mich getan? Wie hat er sich mir gegenüber verhalten? Und so breitet sich der alte Mafiakodex aus, die Richtlinie, die alles nur auf der Basis persönlicher Beziehungen, dem exklusiven Bündnis zwischen zwei Personen oder Gruppen von Menschen beurteilt, wird nach und nach zum allgemeinen Empfinden. Was die Bosse ihren Männern verbieten – sich zu informieren, verstehen zu wollen, nach dem eigenen Gewissen zu urteilen statt nach dem Gesetz des Clans –, das entwickelt sich heute zu einer kollektiven Praxis, die Menschen und Handlungen am simplen Vorteilskriterium misst: Was hat er für mich getan?

Ein Mensch kann anderen schwerste Schäden zugefügt haben, wenn er sich mir gegenüber korrekt verhalten hat, muss mir das genügen. Was hat er für mich getan? Was hat mir das gebracht? Welchen Vorteil und welche Sicherheit garantiert er meiner Familie? Wenn es diesen Vorteil gibt, rechtfertigt das mein Schweigen, denn es ist notwendig, um sein Handeln, das mir nützt, zu schützen. Die Weigerung, vor dem Gesetz der Menschen niederzuknien, bedeutet: Du wirst nicht nach der Achtung vor dem Gesetz beurteilt werden, sondern danach, welchen Vorteil du bestimmten Personen, einer bestimmten Familie oder einer bestimmten Gemeinschaft gebracht hast: Geld, Schutz, Zugehörigkeit.

Doch kehren wir zu Arthur zurück. Netanjahu hat Arthur, seinen Wahlkampfberater, also Viktor Orban überlassen. Arthur hatte schon einmal erfolgreich für Orban gearbeitet, und dieses Mal bittet er ihn – wieder im Wahlkampf – um eine besondere Hilfe. Arthur seinerseits holt sich George, seinen Mitarbeiter aus früheren Zeiten, um den Auftrag mit ihm gemeinsam durchzuführen.

Er erwartet George am nächsten Morgen in seinem Büro in New York.

Als George ankommt, zu früh – politische Berater kommen immer zu früh –, fragt er am Empfang, ob Arthur schon im Büro sei. Eine Frau bestätigt, dass Arthur ihn erwarte.

Während der Aufzug mit vielen Zwischenstopps, wie ein Bus zur Hauptverkehrszeit, die Stockwerke des Wolkenkratzers emporklettert, hat George das Gefühl, sich in einer irrealen Welt zu bewegen, bei einer Realityshow mitzumachen, wo er die Rolle des zynischen, zu allem entschlossenen Kannibalen spielen muss.

Seit einigen Monaten schon kommen George Zweifel an seinem Job, doch er kann sie im Zaum halten. Wenn Arthur wittern würde, dass George solche Gedanken hegt, würde er ihn unehrenhaft aus der Armee der Politikberater entlassen. George kennt Arthur gut. Er weiß, dass Arthur ihn beim ersten Anzeichen von Schwäche aus dem Spiel werfen würde. Gut und Böse – hat er Arthur sehr oft sagen hören – sind eine nette Erfindung, um Kinder abends früh ins Bett zu schicken. Für die Erwachsenen gibt es nur den Unterschied zwischen dem, was funktioniert, und dem, was nicht funktioniert. Jedem sein Metier: Du bist Klimaforscher, Priester, Aktivist? Dann musst du natürlich den Katastrophenspürhund machen. Eine dunkle Zukunft voraussagen. Von

Menschen sprechen, die im Meer umkommen. Den Kollaps des Planeten verkünden. Kreischend gegen den neoliberalen Wildwuchs protestieren, der Menschen und Dinge kannibalisiert. Doch zu diesem Typ Menschen gehören George und Arthur nicht. Sie sind Politikberater, was bedeutet, dass die Zukunft für sie nicht existiert, denn die Zeit eines Menschen fällt mit den Monaten vor einem Wahlkampf zusammen. Wenn er gewinnt, verdient er ein zusätzliches Leben, dann geht das Spiel weiter, andernfalls: *game over*.

Die Zeit einer Wahlkampagne oder die Zeit unmittelbar nach der Wahl ist kurz wie ein Windhauch. Das bedeutet, dass ihre Klienten niemals an zeitlich und räumlich weit entfernte Dinge denken dürfen, wie das Schmelzen des Polareises oder die irreversible Vergiftung des Bodens.

Endlich steigt George aus dem Lift, und während er die Stadt hinter der Fensterfront betrachtet, versteckt er seine Gedanken von eben, tut so, als hätte er sie nie gedacht. Tatsächlich erregt er nicht den geringsten Verdacht bei Arthur, der ihn begrüßt, ohne sich im Geringsten über seine verfrühte Ankunft zu wundern, und ihm sofort den neuen Auftrag erklärt: Es geht um die Wiederwahl eines Kandidaten aus Osteuropa, um einen alten Bekannten …

Bei dem Wort »Wiederwahl« zuckt George zusammen. Sein Instinkt rät ihm, sich zurückzuziehen. Jeder Politikberater mit ein wenig Erfahrung weiß, dass einem jungfräulichen Newcomer in der Politik alles geglaubt wird, denn das Neue macht immer einen besseren Eindruck. Wenn er dann auch überzeugend Versprechungen machen kann, ist die volle Stimmenanzahl relativ leicht zu erreichen. Hat einer aber schon regiert, muss er vergessen machen, was er ist, und das ist sehr viel schwieriger.

Nachdem er Arthurs Vorschlag gehört hat, macht George Anstalten, zu gehen. Die Gefahr eines Misserfolgs ist hoch, bei seinem Curriculum kann er Besseres verlangen. Doch Arthur weiß, wie er ihn aufhalten kann. Er warnt George, er droht ihm: Die Politik verändert sich, heutzutage will kein regierender Politiker die Führung abgeben. Fast überall klammern sie sich an die Macht und versuchen, ihre befristeten Mandate zu Erbrechten zu machen. Wenn George Politikberater bleiben will, muss er sich damit abfinden, für Wiederwahlen zu arbeiten.

George zeigt sich kooperativer, spult die alte Leier ab, nach der der Feind immer unter Drogen gesetzt werden muss. Man muss ihm so viele Östrogene zu fressen geben, dass er sich in eine fette Henne mit monströsen Gesichtszügen verwandelt. George muss Arthur nicht an das erinnern, was Arthur selbst ihm beigebracht hat, aber er gibt ihm damit zu verstehen, dass er den Auftrag trotz seines anfänglichen Zögerns annimmt.

Nun kritzeln die beiden etwas auf einen altmodischen Notizblock, denn Arthur ist der Ansicht, dass Gedanken nur dann Gestalt annehmen, wenn das Graphit in die poröse Struktur des Papiers eindringt. Also kein Tablet, vom Bildschirm prallen Worte ab wie ein Ball am Fensterglas.

Arthur erklärt, diesmal müssen sie einen großen Feind ausfindig machen, einen, von dem sich alle bedroht fühlen, vom Arbeiter in Kiew bis zum Arbeiter in Koblenz, von der Studentin in Cádiz bis zur Studentin in New York, vom Arzt in Stockholm bis zum Arzt in Split. Unter Orbans üblichen politischen Gegnern können sie nicht fündig werden. Ein zahmer politischer Gegner, der immer nach den Regeln spielt, würde hier nicht funktionieren. Gemäßigte Männer funktionieren nie in der Politik, weder als potenzielle Premierminister noch als potenzielle Feinde. Etwas Starkes muss her. Etwas Riesiges. Jemand, der an sich schon ungeheuerlich ist. Jemand, der Klatschgeschichten auslöst, denn um einen Herrn Niemand entsteht kein Klatsch. Und es muss jemand sein, der schon ein soziales Kapital hat, das sie für ihren Wahlkampf verwerten können.

Im Leben ist man nicht immer Herr über die eigenen Entscheidungen. Wenn man dich ohne dein Wissen für eine Wahlkampagne engagiert, musst du mitspielen. Du musst dich damit abfinden, dass du nicht über die Bedingungen des Engagements verhandeln kannst – Nahaufnahme ja, ganz nackt nein. Und je berühmter du bist, desto wahrscheinlicher ist, dass man dich ohne dein Wissen engagiert.

Das ist ein Gesetz des Marktes: Die Größe deines Gegners wirft immer ein Licht auf dich. Ist dein Gegner schwach, bist auch du schwach. Wenn dein Gegner aber stark ist, wirst auch du stark wirken. So funktioniert das auch beim Boxkampf: Man akzeptiert nie einen Kampf gegen einen unfähigen Boxer, sonst heißt es, auch du seist unfähig.

In Wirklichkeit schwebt Arthur schon jemand vor, aber er will, dass George selbst auf den Namen kommt, damit er seine Idee bestätigt sieht. Wir brauchen jemanden, sagt Arthur, dem sämtliche Ängste der Ungarn ins Gesicht geschrieben sind, jemanden, der in der kollektiven Vorstellung die Rolle des großen Diebs, des bösartigen Menschenschinders, des zynischen Spekulanten, vor allem aber des großen Volksverführers spielen kann. Einen, der als Sponsor der schrecklichsten Bedrohung Europas erscheinen kann: »der islamischen Invasion«. Also wird ein gebürtiger Ungar gebraucht, aber mit anderer Abstammung, eng vertraut mit den Angelegenheiten des Landes, aber verdächtig, für die schlimmsten Feinde Ungarns Partei zu ergreifen.

»Kann ich so einen finden?« Arthur stellt George eine rhetorische Frage. »Es müsste ein Jude sein«, prescht Arthur vor, denn die Geschichte hat ihn gelehrt, dass es mit Juden immer funktioniert. So lang schon sind sie die Fremdkörper in jedem europäischen Staat! »Sind die Juden denn nicht die Zysten im gesunden Fleisch der europäischen Staaten?«, fügt er sarkastisch hinzu. Zufrieden, als hätte er soeben die Lösung eines mathematischen Problems gefunden, zeichnet Arthur mit dem Bleistift wenige Buchstaben aufs Papier. S, O, R, O und S. »Soros«, liest George und lächelt.

George Soros ist Ungar von Geburt wie ihr Kunde, er ist unglaublich reich und mächtig, er ist in Misskredit geraten, zumindest in Europa, wegen einiger Spekulationen in den Neunzigerjahren mit dem englischen Pfund und der italienischen Lira. Vor allem aber ist er Jude. Es geht also nur darum, Öl ins Feuer eines bereits vorhandenen Misstrauens zu schütten. Soros, den Spekulanten, in Soros, den jüdischen Spekulanten zu verwandeln. Und was diese Verwandlung bewirken soll, weiß Arthur schon: Soros zum Erben und Fortführer des Kalergi-Plans zu machen.

Richard Nikolaus Coudenhove-Kalergi, ein japanisch-österreichischer Philosoph, verfocht zu Beginn der Zwanzigerjahre des letzten Jahrhunderts mit leidenschaftlichem Engagement die Notwendigkeit eines »allgemeinen Mestizentums«, einer Vermischung der Ethnien für geistige Erneuerung und Frieden in dem von großen, weltweiten Kriegen erschütterten Europa. Er war überzeugt, dass es dort keinen Frieden geben konnte, wo die Völker räumlich und geistig getrennt waren, und dieser Vereinigung der Körper musste eine vereinheitlichte Nutzung der natürlichen Ressourcen entsprechen. Die deutsche Kohle sollte sich mit dem französischen Stahl verbinden und einen gemeinsamen Markt schaffen.

Zu Kalergis Unglück – doch wahrscheinlich war es kein Zufall – wurden seine Theorien ausgerechnet in dem Moment populär, als die Erkundung und minutiöse Beschreibung der sogenannten »Rassen« Fuß fassten. Ausführliche Tabellen in Fachzeitschriften sollten von der Vereinigung zwischen »naturgegeben schönen Rassen« und »naturgegeben hässlichen Rassen« abschrecken und vielen durchschnittlichen weißen Menschen die Illusion vermitteln, einer Elite anzugehören. Kalergis ganz entgegengesetzte Idee, dass das Blut – auch das der »Arier«! – nach interethnischen Transfusionen geradezu dürstete, musste also bekämpft werden.

Nun, wie du jetzt weißt, darf man eine Idee nicht angreifen, wenn man sie bekämpfen will. Damit riskiert man nur, sich lächerlich zu machen, wie die Richter von Galileo Galilei. Mit der Wissenschaft darfst du dich nie auf einen Dialog einlassen, denn durch ihre Experimente und Überprüfungen erreicht die wissenschaftliche Methode schließlich, dass die Erde sich um die Sonne dreht, nur um dich ins Unrecht zu setzen! Der einzig Erfolg versprechende Weg ist, den Urheber der These zu diskreditieren, die du widerlegen willst. Wer ist eigentlich dieser Kalergi? Warum will er das »Blut der Völker« vermischen? Welche Lobbys finanzieren ihn?

Diese Fragen musste man stellen. Und vor allem musste man behaupten, dass seine wissenschaftlichen Beobachtungen nicht dem Wohl aller dienen sollten, sondern nur dem geheimen, verschwörerischen

Plan eines böswilligen Wissenschaftlers, der die europäische »Rasse« schwächen wollte.

George lachte: Die Theorie vom Kalergi-Komplott war ein Überbleibsel aus dem Krieg, das nie funktionieren würde. Arthur aber entgegnete, dass es sehr gut funktionierte und schon von einem französischen Intellektuellen namens Renaud Camus aus der Versenkung geholt worden war. Dieser Camus gab landauf, landab Interviews, in denen er vor dem Plan einer »Umvolkung« warnte, der seiner Meinung nach lebendiger und gefährlicher denn je war.

Schlaue Berater wie Arthur und George wissen, dass man seinen Kunden einfache Aufgaben anvertrauen muss. Orban würden sie vorschlagen, bei einer Wahlrede zu sagen: »Schaut euch um. Seht ihr nicht, dass die Invasion in die europäischen Städte schon in vollem Gange ist? Überall Einwanderer!« Eine wirkungsvolle Feststellung, sie beruhte auf dem, was alle sehen konnten. Es genügte, zu unterstellen, dass Soros der Verantwortliche für diese Invasion war, außerdem Erbe des Komplotts, das Kalergi zugeschrieben wurde.

Arthur sprach das Wort »Komplott« mit tiefer, raunender Stimme, wie der Moderator einer Fernsehsendung über ungelöste Rätsel der Geschichte es ausgesprochen hätte. George lachte, um zu zeigen, dass er seine Worte als ein Spiel verstand, und fügte in ebenso warnendem Tonfall hinzu: »Außerdem ist allseits bekannt, dass Soros verdächtige Aktivitäten in Asien und Afrika finanziert!«

»Natürlich!« Arthur klang jetzt ernst und etwas beleidigt, als wollte er betonen, dass er mitnichten scherzte: Orban würde während des Wahlkampfs behaupten, letztendlich bestehe das Ziel von Soros' Plan, das nur wenigen Adepten seiner »Freimaurerloge« bekannt war, im umfassenden Mestizentum!

George zuckte zusammen. Wie ein Schlag traf ihn das Gefühl, er sei nicht gerufen worden, um die Ehren, sondern um die Schmach dieser Aufgabe zu teilen. Er konnte seine Verlegenheit nicht verbergen. Also präzisierte Arthur, er selbst glaube keineswegs an den Kalergi-Plan. Kalergi habe nur das Pech gehabt, in einer Zeit zu leben, in der man in

Europa begann, die »Lebensborn«-Anstalten zu planen, die Spezialkliniken, wo eindeutig »arische« Väter und Mütter »reinrassige« Kinder zeugten. Und um seinem Ich-glaube-nicht-dran mehr Überzeugungskraft zu verleihen, machte er eine vulgäre Bemerkung, was ziemlich untypisch für ihn war: Die Lebensborn-Heime waren Hotels, von Himmler geplant, um den SS Gratisficks zu verschaffen! Auf aseptischen Feldbetten liegend warteten kräftige blonde Mädel – vom Nazi-Eugeniker gründlich geprüft – fügsam auf den Besuch junger »Arier«. Die Nazis waren überzeugt, wenn sie nur genug deutschen Samen in germanische Gebärmütter schleusten, würde Europa bis 1980 nur noch von »Ariern« bevölkert sein: schlanke, schneeweiße Körper, eisblaue Augen. Keine behaarten Oberkörper, Krausköpfe und Adlernasen mehr, struppige Bärte und untersetzte Körper für immer ausgerottet!

Arthur bewegte sich in eine Richtung, die George überhaupt nicht gefiel. Vor vielen Jahren hatten die beiden Politikberater, um Netanjahu und seine Partei zu unterstützen, eine unkonventionelle Waffe benutzt, die du lange studieren musst, um sie zu erkennen, denn sie ist eine der gefährlichsten Waffen: eine Falschmeldung. Die beiden hatten die Nachricht verbreitet, dass Netanjahus gegnerischer Kandidat, Shimon Peres, damals Premier, die Teilung Jerusalems plante: eine Hälfte für die Palästinenser, die andere für die Israelis. Was ist wahrscheinlicher, als dass ein linker Politiker wie Peres das Ziel hat, Jerusalem zu teilen? Obwohl Peres immer wieder dementierte, drückte diese Falschmeldung nichts anderes aus als eine Meinungsrichtung, die es in der Bevölkerung zwar tatsächlich gab, die aber im Wahlkampf absolut tabu war, darum war sie so gefährlich. Genau, dachte George, diese Taktik war das eine, etwas anderes aber war es, absurde, irrige Theorien auszugraben, was Arthur jetzt offenbar vorhatte.

Arthur ahnte nichts von dem, was George dachte, er bemerkte seinen inneren Einspruch nicht. Stattdessen machte er mit seinem Monolog weiter. Man müsse Soros auch einen zweiten konspirativen Plan anhängen, den der Weisen von Zion. Ein Komplott aus der Zeit des zaristischen Russlands. Damals waren die Juden die einzigen »Fremden« in Europa gewesen, mithin die Einzigen, die als Sündenbock für die großen gesellschaftlichen Probleme herhalten konnten. Russland war in seiner Entwicklung zurückgeblieben, hatte keine Infrastruktur und ein System der Bodenbearbeitung aus der Bronzezeit. Millionen Russen hungerten. Darum beschlossen die Zaren, den Juden die Schuld an ihrer eigenen politischen und sozialen Untätigkeit in die Schuhe zu schieben. Und das war einfach, weißt du warum? Weil die Juden vielen verdächtig erschienen, wie sie so eigensinnig in ihren Traditionen verharrten. Viele fragten sich zum Beispiel, warum die Juden ihren Kindern Lesen und Schreiben beibrachten, obwohl sie zusammengepfercht in schimmeligen Kellerwohnungen am Rand der großen Städte hausten oder in elenden, den Winden der Steppe ausgesetzten Hütten durchhielten. Warum nur, so fragten sich die Leute, beharrten sie auf diesem elitären Brauch?

Die zaristische Polizei sagte, nein, das sei kein Brauch, sondern ein Komplott.

Lesen und Schreiben dienten dazu, den jüdischen Kindern das Wissen von einem bösen Plan zu überliefern – die Vernichtung der Christen und die Errichtung einer jüdischen Weltregierung. Der Name, den die Polizei diesem Plan gab, war genial und sehr sprechend: »Protokolle«. Ein Protokoll ist ein Dokument, das ein internationales Abkommen besiegelt. Kannst du dir vorstellen, wie viele Menschen anbissen? Man unterstellte, es handle sich um eine Abmachung zwischen unsichtbaren Staaten, nämlich allen jüdischen Staaten, die unerkannt in ihren Wirtsnationen lebten wie blutsaugende Insekten. Auch der Name, der den Unterzeichnern dieses Paktes verliehen wurde, sollte unheimlich klingen: die Weisen. Sind die Weisen nicht jene, die viel, zu viel wissen – und es dem Volk verschweigen, damit sie seine Unwissenheit nutzen können? Diese Fragen sollte man sich abermals stellen, nicht zuletzt weil in Europa seit Jahrhunderten über die Lebensweise dieser geheimnisvollen Gemeinschaften fantasiert wurde. Und du weißt, wenn die Fantasie auf Angst trifft, gebiert sie Ungeheuer.

Diese »Protokolle der Weisen von Zion« konnten einen Totentanz aus schmerzlich wahren Geschichten und grotesk falschen Lügen entfesseln. Man musste die Geständnisse der Juden vor den Tribunalen der

Inquisition wieder in Umlauf bringen; man musste zum Beispiel erklären, dass die Juden während der Gründungsversammlung dieses Paktes Christenblut geopfert hatten. Seit Jahrhunderten hieß es in Europa, dass die Juden Christenkinder töteten, um ihnen das Blut zu entnehmen, das sie als Würze ihres eigenartigen ungesäuerten Brotes brauchten. Zum Abschluss der Versammlung hätten sie nach dem Verzehr dieser kannibalischen Matze wahrscheinlich auch auf die Hostie der Christen gespuckt und die Muttergottes verhöhnt. Das taten die Juden immer, sagte man, sie schimpften die Muttergottes eine Hure. Und es sei auch nicht auszuschließen, dass sie nach beendeter Versammlung auf das Kruzifix gefurzt hätten, um noch einmal den Mann zu beleidigen, den ihre Vorfahren tagelang am Kreuz in Gesellschaft der Geier hängen ließen.

Arthur warf George einen verschwörerischen Blick zu: Der Plan passte perfekt zu Soros. Eben weil auch Soros Jude war!

George war fassungslos. Arthur wollte nicht nur irrsinnige antisemitische Theorien wiederbeleben, die im zaristischen Russland und in Nazideutschland Millionen Menschen das Leben gekostet hatten, er hatte dieses »Auch-Soros-ist-Jude« obendrein mit einer Mischung aus Mitleid und Befremden ausgesprochen, wie nur ein Goj, ein Nichtjude, es hätte aussprechen können! Als wenn nicht auch sie Juden wären! Warum sollten ausgerechnet sie beide, deren Eltern und Großeltern den Konzentrationslagern entkommen waren, jetzt Öl ins Feuer dieses antisemitischen Verschwörungswahns gießen? Ausgeschlossen, protestierte George. Er habe nicht so lange studiert, um ein Scharlatan zu werden. Keiner wisse besser als sie beide, dass die Juden nicht auf Hostien spuckten, nicht auf das Kruzifix furzten und dass die Kreuzigung eine ausschließlich von den Römern angewendete Strafe war ... Im Grunde habe es nicht einmal Sinn, daran zu erinnern, dass auch sie Juden waren. Die Religion hatte niemals Einfluss auf ihr Leben gehabt, aus dem einfachen Grund, weil es keinen Gott gab, und wenn es je einen gegeben hätte, wäre er Politikberater gewesen wie sie – einer, der Staaten schuf und zerstörte, egal, welche Farbe sie hatten.

Nein, entscheidend war vor allem eines: Wenn sie ihrem Kandidaten dergleichen Schwachsinn in den Mund legten, würde er die Wahlen verlieren, und wenn er verlor, hätten auch sie alles verloren. Wer würde glauben, dass Soros – der Studenten in aller Welt aus eigener Tasche Stipendien zahlte, ohne sie zu fragen, zu welchem Gott sie beteten – insgeheim an einem Plan gegen die Christen arbeitete? Wer würde so einen Unfug schlucken? Wenn sie Soros angreifen wollten, mussten sie ihn beschuldigen, mithilfe seiner Wohltaten Steuerhinterziehung zu betreiben oder seine Vergangenheit als Spekulant vergessen zu machen! Soros in einen der Weisen von Zion zu verwandeln war kein bösartiger, sondern ein idiotischer Plan! Eine infantilisierende Erzählung.

Während George das sagte, sah er Arthur zum ersten Mal so an, wie man einen alten Mann ansieht. Einen, der mit der Welt nicht mehr Schritt halten kann, einen, der versucht, mit dem Kugelschreiber auf WhatsApp zu schreiben.

Arthur ließ sich nicht beirren. Im Gegenteil, er hatte nur mitleidige Blicke für George. George war zwanzig Jahre jünger als er, besaß aber nicht die Energie der Welt, in der er lebte. Er verstand nicht, dass die Zeit der Wahrscheinlichkeit, des gesunden Menschenverstands, der political correctness tot und begraben war. Er merkte nicht, dass die Politik nicht mehr versuchen musste, zu überzeugen, und dass damit auch die Glaubwürdigkeit und logische Stimmigkeit hinfällig waren.

George warf ihm eine infantilisierende Strategie vor? Aber waren die Wähler denn nicht im Grunde Kinder? Kinder, die nur unterhalten sein wollen und denen die Mama alles erlauben soll? Nur Rechte, keine Pflichten! Welcher Dummkopf würde seinen Wählern heute sagen, was Kennedy den Amerikanern sagte: »Fragt nicht, was euer Land für euch tun kann – fragt, was ihr für euer Land tun könnt«?

Sie selbst – die kindlichen Wähler – forderten, dass man ihnen immer nur sagte: Du bist gut, böse sind die anderen. Fiel es da ins Gewicht, ob eine Theorie alt oder neu war? Ob sie ehrlich oder parteiisch war? Ob sie sich gegen die eine oder andere »Rasse« wendete? Entscheidend war, dass sie sich diesem globalen Kindergarten anpasste, dieser polarisierten, simplifizierten, in zwei Hälften gespaltenen Welt: weiß oder schwarz, gut oder böse, reich oder arm, unschuldig oder schuldig, Volk oder Elite. Keine Zwischentöne mehr, keine Dialoge, keine Verwicklungen. Alles ganz einfach, endlich!

Jetzt blieb nur noch, im Internet eine Theorie zu streuen und sich dann anzuschauen, was in den nächsten vierundzwanzig Stunden passierte. Wenn sie nicht funktionierte, kippte man sie in den Müll und begann wieder von vorn. Wenn sie aber oben blieb, wenn die Fluten sie weitertrugen, dann kümmerte es keinen, ob ihre Vermutungen wahr oder falsch waren. Das Netz ist ein großartiges Labor, wo man jede Art Experiment machen kann, ohne irgendwen um Erlaubnis zu fragen, am allerwenigsten das Versuchsobjekt. Man kann ihm jede Art Gift subkutan injizieren und die Dosis selbst bestimmen. Dann beobachtet man: Wird das Versuchskaninchen böse? Röchelt es? Verliert es seine Sehkraft? Den Verstand? Überlebt es?

Es würde allenfalls darum gehen, auf die Monate zu setzen, die gewöhnlich zwischen dem Auftauchen einer Lüge und ihrer Widerlegung vergehen. Dieser Zeitraum ist lang genug, um einen Wahlkampf zu Ende zu führen.

Doch wenn es wirklich so war, wie Arthur sagte, wenn die Wahrheit wirklich nichts mehr wert war, wenn es nur noch eigens für kindliche Wähler konstruierte »Narrative« gab, warum konnte man dann nicht versuchen, das Vorzeichen dieser Narrative zu ändern? Und George fragte weiter: Warum stellte man nicht konstruktive Ideen, wissenschaftliche Theorien, ehrlich gemeinte Worte ins Netz? Warum ging man nicht echte Probleme an und schlug Lösungen vor, statt von Komplotten und Lügen zu reden? Wenn Wahrheit und Lüge mittlerweile gleich viel wert waren, warum dann nicht die Wahrheit statt der Lüge einsetzen? Wenn nur noch Slogans und Gemeinplätze benutzt werden durften, warum dann nicht die Regierungen mit Slogans anregen, das Problem einer gerechten Verteilung der Ressourcen auf Kontinenten wie Afrika zu lösen? Warum nicht positive Sprüche bringen: »Afrika-Konferenz sofort!« »Marshallpläne für Afrika sofort!« »Gerechte und faire Handelsabkommen sofort!« »Neufassung der Regeln für Investitionen in Afrika sofort!« Wenn Inhalte den Leuten wirklich völlig egal waren, wie Arthur behauptete, wenn nichts mehr wirklich rezipiert, wenn alles gleichermaßen widerlegt und im Fleischwolf zerkleinert wurde, dann konnte man doch ebenso gut umgekehrt argumentieren und vernünftige Ideen, intelligente Theorien und unverfälschte Fotos und Bilder im Internet posten. Zum Beispiel eine von Slums umgebene Villa mit Swimmingpool zeigen und darunterschreiben: »Die Mauer zu erhöhen wird dir nichts nützen!« oder »Du musst die Elendshütte deines Nachbarn sanieren, denn nur so wird dein Haus sicher sein!«.

Auf diese Fragen wusste Arthur keine Antwort. Wie immer versuchte er trotzdem, etwas zu entgegnen. Er sagte, das Gehirn sei ein äußerst faules und ängstliches Organ. Im Kindesalter legt es seine gewohnten Bahnen fest und geht dann immer nur diese ... nie versucht es, sie zu ändern, auch wenn das vorteilhaft wäre. Auch wenn ihm bewusst wird, dass es neue Wege ausprobieren sollte.

Vielleicht könnte man das Experiment, das George vorschlug, in Zukunft mit anderen Köpfen versuchen – Köpfen, die schon in der Kindheit auf die passenden Bahnen vorbereitet wurden. Doch das Humankapital, mit dem sie derzeit arbeiten mussten, war schon zu sehr daran gewöhnt, in der Logik des Rette-sich-wer-kann!, Ich-denke-zuerst-an-mich!, Ich-verteidige-meinen-Besitz!, Misstrauen!, Fürchten!, Abwehren!, Herr-in-meinem-Haus!, Als-Erster-ich! zu denken.

Auch sie beide, Arthur und er, dachten so, das musste George zugeben. In den Schulen für Politik, die sie besucht hatten, war ihnen nichts anderes beigebracht worden als immer die gleichen Schemata: den Feind erfinden, Angst verbreiten, die Wähler manipulieren. Modelle aus der Steinzeit, aber diese kannte das Gehirn, denen vertraute es.

Wenn man als Kind allmählich begreift, dass nichts einfach, dass alles schwierig sein wird, verkriecht man sich erschrocken in einer winzigen Ecke seines Gehirns und beschließt, nichts mehr auszuprobieren. George schlug vor, die Strategie zu wechseln, andere, neue Synapsen in Gang zu setzen, auf das Unbekannte zu wetten, ja, genau das tat er, er schlug vor, etwas zu riskieren!

Arthur aber riskiere nichts, sagte George, er verkrieche sich im gewohnten dunklen Eckchen seines Gehirns, das er sich als Kind ausgesucht hatte, um sich vor der Welt zu schützen, ein Eckchen, das zwar eng, aber wenigstens vertraut und tröstlich war. Arthur antwortete ihm nicht einmal. Lange starrte er schweigend auf seine Hände, dann drehte er sich um und betrachtete das Panorama hinter der Fensterfront. Draußen war es dunkel geworden, er konnte die Stadt nicht mehr sehen, nur sein blasses Spiegelbild.

In den nächsten Monaten streuten Arthur und George mehrmals ihre Theorien über Soros im Internet aus. Jedes Mal warteten sie danach vierundzwanzig Stunden lang ab, was geschehen würde.

Jedes Mal gingen ihre Konstrukte viral.

Es heißt, die Einfälle, die man in den oberen Stockwerken eines Hauses hat, seien besser als das, was man in den unteren Stockwerken denkt. Aber das stimmt nicht.

SCHREI, DASS DU EINE IDEE NICHT NUR GLAUBEN WIRST, WEIL SIE DICH BERUHIGT.

Der Dialog zwischen Arthur und George ist reine Erfindung, allerdings durch eine wahre Geschichte inspiriert. Siehe den Artikel von Hannes Grassegger, *Die Finkelstein Formel*, in: *Das Magazin* vom 12. Januar 2019. Der Autor dieses Buches teilt Georges Widerwillen und seine Verstörung.

Zum Abkommen zwischen dem Großmufti und Hitler siehe: Wolfgang G. Schwanitz, *Nazis, Islamists, and the Making of the Modern Middle East*, New Haven & London 2014 (mit Barry M. Rubin).

Die Verschwörungstheorie vom Austausch der europäischen Bevölkerung durch Einwanderer afrikanischer und asiatischer Abstammung vertritt der französische Autor Renaud Camus in seinem Buch: *Revolte gegen den Großen Austausch*, Schnellroda 2016.

Wolfgang Benz, *Die Protokolle der Weisen von Zion. Die Legende von der jüdischen Weltverschwörung*, München 2007.

Die Methode der populistischen Politiker, den politischen Diskurs zu »infantilisieren«, beschreibt Ece Temelkuran in ihrem Buch: *Wenn dein Land nicht mehr dein Land ist oder Sieben Schritte in die Diktatur*, Hamburg 2019.

14.
MOTEL

> Gott ist das Schweigen des Universums.
> Und der Mensch ist der Schrei,
> der diesem Schweigen Sinn verleiht.
> JOSÉ SARAMAGO

Mit einem Motel-Zimmer kann ich, wenn ich dort übernachte, keine der Fantasien von heimlichen Fluchten oder schnellem Sex verbinden, der trotz der miesen Umgebung verlockend ist. Nein, schon das Wort Motel stimmt mich traurig. Damit assoziiere ich Staub, Trostlosigkeit, abgeschiedene Gegenden, große Verkehrsachsen, hässliche Möbel aus Spanplatten. Eine Bibel im Nachtschränkchen, schwere Gardinen vor staubigen Fenstern, billige Seife im Waschbecken, eine Badewanne mit Kalkflecken, letzte, ersterbende Sonnenstrahlen, die schräg einfallen und mich treffen, vor allem aber die Gewissheit, nicht allein zu sein.

Unter meinen Füßen regen sich ganze Kolonien von Mikroorganismen, die auf etwas von mir warten: eine Haarschuppe, ein Härchen, ein Stück Fingernagel. Ekelhafte Promiskuität.

Doch das Schlimmste an Motels ist die paranoide Angst, beobachtet zu werden. Es gab eine Zeit, in der ich in diesen Zimmern jeden Quadratzentimeter der Zimmerdecke untersuchte, im Mülleimer wühlte, im Badezimmerschränkchen, hinter der Kommode, unter den Lampen, in den Gittern der Belüftungsanlage. Ich fuhr mit den Fingern über die Rahmen der grässlichen Bilder an den Wänden, versuchte, den Fernsehapparat zu verschieben. Doch da war nichts. Nur meine Paranoia.

Vielleicht kam die Gefahr von draußen. Vor dem Fenster stand sicher jemand, der mich fotografieren würde. Also blieb ich angezogen, lag reglos auf der Bettdecke, noch mit Schuhen an den Füßen, fast ohne zu atmen, wie in einer Grabnische. Ich schlief nicht, es war nur ein leichter Halbschlaf, in dem ich Dämonen bekämpfte, die mich aggressiv umkreisten, um mir noch die letzten Überbleibsel meiner Intimsphäre zu entreißen. »Sie kriegen mich nicht«, sagte ich mir immer wieder.

Seit langer Zeit schon ist diese Umsicht normal für mich.

Ein Hotelzimmer ist für mich eine Isolierzelle, und der Tropfen, der mir das Gehirn zerfrisst, ist die Angst, beobachtet zu werden.

Du musst dir vorstellen, dass all dies in den Sechzigerjahren erst anfing. Die Überwachungssysteme waren noch nicht so raffiniert, man sprach noch nicht von verborgenen Augen, nur von Ohren.

Eine Kamera war damals so groß wie eine Faust, heute kann sie sich im Auge eines kleinen Legomännchens verstecken, das dich hinter seinem puppenhaften Grinsen ausspioniert. Blicke konnten dich damals nur auf der Straße treffen, doch im Motel, vorausgesetzt, du hattest es wie ein Geist betreten und aufgepasst, dass niemand dich beobachtet hatte, konntest du dich in der Illusion wiegen, davongekommen zu sein, dein Privatleben geschützt, dir eine Stunde Freiheit verschafft zu haben. Das muss Martin Luther King an einem seiner Motel-Nachmittage am Stadtrand von Atlanta gedacht haben, als er so unvorsichtig war, sich auszuziehen, um den Körper seiner Geliebten zu umarmen.

Die überall im Zimmer angebrachten Wanzen registrierten nur das Geräusch seines Orgasmus, sie konnten nicht aufzeichnen, ob es sich um den Körper einer weißen oder einer schwarzen Frau handelte.

Was ist daran so wichtig, fragst du, ob sie weiß oder schwarz war? Doch das fragst du jetzt. Damals waren die Arme eines Schwarzen, die eine weiße Frau an sich drücken, wie ein gut gezielter Hieb ins Gesicht eines Arschlochs vom Ku-Klux-Klan. Mehr noch, ein Hieb ins Gesicht jedes beliebigen Biedermanns, ob Demokrat oder konservativ, ob Katholik oder Protestant, der zwar nichts dagegen hatte, dass eine schwarze Frau mit einem weißen Mann ging, dem es aber sehr schwerfiel, zu akzeptieren, dass eine weiße Frau sich mit einem schwarzen Mann verband.

Wenn du eine Zeit lang in den USA gelebt hättest, wüsstest du, dass Sex zwischen Weißen und Schwarzen durchaus verbreitet ist, aber immer noch besser verborgen bleibt. Ich spreche nicht von dem, was auf dem Campus der Universitäten geschieht, wo das Leben fast stillzustehen scheint, weil es so gut organisiert und beschützt wird. Ich spreche vom Leben in Vierteln wie Queens oder Bensonhurst in New York, South Side in Chicago. Dort sind interethnische Beziehungen gesellschaftlich noch immer nicht akzeptiert. Dort wühlt man eine jahrhundertelange Geschichte auf, greift in den klebrigen Schlamm des Segregationismus, der Ausbeutung einer Bevölkerungsgruppe durch eine andere, der weißen Vorherrschaft. Jedenfalls hast du recht mit deiner Frage, für uns ist es heute völlig unbedeutend, ob die Haut der Frau, die Reverend King im Motel am Stadtrand von Atlanta traf, weiß oder schwarz war. Nicht zuletzt, weil wir wissen, dass unter den Frauen des Reverends auch Weiße waren. Und dieses Detail erwähne ich nicht, weil ich genauer wissen will, was in dem Motelzimmer geschah, sondern weil das von J. Edgar Hoover geleitete, rassistische FBI, dessen Beamte das Zimmer verwanzt hatten, in der Tatsache, dass King auch weiße Geliebte hatte, einen Erschwerungsgrund für sein Verhalten sah.

Was die FBI-Leute mit diesem aufgezeichneten Orgasmus taten, kannst du dir vielleicht nicht vorstellen. Ich erzähle es dir. Sie wählten die Telefonnummer von Kings Haus, warteten, dass die Stimme einer erwachsenen Frau antwortete, dann ließen sie das Band laufen.

Coretta, Martins Frau, hörte die Seufzer ihres Mannes. Vielleicht hatte King auch in diesem Fall gerufen »I'm not a negro tonight!«. Manche seiner Geliebten schworen, sie hätten diesen Satz bei ähnlichen Gelegenheiten von ihm gehört. Wir werden es niemals erfahren, denn die Tonbänder sind aus den Dossiers des FBI verschwunden.

Doch dieses Telefonat hatte keine Folgen. Zur großen Überraschung des FBI blieb Coretta Scott bis zum Schluss an der Seite ihres Mannes, versuchte ihn zu schützen, so gut sie konnte, und als sie Witwe wurde, tat sie alles, um zu verhindern, dass man sein Andenken besudelte.

Das FBI hatte gerade in jenen Jahren neue Methoden entwickelt, um den Widerstand derjenigen zu brechen, die als »Feinde Amerikas« galten. Erinnerst du dich? Wenn sie dich aufhalten wollen, beginnen sie damit, den Frieden in deinen eigenen vier Wänden zu stören. Zu Hause musst du streiten, deine Kinder müssen dich mit Verachtung strafen, im Bett darfst du dich nicht mehr wohlfühlen. Du musst von einem Zimmer ins andere laufen, von einem Sofa bei Freunden zum anderen wandern. Es muss das Gerücht umgehen, dass du deine Frau misshandelst, sie betrügst, sie vernachlässigst. Mit diesem ersten Schritt nehmen sie dir deine Sicherheit. Aber bei King klappte das nicht.

Das FBI hatte eines nicht bedacht: Für den, der jeden Augenblick seines Lebens in der Angst verbringt, das Telefon könnte ihm die Ermordung des geliebten Menschen melden, ist es im Grunde eine Befreiung, wenn er auf diese Weise die Bestätigung bekommt, dass der Geliebte lebt und atmet. Wenn du beschließt, dich zu engagieren, eine Bürgerrechtskämpferin zu werden, weißt du, dass dein Leben nicht das Leben einer normalen Frau sein wird. Wenn du beschließt, dein Leben mit einem Menschen zu verbringen, der deine Ideale teilt, der sich in denselben Kämpfen engagiert, weißt du, dass es in eurer Beziehung nicht viele Ausflüge zum See oder Spaziergänge unter den Sternen geben wird. Und bald ahnst du auch, dass es nur eine Frage der Zeit ist, dass man nur noch verstehen muss, ob es der Ku-Klux-Klan oder die Männer des Gouverneurs von Alabama sein werden, die ihn ermorden; vielleicht sogar ein Aktivist wie er, der ihm den Erfolg neidete, oder ein Verrückter, der Berühmtheit will.

Diese Dinge erwartete Coretta. Sie war aber nicht darauf vorbereitet, dass man ihn verleumden würde, bevor man ihn umbrachte.

Zu erkennen, dass diesem lebenden Toten, diesem armen Teufel, zusätzlich eine solche Verdammnis drohte, stürzte sie in tiefe Verzweiflung.

Sie konnte sich nicht erklären, warum das FBI, statt sich mit gefährlichen Kriminellen zu beschäftigen, mit Unterweltbossen, gewalttätigen Rassisten, sadistischen Kapuzenträgern oder Serienattentätern, so viele Mittel und so viel Energie investierte, um Dossiers über den Reverend King anzulegen. Und noch heute streiten sich die Historiker darüber, warum das FBI Martin Luther King ausspionierte, nur um kompromittierende oder als solche präsentierte Informationen über ihn zu sammeln.

Mir ist die Antwort ganz klar, auch wenn ich weiß, dass du wahrscheinlich sagen wirst, ich litte an Verschwörungswahn. Ich bin mir sicher, dass der Gouverneur von Alabama wie auch die Regierung in Washington die vermummten Männer des Ku-Klux-Klan für weniger gefährlich hielten als diesen Mann, der unmaskiert den Sumpf aus Verbrechen aufdeckte, der sich unter den weiten Feldern der Südstaaten verbarg. Für Robert Kennedy war es von entscheidender Bedeutung, herauszubekommen, ob King wirklich ein Spion der Sowjets war, wie Hoover behauptete, also gab er den Auftrag, ihn zu beschatten, und damit kam es aus den dumpfen Spannungen des Kalten Krieges heraus zu den erbärmlichen Aktionen, von denen ich dir erzähle. So fängt es immer an, man hört das Telefon eines Verdächtigen ab, um den Beweis für ein Verbrechen zu finden, und dann plündert man stattdessen sein Leben. Auf der einen Seite gab es ein paar Dutzend rassistische Mörder, die ihre Opfer aber immer sorgfältig in irgendwelchen Gräben verschwinden ließen, auf der anderen Seite gab es diesen »Neger-Pastor«, der dem ganzen Land erklären wollte, dass diese Mörder keineswegs nur ein Problem des verfluchten Südens waren, sondern die gesamten Vereinigten Staaten verseuchten, von Maine bis Mississippi, von Kalifornien bis Kentucky.

Die Reden des Reverend King machten es unmöglich, Zeitungsnachrichten über die Taten des Ku-Klux-Klan als Phänomene des rückständigen Südens zu lesen. Denn er erzählte von ihnen wie von einem Krebsgeschwür, das die ganze Wirbelsäule des Landes von oben bis unten befallen hatte, eine Krankheit, die alle traf, die ihre Tentakeln auf alles erstreckte, die ihr Gift in jedem einzelnen Vorgarten verspritzte und daher von allen bekämpft werden musste, wenn man nicht an ihr zugrunde gehen wollte.

In Washington reagierten sie wie immer in solchen Fällen: »Wieder so ein Aktivist, der nicht die leiseste Ahnung hat, wie die Dinge in der realen Welt wirklich laufen!« »Der übliche Dummkopf, der nicht kapiert, dass er mit seinen Reden nur unseren Feinden hilft!« Jemand, der von der »realen Welt« spricht, tut das, weil ihm diese »reale Welt« sehr gut gefällt, weil er sich dort wohlfühlt und nicht die Absicht hat, sie zu verändern. Vergiss das nicht. Weißt du, damals kontrollierten die kriminellen Vereinigungen einen großen Teil des Landes, aber man schenkte ihnen nicht so viel Aufmerksamkeit wie Martin Luther King. Warum? Ganz einfach: Die Mafiaorganisationen waren keine wirkliche Gefahr für die Macht, sie nahmen Abkürzungen, manchmal setzten sie sich an die Stelle des Staates, drohten mit Übergriffen, begingen Unrecht, nutzten die Armut aus … sie wurden von allen gehasst, aber toleriert, weil man Angst vor ihnen hatte oder sie einigen Leuten gelegen kamen. Man konnte jederzeit gegen sie vorgehen, ohne dass man befürchten musste, die Öffentlichkeit würde protestieren. Für den Staat war ihre Existenz sogar eine Garantie, dass die Bürger seine Institutionen, die sie vor diesen gewalttätigen, zersetzenden Kräften schützten, für notwendig hielten. Kurz, die Mafia hindert dich nicht daran, weiter nach deinen Regeln zu leben, vorausgesetzt, du erlaubst ihr, den eigenen Regeln zu folgen. Die Mafia sucht fast nie die offene Konfrontation mit dem Staat, sie will einen Nichtangriffspakt. Martin Luther Kings Worte jedoch zeigten neue Horizonte auf. Es ging nicht nur darum, mehr Rechte zu gewähren, sondern allen, denen es bisher verweigert worden war, ein Leben in Würde zu ermöglichen. Und das machte Angst.

Natürlich war diese Sache mit dem Gleichgewicht im Land von Anfang an schlecht gelaufen, von dem Tag an, als der Unabhängigkeitskrieg endete. In den folgenden hundert Jahren hatte die US-amerikanische Regierung den Südstaaten umfassende Autonomie zugestanden. Sollten sie doch machen, was sie wollten, Hauptsache, das Land wurde nicht wieder geteilt. Im Übrigen lebten die Menschen im Norden weiterhin in der Gewissheit, einem überlegenen Teil der Menschheit anzugehören, frei von den Ungeheuern der »Rassentrennung«, im Gegensatz zu denen da unten im Süden, die tief in diesem Sumpf steckten.

Seit zu langer Zeit schon wollten die Nordstaaten sich mit diesen unmenschlichen rassistischen Sheriffs in Georgia, Alabama oder Mississippi nicht mal die Hände schmutzig machen. Jetzt aber stellte Martin Luther King, dieser »Neger-Pastor«, sich hin, um dem Land zu erklären, dass die schmutzigen Socken und Unterhosen der gesamten Vereinigten Staaten aus ein und demselben Wäschekorb stammten.

Verstehst du jetzt, warum das FBI sein Dossier über Martin Luther King füllte? Er musste schachmatt gesetzt, bedroht, in die Ecke gedrängt, zum Schweigen gebracht werden, denn King sagte, dass eine Veränderung des ganzen Systems notwendig war. Nein, er musste aufhören, die Grundlagen des Gleichgewichts (oder des Ungleichgewichts, aber dieses Problem schien die Bundesbeamten nicht sonderlich zu interessieren) zwischen dem fortschrittlichen, entwickelten und dem ärmeren, zurückgebliebenen Teil des Landes zu zerrütten.

Doch das FBI hatte nicht damit gerechnet, dass der »Neger« sich nicht erpressen ließ. Er wusste, dass ihm nicht mehr viel Zeit blieb, denn die Aufnahmen von seinen heimlichen Begegnungen konnten jederzeit veröffentlicht werden. Also vervielfachte er die Protestmärsche, die Versammlungen, die Aufrufe und Appelle.

Er hielt weiter Reden mit denselben Worten, im selben Ton, mit derselben Kraft wie zuvor. Also blieb dem FBI keine Wahl mehr.

Du protestierst, ja, ich weiß, keiner hat Beweise, dass sie ihn umgebracht haben, und ich habe auch nicht gesagt, dass es das FBI war. Ich will nur sagen, dass sie den Boden bereiteten, damit dieser Mord stattfinden konnte.

Und bitte sag nicht, dass die Männer des FBI nichts gegen ihn hätten verwenden können, wenn die Lebensweise des Reverend King untadelig gewesen wäre. Denn das bedeutet, dass du nicht verstanden hast, wie der Mechanismus dieser belastenden Dossiers funktioniert.

Es geht nicht darum, ob es etwas in deinem Privatleben gibt, das du verstecken möchtest, es geht immer nur darum, was sie über dich finden wollen. Es ist genauso, als würdest du eine Karikatur von dir anfertigen lassen – der Karikaturist sagt dir nicht, unmöglich, tut mir leid, wenn du nicht kahlköpfig bist oder keine dicke Nase hast. Jeder deiner Gesichtszüge, auch der schönste und gleichmäßigste, kann in den Händen eines guten Zeichners vergrößert, übertrieben, lächerlich gemacht werden.

Also mussten die Leute vom FBI nur auswählen, welchen Teil von King sie angreifen wollten: King, der Kommunist? King, der Verbohrte? King, der falsche Prophet? King, der Opportunist? King, der schlaue Fuchs? King, der seinen Ruhm nutzt, um Geld zu machen? Ein Dossier spiegelt immer – wie eine Biografie – die Sichtweise des Beobachters wider. Und wer ermittelte damals gegen King? J. Edgar Hoover, der oberste, allmächtige Direktor des FBI, ein Paranoiker und Narziss, besessen vom Sex, der seinen Opfern gerne die Verhaltensweisen unterstellte, die seine eigenen Fantasien belebten. Auf Sex zwischen Schwarzen und Weißen war er besonders fixiert. In Hoovers Vorstellungswelt waren Kings Beziehungen zu weißen Frauen sehr viel interessanter und schrecklicher als jedes Verbrechen des Ku-Klux-Klan, sie waren ein eindeutiges Symptom der Perversion des Reverends. Bedenke, dass der Begriff »Perversion« eine sehr weite Bedeutung hat und darum leicht in jedem Kontext einsetzbar ist. In einem einzigen Wort steckt ein weites Spektrum an Verhaltensweisen: vom Sex, bei dem man Strümpfe trägt, bis zu viel befremdlicheren Praktiken.

Um ein Wort wirklich zu verstehen, muss man auf den schauen, der es geschrieben hat, herausfinden, wo und wie es ausgewählt wurde. Darum kann keine einzige Information, die mit der Methode des Anlegens belastender Dossiers gesammelt wurde, als eine verbürgte historische Quelle oder auch nur als Halbwahrheit gelten. Das dürfen wir auf keinen Fall vergessen, wenn wir das Spiel nicht akzeptieren wollen, das das FBI mit Martin Luther King spielte.

Balcony ist ein englisches Wort mit italienischem Ursprung, das wie in Italien »Bühne«, »Balkon«, »vorspringender Gebäudeteil« bedeutet. Ein Teil des Gebäudes, der aus der Hauswand herausragt.

Auf einem Balkon zu stehen, ist, als stünde man auf einer Konsole, denn das Geländer um den Balkon schützt nur die Hälfte des Körpers.

Niemals würde ich in einem Hotelzimmer die verglaste Balkontür öffnen und mich auf den winzigen Austritt mit Geländer stellen. Ich strecke mich zum Wachbleiben lieber reglos auf meinem Bett aus, starre an die Decke, bekämpfe meine Dämonen und widerstehe der Gier der Milben. King aber trat hinaus und stand – gut sichtbar – auf dem Balkon seines letzten Hotels, des Lorraine Motel in Memphis, Tennessee.

Natürlich war da jemand, der ihn von einer gegenüberliegenden Wohnung aus beobachtete. Das Fernglas dieses Spions wurde später gefunden.

Ja, du hast recht, man hätte ihn sowieso erschossen, auch wenn er nicht auf diesen Balkon hinausgegangen wäre. So aber war es, als spielte er die Zielscheibe.

Nein, seine Frau war nicht bei ihm. Sie begleitete ihn meist nicht auf seinen langen Reisen. Als die Kugel aus dem Gewehr des fanatischen Rassisten Kings Kopf traf, wusch sie vielleicht das Geschirr ab oder brachte das Haus in Ordnung. Vielleicht band sie einem ihrer vier Kinder die Schnürsenkel zu. Vielleicht dachte sie an das andere Leben, das sie gerne gehabt hätte. Oder machte sich umgekehrt Vorwürfe, dass sie nicht genug Vertrauen hatte, um weiter in dieser Hölle zu leben und ihre Kinder allein großzuziehen.

Ja, wahrscheinlich warf sie sich vor, dass sie dieses Leben aus Prozessen, Gerichten, Besuchen im Gefängnis, schweren Beleidigungen und Drohungen nicht mehr aushalten konnte. Wenn wir das alles in einem Film sehen, dauert es nur ein paar Stunden, nein, sogar weniger, denn ein Film zeigt nicht nur die Schatten, sondern auch das Licht: die Schlagzeilen in den Zeitungen, die Protestmärsche mit gutem Ausgang, die Ehrungen, die Solidaritätsbekundungen, die Küsse und Umarmungen, das Händeschütteln. Darum können wir uns nicht vorstellen, was es bedeutet, die Hölle jeden Tag 24 Stunden, 1440 Minuten und 86 400 endlose Sekunden lang auszuhalten. Bei Hitze, bei Kälte, mit Kopfschmerzen, mit Angst, umgeben von weinenden Kindern, wenn das Fieber steigt und niemand für dich einkaufen geht. Und ausgerechnet in so einem Moment kommt der Anruf, dass dein Mann wieder einmal verhaftet wurde, und irgendetwas, das gegen die Fensterscheibe des

Kinderzimmers geworfen wird, zwingt dich, den Hörer fallen zu lassen. Wenn du dann die Kinder bei den Großeltern in Sicherheit gebracht hast, bleiben dir zwei Sekunden, um zu entscheiden, ob du besser bei ihnen bleibst oder ins Gefängnis zu deinem Mann läufst.

Wenn sie sich in solch düsteren Gedanken verlor, versuchte Coretta King sich manchmal vorzustellen, es würde nie zum Mord an ihrem Mann kommen. Seit Jahren trat dieses schon so lang gefürchtete Ereignis nicht ein. Wie oft hatte sie mit der Gewissheit, jetzt würde die Nachricht kommen, den Hörer abgenommen? Aber jedes Mal hatte man ihr etwas anderes mitgeteilt. Wenn diese Nachricht noch immer nicht eingetroffen war, würde sie vielleicht nie mehr kommen.

Verdrängungsprozess wird genannt, was wie eine Beschwörung hinzukommt, wenn unser Gehirn es nicht mehr schafft, den Tod in Schach zu halten. Vielleicht hoffte Coretta nur, man würde ihn nicht gerade an diesem Tag erschießen, einem Frühlingstag, an dem die Luft so warm und der Himmel so leuchtend war, dass der Albtraum undenkbar wurde. Doch während sich dieser so wirkliche Himmel über die Welt spannte, war in Memphis eine nicht weniger reale Kugel in den Kopf ihres Mannes eingedrungen.

Das Telefon klingelte.

»Coretta, man hat auf den Reverend geschossen. Besser, Sie zünden sich eine Zigarette an, bevor Sie den Rest hören.«

Der Anruf, auf den sie wartete, war gekommen.

Später lieferten die Ermittler ihr auch den Namen des Mörders: James Earl Ray. Ihr ganzes Leben lang behauptete sie, dies sei nicht der richtige Name. Warum sie das Offensichtliche leugnete, haben viele nicht verstanden. Rays Fingerabdrücke waren überall. Für Coretta aber war der eigentliche Schuldige nicht der Mann, der den Abzug bedient hatte. Ray hatte den Kopf eines Autoknackers, nicht den eines politischen Mörders. Ihr Mann war nicht von Ray getötet worden, sondern von dem Hass, den man gesät hatte. Der Hass des FBI und der Anhänger der weißen Vorherrschaft, denn die breite, massenhafte Überzeugungskraft, die Reverend King erreicht hatte, gefährdete das vermeintliche

Gleichgewicht der USA und machte den Schwarzen Hoffnung, sie könnten sich von den Ketten der Segregation befreien.

Coretta selbst hatte einen anonymen Brief erhalten, in dem Martin Luther King zum Selbstmord aufgefordert wurde. Warum? Weil man ihn mit Beschattungen, Abhöraktionen, Verleumdung, mit Prozessen, Bußgeldern und Verhaftungen nicht hatte aufhalten können und nun versuchte, Druck auf ihn auszuüben, damit er seinem Leben selbst ein Ende setzte. Nein, das war kein abwegiger Plan, ich bin sicher, dass King ernsthaft daran gedacht hatte, als er diesen Brief las. Aus Verbitterung, weil das Maß voll war. In diesem Brief wurde ihm mitgeteilt, dass da draußen jemand »Bescheid wusste«. Was wusste er? Im Grunde nichts.

»King, schau in dein Herz. Du weißt, dass du ein kolossaler Betrug für alle Neger bist. Alle Amerikaner, denen du geholfen hast – ob Protestanten, Katholiken oder Juden –, müssen wissen, dass du der Teufel bist, eine abnorme Bestie. Du bist am Ende. Es gibt nur eins, was du tun kannst. Du weißt, was das ist.«

Diese Art Drohung hatte enormen Einfluss auf Martin Luther King. Seine Frau sagt, im Gegensatz zu dem, was das FBI und Hoover dachten, fürchtete Martin nicht den Skandal um seine sexuellen Abenteuer, aber er hatte irrsinnige Angst, unredlich zu erscheinen, als ein Profiteur zu gelten, der den Luxus und das Geld liebt. Viele sparten sich das Brot vom Munde ab, um seine Bewegung zu unterstützen, viele verloren ihre Arbeit, wurden geschlagen, verzichteten darauf, in öffentlichen Transportmitteln zu seinen Streiks zu fahren. Er fürchtete daher, seine Diskreditierung würde all jene demütigen und beleidigen, von denen er immer große Opfer für die Sache der Bürgerrechte verlangt hatte. Also zwang er Coretta und die Kinder zu Entbehrungen, damit jeder, der zu ihm ins Haus kam, bestätigen konnte, dass er ein so karges Leben führte wie seine Unterstützer. Darum lastet auf dem berühmten »Selbstmordbrief«, der King wenige Wochen vor der Nobelpreisverleihung anonym zugestellt wurde und hinter dem man das FBI vermutet, der Verdacht, jemand, der Martin sehr nahestand, habe ihn geschrieben.

Nur jemand, der wusste, wie sehr King fürchtete, seine Anhänger zu enttäuschen, konnte vermuten, dass er sich von einem solchen Brief beeinflussen lassen würde.

King widerstand jedoch auch der Versuchung, Schluss zu machen, also kümmerte sich Ray darum.

Rays Hand wurde aber nicht nur vom FBI geführt. Die Angst, dass die »Neger« frei sein könnten, war weit verbreitet. Eine Angst, die der Gouverneur von Alabama – den Ray glühend verehrte – so hartnäckig geschürt hatte, dass zu viele Menschen im Süden der USA davon geradezu besessen waren. Ray hatte daher leichtes Spiel, als er seine jahrelange Erfahrung mit Diebstählen und Raubüberfällen in den Dienst dieses Hasses stellte.

George Wallace, der Gouverneur von Alabama, ist für mich der Mörder von King, und sag nicht, ich hätte keine Beweise, denn du bekommst so viele, wie du willst, auch ohne Hilfe der Spurensicherung. Zu Beginn seiner Karriere hatte er versucht, von Gleichberechtigung zwischen Weißen und Schwarzen zu sprechen, doch dann musste er aufgeben. In Alabama gegen die Segregation zu kämpfen, bedeutete, gegen den Strom zu schwimmen. Also hatte er begonnen, rassistische Parolen zu brummen und sofort Zustimmung erhalten.

Als Journalisten ihm diesen Wechsel der Ausdrucksweise vorwarfen, rechtfertigte er sich, er habe ja versucht, gute Grundsätze zu predigen, wie er sie in vielen Sonntagsmessen gelernt hatte, doch das koste ihn nur Wählerstimmen. Eines Tages benutzte auch er das Wort »Neger«, und alle sprangen von ihren Stühlen auf. Dann fügte er hinzu, es müsse Schluss sein mit den Bürokraten im Weißen Haus, und alle schrien seinen Namen … Als er Slogans wie »weniger Steuern«, »Gesetzestreue« und »Sicherheit« ausprobierte, sprangen die Leute auf die Tische. Schließlich war »Alabama first« an der Reihe, und die Zuhörer bekamen feuchte Augen vor Rührung: Erst die Bürger von Alabama, dann alle anderen!

Von dem Standpunkt rückte Wallace nicht mehr ab. Nur beim Stolz aufs Vaterland musste er nachlegen. Denn was war das Vaterland? Das schiefe Haus, wo du geboren bist, das berüchtigte Stadtrandviertel, wo du leben musst, die muffigen Gewohnheiten, die du dir zugelegt hast, die paranoiden Ängste, die man dir eingepflanzt hat, der Ort, wo du keine Arbeit findest und man dich schlecht behandelt? Warum solltest du stolz darauf sein? Also wurde das Vaterland als das präsentiert, was die »Neger« bedrohten, und das kam an. 1962 wurde Wallace mit Zustimmung überschüttet, und dank dieses unglaublichen Comebacks gilt er noch heute als Weltmeister der populistischen Stimmenfang-Rhetorik. Je öfter er gewann, desto häufiger beendete er seine Wahlkampfauftritte mit »Gebt's den Negern!« und auch »diesen pickeligen, beschissenen Love-and-peace-Typen, diesen ungewaschenen Bürgersöhnchen!«. Die Leute trugen ihn wie im Triumph durch die Straßen. Dank dieser perversen Rhetorik zum Gouverneur von Alabama gewählt, tat er nichts anderes, als aufs Tempo zu drücken. Je lächerlicher die Themen, deren er sich annahm, desto größer die Zustimmung. Im September 1963 widmete er sich einem gewaltigen Unterfangen, bei dem es darum ging, vier afroamerikanische Kinder am Besuch einer Grundschule für Weiße zu hindern. Durfte er das?, fragst du. 1954 hatte ein Erlass des Obersten Gerichtshofs der USA – es war das berühmte Urteil *Brown versus Board of Education of Topeka* – das Ende der Segregation in den Schulen dekretiert. Die Staaten des Südens hatten mit zahlreichen Kniffen vermieden, diesen Erlass umzusetzen. Nun aber verlangten die Eltern der Kinder, verführt vom »Neger-Prediger« Martin Luther King, plötzlich, dass die Schule in ihrer unmittelbaren Nachbarschaft die Kinder aufnahm, obwohl es eine nur von Weißen besuchte Schule war.

Sie hatten nicht mit Wallace, dem »Hardliner«, gerechnet.

Am ersten Schultag kamen die Kinder an, ihre Schulranzen auf dem Rücken. Auf der Treppe zur Schule stand Wallace, massig und unbeweglich, finster entschlossen, sich bis zum Äußersten, unter Einsatz seines eigenen Körpers, als Bollwerk zwischen das Schultor und die Kinder zu stellen. Die waren erschrocken, sie zögerten, sich aus den Armen ihrer Eltern zu lösen, wurden aber von den Eltern gedrängt, ihr Recht auf Betreten der Schule durchzusetzen. Irgendwann fanden sie sich allein an den beiden Enden der Treppe wieder, Wallace oben, die Kinder unten. Er, fest entschlossen, sie nicht über die Schwelle treten zu lassen, die Kinder noch entschlossener als er, nicht einzutreten. Ganz in der Nähe verfolgten die Eltern der weißen Schüler, die bereits in der Schule waren, aus ihren Häusern sorgenvoll die Szene, sie befürchteten, die Kinder würden die Blockade schließlich überwinden. Als die Kleinen den ersten schüchternen Schritt auf die unterste Stufe machten, setzte Wallace seinen Fuß drohend auf die oberste Stufe. Die Kinder wichen sofort zurück, doch als die Nationalgarde auftauchte, um den Kindern Geleitschutz zu geben, musste Wallace sie durchlassen.

An diesem Tag hatte der »Hardliner« den Kampf gegen den Obersten Gerichtshof verloren, für die Wähler in Alabama aber war er der Sieger, und sie schworen, die ihrem Gouverneur angetane Schmach mit Blut reinzuwaschen. Unter denen, die schworen, war auch Ray.

Immer wenn du versuchst, etwas aufzubauen, statt zu zerstören, immer wenn du versuchst, dich in den Dienst von etwas zu stellen, statt nur dir selbst zu dienen, immer wenn du versuchst, Dinge zu ändern oder einfach nur denjenigen zu unterstützen, der etwas ändern will, ein Aktivist, ein Priester, ein Richter, ein Politiker oder ein Intellektueller, wird man versuchen, dich aufzuhalten. Und das Schlimmste ist, dass man dich nicht wegen dem angreifen wird, was du sagst, sondern nur wegen dem, was du ihrer Meinung nach bist.

Dann erinnere dich an das, was sogar Martin Luther King passiert ist, und denk auch daran, dass das FBI aller Wahrscheinlichkeit nach gar nichts über ihn herausfand. Aber zu suggerieren, sie hätten »Beweise«, bewirkte, dass alle, und sei es nur für einen Sekundenbruchteil, dachten, King hätte wirklich Rotlichtpartys in den Motels gefeiert, wo er sich während seiner Reisen aufhielt, und dass er wirklich jede weiße oder schwarze Aktivistin in seiner Bewegung zu seiner Geliebten machte. Man las es in der Zeitung und glaubte schließlich daran.

Wenn du ein Protokoll aus den Archiven der Geheimdienste eines beliebigen Landes auf der Welt liest – auch das unanfechtbarste –, frag dich immer, ob das, was du liest, wahrscheinlich ist. Frag dich, ob es nicht vielleicht ein Köder ist, ausgelegt von Leuten, die von Berufs wegen das Lügen und Täuschen gewohnt sind. In über sechzig Jahren hat das FBI keinen einzigen Beweis gegen King geliefert. Was bleibt, sind die Hinweise in den Karteikästen, die Drohbriefe an King, doch von den Tonbändern keine Spur.

Ich habe dir gezeigt, wie diese Konstrukte von den Aktivitäten der Geheimdienste geschaffen werden, die über genügend Mittel und Kräfte verfügen, um sie auszuarbeiten und in penibler Arbeit anzureichern. Doch ich möchte auch, dass du dich fragst, ob die Bedeutung von Kings Kampf deinem Empfinden nach auch nur im Geringsten angekratzt wäre, wenn diese Tonbänder ans Licht kämen. Würde sich für dich etwas ändern, wenn King Geliebte gehabt hätte? Würde es das, was er hinterlassen, was er aufgebaut hat, relativieren? Können die vom FBI beschriebenen fröhlichen »Partys« mit seinen »Geliebten« dir wirklich weismachen, dass sein Lebenswandel unmoralisch war? Oder erkennen wir hier, dass Hoovers FBI daran arbeitete, zu verbergen, was Amerika einem seiner besten Männer antat: ein qualvolles Leben aus verweigerten Rechten, aus Beschimpfungen, Segregation, aufreibenden Märschen im Regen, Bußgeldern, Schlägen, grundloser Gewalt, Verleumdungen, Prozessen, Anwälten, Gerichtssälen, Gefängnisaufenthalten, Verhaftungen, Handschellen, Attentaten, Drohungen und zahllosen Anschuldigungen ... der Unzucht, der Steuerhinterziehung, des Plagiats.

Und würde es für dich etwas ändern, wenn du wüsstest, ob seine Geliebten schwarz oder weiß waren? Denn das FBI gab zu verstehen, dass diese Frage wichtig war, fast wichtiger als der Ehebruch ... Und das FBI sprach nicht von Beziehungen, Freundschaften, Zuneigung ... Hoovers FBI schrieb brutal und vulgär: »King fickt auch die Weißen.«

Ich frage noch einmal: Würde das für dich etwas ändern? Wenn King seinen körperlichen Bedürfnissen nachgegeben hätte, würde das die Bedeutung seines Kampfes auch nur im Geringsten verändern? Kann es uns im Kampf helfen, wenn wieder papierne Helden gebastelt werden – künstlich, statisch, mit Vorbedacht aus Tinte geschaffen –, wie in autoritären Regimen üblich, oder im Italien des 19. Jahrhunderts mit seinen Heiligenbildchen auf Glanzpapier, Bildern von ebenso perfekten wie unwirklichen und schemenhaften Menschen? Oder schadet es uns?

Wer verlangt, dass Menschen, die kämpfen, Heilige, Asketen, Märtyrer oder Helden sein müssen, sagt der dann nicht auch, dass dieser Weg nur wenigen vorbehalten ist? Zu behaupten, dass ein Heiliger niemals fällt, ein Märtyrer keine Zweifel kennt, ein Held sterben muss, heißt doch eigentlich: Nur ein Märtyrer, nur ein Held, nur ein Heiliger kann es schaffen. Und er darf es immer nur um den Preis seines Blutes, auf Kosten seines Lebensglücks schaffen, er muss seine Familie grausamster Verfolgung aussetzen, er muss sich selbst um das Kissen bringen, auf das er seinen Kopf bettet, und das Brot, das ihn am Leben hält. Wenn dieses Leben aber so unerträglich ist, wird jeder von uns sich zurückziehen, jeder sich selbst eingestehen, dass er es nicht schaffen kann ... und dann haben sie gewonnen! So wie sie bei Gandhi gewannen, dem sie jedes Reiskorn missgönnten, den sie zwangen, von nichts zu leben, ihn und seine Familie, die zum selben Martyrium verdammt wurde. Es tut mir immer wieder so weh, wenn ich lese, dass nicht der Kampf gegen die Engländer ihn brach, sondern die ständigen Anklagen, er sei ein Heuchler, er verzichte nicht oft genug auf das Essen und die Ruhe, er teile nicht wirklich mit allen, er wolle etwas für seine Töchter, seine Frau, seine Verwandten beiseiteschaffen. Wenn ich lese, dass man ihm jedes Reiskorn vorwarf und es als unverzeihlichen Betrug hinstellte, um seinem Kampf zu schaden, muss ich aufschreien.

Wem glaubst du? Das musst du dich immer wieder fragen. Wem glaubst du? Gandhi, von dessen Wirken die Geschichte erzählt und das Schicksal vieler Millionen Menschen, oder glaubst du denen, die ein Interesse daran hatten, ihn mit allen Mitteln aufzuhalten, auch den abscheulichsten? Wem glaubst du? Auf welcher Seite stehst du? Gegen wen möchtest du anschreien?

Sie machen das Gewicht der Wahrheit zu einer untragbaren Last, nur damit du dich zurückziehst und darauf verzichtest, dieses Gewicht zu tragen. Die beste Methode, um dich von deinen Zielen abzubringen und zu lehren: STILL und STUMM ist besser!

Die Wahrheit ist, dass es uns nicht interessiert, ob Martin Luther King Geliebte hatte oder nicht, ob seine Frau das wusste oder nicht, ob seine Kinder ihm vorwarfen, er sei zu selten oder zu oft zu Hause, ob er vergaß, die Rechnungen zu bezahlen, ob er manchmal mit seinen Freunden einen über den Durst trank, denn das sind seine Angelegenheiten. Wir wollen uns nicht in den Torquemada irgendeines Inquisitionsgerichts verwandeln, wir wollen nicht zur Stasi, zur CIA, zum FBI, zum Mossad oder zu einem anderen Geheimdienst der Welt werden, wir wollen für niemanden der GROSSE BRUDER sein. Vor allem aber werden wir uns nicht einreden lassen, dass wir vergeistigte Milizsoldaten oder Heilige werden müssen, um auf der Seite des Rechts, der Wahrheit und der Gerechtigkeit zu kämpfen. Das ist kein Weg für wenige, im Gegenteil, es ist ein Weg für alle, den wir alle gehen können, jeder von seinem Stützpunkt aus, jeder von seinem Schützengraben aus, jeder bereit zu schreien, wenn die Wahrheit verletzt und uns Gerechtigkeit verweigert wird. Und das Hütchenspiel nützt hier gar nichts, wir werden uns nicht beeindrucken lassen von unbezahlten Rechnungen, von Villen mit Pool, die wir nie gekauft haben, von lächerlichen Verschwörungen, die angeblich zum Schaden des Vaterlandes geplant wurden ...

Ich sage es dir noch einmal, um voranzukommen, musst du dich nicht in einen vergeistigten Milizsoldaten verwandeln, du musst weder ein Heiliger noch ein Held sein.

James Baldwin, ein afroamerikanischer Schriftsteller, den ich sehr liebe und den du lesen solltest, hat darüber Dinge geschrieben, die mein Evangelium sind. Während er sich im Kampf für die Rechte seiner Community engagierte, das war zu einer Zeit, als Schwarzsein in Amerika bedeutete, »Neger« zu sein, schrieb Baldwin: Sie werden weiter auf uns schießen, auch wenn wir nicht bewaffnet sind, sie werden uns weiter der Vergewaltigung bezichtigen, auch wenn wir nicht vergewaltigt haben, sie werden uns immer wieder vorwerfen, Dealer zu sein, auch wenn wir nie gedealt haben, und sie werden uns weiter jede Möglichkeit nehmen, ein eigenes Leben aufzubauen ... Wird es immer so sein? Nein. In dreißig Jahren wird es anders sein. In vierzig Jahren noch mal anders. Und in fünfzig Jahren wieder anders.

Aber dann frage ich mich: Was tun wir so lange? Was tun du und ich, während wir dreißig Jahre und noch mal dreißig Jahre warten, bis es besser wird? Werden wir in der Zwischenzeit weiter leiden?

Nein. Ich glaube, dass du und ich und alle, für die es Das-Recht-für-mich nicht gibt, sondern nur Das-Recht-für-alle, lernen müssen. Ja, so ist es, wir müssen lernen …

Wir werden lernen, die zweideutigen Fahnen zu unterscheiden.

Wir werden dafür sorgen, dass wir uns auf dem Schlachtfeld gegenseitig erkennen, auch wenn sie versuchen, uns zu verwirren.

Wir werden vereint bleiben, eine Gemeinschaft bilden, auch wenn sie versuchen, uns zu zerstreuen.

Wir werden ihren Lügen nicht glauben.

Wir werden ihren falschen Komplott-Anklagen nicht glauben.

Wir werden nicht glauben, was ihre Schmierblätter schreiben.

Wir werden denen beistehen, die verleumdet, verfolgt und verurteilt werden.

Wir werden unsere Worte gebrauchen, um Kraft zu schöpfen und weiterzugeben, um Trost zu bekommen und weiterzureichen.

Wir werden jeden Tag die Wahrheit suchen.

Wir werden jeden Tag die Wahrheit herausschreien.

Und dies wird die Schule unseres Widerstands sein.

SCHREI, DASS SIE BEURTEILEN SOLLEN, WAS DU TUST, NICHT, WAS DU BIST.
SCHREI, DASS DU AUF JEDEN FALL IMMER VERTEIDIGEN WIRST, WAS DU BIST.

In den ersten Jahren seiner Ehe lebte Martin Luther King in Montgomery, Alabama. Dann zog die Familie King nach Atlanta, Georgia um, seine Geburtsstadt und Sitz der Ebenezer Baptist Church, wo der Vater Pastor war. Das Treffen mit einer Geliebten in dieser Stadt ist bloße Vermutung, denn von dem Tonband, das die Begegnung »aufzeichnet«, gibt es bis heute nur den Hinweis in den Akten des FBI. Siehe David J. Garrow, *The FBI and Martin Luther King Jr.*, New York 1983. Zu Kings realen und vermuteten Geliebten siehe das Interview, das sein Freund, der Aktivist Ralph Abernathy, am 29. Oktober 1989 gab: http://www.booknotes.org/Watch/9718-1/Rev-Ralph-David-Abernathy. Zum Anlegen von Dossiers über King durch das FBI siehe: Curt Gentry, *J. Edgar Hoover: The Man and the Secrets*, Plume 1991. Die Angst, mit der Coretta King jahrelang auf den Anruf wartete, der sie über den Tod ihres Mannes informierte, hat sie selbst in ihrer Autobiografie beschrieben: *Mein Leben mit Martin Luther King*, Berlin 1971. Die für King leidvollsten Prozesse und Gefängnisstrafen betrafen weniger die Sit-ins oder die illegalen Protestmärsche als die falschen Anklagen, die nur das Ziel hatten, ihn einzuschüchtern: Steuerbetrug, Fahren ohne Führerschein, unlautere Konkurrenz beim Linienverkehrsdienst. Diese Prozesse kosteten den Kampf gegen die Segregation Lebensenergie und Geld und wurden tatsächlich zu diesem Zweck angestrengt. Zur Anklage wegen Steuerbetrugs sagte King: »Ihr alle wisst sehr gut, dass ich kein Geld habe, um gegen eine solche Anklage vor Gericht vorzugehen.« Seine Frau sagte, dass vor allem dieser Prozess ihren Mann verzweifeln ließ, weil Mäßigkeit und Redlichkeit im Umgang mit Geld sein höchster Anspruch waren.

Zum »Selbstmordbrief« siehe https://de.wikipedia.org/wiki/Martin_Luther_King mit einem Faksimile des Briefes.

Zu George Wallace siehe: Stephan Lesher, *George Wallace. American Populist*, Reading 1993. Vom Beginn seiner politischen Karriere an, dem Bus-Boykott in Montgomery, nahm Lesher als Journalist an Wallace' Wahlkampfveranstaltungen teil. Bevor er viele Jahre später seine Biografie schrieb, gab Wallace ihm ein sechzehnstündiges Exklusiv-Interview. Lesher bezeichnete Wallace als den »Vater der populistischen Rhetorik«.

Das Buch von James Baldwin, von dem ich mir wünsche, dass du es liest, ist der Roman: *Beale Street Blues*, München 2018. Die Sätze am Ende dieses Kapitels sind von Baldwins Werk inspiriert.

KANNST DU KÄMPFEN, AUCH WENN DU ANGST HAST?

DAPHNE CARUANA GALIZIA

15.
DIE SCHERBEN

> Die Straffreiheit für die Verfolgung und Tötung von Journalisten ist eher
> unser Problem als ihres. [...] Journalisten verlieren ihr Leben, doch
> wir, die Überlebenden, verlieren unser Recht zu wissen, zu sprechen, zu
> lernen. [...] Der freie Umlauf von Nachrichten und Meinungen,
> den Werkzeugen des journalistischen Handwerks, schafft gerechtere und
> freiere, reichere und widerstandsfähigere Gesellschaften. Mit anderen
> Worten, Gesellschaften, in denen zu leben sich lohnt.
>
> PAUL CARUANA GALIZIA

Wenn ich mit Jungen in deinem Alter spreche, erzählen sie mir oft, sie wollen Archäologen werden. Das verstehe ich. Ein schöner Beruf. Darum glaube ich, dass die Geschichte von Daphne dich interessieren wird, denn Daphne Caruana Galizia promovierte in Archäologie.

Wenn du im Mittelmeerraum geboren wirst, hast du gute Aussichten, Archäologe zu werden, denn du stößt so oft auf einen griechischen Tempel, ein römisches Amphitheater, dass deine Leidenschaft für die Antike ganz spontan entsteht, mindestens so wie die für Fußball. Sie entsteht also wie ein Spiel. Als Junge wollte ich Archäologe werden, weil ich meine Ferien jedes Jahr in Paestum verbrachte, und wenn ich dort herumlief, wo wahrscheinlich Parmenides spazieren gegangen war, wenn ich die unterseeischen Labyrinthe sah, die dem Fraß des Salzwassers standgehalten hatten, hatte ich das intensive Gefühl, zu verstehen, woher ich kam. Ich fühlte sogar die Bedeutung meiner Herkunft, und diese Erfahrung gab mir die Sicherheit, dass ich nicht zufällig geboren war, sondern um einen Schatz aus Würde und Schönheit zu empfangen, den andere geschaffen und an mich weitergegeben hatten.

Problematisch wird es dann, wenn jede Straße, jeder Stein, jede Stadt für dich nicht mehr nur das ist, was man sehen kann, sondern auch das, was unter der Erde verborgen ist. Wenn du dich daran gewöhnst, über das nachzudenken, was untergegangen ist, und daher deinen Blick nicht mehr auf die Dinge beschränken kannst, die an der Oberfläche erscheinen. Zu umreißen, was sich unter der begehbaren Fläche verbirgt, wird zu einem ständigen Spiel aus Verweisen. Eine Wiese wird keine Wiese mehr für dich sein, du wirst nur noch die Flecken aus dunklerem Grün sehen, unter denen sich die Grundmauern einer Villa, die Pflastersteine einer römischen Straße oder die Trockenmauern eines Abwasserkanals verstecken. Das ist eine Leidenschaft, die nicht nur dein Sehen verändert. Auch das Fühlen verändert sich. Dein Magen hört auf, eine Vorrichtung für den Stoffwechsel zu sein, er verwandelt sich in einen zuverlässigen Metalldetektor. Bei jedem Schritt ein Signal, bei jedem Signal ein Stück Metall unter der Erde und eine irre Vibration deiner Eingeweide. Jetzt ist die Metamorphose abgeschlossen. Du bist verdammt. Auf jeder Straße, über die du gehst, wirst du eine andere Straße darunter spüren, die Straße der parallelen Stadt. Eine andere Geschichte, die du nicht ignorieren kannst, weil sie realer ist als die erste.

Ich stelle mir vor, Daphne genau jetzt hier zu haben. Ich sehe sie als Zwanzigjährige mit griechischer Nase, sanftem Lächeln, rückhaltlosem Vertrauen in das Leben.

Ich habe deine Söhne kennengelernt, ich habe deine Züge in ihren Gesichtern gesehen, deine Worte aus ihrem Mund gehört, ich habe dein Blut bei ihnen gespürt und dein sanftes Wesen in ihrer Anmut wiedererkannt.

Ja, Daphne, so sehe ich dich, ich sehe dich in ihren Gesten. Obwohl ich keine Zeit mit dir verbringen konnte, stelle ich mir deine Gesten vor, weil ich sie bei ihnen beobachtet habe. Darum sehe ich dich jetzt, während du parkst, telefonierst, einkaufst, während dein Metalldetektor unabhängig von dir weitersucht. Und ich weiß, dass du dieses unerträgliche Hintergrundgeräusch satthast. Ich weiß auch, dass es anfangs eine Leidenschaft war und sich erst später in einen Fluch verwandelt hat. Wenn du jetzt einen Bankautomaten siehst, siehst du nicht mehr nur einen Bankautomaten, sondern eine lange Reihe von Handlungen: den Mann, der das Geld am Schalter abgeliefert hat, den Lastwagen, der es in die Filiale gebracht, den Angestellten, der es gezählt und geordnet, den Kunden, der es in gleich großen Bündeln abgeholt hat. Auch dein Geruchssinn ist nicht mehr der von früher, weil du ihn darauf trainiert hast, den Geruch der Erde zu erkennen: Du weißt, wo sie feucht ist, konserviert sie schlechter, wo sie trocken ist, schützt sie länger. Und auch diese Fähigkeit hat sich auf die Dauer als gefährlich erwiesen, denn du hast angefangen, den Geruch des Geldes zu wittern, ein Gestank nach Blut, vermischt mit Tinte, der dir in der Nase klebt und nicht verschwinden will. All die Zeit, die du damit verbracht hast, Scherben zu klassifizieren und ineinanderzufügen, um die Amphore zu sehen, drängt dich jetzt, das ganze Bild wieder zusammenzusetzen. Mit den geschönten, beruhigenden Nachrichten der Lokalzeitungen gibst du dich nicht mehr zufrieden. Du würdest gerne über das berichten, was wirklich passiert. Doch auf Malta gab es niemals Redefreiheit, die Journalisten wagen nicht einmal, ihre Berichte mit Namen zu zeichnen, lieber verstecken sie sich hinter der Formel: »die Redaktion«. Du aber würdest gerne mit deinem Namen hinausschreien, dass deine Insel nicht nur das Meer ist. Du möchtest den Zeitungsredaktionen sagen, dass sie aufhören sollen, von Oliven und blühenden Mandelbäumen, Promi-Hochzeiten und Verkehrsunfällen zu berichten. Du möchtest erzählen, was wirklich auf Malta geschieht, wenn zum Beispiel jemand zu protestieren versucht, wie es dir 1984 passierte, als du festgenommen wurdest, weil du an einer Demonstration teilgenommen hattest. Sie haben dich in eine mit Kot beschmierte Zelle eingesperrt, nur um dich zu demütigen. Natürlich auch, um dir eine Lektion zu erteilen. Eine Feuertaufe, die dir die Lust auf das aktive politische Engagement nehmen sollte. Vielleicht hast du auch darum nach der Schule deine Liebe zur Archäologie gepflegt: Der größte Teil der Menschen auf deiner Insel denkt, dass klassische Studien sich für eine Frau besser eignen als das aktuelle politische Geschehen, da verbrennt man sich die Finger, das ist was für starke Mägen.

Deine Insel ist keine Ausnahme, hier benutzen die Progressiven dieselben Methoden wie die Konservativen, sie haben dieselben Prioritäten, dieselbe Wertehierarchie, vor allem wenn es darum geht, Strafexpeditionen in die Druckereien der Lokalzeitungen zu unternehmen, falls diese Zeitungen es wagen, die Politik herauszufordern. Dennoch macht dir all das keine Angst, je weiter du vorangehst, es scheint dir immer mehr der Vergangenheit anzugehören. Solche Dinge geschahen schon, als es noch kein Internet gab, doch jetzt, wo es das Netz gibt, genügt ein einziger Mensch, der dich lesen will und bereit ist, dir überallhin zu folgen, wo immer du schreibst. Also hast du, als die Lokalzeitungen anfingen, deine Artikel abzulehnen, die der herrschenden Klasse zunehmend missfielen, und auch die Verwaltungsräte, eingeschüchtert von Repressalien und juristischen Klagen, gegen die Veröffentlichung deiner Arbeiten stimmten, einen Blog eröffnet, den *Running Commentary*. Ich erinnere mich an deinen ersten Post: »Null Toleranz für die Korrupten«. Er erregte kein Aufsehen, doch schon bald machten deine Worte denen Angst, die nie Angst haben, denn im Allgemeinen lösen sie mit einer Überweisung jedes Problem. Also behaupteten sie, dass dein Mann, der Anwalt, deine Artikel schriebe, dass deine Unterschrift nur zur Tarnung diente, denn an einer schwachen Frau würde sich niemand rächen.

Es machte dich wahnsinnig, dass sich auf Malta – das ungefähr ein Viertel der Größe von Rom hat – über fünfzigtausend Firmen festgesetzt hatten, die Hälfte davon mit mindestens einem ausländischen Teilhaber. Das machte dich wütend, denn du wusstest, was es bedeutete. Du wusstest, dass etwas dahintersteckt, wenn es in einer entlegenen Gegend, in einer Stadt ohne Kanalisation, in einem einsamen Dorf, an einem abgeschiedenen Verkehrsweg oder auf einem kleinen Felsen im Mittelmeer mehr Bankfilialen gibt als Eiscafés; du wusstest, dass es immer ein schlechtes Zeichen ist, wenn mitten im Nirgendwo plötzlich ein Einkaufszentrum auftaucht.

Es ist ein Zeichen dafür, dass das Geld hier ein Bad nimmt. Das wolltest du hinausschreien! Wenn der Eigner einer in Malta eingetragenen

Gesellschaft nicht in Malta wohnt und nicht einmal Geschäfte in Malta macht, gibt es kein anderes Wort dafür als »offshore«! Das wolltest du anzeigen. Steuerflucht! Im besten Fall Kult des Bankgeheimnisses, das die Steuerflucht begünstigt. Ich verstehe, was du empfandest. Du bist auf WordReference.com gegangen oder hast damals vielleicht ein Wörterbuch benutzt, kurz, du hast es überprüft. Du wolltest deinen Lesern erklären, dass dieses Wort nicht einfach »auf hoher See« bedeutet. Worte erhalten ihre Bedeutung im Lauf der Geschichte, und offshore hat seine besondere Bedeutung in einem besonderen Moment bekommen, nämlich als man in der Zeit der Prohibition auf Schiffe ausweichen musste, die außerhalb der Hoheitsgewässer ankerten, um Alkohol zu trinken und Glücksspiele zu spielen. Es war eine Methode, das Gesetz zu umgehen, ohne es zu umgehen, und so ist es bei dem Kapital, das sich »auf hoher See« statt in seinem Heimatland befindet. Das wolltest du schreien. Dass die Unterschlagung von Steuereinnahmen, wie auch immer man sie präsentiert, legalisierter Diebstahl ist. Es ist eine Unterschlagung von Geld, die zu Hause die Straßen, Schulen und Krankenhäuser verfallen lässt.

Weißt du, Daphne, in den Tagen, als sich das Coronavirus verbreitete, haben Ärzte und Pflegekräfte vor einem französischen Krankenhaus ein Transparent aufgehängt, auf dem geschrieben stand: »Wir wollen nicht Helden genannt werden, und wir wollen eure Almosen nicht, zahlt stattdessen Steuern!« War es das, was du meintest? War es das, was du vor der ganzen Welt hinausschreien wolltest? »Zahlt Steuern, dann wird niemand mehr Spendensammlungen, Unterstützung und Almosen brauchen!« Denn ich weiß, es funktioniert doch genau so: höhere Steuereinnahmen, mehr Ärzte, mehr Pflegekräfte, also kein Gesundheitsnotstand mehr, auch nicht bei einer Pandemie oder einer Naturkatastrophe. Doch am meisten schmerzte dich, sehen zu müssen, dass – im Gegensatz zu dem, was man annimmt – die Länder die höchsten Kosten des Offshore-Business zahlen müssen, die diese hinterzogenen Steuern erhalten. Auch ich habe gelernt, das in aller Klarheit zu sehen: In den Steueroasen kommt neben dem Kapital der gesunden Wirtschaft regelmäßig auch das blutbefleckte Kapital der Mafia-Wirtschaft an. Das Offshore-Business ist der Ring, der die Steuerflucht aus der legalen Wirtschaft und die Geldwäsche der kriminellen Wirtschaft zusammenhält.

Und wenn sie dir sagten: »Was ist schlecht daran, den Rechtssitz deiner Firma an einen Ort zu legen, wo du nicht lebst, aber deine Firma sehr gut leben kann? Machen das denn nicht alle?« Aber du sahst, was schlecht daran war. Es freute dich ganz und gar nicht, dass deine Insel von einem verschlafenen, aber ehrlichen Felsen im Mittelmeer in eine Steueroase verwandelt wurde. Du wusstest, dass ein Steuerparadies zu werden, bedeutet, in den Kreis der Mafia-Organisationen zu geraten, und steckt man einmal drin, diktieren sie die Regeln. Die Hoffnung, dass alles gut geht, ist vergeblich. Wenn ein Land offshore wird, entscheidet ausländisches Kapital, das oft auch aus kriminellen Quellen stammt, über die Politik. Dann sind Gut und Böse gleichbedeutend. Es gibt keine Möglichkeit eines wirklichen Wechsels zwischen Parteien mehr, denn alle machen die gleiche Politik, die Banken und Aktiengesellschaften begünstigt. Und wenn dann das Geld ankommt, viel Geld, werden Menschen rekrutiert, um es zu waschen und zu warten, um diese Banken und Dienstleistungsbetriebe zu überwachen, und dann werden alle dasselbe von der Politik fordern: ein Auge zuzudrücken oder von Anfang an blind zu sein. Wenn du dich aber gegen den Strom stemmst, wenn du anklagst, versuchst, Alarm zu schlagen, wenn du sagst, das Offshore-Geschäft verschmutze stärker als Giftmüll, werden sie dich eine Schwarzseherin, eine Irre, eine Hexe schimpfen. Wie, du freust dich nicht, dass das Kapital der ganzen Welt von nichts anderem träumt, als mit Sandalen und Sonnenbrille am schönen blauen Meer vor deiner Haustür zu sitzen?

Das Finanzgeheimnis zu stärken, Informationen zu unterdrücken, Straffreiheit zu garantieren, wird dann zur Pflicht und gilt als Beweis für Vaterlandsliebe. Du, die anklagt, wirst als Vaterlandsverräterin bezeichnet. Ich weiß, was du empfandest, als sie sagten, deine Artikel vertrieben die Touristen, ich weiß, wie dir zumute war, als sie dich beschuldigten, die Bewohner deiner Insel ärmer zu machen, sie zur Flucht zu zwingen, und mit ihnen den Reichtum ... »Gut gemacht! Du bist berühmt geworden und wir ärmer!«, sagten sie. Doch du wusstest genau, dass man angesichts des Durchflusses enormer Geldströme nicht schweigen darf, denn so etwas hat auf Dauer einen sehr hohen Preis, es zieht Tod und Gewalt nach sich, die manche als unbedeutende lokale Kriminalität abtun wollen. Dann werden jene, die dich anflehten, auf deine Anklagen zu verzichten, weil sie ihre Arbeit verlieren würden, weil sie eine Familie ernähren mussten, verstehen, dass gerade ihre Familie bezahlen muss, dass ihre Kinder umringt vom Verbrechen, von Korruption, von Schüssen, vom Schweigegebot, also vom Tod heranwachsen. Ja, vom Tod, denn die Ehe zwischen Steuernachlass und Bankgeheimnis ist eine fruchtbare Verbindung, aus der gesunde, kräftige Kinder hervorgehen. Die Wäschereien unter freiem Himmel sind Honig für die Bienen der kriminellen Vereinigungen.

Ich weiß, dass sie auch dir sagten, in Malta sei das Problem nicht die Korruption, sondern die Migranten ... Ich weiß, dass die Regierung in die Segel der Boote blies, um sie in italienische Gewässer zu treiben und um dann russischen Oligarchen von zweifelhaftem Ruf und südamerikanischen Bossen die Türen des besten Suite-Hotels zu öffnen. Ihnen wurde die maltesische Staatsbürgerschaft sofort angeboten, zum bescheidenen Preis von einer Million Euro.

Aber gewisse Dinge erzählt man besser nicht, denn sie berühren so unverdächtige Interessen wie die Bahn einer Billardkugel, die ins Loch gestoßen wird.

Ich verstehe wirklich nicht, wie du das alles sehen konntest und dennoch die Kraft hattest, in deinem Garten Päonien zu pflanzen, Kochchats zu betreuen, wie du drei Söhne großziehen und zu bewussten Menschen machen konntest, ohne dass dieses Bewusstsein ihren Kummer vergrößerte, sondern im Gegenteil, in ihnen die Liebe zur Wahrheit weckte. Wie hast du es geschafft, sie vor alldem zu beschützen, was dir angetan wurde, um deinen Widerstand zu brechen? Denn diese Leute waren sich sicher, dass sie dich brechen konnten, dass du mit so kleinen Kindern sofort aufgeben würdest ... Aber nein: Einmal ist ein Schatten durch deinen Garten geschlichen, und du hast den Kindern vorgespielt, es sei ein wilder Hase; dann habt ihr beim Heimkommen den Hund tot auf der Fußmatte vorgefunden, und du hast ihnen versichert, er habe giftige Schnecken gefressen; ein anderes Mal hat man deine Haustür in Brand gesetzt, und du hast »gestanden«, dass du die brennenden Kerzen im Eingang vergessen hattest. Und deine Söhne, wie konnten sie dir jedes Mal glauben? Ich weiß, auch in diesem Fall würdest du dir keinerlei Verdienst anrechnen, sondern mir sagen, dass Kinder eine außergewöhnliche Fähigkeit haben: Sie lassen sich immer täuschen, wenn sie begreifen, dass die Erwachsenen in Schwierigkeiten sind.

Es gab jedoch einen Tag, da konntest du deine Familie nicht belügen. Auf Malta fand eine Prozession statt, und Malta ähnelt in vielerlei Hinsicht der italienischen Region Kampanien, es ist eine Mischung aus Moderne und Tradition. Auf deiner Insel werden die Prozessionen mit dem Schutzpatron noch sehr ernst genommen und können ganz unterschiedliche Menschen zusammenbringen: den Jungen und den Alten, den Reichen und den Armen, den Frommen und den Skeptiker, den Traditionalisten und den Progressiven. Und ich weiß außerdem, weil es auch in Süditalien so ist, dass die Politiker solche Termine niemals versäumen, denn sie wissen, dass es lichtvolle Momente sind, die man nicht unterschätzen darf. Ein geschickter Politiker kann dem Schutzheiligen sogar die Show stehlen und damit seine Wahlkampagne unterstützen. An diesem Tag war auch einer der Politiker dabei, die du »diffamiert« hattest. Er erkannte dich, ging schneller, um dich einzuholen, und begann, rhythmisch zu rufen: »He-xe, He-xe, He-xe, He-xe«, wobei er die Menschen aufforderte, es ihm nachzutun. Die Menge wiederholte die Anschuldigung und drängte sich um dich, schubste und stieß einander im Gewühl. Was dir an dem Tag passiert ist, habe ich so oft gelesen, dass ich noch immer meinen Oberkörper gegen deinen gedrängt spüre und deine Angst fühle. Die Angst, dass sie dir die Haare ausreißen, dir die Kleider vom Leib reißen. Um dich von der Menge zu befreien, musstest du an eine Klosterpforte klopfen ... ein Kloster, als wären wir im 19. Jahrhundert! Es schien ganz so, als wollten sie dich dort hinrichten, vor allen Menschen. Vielleicht wollten sie dich auch noch nicht töten, nur erschrecken und dazu bringen, deinen Blog einzustellen. Denn die Wahrheit ist tatsächlich eine merkwürdige Ware: Marketing-Experten schwören, dass sie nichts wert ist, doch wenn du sie auf den Markt bringst, findet sie reißenden Absatz, geht schneller weg als jedes Lebensmittel. Das Publikum deines Blogs wuchs rasend schnell: vierhunderttausend Leser täglich, während der Wahlen eine Million! Wer weiß, ob du auf diese Zahlen je stolz warst. Ich glaube nicht. Aber stolz, dich der Wahrheit zu nähern, das ja. Denn du warst Archäologin und sahst einen Sinn darin, Bruchstücke, Fragmente zusammenzusetzen, bis du das Mosaik erkennen konntest. Bei Mathematikern ist es genauso. In einem Interview wurde ein Mathematiker gefragt: »Wann wissen Sie, dass Ihr Ergebnis richtig ist, noch bevor es überprüft wurde?« Er antwortete: »Wenn ich sehe, dass meine Rechnung schön ist.« Jeder Mathematiker kann dir das bestätigen, Zahlen haben ihre eigene Schönheit, so wie Scherben und Mauerreste. Und wie der Mathematiker weiß der Archäologe, wann er auf dem richtigen Weg ist, er weiß es, weil seine Arbeit schön ist. Das bedeutet nicht unbedingt, dass er eine kostbare Münze oder eine antike Statue gefunden hat, wenige Stücke genügen, aber es müssen die richtigen sein, die nötig sind, um das gesamte, wahre Bild zu erahnen.

Und was für ein Adrenalinschub, wenn die Beweise kommen, wenn die Überprüfung deine Vermutungen stützt, wie damals 2016, als aus den Computern der wichtigsten Anwaltskanzlei von Panama, der Firma Mossack Fonseca & Co., 11,5 Millionen Beweise kamen, die deine Thesen bestätigten: Daten im Umfang von 2,6 Terabyte mit den Namen der – wirklichen! – Inhaber der vielen Tausend Briefkastenfirmen im Steuerparadies Panama. Kein Zweifel, das war der größte Angriff auf das Offshore-Geschäft, der zeigte, wie sehr auch Malta integraler Bestandteil des Systems war. Dass du Zugriff auf diese Dokumente hattest, verdankt sich einem sonderbaren Zufall, etwas, was einer Mutter selten passiert: Dein Sohn Matthew hatte begonnen, denselben Beruf auszuüben wie du, um mit dir gemeinsam zu recherchieren. Ich sehe euch am Computer arbeiten, einander gegenübersitzend, wie ihr euch gegenseitig Mut macht, euch die nächsten Schritte vorschlagt.

Die gehackten Panama-Papers landeten auf dem Desktop der *Süddeutschen Zeitung*, sie waren das anonyme Geschenk eines Menschen, der wollte, dass diese Namen und die Aktivitäten von Mossack Fonseca in die Welt hinausgeschrien wurden. Die Zeitung erkannte, dass die ungeheure Datenmenge sie überfordern würde, aber sie wusste auch, dass keine einzige Datei außer Acht gelassen werden durfte, also beschloss sie, die Daten zu teilen, damit auch andere Journalisten daran arbeiten konnten. Die *Süddeutsche* teilte sie mit dem *International Consortium of Investigative Journalists* mit Sitz in Washington, das Reporter in aller Welt hat. Die Daten wurden von einer internationalen Truppe aus unermüdlichen Arbeitern analysiert, die erst schlafen gingen, wenn ihre Kollegen auf der anderen Seite der Welt sich an die Arbeit machten. Einer dieser Reporter war dein Sohn Matthew. Beim gemeinsamen Studium der Papiere erhieltet ihr die Bestätigung, dass Konrad Mizzi, damals Minister für Energie, über den ihr schon seit Längerem Nachforschungen angestellt hattet, eine Firma in Panama besaß, wie auch ein anderer alter Bekannter, Keith Schembri, damals Kabinettschef und rechter Arm des Premierministers Joseph Muscat. Die Sichtung der Panama-Papers half euch auch, die Wege verdächtiger Gelder nachzuverfolgen, wie die der Familie des Präsidenten von Aserbaidschan, der maltesischen Pilatus Bank, die Gelder der Kanzlei Mossack Fonseca und die einer anderen, auf die Frau des Premiers eingetragenen Firma.

Bingo! Jetzt gab es Beweise, und du warst überzeugt, dass diese Enthüllungen den Repressalien, denen du so viele Jahre lang ausgesetzt warst, ein Ende bereiten würden. Sie würden aufhören, dich eine Hexe zu nennen, dich des Betrugs und der Fantasterei zu bezichtigen oder dir vorzuwerfen, du würdest Nachrichten mal kopieren, mal erfinden. »Das alles gehört der Vergangenheit an!«, dachtest du. Jetzt würde man deinen Mut anerkennen, deine Kenntnisse, und allen würde die Zuverlässigkeit deiner Ermittlungen klar werden. Wie konntest du das denken, Daphne? Du, die du immer gesagt hast, es sei in all den Jahren tröstlich für dich gewesen, zu lesen, was diffamierten und bedrohten Journalisten wie dir passierte?

Dein Schmerz zerreißt mir das Herz, denn ich spüre deine Verwirrung angesichts der Tatsache, dass sich nichts änderte, dass die betroffenen Politiker auf ihren Posten blieben, dass man weiterhin leugnete, die maltesische Politik beteilige sich am Offshore-Geschäft und begünstige Geldwäsche.

Ich weiß, wie dir zumute war, als es weiterhin hieß, du würdest nur Lügen verbreiten, um Menschen auf deinen Blog zu locken.

Ich spüre den bitteren Geschmack deiner großen Niederlage angesichts der Wiederwahl von Muscat. Ich kann dein Gefühl der Ohnmacht nachempfinden, die Gewissheit, dass jahrelang alles zwecklos gewesen war, die Bußgelder, die du bezahlen, die Klagen, denen du entgegentreten, die Beleidigungen, die du ertragen, die Angriffe, die du abwehren musstest, und die Lügen gegenüber deinen Kindern, die Zeit, die den Freunden, der Familie, dem Leben entzogen wurde.

Den letzten Tag, jenen 16. Oktober 2017, möchte ich mir so vorstellen, dass du an Matthew gedacht hast, als du aus dem Haus gegangen bist, weil ihr eben noch zusammen gearbeitet hattet. Du musstest zur Bank, weil man deine Konten wieder einmal eingefroren hatte. Denn so arbeiten sie, sie wollen dich zwingen, dich zu verschulden, sie wollen dich dazu bringen, Dummheiten zu machen, dann wird das Siegen leichter. Sie nehmen dir das Geld, die innere Ruhe, sie versuchen, deine ganze Familie in Schwierigkeiten zu bringen, sie wollen, dass dein Mann, dein Sohn und deine Mutter dir sagen, dass es so nicht weitergehen kann.

Als du bemerkst, dass du das Scheckheft deines Mannes vergessen hast, das einzige, das du benutzen kannst, gehst du zurück ins Haus und dann wieder auf die Straße, um dich in deinen dunkelgrauen Peugeot 108 zu setzen. Wer weiß, was dir alles im Kopf herumgeht, Daphne. Wenn man die ganze Welt gegen sich hat, verdächtigt man sich schnell, keine gute Mutter zu sein, den Familienfrieden zu gefährden, die geliebten Menschen in ständiger Unsicherheit und Entbehrung leben zu lassen. Du steigst ins Auto und drehst den Zündschlüssel.

#REL1=ON lautete der Text der SMS, die die unter dem Fahrersitz versteckten vierhundert Gramm Sprengstoff zündete. Die SMS wurde von einem Boot in Küstennähe an eine mit der Bombe in deinem Auto verbundene SIM-Karte geschickt, die dann die tödliche Explosion auslöste. *To rely on something* bedeutet auf Englisch »sich auf etwas verlassen«. Vielleicht bedeutete es für den Auftraggeber des Mordes: sich auf das TNT verlassen, darauf, dass niemand mehr den Blog *Running Commentary* betreiben, dass niemand mehr die Lokalpolitik bedrohen würde.

Matthew stürzte nach draußen, schrie, rief um Hilfe, näherte sich dem Auto, aber er sah dich nicht darin ... er schwört, dass du nicht im Auto warst, da war nur ein Feuerball.

Es gibt eine Gedenkstätte für dich am Fuß des Great Siege Monuments direkt vor dem Gerichtsgebäude in Valletta. Keine Statue mit einer offiziellen Tafel, sondern eine improvisierte Gedenkstätte, entstanden durch die Menschen, die Blumen, Kerzen und Gedanken an diesen Ort bringen. Er erinnert mich an die Sandburgen, die ich als Kind am Strand von Paestum baute. Die Flut zerstörte sie, und ich baute sie jedes Mal wieder auf. Auch deine Gedenkstätte wird jeden Tag zerstört, manchmal wird sie mit Ketchup beschmiert, manchmal werden die Zettel, auf denen Menschen ihre Wertschätzung und Dankbarkeit ausdrückten, verbrannt und an ihrer Stelle Hassbotschaften hinterlassen: »Daphne was possessed by the devil«, »Daphne needed an exorcist!« Keine Sorge, ich weiß genau, dass das kein verwirrter Einzelgänger war, nein, die Anweisungen kamen von oben, wie auch der Befehl, an dem Platz ständig Wartungsarbeiten durchzuführen, für die alle Blumen und Kerzen weggeräumt werden müssen. Doch genau wie ich, wenn ich morgens sah, dass die Flut meine Sandburg weggespült hatte, baut auch dort jeden Tag jemand energisch und hartnäckig alles wieder auf, stellt die Fotos und Blumenvasen wieder an ihren Platz, daneben ein Schild mit der Aufschrift »Invicta« – und nach ihm kommen die anderen, stellen mehr Blumen auf, fügen eine weitere Schrifttafel, weitere Gedanken hinzu.

Weißt du, Daphne, ich glaube nicht, dass es sich lohnt, für eine Idee zu sterben und, verdammt noch mal, auch nicht für die Wahrheit! Das eigene Leben zu schützen, ist ein heiliges Gebot. Doch während ich das sage, bin ich der Erste, der bei dir den Mut sucht, auf das Leben zu pfeifen. Ich bin der Erste, der nur von Menschen lernt, die wie du ihr Leben riskiert haben. Riskiert, nicht aufs Spiel gesetzt. Du hast nicht mit dem Leben gespielt, im Gegenteil. Du hast es nicht verwettet, indem du nachts über die Gegenfahrbahn gerast bist. Du hast deinem ganzen Leben Intensität verliehen. Nun, Daphne, ich glaube, die einzig mögliche Gedenkstätte ist die, die man jedes Mal in dem erbaut, der liest.

SCHREI, DASS MAN DEIN LAND NICHT KAUFEN KANN.

2020 erschien im Züricher Verlag Orell Füssli die deutsche Übersetzung der ersten Sammlung von Daphne Caruana Galizias Texten: *Sag die Wahrheit, auch wenn deine Stimme zittert. Die Aufzeichnungen der ermordeten maltesischen Journalistin*. Dieses Buch, an dem Daphne arbeitete, bevor die Bombe sie tötete, wurde in Zusammenarbeit mit ihren Söhnen Andrew, Matthew und Paul fertiggestellt. Seit dem Tag ihrer Ermordung arbeiten sie unaufhörlich daran, Gerechtigkeit für Daphne und ihre Ermittlungen zu erwirken. Wenige Wochen nach dem Erscheinen der Originalausgabe in Italien (*Di' la verità anche se la tua voce trema*, bei Giunti Editore/Bompiani, Florenz/Mailand 2019) führte eine plötzliche Wende in den Ermittlungen zur Verhaftung von Yorgen Fenech, dem vermutlichen Auftraggeber des Mordes, und nacheinander zu den Rücktritten von Konrad Mizzi, Keith Schembri und Joseph Muscat (der dann erst im Januar 2020 zurücktrat), außerdem zu weiteren Verhaftungen, zuletzt traf es Schembri, wegen Geldwäsche.

Siehe auch: Roberto Saviano, *Criminali ovunque io guardi –Daphne Caruana Galizia*, in: *Le mani sul mondo*, zum Download erhältlich bei Audible.

KANNST DU DIE FALLEN ERKENNEN, DIE AUS WORTEN BESTEHEN?

16.
WAS DU MIR NICHT SAGST

> Freiheit ist die Freiheit zu sagen, dass zwei plus zwei vier ist.
> Wenn das gewährt ist, folgt alles Weitere.
> GEORGE ORWELL

Zwischen dem, was einer denkt, und dem, was er sagt, gibt es immer eine Abweichung. Manchmal ist die Abweichung förderlich für die Wahrheit, manchmal nachteilig. Wenn der Sprecher dir nicht alles sagt, was er denkt, kann der Grund Zurückhaltung sein, er verschweigt etwas nur für dich. Oder er folgt einer Strategie, er benutzt die Worte wie einen Köder, eine Falle, in die du tappen sollst.

Doch oft sagt jemand dir nicht alles, was er denkt, weil er es nicht kann. Er weiß, dass seine Worte Sprengstoff sind, und will keine Feuerwerker in der Nähe haben. Also spricht er sie nicht aus. Er behilft sich mit Anspielungen, Andeutungen, versteckten Hinweisen. So bleiben die Feuerwerker zu Hause, und wenn du aufmerksam genug bist, verstehst du das Nichtgesagte trotzdem.

Despoten, Tyrannen, Autokraten, Diktatoren und Potentaten haben schon immer versucht, den von ihnen Regierten das Wort zu entziehen, um Platz für die Propaganda, die Liturgie der Macht, die Symbole, Ikonen, Rituale und unendlich oft wiederholten Gemeinplätze zu schaffen.

Worte, die echten Worte, die Träger von Bedeutung, werden völlig ausgehöhlt. Denn die Konfrontation ist ein gefährlicher Weg für die Macht. Die Macht zieht dem Wort die Inszenierung, die Parade, die Massenhypnose vor.

Ich habe mir ihre Reden mehrmals angehört. Je öfter ich sie höre, desto klarer erkenne ich darin eine Methode. Je öfter ich sie höre, desto besser erkenne ich das Nichtgesagte. Inzwischen lese ich sie wie ein Wasserzeichen, ich sehe die Abweichung zwischen dem, was sie sagen, und dem, was sie *mir nicht sagen können*. Ich lese die Tara, sie ist das Einzige, was mich interessiert.

In der Entstehungsphase, wenn sorgfältig ausgewählt wird, was nicht gesagt werden soll, sitzt die Wahrheit dieser Reden. Die nicht ausgesprochenen Worte sprechen, das Negativ der Rede enthüllt die Absichten der Machthaber.

Ich will diese Worte zurückgewinnen, ich will, dass du sie hörst, dass du ihre subversive Kraft spürst.

Er – wer das ist, wirst du sofort verstehen.

Sie – ist Dorina, eine Fantasiefigur, die mir hoffentlich nicht übel nimmt, dass ich sie schlecht behandeln lasse.

Dorina tut das, was du bei mir tust: dagegenhalten.

Er aber geht unbeirrt seinen Weg.

»Dorina, überprüfen wir noch einmal die Rede? Haben Sie alle Punkte berücksichtigt? Haben Sie den Teil eingebaut, wo ich sage, dass Europa uns demütigt? NEIN, so nicht, so geht das nicht! Man kann nicht sagen, *wir fordern die gleiche Achtung für unser Land* und blablabla, ich hatte Ihnen doch gesagt, Sie sollen kurz und knapp schreiben: *Europa demütigt uns*; nein, das ist nicht dasselbe ... nein, so wie Sie das formulieren, wird es Bürokratenjargon, vergessen Sie nicht, dass wir die sein müssen, die sich von den Brüsseler Bürokraten unterscheiden ... wir sind die der kleinen Heimatländer, der alten Traditionen, der guten alten Zeit, der echten, gesunden Werte ... Max Weber, haben Sie den gelesen? Tradition, Charisma, Effizienz ... doch zuallererst *Tradition*. Erinnern Sie sich an die kommunistische Partei der Tschechoslowakei zu Stalins Zeiten? Das Losungswort war *Tradition*: Tamburine, Volkstänze, traditionelle folkloristische Feste ... Was soll das heißen, so versteht man nicht mehr, ob wir links oder rechts sind? Ich spreche von Methode, es gibt nur eine Methode, der Feind ist für alle derselbe, er ist das globale Dorf, der Kapitalismus, der Freihandel – in einem

Wort Jean-Claude Juncker. Ach ja, finden Sie für Juncker ein Epitheton, das auf seine Karriere in der Bankwelt anspielt, so was wie *Wucherer* ... *Wucherer* ist zu hart? Dann nehmen Sie eben so was wie *der Kuppler* ... ja, genau, *der Kuppler des Internationalen Währungsfonds* ... Egal, nehmen Sie etwas, was auf sein früheres Amt anspielt. Das wirkt zu sehr wie eine Karikatur? Aber die Leute mögen es doch, wenn man auf ein Komplott der Reichen anspielt ... Dorina, mit Ihrer skrupulösen Art werden Sie nie Karriere machen ... Wir sind eine Partei des Angriffs, wir müssen eine Partei des Angriffs sein, verstanden? Sie wirken auf mich wie eine Anhängerin der Political Correctness ... doch damit fängt man keine Wähler mehr, das Internet hat für immer Schluss gemacht mit der Ära der Political Correctness, denn das Internet ist ein Marktplatz, der größte Marktplatz der Welt. Und was macht man auf einem Marktplatz? Man muss Aufmerksamkeit erregen – und Sie wollen Aufmerksamkeit mit Vernunft erregen? Den arbeitenden Menschen Zeit stehlen? Trump hat recht, es ist egal, ob etwas wahr oder falsch ist, Hauptsache, es funktioniert!

Sie haben einen Studienabschluss, stimmt's? Vielleicht sogar in Politikwissenschaft? Oder, schlimmer noch, in Philosophie? Vielleicht sogar im Ausland erworben? Ich wusste es ja, Studieren verstopft das Gehirn ... Ist mir auch passiert, wissen Sie, damals an der Uni ... das ganze Studieren, dieses ganze akademische Argumentieren, so weit weg von den Menschen, von der Straße, das hat mich gelähmt, geschwächt ... Aber dann war es vorbei, ich war fieberfrei! Ich habe gelernt, dass dieses ganze Zeug dich nur dazu bringt, in der Politik Fehler zu machen. Die Leute sind wütend ... die Leute wollen nicht nachdenken, sie wollen sich abreagieren – was ist schlecht daran? Sie wollen rülpsen, weil sie Luft im Bauch haben, sie wollen kotzen, weil ihnen ein Bissen im Hals stecken geblieben ist ... das ist befreiend! Darum bieten wir ihnen nur starke Slogans und Bilder, bloß kein Fairplay, Dorina, stark, hart, männlich ... so siegt man!

Das eigene Land zu öffnen, führt zum Verfall der Moral, das müssen wir sagen! Wenn man öffnet, weiß man nicht, was hereinkommt, das müssen wir erklären!

Doch zurück zur Rede. Streichen Sie Ihren Satz und schreiben Sie: *Schluss mit den Demütigungen durch Europa!* DEMÜTIGUNG, das ist das Schlüsselwort, das müssen Sie benutzen.

Und der Satz muss kurz sein ... Sie schreiben zu lange Sätze. Das ist keine Doktorarbeit, denken Sie dran, Dorina, Sie schreiben eine Wahlkampfrede, und die muss einfach sein. Also kurze, entschiedene Sätze, die keine Erklärungen brauchen, wenn man erklären muss, heißt das, man wird nicht verstanden.

Schluss mit den Demütigungen durch Europa! PUNKT! Und schon entflammen die Zuhörer. Pack die Menschen bei ihrem Stolz, sofort geht der Groll um ... Welcher Idiot hat eigentlich gesagt, der Stolz sei kein großes Gefühl? Verletz jemand in seinem Stolz, der springt in Stellung wie der Schwanz vor der Möse! Nein, das schreiben Sie nicht, ist zu vulgär, außerdem müssen wir sexuelle Bezüge vermeiden, die lenken das Publikum ab. Wir müssen streng sein, Bilder benutzen, die dazu führen, dass sich die Leute nur auf uns konzentrieren ... Schade eigentlich, der Vergleich mit dem Schwanz vor der Möse ... Entschuldigen Sie, Dorina, aber wissen Sie, der Schwanz vor der Möse steht ja nicht aus Geilheit stramm, wie alle glauben, sondern weil er stolz ist, der Längste und Dickste von allen zu sein. Aber verlieren wir nicht den Faden ... Also der Begriff, das Wort, das immer wieder benutzt werden muss, ist *Demütigung*, denn wir alle werden im Leben gedemütigt, und der Stolz ist das Heilmittel gegen Demütigung! Hat man Ihnen auf der Uni nicht beigebracht, wie Hitler die Wahlen gewann? Er hat an den Stolz der besiegten und GEDEMÜTIGTEN Deutschen appelliert! In Versailles haben die europäischen Mächte ihm diesen Sieg auf einem Silbertablett serviert ... Sie dachten, wenn sie Deutschland ordentlich prügeln, würden sie es in die Knie zwingen, und was haben sie erreicht? Diese Schwachköpfe! Nie zuvor gab es so hohe Kriegsschulden, sie hatten die Deutschen dermaßen gedemütigt, dass der Erste, der aufstand und sagte: »Schluss mit den Demütigungen«, zack, die Landsleute dazu brachte, ihm hinterherzulaufen, um mit den Fäusten auf die Tische der Bierkeller von München bis Berlin zu schlagen! Und dann marschierten alle gemeinsam ...

Ich sage es Ihnen noch einmal, wenn man in der Politik an den Stolz appelliert, erreicht man alles, was man will ... Und wissen Sie, warum? Weil die Leute es nicht abwarten können, ihr Leben zu ändern, denn alle faseln davon, wie wichtig es ist, hundert Jahre alt zu werden, aber in Wirklichkeit sind wir alle potenzielle Selbstmörder. Jaja, es gibt ein paar Privilegierte, die es sich gut gehen lassen und ihr Leben so lange wie möglich genießen wollen. Aber das Volk, die Leute, sag denen, sie sollen ihr Leben ändern, sag ihnen, sie sollen raus aus der Hölle der Alltäglichkeit, gib ihnen eine Waffe in die Hand, einen Feind, auf den sie schießen können, und sie scheißen auf ihr Leben als jugendliche Loser, als Arbeitslose, sie scheißen auf unbezahlte Rechnungen, auf Schwiegereltern, die sie Versager schimpfen, auf Kühlschränke, die gefüllt, auf Kinderpopos, die gewaschen werden müssen, auf Verantwortung, Bußgelder, ständige Kastrationen. Eine lange Reihe von ›Das tut man nicht‹ ... Das tut man nicht, das tut man nicht, das tut man nicht ... das geht nicht, das geht nicht, das geht nicht ...

Natürlich geben wir niemandem ein Gewehr in die Hand, Dorina! Was soll das, nicht mal Metaphern verstehen Sie? Ich will ja nur sagen, dass die Schlüsselbegriffe all unserer Reden immer und ausschließlich *Stolz* und *Demütigung* sein müssen! Europa demütigt uns, sie behandeln uns wie ein zweitklassiges Land, sie lassen uns nicht an den Tischen sitzen, die zählen, sie schließen uns aus, wir dürfen ihren Müll wegwerfen, werden aber nie zum Abendessen eingeladen ... nie sitzen wir auf den richtigen Plätzen, nie auf den reservierten Sesseln ... immer vergeben nur Frankreich und Deutschland die Karten, schreiben die Gästeliste, legen den Dresscode fest, postieren Rausschmeißer vor der Tür, die entscheiden, wer reindarf und wer draußen bleibt ...

Wie oft hören Sie im Fernsehen, dass Frankreich und Deutschland ein *tête à tête* haben, um über dies und das zu sprechen, um zu entscheiden, wem sie Geld geben, an welchen Kriegen sie teilnehmen? Früher, ja, da zählten auch die Engländer, aber jetzt haben sie sich selbst aus dem Spiel gekegelt ... Nein, die Italiener zählen einen Scheiß ... Was hat denn die Mode damit zu tun? Wen interessiert die Mode, wenn das halbe Land in der Hand krimineller Organisationen ist und die andere

Hälfte in der Hand von Politikern, die mit den kriminellen Organisationen unter einer Decke stecken? Wer soll denn da auf die Italiener vertrauen? Nein, die Italiener dürfen in Europa absolut nichts wert sein ... außerdem sind auch sie halbe Marokkaner.

Erinnern Sie sich, was die Goumiers Frankreichs Frauen während des Zweiten Weltkriegs angetan haben? Wieso fragen Sie, wer die Goumiers waren? Wird in den Grandes Écoles der Politologie denn keine Geschichte mehr unterrichtet? Die Goumiers waren Berber, von den Franzosen rekrutiert, um das große Werk zu vollbringen, von dem wir alle nur Gutes sagen dürfen, als wäre es ein Dogma: die Befreiung vom Nazifaschismus! Tja, Dorina, während diese beschissenen afrikanischen Berber Europa von den Faschisten befreiten, vergewaltigten sie alle Frauen, auf die sie stießen ... junge, alte Frauen, kleine Mädchen, keine ausgeschlossen. Aber ich sage: Gib den Beduinen ein Gewehr in die Hand, was, glaubst du, machen sie damit? Kriegsbeute. Für sie waren die Frauen nur Kriegsbeute. Weißt du, wie viele kleine Bastarde von dieser Kriegsbeute geboren wurden? Bastarde, die noch immer, Generation für Generation, ihr schuldiges Blut weitervererben ...

Doch zurück zu unsrer Rede. Haben Sie die Anspielung auf Soros eingebaut? Gut, braves Mädchen. Soros zieht immer. Ach, Sie haben mit einem Stipendium von Soros studiert? Was soll das heißen, auch ich habe mit einem Stipendium von Soros studiert, aber ich fühle mich nicht verpflichtet, ihm mein Leben lang den Arsch zu küssen! Soros müssen Sie mir in jeder Rede im Hintergrund einbauen, denn das ist auch so ein Mechanismus, der funktioniert ... Die Leute lieben die Illusion, große Komplotte aufzudecken! Nein, das stimmt wirklich, die Leute sind so blöd, dass sie alles schlucken, was du ihnen als Verschwörung darstellst. Wenn du den richtigen Ton triffst, zucken sie nicht mit der Wimper, und es klappt. Etwa so: ›Das hast du ihnen geglaubt?‹ ›In Wirklichkeit steckt aber Soros dahinter!‹ Sie hören doch, wie gut das klingt, oder? ›Wer steckt dahinter?‹ ›Soros!‹ Ich weiß auch nicht, warum das so gut klingt, vielleicht weil das einer dieser Namen ist ... wie sagt man ... dieser Namen, die man in beide Richtungen, von rechts nach links und von links nach rechts lesen kann ... Palindrom! Sehr gut,

Dorina! Aber aufgepasst, die Verschwörungen, die man Soros anhängt, dürfen Sie nur andeuten, nur drauf anspielen, wenige Worte, höchstens zehn ... sonst überziehen wir und enden so wie diese Blablabla-Kaste: Daten, Schätzungen, Statistiken, Analysen, Komplexität, und dann verlieren wir unterwegs unsere Wähler ... Überlassen wir Daten und Analysen ruhig den Intellektuellen, die geilen sich in ihren Reservaten an ihrem eigenen Gerede auf ... Nein, wir müssen angreifen, immer Angriff, niemals Verteidigung und kein anspruchsvolles oder geschraubtes Reden, sonst hört es sich so an, als müsstest du dich rechtfertigen. Wir sind schnell, präzise, aggressiv, einhämmernd, wir wiederholen uns.

Also, nach Europa, das uns demütigt, und nach Soros müssen Sie die Invasion bringen, ordentlich übertrieben dargestellt, etwa so: *Horden von Islamisten wollen die Eingangstür aufbrechen*. Und machen Sie Anspielungen auf den sexuellen Bereich, zum Beispiel *Sie wollen unsere Frauen, sie werden sich unsere Frauen nehmen* ... aufputschen, Dorina, aufputschen, wir müssen die primitiven Instinkte der Männer wecken ... glauben Sie mir, den Mann, der nicht durchdreht, wenn man ihm sagt, sie wollen sich seine Frau nehmen, den muss ich noch kennenlernen ... egal ob rechts, links, groß, klein, Atheist, gläubig, monogam, Weiberheld – das ist schlicht und einfach Mathematik ... Du sagst: ›Sie kommen, um deine Frauen zu ficken‹ und zack, schon erwacht sein Stolz. Tief fliegen, Dorina, denken Sie dran, je tiefer wir fliegen, desto mehr Menschen erreichen wir, hoch oben fliegt keiner. Hier gibt's keine Adler, Dorina, nur Hamster, die das Laufrad satthaben.

Am Ende bringen Sie dann noch diese andere Geschichte: Die Länder Westeuropas wollen ihre Migranten zu uns schicken, damit sie dann wieder sauber sind und wir an ihrer Scheiße ersticken ... Schreiben Sie auch, dass man in den großen europäischen Städten Weiße inzwischen mit der Laterne suchen muss, dann gärt prompt das Gefühl von Bedrohung, Umzingelung, erlittenem Unrecht. Das geraubte Vaterland, der Verlust von Lebensraum ... *Seit wann fahrt ihr nicht mehr mit der Metro in Paris?*, schreiben Sie genau das. *Im Pariser RER ist nur einer von zehn Menschen weiß!* Ach ja, dann fügen Sie noch hinzu: *Sie erzählen uns, sie hätten das Bike-Sharing eingeführt, um die Umwelt zu retten – Bullshit!*

Die Wahrheit ist, dass die Kaviar-Linke keine Lust mehr hat, zusammen mit den Bulabulas in der Metro zu fahren, jetzt tut es ihr leid, sie würde gerne umkehren, und wisst ihr, wie? Indem sie all ihre ach so wunderbaren Migranten zu uns schickt ...

Sie müssen auch schreiben, dass die EU unsere christlichen Wurzeln untergraben will. Das Thema Religion muss man immer ansprechen. Sie wissen doch, dass Religion für die Propaganda wie der Zuckerguss für die Torte ist? Natürlich, Ihre Professoren haben Ihnen das sicher gesagt ... ja, aber mit ihren großen Worten, wo man am Ende nichts kapiert, wie etwa: ›Religion ist ein starker Identitätsfaktor‹ ... Ich sage, haben Sie sich denn nie gefragt, warum man sich hier bei uns ein Bein ausreißen muss, um einen jungen Menschen in die Messe zu schicken, während die Kirchen in Belfast gerammelt voll sind mit jungen Leuten unter fünfundzwanzig? Genau, Dorina, weil zur Messe zu gehen, das Kruzifix der Erstkommunion um den Hals zu tragen, in Belfast nicht bedeutet, bigott zu sein wie eine alte Tante. Es bedeutet: Wenn es darum geht, die Waffen der IRA auszugraben, um die verfluchten Engländer mit Blei vollzupumpen, sind wir bereit! Der Krieg gehört immer den Jungen und der Frieden den Alten! Vergessen Sie das nicht, Dorina.

Also aufgepasst: Religion = Identität = Krieg, diese Gleichung müssen Sie immer im Kopf haben, wenn Sie schreiben. Darum darf die Invasion nicht wie irgendeine beliebige Invasion dargestellt werden, sondern als *islamische Invasion*, und bringen Sie auch ein paar historische Bezüge unter ... Ja, Bezüge auf die Geschichte sind nützlich, aber von wegen Lehrmeisterin des Lebens, die Geschichte ist wie eine Fernsehserie, die dir in jeder Folge vom Groll erzählt, den die Völker in sich tragen ... Erwähnen Sie die Türken, ja, sagen Sie, dass die Türken seit Jahrhunderten gegen die Grenzen des Balkans anrennen, weil sie hoffen, die Halbmondfahne über Budapest flattern zu lassen ... aber bringen Sie auch ein siegreiches Bild, nehmen Sie Lepanto! Zu viele Niederlagen vermitteln das Gefühl, besiegt zu sein, wir brauchen einen Sieg. Lepanto, ja, die große Seeschlacht des 16. Jahrhunderts! Haben Sie die vor Augen? Sehen Sie, wie die Schiffe des christlichen Bündnisses die türkische Flotte versenken? Das ist schon ein Videospiel, das ist schon das

Finale einer erfolgreichen Serie! Ich sehe schon meine Wähler, die mit ihren Controllern die muslimischen Schiffe besiegen wollen ... Wirkungsvolle Slogans über Lepanto finden Sie im Internet, so viel Sie wollen, werfen Sie mal einen Blick drauf, die können uns nützlich sein. Was sagen Sie? Das Netz ist voll von Seiten der Neonazis, die diese Phrasen benutzen? Das ist trotzdem in Ordnung, bloß weil sie Neonazis sind, muss ja nicht alles falsch sein, was sie sagen. Alles, was schlagkräftig ist, muss genutzt werden, Dorina ... Erinnern Sie sich an Machiavelli? Verdammt, das ist der einzige Italiener, den ich wirklich schätze. Nur der Sieg zählt, egal wie! Bringen Sie einen zugkräftigen Satz zum Schluss, etwa: *Wir werden die Invasion verhindern, und es wird ein zweites Lepanto sein!* Dorina, warum sagen Sie nichts? Sie sind ja ganz blass, fühlen Sie sich nicht gut? O Gott, nein ... Keine Sorge, ich halte Ihren Kopf, nur zu, kotzen Sie alles aus, halten Sie sich nicht zurück, genau, so ... kotzen Sie alles aus ... genau das will ich! Etwas, was ich gesagt habe, hat Ihnen missfallen, aber das ist sehr gut so, genau das brauchen wir, diese Geschichten sind das Glas mit Wasser und Salz, damit ihr kotzt und euch von dem Suff des Schwachsinns erholt, den sie euch bis jetzt erzählt haben ...

SCHREI, DASS DIE POLITIK DICH NICHT STREICHELN DARF,
DASS SIE DIR NICHT SAGEN DARF:
DU BIST GUT, DIE ANDEREN SIND BÖSE!

EIN GUTER NAME

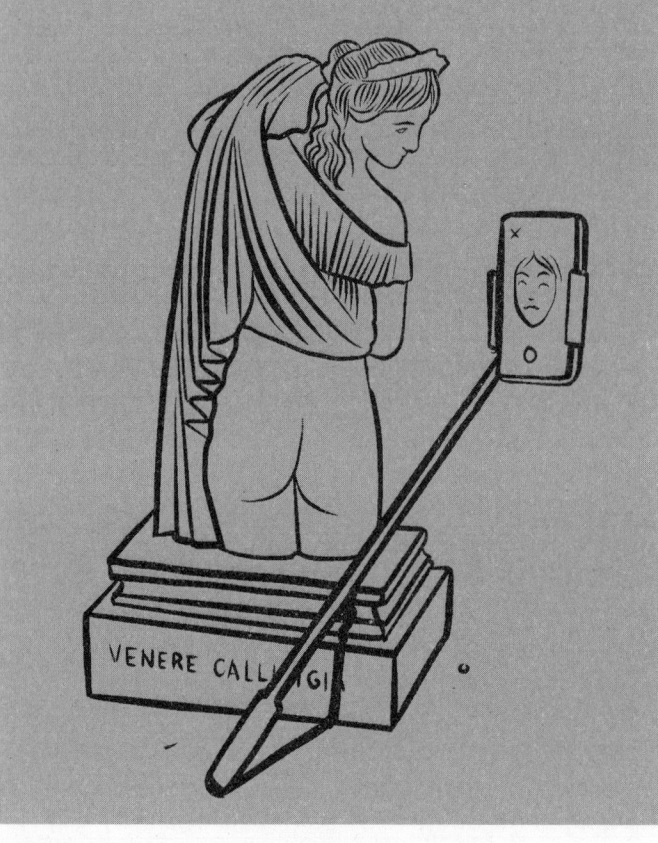

VENUS KALLIPYGOS

17.
VERDAMMTE SCHÖNHEIT

Schönheit ist keine Eigenschaft der Dinge selbst.
Sie existiert in dem Geist, der sie betrachtet,
und jeder Geist nimmt eine andere Schönheit wahr.
DAVID HUME

Es gab eine Zeit, da traf ich mich sehr oft mit der schönsten Frau der Welt. Immer wenn ich konnte, ließ ich alles stehen und liegen, nahm meine Vespa und fuhr zu ihr. Sie hat einen sanft gerundeten Bauch, füllige, weiche Schenkel, ein heiteres Gesicht, das dich hypnotisiert, dich fesselt, dich mit Licht überströmt wie ein Leuchtturm. Du findest sie im Archäologischen Museum von Neapel, sie ist die Venus Kallipygos.

Wenn ihr Körper, der nach den Maßstäben ihrer Zeit vollkommen war, heute dein Körper wäre, wenn sie dein Abbild, dein Foto wäre, würdest du zögern, es auf Instagram öffentlich zu machen, da bin ich sicher. Wenn ihr Körper dein Körper wäre, würde er dich in Verlegenheit bringen. Wenn ihre Wade deine wäre, würdest du sie im Vergleich zum ganzen Bein unproportioniert finden. Auch die Oberschenkel würden dir unerträglich rund erscheinen, wenn sie deine wären, du würdest dich über die zu kleinen Brüste beklagen und darüber, dass man unter der Haut keinen angespannten Muskel erkennen kann.

Ich war etwa sechzehn, siebzehn Jahre alt, als ich eines Morgens beim Aufwachen ein Häufchen Haare auf meinem Kopfkissen entdeckte, eine unnatürlich große Menge, die nichts mit dem normalen Kreislauf von Haarausfall und nachwachsendem Haar zu tun hatte.

An dem Tag ging ich nervös zur Schule, saß stumm zwischen Stuhl und Pult und dachte an diese Haare, die am Morgen gemeutert hatten. Ich hoffte, es sei nur Stress, Angst vor der Prüfung, vor den Noten, die nie gut genug waren für die Menschen, die zu Hause darauf warteten.

Doch im Lauf der Zeit wurde es nicht besser. Im Gegenteil, diese Häufchen wurden immer größer, sie schauten mich aus der Badewanne nach dem Haarewaschen an, aus dem Waschbecken nach der Rasur, aus dem Bett bei jedem Erwachen.

Auch die Haare, die immer meine Verbündeten gewesen waren, die mit mir zusammen gekämpft hatten, veränderten sich, sie wurden nicht mehr länger, unmöglich, sie noch bis über die Schultern wachsen zu lassen. Nach einer Weile hörten sie ganz auf, zu wachsen.

Lange Warteschlangen vor der Praxis eines Endokrinologen, dann vor der eines Dermatologen, schließlich im Flur eines Trichologen. Ein einziger Urteilsspruch: androgenetische Alopezie, anlagebedingter Haarausfall.

Deine Schuld, Mama!

Ja, denn deine Mutter bestimmt das Schicksal deiner Haare, sie schreibt es in die DNA ihrer Kinder.

Lotionen, Salben, Arzneien. Nichts konnte diese so glatten, langen, dunkelbraunen Haare aufhalten. Mein Bild, das einzige Bild, das ich von mir kannte, tauchte nicht mehr auf.

Das Schlimmste, was dir passieren kann, wenn dir die Haare ausfallen, ist, verlobt zu sein, und ich war damals mit der Venus Kallipygos verlobt. Es schmerzte mich, ihr räudig und verängstigt wieder unter die Augen zu treten; es war mir unangenehm, mit diesem frei liegenden, grenzenlosen Gesicht ohne Umzäunung, ohne Schutzwall durch die Gegend zu laufen. Schreckliches Gefühl, sich selbst im Spiegel nicht wiederzuerkennen.

Also suchte ich nach Vorwänden, um das Treffen so lange wie möglich hinauszuschieben.

Und je mehr ich das Urteil der Venus fürchtete, desto klarer wurde mir, dass ich mich schon selbst verurteilt hatte. In dem Moment beschloss ich, nicht mehr zu warten, bis die letzten verbliebenen Kameraden mich verlassen würden, sondern sie selbst zu befreien. Ich rasierte mir den Schädel kahl und erkannte mich wieder, denn irgendwie ähnelte ich mir immer noch.

Ich stieg auf die Vespa und kehrte ins Archäologische Museum zurück.

Und sie?, wirst du dich fragen ... Was tat sie? Was sagte sie?

Nichts, sie tat nichts. Sie sagte nichts, für sie war das Schönheit: sich nicht verstecken.

Ich weiß, dass die Zeit, in der wir leben, von der Schönheit beherrscht wird. Sie quantifiziert die anfängliche Empathie für das Gegenüber, sie ist das Maß, mit dem man sich bei der ersten Begegnung, der ersten Auswahl, gemessen fühlt. Ich weiß, dass es schwerfällt, zu glauben, das sei nur Oberfläche. Schönheit ist eine Obsession, doch vor allem eine Gefahr. Die Gefahr des Kanons, des Gewichts, der Form, des Maßes. Es besteht die Gefahr, dass Schönheit zur Grenze, zur Mauer wird. Entweder hier oder dort, drinnen oder draußen. Auf der einen Seite die mit dem Pass der Schönheit, auf der anderen die ohne Staatsbürgerschaft, die Hässlichen, die Normalen, die nicht sofort für Aufmerksamkeit sorgen, wenn sie ein Foto posten oder auf einer Party erscheinen.

In dem Moment, in dem du beschließt, dass Schönheit messbar ist, kompromittierst du die Schönheit. Die Maße einer Brust, die Körpergröße, die Enge oder Weite der Taille, der Schnitt der Augen, all das zu messen, ist hochgefährlich. Dann wird das, was nicht in den Schönheitskanon passt, zu dem fürchterlichen Satz: »Schönheit ist nicht alles!«

Geh nicht in die ekelhafte Falle des Entweder-oder des Schönen, damit du nach anderen Mitteln zur Eroberung suchen kannst. Schönheit ist kein Spiel der Maße. Und wenn ich Schönheit sage, meine ich die erotische Schönheit, bei der dein Schwanz hart wird, die dich feucht macht, dein Herz schlagen lässt, dir den Mund wässrig macht. Von dieser Schönheit spreche ich. Nun, diese Schönheit musst du immer erkennen können, aber nicht anhand von Maßen, denn Schönheit ist alles, sie ist Scharfsinn, Talent, Einzelheit, Öffnung, Sympathie. Und vor allem ist sie »die Summe der eigenen Fähigkeiten, nicht der eigenen Schwächen«, was bedeutet, dass sie die Summe all dessen ist, was du kannst, was du tun und sein kannst. Hässlichkeit ist dagegen das endlose Gejammer über alles, was du nicht kannst, was du nie lernen konntest und niemals werden kannst. Jeder Gedanke über das, was du nicht bist und nicht hast, hält deine Bewegung an, trocknet deine Kräfte aus und wird dann wirklich unabänderliche Hässlichkeit.

Das ist wie beim Leben. Du kannst nicht alle Leben leben, alle Erfahrungen machen, Zeit für alles haben. Immer musst du auswählen, und jede Auswahl ist ein Weg, den du nicht gehen wirst, eine Richtung, ein Pfad, den du nie erkunden wirst, der dir für immer verschlossen bleiben wird.

Das Gleiche gilt für die Schönheit. Wenn wir jemanden betrachten, können wir nicht alles würdigen, alles lieben, alles an diesem Menschen verstehen. Müh dich also nicht damit ab, dem Gegenüber eine Menge von dir anzubieten, die gar nicht verdaut werden kann, ein Alles-schön, Alles-bewunderungswürdig, Alles-sehenswert. Such Zweige in dir, die du wachsen lassen kannst; an die anderen, die das Schicksal schon gekappt hat, verschwende keinen Gedanken, kein Bedauern, kein Wort. Die Logik des Mitleids funktioniert bei der Schönheit nicht, das habe ich gelernt, als ich einem Körper zuhörte, der auch durch Behinderung schön wurde. Der Satz in Anführungszeichen, den du weiter oben gelesen hast, ist nicht von mir, sondern von Iacopo Melio, einer »Person mit Behinderungen«. Er will nur so bezeichnet werden, »Person mit Behinderungen«. Und auch das überzeugt mich. Nicht »anders befähigt«, wie man sagt und schreibt, denn er hat keine anderen Fähigkeiten, sondern eigene Fähigkeiten, so wie du deine und ich meine Fähigkeiten habe. Ich bin gut darin, das Papierknäuel in den Mülleimer zu werfen, ohne vom Schreibtisch aufzustehen, du kannst eine Flasche Bier mit dem Feuerzeug aufmachen. Und Melio? Was kann Melio? Nun, Melio bügelt genial! Melio ist großartig, wenn er uns mit seinem genialen Bügeln verarscht, und auch ich bin großartig, wenn ich mit dem Papierknäuel ins Ziel treffe. Denn in dieser Tat bin ich, diese Tat entspricht mir, sie gehört mir.

Du kannst natürlich eine jener Frauen oder einer jener Männer sein, die an der Oberfläche stehen bleiben, und wenn du an der Oberfläche stehen bleibst, wird nur das puppenhafte Gesicht, der durchtrainierte Körper, der perfekte kleine Hintern, die Haarlocke für dich schön sein. Wenn du nicht in der Tiefe des Eros graben kannst, wirst du nur das schön finden, was dir als schönes Aussehen vermittelt wurde.

Sicher, Schönheit ist in jeder Kultur, in jeder historischen Phase etwas anderes. Mir läuft bei der Cellulitis der Badenden von Courbet das Wasser im Mund zusammen, das überquellende Fleisch auf den Hüften der altsteinzeitlichen Venus von Willendorf erregt mich, aber die Samurai fanden nur schlanke Frauen schön, die mit den winzigen Füßen, den nur angedeuteten Rundungen des Körpers. Eben. Es gibt keinen Maßstab, schon deiner und meiner entsprechen sich nicht, so wie unserer sich nicht mit dem der Sumerer, der Griechen oder Römer deckt. Doch aufgepasst, damit sage ich nicht, dass mir ungepflegte Körper oder vernachlässigte Gärten gefallen, wo keiner mehr gießt und das trockene Gestrüpp ausreißt, das von selbst wuchert. Ich meine damit, dass es mir gefällt, wenn man sich um das kümmert, was da ist. Ich mag es, wenn jemand sich bemüht, auch die Pflanzen zu pflegen, die wild im eigenen Garten wachsen, bis hin zur Gemeinen Quecke und der Brennnessel. Mich langweilen die hergerichteten Körper, die völlig identischen Gärten, die auf sämtlichen Breitengraden den nach englischer Art gestutzten Rasen und die exotischen Palmen der Reihenhäuschen in Florida zur Schau tragen.

»Mag ja sein, aber wenn ich keinen Sixpack-Bauch habe, sieht mich keine an!«

Das verstehe ich, aber Schönheit entsteht nicht automatisch, wenn wir unseren Körper einem Vorbild, einem Ideal unterwerfen, sie muss verfolgt werden, indem wir uns fortwährend bemühen, wir selbst zu sein, unsere eigene Geschichte zu erzählen, ans Licht zu bringen, was nur uns gehört. Außerhalb der Sphäre des Rechts hasse ich den Satz »Wir sind alle gleich«. Mir gefallen die Menschen nur, weil sie verschieden sind, sie gefallen mir wegen der Geschichten, die ihre Körper erzählen. Wenn die Geschichte immer dieselbe, schon oft gehörte ist, weil dieser Körper nach irgendeinem Vorbild geformt wurde, erlöschen mein Interesse und meine Fantasie.

»Überlassen wir die schönen Frauen den fantasielosen Männern«, ist ein Satz von Proust, den ich mir als Junge gerne sagte. Es hat mir immer Freude bereitet, in einem Körper den Widerschein des gesichtslosen Innenhofes eines Hauses zu lesen, in dem ich nie war, eines abgelegenen kleinen Bolzplatzes, den ich nie betreten werde, einer Bucht, wo ich nie gebadet habe, einer Treppe, die ich nie hinaufgegangen bin. Wenn ein Körper so etwas erzählt, erwacht mein Jagdinstinkt, ich will mehr wissen, meine Neugier ist geweckt, erotisches Begehren setzt sich in Gang. Jeder Körper eine Geschichte, jede Geschichte ein Drehort, in den ich mich versetzen, ein Film, in den ich eintauchen will.

Ich weiß, ich weiß, du denkst: »So ein Quatsch, wenn ich nicht schön bin, sieht mich niemand an, und es ist unwichtig, ob ich ihm meine Geschichte erzählen oder gut Klavier spielen oder Lukrez zitieren kann, ich muss trotzdem geil aussehen. Eine Abkürzung wäre natürlich, sehr reich zu sein, viel Erfolg zu haben, denn Reichtum und Erfolg können mich auch schön machen ...« Du weißt selbst, dass du lügst. Du weißt selbst, dass ich recht habe, wenn ich dir sage: Denk an die Schönste auf deiner Schule, also an die, deren Maße dem Werbeplakat am nächsten kommen, und dann denk an die, die dich am meisten anzieht. Die beiden sind nie ein und dieselbe Person, und wenn ja, ist das nur Zufall.

Iss gesund, pfleg dich, zieh dich anständig an, spiel mit der Mode, wenn es dir Spaß macht, modelliere deinen Körper im Fitnessstudio, wenn es dich befriedigt, aber fang nie an, Maß zu nehmen. Kleidergrößen nützen nur der Industrie, die verkäufliche Produkte herstellen muss. Und um diese Sachen loszuwerden, muss sie außerdem einen Traum verkaufen, sie muss dir und mir sagen, dass wir damit den Menschen ähneln, die wir bei Modenschauen sehen. Verstehst du jetzt, warum die Mode für den Laufsteg nur Körper aussucht, die keine gewöhnlichen Maße haben? Wenn es so wäre, würde das Kleid seine Magie verlieren und mit der Magie das Versprechen, uns zu verwandeln. Die Mode muss ständig wechseln und immer wieder neue Vorbilder schaffen. Und das müssen Männer und Frauen sein, die man normalerweise nicht sieht, die dir nicht in den gleichen Klamotten, die du trägst, auf der Straße begegnen. Sie müssen sich fernhalten von der Anarchie und den Zwängen der Straße. Ich hasse die Mode, vielleicht hasse ich sie nicht, aber ich versuche, mich grundsätzlich immer anders zu kleiden.

Wie sehr man uns auch ständig einredet, ein großer Busen sei besser als ein kleiner, ein muskulöser Bauch besser als ein schlaffer, wir werden doch immer vom Unwägbaren und Unvollkommenen angezogen sein. Schwarze Ringe um die Augen, eine vorstehende Nase, ein mächtiger Bauch oder beginnende Geheimratsecken werden uns weiterhin unversehens faszinieren, und wir werden niemals wissen, warum.

Man ist weder von Geburt an schön noch wird man es. Schön ist die Anspannung, die Bewegung, die ein allgemeines Projekt der Schönheit verfolgt. Damit will ich nicht sagen, dass die Schönheit nicht existiert, »dass alles aus dem Herzen kommt«, »dass nur die inneren Werte zählen«. Solche Sätze verabscheue auch ich, sie verschärfen das Problem, sie lösen es nicht. Ich sage dir etwas anderes. Schönheit ist ein Talent, das Talent, zu pflegen, was man ist, zu zeigen, was man ist, zu verbessern, was man ist. Was würdest du einem jungen Menschen sagen, der sich in seinem Körper unwohl fühlt? Was würdest du einer Mutter sagen, deren Tochter unglücklich ist, weil sie nicht in das aktuelle Schönheitsideal passt? Ich weiß, was du sagen würdest. Es gibt nicht nur einen einzigen Weg zur Schönheit, würdest du sagen, denn es kann passieren, dass man einem Mädchen einredet, eine kleine, wohlproportionierte Nase sei schön, und dann sucht ein Regisseur für Probeaufnahmen ausgerechnet eine griechische Nase, eine wichtige Nase, die das Gesicht in zwei Hälften teilt wie eine Wunde. Und schon ist es dem Mädchen egal, ob ihre kleine Nase als schön gilt. Schönheit ist eine komplexe Angelegenheit, versuch nicht, sie jeder Situation anzupassen, sonst verliert sie ihren Ausdruck vollends.

Schönheit ist wie der Charakter. Sie darf nicht allen gefallen, sonst gefällt sie niemandem. Such du nach deiner ganz eigenen Klangfarbe und rechne damit, dass viele sich davon ganz und gar nicht angesprochen fühlen.

Schön ist der weiche Körper der Venus Kallipygos, nicht die erstarrten Körper in den sozialen Medien, die als Köder dienen müssen.

Das ist die in der Schönheit versteckte Gefahr – dass sie uns zur Beute macht. Giordano Bruno hatte das verstanden und erzählt es in einem Mythos, dem von Diana und Aktaion.

Eines Tages geht Aktaion auf die Jagd in einem Wald, er ist jung, stattlich, hat seine Waffen bei sich. Er hört Stimmen von Frauen, riecht den Geruch eines Teichs, hört das Geräusch des Wassers. Seine Neugierde ist geweckt, er ist erregt, denn er ahnt, dass die Frauen, deren Stimmen er hört, nackt sein könnten. Ungeduldig späht er durch die Büsche, schiebt sie mit den Händen beiseite, bis er die Frauen sieht – sie sind nackt! Eine von ihnen ist Diana, die Unerreichbare, berühmt dafür, dass sie keinen männlichen Blick auf sich duldet. Berühmt, weil sie mit keinem Mann an ihrer Seite leben will, berühmt, weil sie das tut, was die Männer tun: sich bewaffnen, schmutzig werden, auf die Jagd gehen. Diana lacht über die anderen Göttinnen, die Gefangene ihres Spiegelbildes im Wasser sind, die Stunden damit verbringen, sich die Haare zu kämmen, sich zu salben, die beim Gehen immer stolpern, weil sie enge Kleider und unbequeme Schuhe tragen, die dafür leben, ein Kompliment zu erhaschen. Diana will nicht Venus sein, auch wenn sie die Schönheit der Venus besitzt, denn Schönheit ist ein Erbe in ihrer Familie, Diana ist die Schwester von Apollo, dem schönen Mann per Definition. Aber Diana will nicht schön sein, denn sie will nicht beobachtet werden, weil jeder Blick eine Bitte ist und jede Bitte eine subtile Erpressung. Nie verlässt sie den Wald, sie benutzt den Wald als Tarnung, die ihre Schönheit abschirmen soll, ihre verdammte Schönheit, die sie nicht wollte, die sie ungewollt geerbt hat, die droht, aus ihr einen Köder zu machen, befremdliche Reaktionen auszulösen, wie bei Orion, der versuchte, ihr Gewalt anzutun. Diana will diese Schönheit auch darum nicht, weil sie sie zu ständiger besessener Körperpflege verdammen würde, die ihr Zeit für die Jagd, für die Nacht, für das Mondlicht entzöge, nach dem sie verrückt ist. Sie will diese Schönheit nicht, weil sie sie zu langen Kleidern zwingen würde, sie, die nur die kurze Tunika liebt, die ihre Beine unbedeckt lässt, damit sie aufspringen, hinter einem Hasen herlaufen können. Sie will nicht, dass die Schönheit sie zur Beute macht, sie will keine Beute sein, sie will jagen.

All das müsste Aktaion wissen, er dürfte mit seinem Blick nicht in ihr Haus eindringen, aber er tut es, er lässt sich nieder und verweilt. Als Diana ihn bemerkt, versucht er zu fliehen, aber zu spät, ihre Schönheit hat ihn schon umgarnt, er kann sich von dem Anblick nicht mehr trennen, er will entfliehen, aber seine Beine werden schwer, unbeweglich, seine Füße werden zu Stein, weil er in seinem tiefsten Inneren nicht fliehen will, sondern bleiben. Zur Strafe verwandelt Diana ihn in einen Hirsch, dann hetzt sie ihre Hunde auf ihn, die ihn zerfleischen. Das ist die Schuld des Aktaion: Er hat sich um der Schönheit willen zum Opfer gemacht.

»Äußerst selten, sage ich, sind die Aktaions, denen es das Schicksal bestimmt hat, die nackte Diana schauen zu können und über den schönen Körper der Natur derart in Verzückung zu geraten und von den beiden Lichtern des doppelten Glanzes göttlicher Güte und Schönheit derart getroffen zu werden, dass sie sich in einen Hirsch verwandeln und nun nicht mehr Jäger sind, sondern Beute.«

Giordano Bruno will dir sagen, dass die Schönheit dich, wenn du sie betrachtest, verwandeln oder hemmen kann, sie kann dir Gutes oder Böses antun, und das hängt von dir ab.

Schönheit ist Wahrheit, und die Wahrheit ist Bewegtheit. Wenn du sie einbalsamierst, wenn du sie in ein Maß, in eine Pose zwingst, wenn du ihr die Bewegung, also die Anstrengung, die Suche, nimmst, wirst du vom Jäger zur Jagdbeute gemacht. Egal, ob du ein Junge oder ein Mädchen bist, verstrick dich niemals in die Schönheit, gönn ihr die Zeit, die sie verdient, bleib nicht in der Schlinge gefangen, wie Aktaion, der sich nicht mehr bewegen kann – verändere dich, verwandle dich, altere!

Verkürze dein Bild nicht auf einen Schnappschuss, eine Pose, die deine Ausdrucksmöglichkeiten draußen lässt, denn sie sind die Würze deiner äußeren Gestalt. Schließ den Schmerz nicht aus deinem Bild aus, Schmerz macht den Körper nur hässlich, wenn er verborgen wird.

Wenn du ihn aber befreist, scheint er dir die Haare zu raufen, die Lippen zu verziehen, die Augen blutunterlaufen zu machen, in Wirklichkeit aber verleiht er dir Substanz. Such nicht nach dem perfekten Foto, der perfekten Form, bleib nicht in einer ewigen Pose gefangen. Schönheit ist Anspannung, sie muss uns zur Bewegung drängen, nicht in die Unbeweglichkeit. Bewegung verbessert uns, nicht der Krieg, den wir gegen unseren eigenen Körper führen, wenn wir ihn zwingen, eine Form anzunehmen, die nicht zu ihm gehört.

Wenn du ein Gemälde von Vermeer siehst, wenn du Mozart hörst, wenn du ein neues Motorrad kaufst oder ein Paar Schuhe anziehst, die dir gefallen, nützt diese Schönheit dir nur, wenn du fühlst, dass sie dich in Bewegung bringt, wenn sie Energie verströmt, Lust macht, ein Teil der Schönheit zu werden.

Ein neues Kleid oder schöne Schuhe zu tragen, ist wichtig, wenn es dir das Gefühl gibt, dass du an einem größeren Projekt der Harmonisierung teilnimmst. Schönheit besteht einzig und allein in dem Bemühen, ein Ganzes aus Schönheit herzustellen, sie liegt im Gesamtentwurf.

Wir müssen Jäger der Schönheit sein, nicht ihre Beute. Die Schönheit zu jagen, bedeutet, sich aus der fixen Idee der Maße, der Zentimeter, dem Haarschnitt zu befreien und sich auf die anderen zuzubewegen. Wenn wir auf unseren Körper fixiert bleiben, auf den Zwang, ihn schöner und attraktiver für die anderen zu machen, fängt uns die Schönheit ein. Doch wenn wir auf die Schönheit zugehen, verwandelt sie uns.

Die wahre Schönheit ist etwas anderes als der Kanon, die Zahl, das Maß. Ein Kanon ist immer asynchron, denn er neigt zur Exklusivität, umso mehr in unserer Zeit des maximalen Teilens. Ein Kanon verordnet unnatürliche Maße, er ist die Schablone für seltene, statische, im Käfig vermeintlicher Perfektion eingeschlossene Körper.

Die Fotos, die wir heute in den Netzwerken posten, verführen uns zu der Annahme, Schönheit sei Kanon. Wer sich konditionieren lässt, anfängt, die Zentimeter seines Körpers und seines Gesichts zu zählen, wer jeden einzelnen Körperteil viviseziert, wer beklagt, keine Schönheit im

Sinne der Werbeästhetik zu sein, beugt sich einem Kanon, der nicht der eigene ist, sondern dem Markt nützt. Er dient dazu, die weite Welt der Konsumenten zu standardisieren, damit alle mit einer Stimme ein und dasselbe Produkt verlangen. Denn in der Logik der automatisierten Produktion kostet die Herstellung eines Produkts umso weniger, je gleichförmiger die Nachfrage ist.

Dazu dient heute der Schönheitskanon, durch seine Vorgaben können die immer gleichen Gegenstände produziert werden, und er garantiert ihren Absatz. Doch wir alle erleben, dass nur das Unvorhersehbare uns anzieht, uns beeindruckt und uns schön erscheint. Und oft ist es das, was wir niemals einem Kanon zuordnen könnten.

Je länger ich über die Schönheit nachdenke, desto klarer wird mir, dass der Kanon, den der Westen beschlossen und durchgesetzt hat, einen geheimen Wunsch nach Unglücklichsein erfüllt. Die Vorstellung von der Messbarkeit der Schönheit hat mich immer schon deprimiert, denn in einer Gesellschaft, die Schönheit berechnet, gerät man schnell in Konflikt mit dem eigenen Körper.

Schönheit ist keine abscheuliche Erpressung der Werbung, der Zwang, einer Regel zu entsprechen. Schönheit darf nicht erstarren, sie muss unsere Haare verwirbeln, uns ins Schwitzen bringen und uns vor allem Mut machen, zu schreien.

SCHREI, DASS KEIN AUSLÖSER
DIE BEWEGUNG ANHALTEN DARF.

Giordano Bruno, *Von den heroischen Leidenschaften*, hg. und üb. von Christiane Bachmeister, Hamburg 1989.

TERRY BOLLEA

18.
HULK, DER NICHT HULK IST

Besser ein guter Name als gutes Salböl.
KOHELET, 7.1

2003 gründete Nick Denton, ein ehemaliger Journalist der *Financial Times*, den Klatsch-Blog Gawker.com. Denton hatte begriffen – das muss man ihm lassen –, dass es sehr viel einträglicher war, das Privatleben berühmter Leute im Netz zu verbraten, als an einem Schreibtisch als Journalist zu arbeiten. Das ist aber nur meine Schlussfolgerung, denn er behauptete im Gegenteil, er sei von einer pflichtethisch begründeten Mission beseelt, er wolle die Heuchelei des Establishments demaskieren, indem er die Diskrepanz zwischen privatem Verhalten und öffentlichem Bild aufzeige.

Doch das Establishment war nicht die einzige Zielscheibe von *Gawker*, das seinen Kreuzzug auch gegen die Welt des Showbusiness führte, indem es gewagte Fotos und Videos der Stars online postete. *Gawker*, so hat es den Anschein, wollte damit den Betrug dokumentieren, mit dem sie ihr in Wirklichkeit »unglaublich banales« Sexleben »als Sex der VIPs« feiern ließen. Der Ton der Kommentare war immer selbstzufrieden und spöttisch, etwas wie das »Ha-Ha« von Nelson in den *Simpsons*, damit wir uns recht verstehen.

Natürlich war das weder Journalismus noch etwas, was ihm im Entferntesten ähnelte. Es war weder Gedanke noch Wort, es war nichts als ein medialer Pranger. An diesem Junk-Journalismus beunruhigt mich, dass für ihn, wie für die Wirtschaft, das Gresham-Gesetz gilt: Wenn du eine immer größere Menge minderwertiger Münzen in den Markt einschleust, werden diese schließlich die wertvolleren Münzen verdrängen. Die Extreme berühren sich, vermischen sich und sind nicht mehr zu unterscheiden, und so kommt es, dass das Leben in einem strengen Polizeistaat oder in der Welt des Laissez-faire am Ende ein und dasselbe ist. Ich versuche, das an einem Beispiel zu erklären.

Als die Faschisten die Regimegegner verprügelten, war allen klar, dass es sich um Zensur handelte: Man zwang einen Antifaschisten zum Schweigen. Doch wer könnte heute den Zusammenhang zwischen der Veröffentlichung eines heimlich aufgenommenen Fotos von dir auf der Toilette und deinen regierungskritischen Worten erkennen? Wir alle würden – ich wäre der Erste! – darüber lachen, was für ein Gesicht du machst oder wie komisch deine am Boden zerknüllte Hose aussieht. Keiner würde verstehen, dass du mit deiner verletzten Privatsphäre das Äquivalent zum Dissidenten bist, den die Faschisten blutig schlagen. Deine heruntergelassene Hose ist das Äquivalent seiner violetten, geschwollenen Wangenknochen. Und dass kein Blut fließt, ist nur ein Detail.

Der Unterschied – den die neuen Schlägertrupps weidlich ausnutzen wollen – besteht darin, dass ein blutig geschlagener Körper seine Würde bewahrt, während ein in intimen Momenten beobachteter, fotografierter Körper keine mehr besitzt.

Früher führte man einen politischen Feldzug, indem man Zeitungen kaufte, die das Verhalten des Gegners untersuchten, und je echter und besser dokumentiert diese Ermittlungen waren, desto mehr Ansehen gewannen die Zeitung und die politische Seite, deren Stimme sie war. Wenn die Attacken der Zeitungen aber alles auf eine ideologische Schlacht reduzierten, verloren sie an Zustimmung. Heute ist es genau umgekehrt. Das alles interessiert keinen mehr, man kauft Webseiten für Hintergrundstorys und beauftragt sie, das Privatleben aus den Gegnern herauszupressen. Das machen alle, es ist eine fortwährende Schlägerei um jeden Preis.

Du willst die grausamste Herrschaft der Zensur einführen? Dann erheb Zoll auf die Beleidigung, mach sie legal, straffrei, normal, allgemein. Die Freiheit, zu beleidigen, und die Zensur haben eine einzige

Methode: zuschlagen. Dass die Methoden von *Gawker* kein Journalismus sind, sondern etwas für Schlägertrupps, haben die richtigen Journalisten schon gesagt, aber es wurde ignoriert und als Verteidigung der eigenen Zunft abgetan.

Das Problem der Information in den USA ist, dass alles auf dem vom ersten Zusatzartikel zur Verfassung, der garantierten Rede- und Pressefreiheit, geschützten Prinzip beruht, nach dem ich eine Geschichte erzählen darf, wenn sie wahr ist. Ob oder wie wichtig sie ist oder wie viele und welche Schäden sie anrichten kann, zählt nicht, Hauptsache, sie ist wirklich passiert. Amy Gajda hat das »die Seifenblase des Ersten Zusatzartikels« genannt, womit sie meinte, dass in dieser aus Luft und Seife bestehenden Kugel alles erlaubt ist.

Nur wenn das, was ich sage, falsch ist und wenn jemand beweisen kann, dass es falsch ist, muss ich ein gesalzenes Bußgeld bezahlen, weil ich gelogen habe.

Aufgrund dieses Prinzips wurde *Gawker* nie zur Rechenschaft gezogen, während der Blog, von nichts und niemandem gehindert, einen Erfolg an den anderen reihte mit seinen Posts sensationslüsterner Enthüllungen über die sexuelle Orientierung dieses oder jenes Stars und privaten Filmchen, die den Crack-Konsum des Sohnes dieses oder jenes Politikers bezeugten, außerdem mit Bußgeldern, unbezahlten Rechnungen und dem üblichen Repertoire verwackelter Fotos von halb geschlossenen Augen, aufgerissenen Mündern und mehr oder weniger unbedeckten Schamteilen.

Der Aufstieg der Junk-Website schien unaufhaltsam, und die Tatsache, dass es sich um »Information« in Echtzeit handelte, trug dazu bei. Die Kollegen der Printpresse konnten nicht mithalten und schienen schon dem Untergang geweiht. Ihre kämpferischen, gründlichen Leitartikel wurden als extrem langweilig empfunden, verglichen mit dem lustigen »Ha-Ha!« von *Gawker*, das superviral abging.

Ja, das machte Angst. Man muss immer Angst haben, wenn eine gewisse Nachfrage wächst, denn infolgedessen wächst auch ein gewisses Angebot exponentiell.

Um *Gawker* mit dem zu beliefern, wovon er sich ernährte, spezialisierten sich die Paparazzi auf Extremsportarten. Sie kletterten über die Simse von Privatwohnungen, auf die Balkone von Hotelzimmern, sie klammerten sich an Fensterbretter – all das, um einen Busen oder eine heimliche Begegnung in einem Motel fotografieren zu können.

Eines Tages aber geschah etwas, das den von *Gawker* eröffneten Wilden Westen mit der Gewalt einer Sintflut wegschwemmen sollte.

Es gab eine günstige Konstellation der Gestirne. Ich glaube nicht an Sternenkonstellationen, aber dieses ungewöhnliche Ereignis trat ein, und ich weiß nicht, wie ich es mir erklären soll: Zwei Männer, so unterschiedlich, als gehörten sie nicht derselben Spezies an, kamen in Kontakt, vereinigten ihre Kräfte und erklärten *Gawker* den Krieg.

Der eine der beiden ist Peter Thiel, ein genialer Milliardär, Mitbegründer von PayPal und Aktionär bei Facebook, ein sehr diskreter Mann, der seine Homosexualität zur Zeit der damaligen Ereignisse noch nicht öffentlich gemacht hatte.

Der andere ist Hulk Hogan, Wrestler, ein greller Typ, schwatzhaft, bestialisch, über zwei Meter groß, Schnurrbart und Kopftuch, stolz auf seine Dummheit.

Nebenbei bemerkt, Hulk ist, wie du dir vorstellen kannst, ein Künstlername. Sein richtiger Name ist prosaischer: Terry Eugene Bollea. Ein Detail, das man sich merken muss, denn es wird eine entscheidende Rolle bei seiner Verteidigung im Prozess gegen *Gawker* spielen.

Was diese beiden Männer aus entfernten Galaxien zusammenbrachte, war der gemeinsame Ärger über den Blog. Jahre zuvor hatte *Gawker* in einem Artikel, der vorgab, Thiel zu verteidigen, nebenbei bemerkt, dass dieser homosexuell war. Thiel hatte den Schlag einstecken müssen, aber nie verwunden. Merk dir diesen Mechanismus: Häufig verteidigt man nur, um anzugreifen. Das ist eine Methode: Man präsentiert Argumente, die dich oder deine Ideen angeblich verteidigen, in Wirklichkeit aber gegen dich erhobene Anschuldigungen in Erinnerung bringen sollen. Eine negative Nachricht stirbt, wenn keiner darüber spricht. Dann ist das beste Mittel, um diese Nachricht vor dem Vergessen zu bewahren, dich mit größter Vehemenz zu verteidigen, in Tausenden von Posts, Hunderten von Artikeln, Dutzenden öffentlicher Erklärungen. Das hatte man mit Thiel gemacht – in einem Post, der so tat, als ginge es um etwas anderes, wurde behauptet, er sei homosexuell.

Ein paar Jahre nach der Enthüllung von Thiels Homosexualität traf es Hulk Hogan.

Hogan war mit der Frau seines besten Freundes, eines berühmten Radiomoderators namens Bubba the Love Sponge, ins Bett gegangen. Bubba und seine Frau Heather Clem erklärten, sie führten eine offene Ehe und Bubba habe seinen Freund Hulk selbst ermuntert, etwas mit seiner Frau anzufangen. Doch eines dieser Treffen war anders. Bubba hatte nämlich überall im Haus Kameras installieren lassen, auch im Schlafzimmer, und hatte die Begegnung zwischen seiner Frau und seinem Freund aufgenommen.

2012 wurde ein Stück dieses Sexvideos von Hulk zusammen mit einem langen Artikel auf die Website von *Gawker* geladen. Wer dem Blog von Nick Denton dieses Material schickte, ist unbekannt. Der Artikel begann so: »Das Internet erlaubt uns allen, schamlose Voyeure und Perverse zu sein, darum schauen wir uns gerne Promis beim Sex an.« Die Seite wurde sofort von Abertausend Menschen angeklickt.

Mithilfe seines Anwalts versuchte Hogan alles, um *Gawker* zur sofortigen Entfernung des Videos zu zwingen, aber er scheiterte.

Gawker genoss mittlerweile völlige Straffreiheit, der Blog konnte mit dem Privatleben anderer Menschen machen, was er wollte.

Hulk wandte sich an die Kanzlei von Charles Harder, dem besten Anwalt von Beverly Hills, spezialisiert auf die Verteidigung von Filmstars und Prominenten. Dieser leitete zwei Verfahren ein, das erste gegen das Ehepaar Clem, das zweite gegen *Gawker*, um ihn auf hundert Millionen Dollar Entschädigung zu verklagen. Während Bubba und Hogan eine Einigung erzielten, die Hogan außer einer finanziellen Entschädigung die Überlassung der Rechte an dem Video sicherte, stellte sich ein Bundesrichter, James Whittemore, vom Bezirksgericht in Tampa, Florida, auf die Seite von *Gawker* und bestätigte unter Bezugnahme auf den ersten Verfassungszusatz das Recht der Webseite auf die Veröffentlichung des Videos.

In diesem Moment beschloss Peter Thiel, dass die Zeit für seine Rache gekommen war. Thiel wusste, dass Hulk den Prozess verloren hatte, weil er nicht genug Geld besaß, um eine effiziente Verteidigung zu bezahlen.

Wie bitte? Hulk, ein berühmter Wrestler … ein Millionär! Eben. Thiel wusste, dass man sich als Millionär in den USA keine gute Verteidigung leisten kann, denn um Geld zu verteidigen, braucht man sehr viel Geld, und nur wer, wie Thiel, wirklich viel Geld hat, kann das verstehen.

Einem Millionär in den USA entspricht in Europa ein Angehöriger der Mittelklasse, das heißt ein Mensch, der kapitulieren muss, wenn er sich dem Typ Anwalt gegenübersieht, den sich ein höchst erfolgreicher journalistischer Blog wie *Gawker* leisten kann. Es musste jemand sein, der Harders Dienste bezahlen und weitere Mitarbeiter monatelang, wenn nicht für Jahre engagieren konnte.

Thiel rief Hulk an und stellte ihm sein Geld zur Verfügung, damit er einen neuen Prozess anstrengen konnte.

Die – nicht rückzahlungspflichtige – Summe, die Thiel einsetzte, um Hulk zu rächen, wurde nie bekannt, darum glaubt man, dass sie astronomisch war. Indiskrete Informanten sprechen von zehn Millionen Dollar für die gesamten Prozesskosten. Wie du dir denken kannst, ist keine Summe zu hoch, wenn ein Mensch sich von Prinzipien statt von Interessen leiten lässt.

Zunächst lachte *Gawker* höhnisch, als Hulk abermals angriff. Denton wusste nicht, dass Hulk diesmal einen schlauen und entschlossenen Milliardär im Rücken hatte. Er war überzeugt, der Verfassungszusatz würde ihn auch ein zweites Mal schützen.

Doch Hulk war der Erste, der nicht an seine Unschuld glaubte. Er machte sich Vorwürfe, weil er es noch einmal versucht hatte, wenn auch gratis, mit dem Geld von Thiel. Immer wieder sagte er sich, er hätte einen Prozess nicht wieder aufnehmen lassen sollen, dessen Ausgang ihm auch jetzt wieder unabwendbar erschien. *Gawkers* Anmaßung empörte ihn, und sein Wunsch nach Rache war stark, aber im Grunde glaubte er, Gerechtigkeit nicht zu verdienen.

Er wusste nur zu genau, dass die Frau auf dem Video nicht die einzige gewesen war, er wusste, dass er seine Frau mehrmals betrogen hatte, und darum fühlte er sich schuldig. Doch diese intimen Bilder zu sehen, diesen knapp zweiminütigen Ausschnitt, während sämtliche Einzelheiten des ganzen Videos vom Artikelschreiber peinlich genau beschrieben wurden – in einem Wort sein Intimleben ins Netz gestellt, für alle sichtbar ... das war schwer zu verdauen. Diese Bastarde von *Gawker* mussten dafür bezahlen, das hatten sie verdient, und wie. Daran zweifelte Hulk nicht, aber er war auch sicher, dass er weder den Richter noch die Geschworenen von seinem Recht auf seine Privatsphäre würde überzeugen können. In Wahrheit, dachte Hulk, hatte er sich selbst ruiniert, als er sein Leben öffentlich ausgestellt hatte.

Es gibt nichts Schlimmeres, als einen Prozess zu führen, wenn man innerlich überzeugt ist, das Urteil »Schuldig« zu verdienen, sich also selbst zum Gericht über das eigene Gewissen zu machen. Denn die Geschworenen riechen das und tun alles, um deinem Wunsch zu entsprechen.

Während des Prozesses waren die Anwälte von *Gawker* nicht zimperlich. Sie wühlten in Hogans Vergangenheit, zeigten, dass er mehrmals öffentlich behauptet hatte, superpotent zu sein, mit fantastischen außerehelichen Geschichten geprahlt und im Fernsehen eine schlüpfrige, politisch inkorrekte Sprache gebraucht hatte. Welche Art Privatsphäre forderte ein Mann, der sogar die Hauptrolle in einer Realityshow über sein Privatleben gespielt hatte? Sie behaupteten, *Gawker* habe das Video nicht mit bösen Absichten gepostet, sondern nur, weil dieses private Video den Interessen des Publikums von Hulk Hogan entgegenkam und zu einem Teil seines Privatlebens gehörte, um dessen Schutz er sich selbst nie gekümmert hatte. Dieses *mit* oder *ohne* böse Absichten ist in den USA entscheidend, denn wenn ein Inhalt nicht mit bösen Absichten gepostet wurde, sondern nur, um das Publikum zu »informieren«, erlässt kein einziges Gericht ein Urteil wegen Verletzung der Privatsphäre.

Dann bewies Harder, dass er die ungeheure Summe, die Thiel ihm für Hulks Verteidigung überwiesen hatte, voll und ganz verdiente.

Harder ahnte, dass man mit Hulks Ruf arbeiten musste. Wie es im Buch *Kohelet* heißt: »Besser ein guter Name als gutes Salböl«, das heißt, ein guter Markenname ist auf dem Markt mehr wert als das Produkt, das man verkauft. Ebenso zählt auch der Ruf, die Reputation – davon war Harder überzeugt – mehr als das, was man wirklich ist.

Unter diesem Gesichtspunkt fühlte Hulk sich allerdings zu Recht schuldig vor dem Gericht, denn sein »Name« war wegen seiner öffentlichen Äußerungen und seines Berufs – ein Wrestler weckte immer Vorurteile – tatsächlich stark beschädigt.

Der schwierigste Teil für Harder war darum, Hulks Unsicherheit zu besiegen, wenn er seine Beweggründe verteidigen musste.

Darum arbeiteten Harder und sein Team in diesem neuen Prozess gegen *Gawker*, diesmal vor einem Bundesgericht, ausschließlich mit Hulks Ruf und ließen alles andere beiseite, einschließlich der heiklen Frage, was unter Pressefreiheit, Ethik des Journalismus und Verteidigung des ersten Zusatzartikels zur amerikanischen Verfassung zu verstehen war.

Durch seine Teilnahme an einer sehr beliebten Realityshow hatte Hulk sich dem puritanischen Publikum Amerikas einige Jahre zuvor tatsächlich als ein obszöner, lasterhafter Mensch offenbart, doch die Vorurteile der Geschworenen würden sich beseitigen lassen.

Dafür musste Hulk jedoch aus dem Weg geschafft, er musste getötet werden. Ein sauberer Schlag, und der ungebildete Wüstling, der mit seinen Erfolgen als Serienliebhaber prahlte, so wie Amerika ihn kannte, wäre erledigt.

Dieser Hulk war der Richtige, wenn es hieß, in den Ring zu steigen und sich Gegnern zu stellen, die, wie er, grobe Sprüche und explizite Anspielungen auf Sex liebten, doch er hätte niemals vor einem Geschworenengericht aus Bürgern bestanden, denen die reißerischen Töne der Medien ohnehin schon suspekt waren.

Harder zweifelte nicht, ja, Hulk musste getötet und ein anderer Mann in den Gerichtssaal gebracht werden. Also begann Harder damit, Hulk während der Sitzungen im Saal immer nur mit seinem echten Namen, Terry Bollea, anzusprechen.

Seine Verteidigungsstrategie bestand darin, ohne Vorbehalt zuzugeben, dass Hulk ein vulgärer Aufschneider war, der keine Zurückhaltung kannte, doch diese Mängel betrafen Terry Bollea nicht. Sie gehörten dem anderen, Hulk, der fiktiven Figur, die Bollea erfinden musste, um sich in der Welt des Wrestlings durchzusetzen. Hulk aber war nicht Bollea, der gute Amerikaner, der ein ruhiges Leben mit vernünftigen Prinzipien führte, das man nie öffentlich gemacht hatte, weil es nicht zu den harten Gesetzen des Wrestling-Marketings passte, denen Stereotype und Rituale heilig waren. Mit anderen Worten, Terry Bollea war das Opfer einer Welt, die ihn so haben wollte, blutrünstig, großspurig und ehebrecherisch.

Terry Bollea hatte eine schwere Kindheit gehabt, nie geliebt, nie bewundert für seinen Riesenkörper, der mit Mühe hinter die Schulbank eines Klassenzimmers passte. Und auch, als er für seinen extremen Körper in der Welt des Wrestlings endlich einen Platz im Berufsleben gefunden hatte, hatte er kämpfen, Blut spucken, Niederlagen verdauen, Demütigungen hinnehmen müssen, um nach oben zu kommen. Als er endlich oben war, musste er sich damit abfinden, nur noch Kraft und Muskeln, Arroganz und Aufgeblasenheit vorzuführen, denn das waren die Regeln dieser Welt. Alles nur Schauspielerei!

Die Geschworenen, die angesichts seiner Verfehlungen zunächst nicht hatten verstehen können, warum dieser tätowierte Riese so viel Wert auf den Schutz seines Privatlebens legte, begannen allmählich, auf seinen guten Glauben zu vertrauen. Hulk folgte der von Harder vorgegebenen Linie und konnte vielleicht darum selbstsicher auf die voreingenommenen, drängenden Fragen der Anklage antworten. Und als im Saal die Aufnahme eines Radiointerviews abgespielt wurde, in dem Hulk mit unglaublichen Maßen prahlte, antwortete Terry Bollea unschuldig und kindlich verlegen, dass die betreffenden Maße nicht seine wären, sondern die von Hulk Hogan.

Harder konnte im Gerichtssaal nicht nur einen ganz anderen Hulk vorführen, mit der Geschichte von Terry Bollea verstärkte er auch den Mythos jedes amerikanischen Bürgers: den amerikanischen Traum, die Chance, die Notwendigkeit, das Recht eines jeden auf Befreiung.

Sogar Bolleas Reichtum war kein Affront mehr, sondern ein Beweis, dass diese Befreiung in Amerika immer noch für jedermann erreichbar war.

Harder hatte gewonnen. Terry Bollea bei diesem Prozess triumphieren zu lassen, bedeutete, das Recht jedes Amerikaners auf persönliches Glück triumphieren zu lassen. Und der Betreiber von *Gawker*, der diesen Traum durchkreuzen wollte, verdiente jetzt nichts anderes mehr, als zu verlieren.

Zuletzt schloss der von Harder für das Schlussplädoyer ausgesuchte Anwalt seine Rede mit einem weiteren Ass, als er nämlich an die Würde und den Stolz jedes guten Amerikaners appellierte: »In diesem Land sind wir nicht alle Voyeure geworden.«

Das bedeutete, dass die Amerikaner auf den Dreck von *Gawker* verzichten konnten und mussten. Weißt du, wozu die Gesellschaft von Nick Denton verurteilt wurde? Zu insgesamt 140 Millionen Dollar Entschädigungszahlungen. Gawker Media musste Insolvenz erklären, und 2016 machte der Blog *Gawker* endgültig dicht.

Die Geschichte, die ich dir erzählt habe, wird dich zum Lachen gebracht haben, stammt sie doch aus der unterhaltsamen, bunten Welt eines der berühmtesten Wrestler der Welt. Doch in Wirklichkeit hat sie mit den weit dramatischeren Geschichten zu tun, die ich in diesem Buch erzähle. Sie stellt ein epochales Ereignis in der Geschichte des Journalismus und seiner Ethik dar und hat große Bedeutung für die Informationsfreiheit in den USA. Auf paradigmatische Weise zeigt sie, dass es nicht reicht, die »Wahrheit« zu sagen, um der Informationspflicht Genüge zu tun. Sich hinter dem Prinzip der vom ersten Verfassungszusatz garantierten Pressefreiheit zu verstecken, ist ein Trick, den von nun an jeder Geschworene erkennen und entlarven kann.

Wer eine Information weitergibt, wird sich nun immer fragen müssen, ob es nützlich ist, das zu tun, ob diese Information jemandem dient, ob sie die Zustände verbessern kann oder ob ihre Veröffentlichung nur dazu beiträgt, sie zu verschlechtern.

Zu informieren, ist natürlich eine Pflicht, aber vor allem ist es eine Verantwortung. Wer als Journalist glaubt, das Gewicht dieser Verantwortung ignorieren zu können, ist ein käuflicher, gleichgültiger Mensch und wird als solcher beurteilt.

Verbring niemals Zeit auf Seiten wie *Gawker*, gib der krankhaften Neugier nicht nach, lass dich nicht zum »Wir sind alle gleich« überreden, denn das sind wir mitnichten. Eine Zeitung ist nur dann eine Zeitung, wenn sie sich Autorität verdienen kann, indem sie beweist, dass sie bereit ist, durch den Verzicht auf destruktive Nachrichten Geld und Leser zu verlieren. Außerhalb der Ethik gibt es keine Information, nur Diffamierung, Klatsch und Tratsch.

Hulk Hogans Prozess ist für mich einer der bedeutendsten Prozesse der Geschichte, er sollte in die Schulbücher eingehen und zum Lehrinhalt an Universitäten werden. Denn er demaskiert ein für alle Mal die Heuchelei der Menschen, die als Information ausgeben, was nur Klatsch, Pranger, Mobbing und letzten Endes die gefährlichste, subtilste Form der Zensur ist. Oder besser, das Gesicht, das die Zensur in diesem Jahrtausend angenommen hat.

SCHREI, WENN SIE SICH DER EIDECHSE ENTGEGENSTELLEN UND SAGEN, SIE HÄTTEN SICH DEM DRACHEN GESTELLT.

Der Fall »Hogan vs Gawker« wird rekonstruiert in: Ryan Holiday, *Conspiracy: Peter Thiel, Hulk Hogan, Gawker, and the Anatomy of Intrigue*, Portfolio 2018.

Der Ausdruck »Seifenblase des Ersten Zusatzartikels« von Amy Gajda stammt aus: A. G., *The First Amendment Bubble: How Privacy and Paparazzi Threaten a Free Press*, Cambridge (MA) 2015.

KARINA BOLAÑOS

19.
HOTEL

> Und sie waren beide nackt,
> der Mensch und seine Frau,
> und schämten sich nicht.
> GENESIS 2,25

Hotelzimmer sind meist schöner und gemütlicher als die Zimmer in einem Motel. Pastellfarbene Tapeten, Nachttischlampen mit Messingfuß und Schirmen aus Stoff, die ein gedämpftes Licht verbreiten, an den Wänden Drucke englischer Art, die Kopfenden der Betten aus Massivholz und dicke, bequeme Matratzen.

Das Gefühl der Verlorenheit ist jedoch dasselbe wie in einem Motel.

Schnell taucht der Wunsch auf, dieses Gefühl zu bekämpfen, indem man jemanden anruft: eine vertraute, warme, freundliche Stimme, die einer Mutter, eines Freundes, eines Geliebten.

Karina Bolaños schickte eine Videonachricht an ihren Geliebten.

Das Wort »Geliebter« hätte ich gerne vermieden, weil sie es damals auch nicht benutzte. Ich bezweifle nicht, was sie aussagte, nämlich dass sie und ihr Ehemann zum Zeitpunkt des Anrufs eine Krise hatten, eine jener temporären Auszeiten, die es in langjährigen Beziehungen geben kann. Auf jeden Fall – das ist selbstverständlich, keine Frage – hätte sie diesen Anruf auch machen können, wenn es zwischen ihr und ihrem Mann gerade keine Probleme gegeben hätte. Ich hasse es, wenn man bei Problemen von Paaren moralisiert und die Komplexität einer Beziehung auf banale Dinge wie Seitensprünge und den Besitz von Körpern reduziert.

Doch die Tatsache, dass sie den Adressaten des Telefonats als Geliebten bezeichnen konnten, machte es denen, die Karina Bolaños diskreditieren wollten, sehr viel leichter. Denn in solchen Fällen das Wort »Geliebter« zu benutzen, macht Lärm wie eine Stadiontrompete. Und so wurde eine eher zärtliche Angelegenheit gigantisch vergrößert, missverstanden, verzerrt.

Wahrscheinlich möchtest du jetzt wissen, was in diesem Hotelzimmer passierte ...

Nach einem langen Arbeitstag zog Karina Bolaños, damals Vizeministerin für Jugend und Kultur der Regierung von Costa Rica – auch dass sie für die Regierung auf Reisen war, wurde polemisch kommentiert –, ihre Kleider aus und legte sich in Unterhose und BH auf das Bett ihres Hotelzimmers. Sie stellte ihren Laptop und die Videokamera an und begann zu sprechen, als könnte der Adressat ihrer Botschaft ihr zuhören. Sie sagte, ihr Körper gehöre ihm, sie habe Lust auf ihn, sie vermisse ihn. Also nichts Besonderes, Gesten und Worte, die man höchstens als sexy und zärtlich bezeichnen könnte. Achtung, ich sagte sexy *und* zärtlich, nicht sexy, *aber* zärtlich, denn ich bin der festen Überzeugung, dass es keinen Gegensatz zwischen Sex und Zärtlichkeit gibt. Damals aber wurde diese Botschaft als ein Hardcore-Video, als pikant und pornografisch ausgegeben. Es wurde benutzt, um Assoziationen von Perversion und Amoralität im Zusammenhang mit einer normalen Verführung zu wecken.

Vielleicht hast du es schon in der Schule erlebt, bei solchen Dingen werden vor allem junge Mädchen und Frauen brutal an den Pranger gestellt. Wenn das einer berühmten Frau geschieht, kann schon das Warten in der Schlange vor dem Konzert oder an der Supermarktkasse zum Albtraum werden. Dort würde man immer einen Mann mit einer vulgären Bemerkung hören, die nicht so hart träfe, wenn sie von einer Frau an einen Mann gerichtet wäre.

Auf jeden Fall geht es darum, dass private Worte, Worte, mit denen wir unsere Gefühle oder unsere sexuellen Wünsche ausdrücken, unser Eigentum bleiben müssten. Sie dürften nur von der Person oder den Personen gehört werden, an die sie gerichtet sind. Außerdem habe ich begriffen – die Hermeneutik ist mein Laster –, dass man schlechterdings nicht die Wahrheit erfährt, wenn man heimlich den Dialog zweier Menschen belauscht, die eine intime Beziehung haben. Liebende entwickeln einen eigenen kommunikativen Code – er lässt sich unmöglich von außen entschlüsseln!

Doch zurück zu den Fakten. Nach dem Gespräch zwischen Karina Bolaños und dem Mann, mit dem sie eine Beziehung hatte, wurde die intime, entspannte Atmosphäre aus gedämpftem Licht und pastellfarbenen Tapeten verletzt.

Nicht in jener Nacht, als Bolaños den Computer ausschaltete und mit Gedanken an den Adressaten ihrer Botschaft das Kopfkissen umarmte, sondern viele Nächte später. Denn erst nach ein paar Jahren stahl ein für die Wartung der Computer zuständiger IT-Spezialist den gesamten Inhalt der persönlichen Festplatte von Bolaños, einschließlich des Videos. Es folgte eine lange Reihe von Erpressungsversuchen, und als sie sich immer noch weigerte, nachzugeben, wurde das Video ins Netz gestellt.

Es ist noch immer dort zu sehen. Jeder kann es sehen, Karinas Mutter, ihr Vater, ihre Tochter.

Ist das keine Vergewaltigung?

Doch es geht nicht nur darum, dass die Intimität dieses Moments verletzt und ins Netz gestellt wurde, sondern auch um das Verhalten der Präsidentin von Costa Rica, Laura Chinchilla Miranda, die den Skandal ausnutzte und Karina Bolaños wenige Stunden nach Verbreitung des Videos ihres Amtes als Vizeministerin enthob.

Welchen Grund gab es, Karina Bolaños wegen einer Angelegenheit aus der Regierung zu entfernen, die ausschließlich ihr Privatleben betraf? Obendrein hatte die Präsidentin von Costa Rica bis zu dem Zeitpunkt immer gezeigt, dass sie kein Interesse daran hatte, den Anschuldigungen wegen unmoralischen Verhaltens nachzugehen, die Mitglieder ihrer Regierung betrafen – nicht einmal dann, wenn von Übergriffen und sexueller Erpressung die Rede war.

Warum? Nun, Bolaños war damals – 2012 – in der Politik. Costa Rica ist immer ein eigenartiges Land gewesen, die Diktaturen oder Guerillakämpfe seiner Nachbarländer kannte es nicht, aber es musste bezahlen, um »neutral« zu bleiben. Es musste die massive Präsenz nordamerikanischer Militärs im eigenen Haus erdulden und den Interessen des amerikanischen Neoliberalismus große Teile seiner Identität opfern, obwohl die zunehmenden Konzessionen seine sozialstaatlichen Leistungen bedrohten. Karina Bolaños wollte sich mit den Gefährdungen in den Bereichen Schule, Gesundheit und Arbeit nicht abfinden, sondern diese im Gegenteil stärken, indem sie Korruption und Einmischung bekämpfte. Nichts Umstürzlerisches, nein, einfach etwas Richtiges. Doch das bedeutet auch »geradlinig«, durchkreuzt also schließlich alles, was auf schiefen Bahnen läuft, zum Beispiel die Ladungen Kokain, die täglich von Kolumbien über Costa Rica in die USA reisen.

In einem Interview für die spanische Wochenzeitung *Interviú* enthüllte Karina Bolaños die politischen Intrigen im Kontext der Geschichte. Sie beschuldigte die Präsidentin Chinchilla, »die Königin der Machos von Costa Rica«, ihre mächtigen, korrupten Freunde zu schützen und übergriffige sexuelle Verhaltensweisen ihr nahestehender Regierungsvertreter zu rechtfertigen, sie zeigte vermutete Straftaten des Bruders der Präsidentin an, außerdem die Korruption, die den von der Regierung mit über 20 Milliarden costa-ricanischen Colón finanzierten Bau einer Werft an der Grenze zu Nicaragua gefährdet hatte. Ich habe keine Zweifel: Man versuchte, Karina Bolaños zum Schweigen zu bringen.

Als ich ihren Twitter-Account durchging, wurde mir bewusst, dass man mit Bolaños auch das »Gutmenschentum« treffen wollte. Wir sprechen von einem jener Menschen, die an das Engagement, die Erziehung, das Mitleid, die Solidarität, die Rechte von Minderheiten glauben – alles Dinge, die in der »wirklichen Welt«, ich weiß, als heuchlerische gute Absichten gelten. Aber das sind sie nicht.

Diese Werte – Werte werden sie genannt, aber ich nenne sie lieber Kompasse – sind das Skelett, das Gerüst, die Stützpfeiler von Bolaños sämtlichen Posts. Sie schreibt mit gesundem Menschenverstand über den Schutz der Umwelt, der Kultur, der Bücher, der Homosexuellen, der Frauen. Nichts, was völlig neu, genial oder heroisch wäre, ein Kompass eben. Trotzdem siehst du jeden Tag, dass es Worte gibt wie Frau, Migrant, Homosexueller, Buch, Kultur, Respekt, Inklusion, Solidarität, Behinderung, Umwelt und Ehrlichkeit, die du nicht aussprechen oder in den Netzwerken posten kannst, ohne dass um dich herum ein Aufruhr mit krampfartigen Zuckungen anhebt, die nicht mal ein Exorzist eindämmen könnte.

An der »Affäre Bolaños« hat mich außer ihrer Amtsenthebung am meisten deprimiert, dass ihr Fall schlagend beweist, wie gut Diffamierung fast immer funktioniert.

Ein Bekannter, mit dem ich beruflich zu tun habe, kommentierte die Geschichte mit den Worten: »Robbé, hast du gesehen, dass Karina Bolaños jetzt ein Pornostar ist?«

Ein Pornostar? Worauf bezog er sich?

Darauf: Karina Bolaños, die anfangs von der Geschichte überrollt wurde, beschloss, ihr Recht auf ein Privatleben geltend zu machen, indem sie bei dem Interview, das sie für *Interviú* gab, in Unterhose und Büstenhalter erschien. Das tat sie, um der ostentativen Scheinheiligkeit eine Abfuhr zu erteilen. Sicher, Scheinheiligkeit ist per Definition immer und ausschließlich ostentativ. Scheinheiligkeit als Methode aber müssten wir das nennen, was sie aus ihrem Amt und aus dem politischen Leben entfernte.

Da man sie nicht als Ehebrecherin verbrennen konnte, wie es einige Jahrhunderte früher geschehen wäre, zeigte man mit dem Finger auf die Schwachstelle der Lüge: Wenn du deinen Mann belogen hast, was könntest du dann erst deinem Land antun! Das gleiche Argument wurde gegen Kennedy oder Clinton benutzt, und es ist die Art von Argument, die offensichtlich erscheint, aber das stimmt nicht. In wesentlichen Bereichen unseres Privatlebens – Familie, Freundschaften, beim Sex, in der Liebe – gibt es Entscheidungen, die an exklusive Abkommen gebunden sind, Bündnisse, die wir privat mit unseren Freunden, unseren Liebsten, unseren Kameraden schließen. Für sie schulden wir nur den Menschen Rechenschaft, die mit uns im Bunde stehen. Dann gibt es aber auch das berufliche Abkommen, das nichts mehr mit dem Privatleben zu tun hat, das man öffentlich unterschreibt, das ein Lehrer mit der Schule und seinen Schülern schließt, ein Politiker mit seinem Land und den Wählern, ein Arzt mit Hippokrates und seinen Patienten. Wenn du merkst, dass jemand die Ebenen zu vertauschen versucht, schrei auf, denn ein Lehrer verrät seine Schüler nicht, wenn er eine Geliebte hat, und der Arzt tötet keinen Patienten, wenn er falsch parkt. Wer so tut, als verstünde er nicht, dass es eine Unterscheidung zwischen öffentlich und privat gibt, handelt wie die, die Tränengas auf die Menge schießen, damit sie die Augen schließen und nichts mehr sehen können. Wenn du merkst, dass so etwas geschieht, schrei auf!

Und wenn ein banales Ereignis aufgebauscht wird, geh immer zum Ursprung der Debatte zurück, frag dich, worüber da diskutiert wird, was die Staubwolke aufgewirbelt und aufgebläht hat, was die Amtsenthebung von Karina Bolaños verursacht hat. Wenn du dieses ursprüngliche Faktum klar vor Augen hast, analysiere es mit deinen Maßstäben. Jetzt geh ins Netz, schau dir diese Videobotschaft an und frag dich dann, ob sie der Beweis eines Verbrechens oder auch nur ein Indiz für Schuld ist. Frag dich, ob sie das Zeichen eines Mangels an Professionalität und Kompetenz ist, der die Entfernung von Karina Bolaños aus ihrem politischen Amt rechtfertigt.

Seit der Gegenreformation behaupten die korrupten Politiker aller Welt – diejenigen, die in Waffenverkäufen, Entführungen und Mordanschlägen geübt sind –, dass ihre strafrechtlich relevanten, kriminellen Verhaltensweisen mit Vergehen privater Natur gleichzusetzen seien, die ihnen höchstens ein Priester im Beichtstuhl vorwerfen könnte. Private Entscheidungen können nie zum Maßstab eines moralischen Urteils über einen Menschen werden, sonst würden wir zur Steinigung für Ehebrecherinnen, zu »heilenden« Behandlungen gegen Homosexualität und zur lustverhindernden Verstümmelung von Genitalien zurückkehren. Außerdem jedem Heranwachsenden, dessen Hand in seine Unterhose wandert, Blindheit prophezeien.

Die Freiheit des Westens weckt bei vielen Ländern und Kulturen der Welt Verachtung. Es sind Länder, die sich Keuschheit und Strenge auf ihre Fahnen schreiben. Die Miniröcke der Mädchen, die tief sitzenden

Jeans der Jungen, Tätowierungen in der Leistengegend, die Sexshops an der Straßenecke im Wohnviertel, die promiskuitive Freizügigkeit in den Gymnasien, die im und außerhalb des Internets verbreitete Pornografie haben ein Bild der westlichen Welt gezeichnet, das viele als moralisch zersetzend und verkommen verurteilen. Wir können nichts dagegen tun, das ist eine lange Entwicklung, mindestens seit den Sechzigerjahren geht das so, als wir beide noch nicht einmal geboren waren. Doch inzwischen ist die Freiheit für uns Menschen im Westen zum einzigen identitätsstiftenden Faktor geworden, unserem einzigen gemeinsamen Nenner, unserem verbindenden Mörtel. Und sie ist eine Art Impfstoff – egal, ob du rechts oder links bist, Atheist oder gläubig, auf diesen Impfstoff möchte keiner mehr verzichten, seit uns anschaulich vorgeführt wurde, welches die Früchte sittlicher »Reinheit« sind. Seit wir das entsetzliche Schauspiel in den Städten des selbst ernannten »Islamischen Staates« erleben mussten, die von Miniröcken und tief sitzenden Jeans, von »Schwulen« und Transsexuellen, vom Handy und der PlayStation, von Partys, Fußball und satanischer Rockmusik, von Zigaretten, Alkohol und Cannabis »befreit« wurden. Man kommt ins Gefängnis, weil man zu singen wagt! Seit wir verstanden haben, dass diese perfekt kontrollierten, geordneten oder »moralischen« Städte, wo kein Hund sich bewegt, ohne dass ein Scharfschütze ihn im Visier hat, uns Angst machen.

Wo zu viel Ordnung herrscht, wo man wegen eines schändlichen Schriftzugs auf einem T-Shirt verhaftet wird, wo man wegen eines Ohrrings ins Gefängnis kommt, wo man bestraft wird, wenn man zu viele Partner hat, dort herrscht ein Polizeiregime, dort gibt es Folter und Unterdrückung. Das völlige Fehlen von Regeln hat verheerende Folgen. Doch ein Staat, der seinen Bürgern das Recht auf freie Entscheidung nimmt – was manchmal auch bedeutet, sich für das Schlechte zu entscheiden –, ist ein Staat, der die Freiheit verweigert.

SCHREI, DASS DU NICHT ZUM ASKET WERDEN MUSST, UM ZU KÄMPFEN.

Das private Video von Karina Bolaños ist hier zu sehen: www.youtube.com/watch?v=Zyl-O6jil9E.

Dan Stevens schrieb für die *Costarican Times* fünf Artikel, die den Schatten der Regierung hinter der »Affäre Bolaños« offenbaren:
– »Karina Bolaños Says Laura Chinchilla Only Protects the Corrupt«, 11. September 2012: www.costaricantimes.com/karina-bolanos-says-laura-chinchilla-only-protects-the-corrupt/5129
– »Karina Bolaños Has a Week to Prove Her Accusations of Corruption on the Border Trail«, 13. September 2012, www.costaricantimes.com/karina-bolanos-has-a-week-to-prove-her-accusations-of-corruption-on-the-border-trail/5219
– »Karina Bolaños to Tell the Truth on the Border Trail Corruption, Calls CR Government Bluff«, 15. September 2012, www.costaricantimes.com/karina-bolanos-to-tell-the-truth-on-the-border-trail-corruption-calls-cr-government-bluff/5306
– »Lawyers Interviewing Karina Bolaños on Her Border Trail Comments«, 30. Oktober 2012, www.costaricantimes.com/lawyers-interviewing-karina-bolanos-on-her-border-trail-comments/7050
– »Karina Bolaños Back in Politics«, 16. Januar 2013, www.costaricantimes.com/karina-bolanos-back-in-politics/10495

JEAN SEBERG

20.
NINA

> Ich glaube, die Ungerechten schlafen am besten,
> weil denen alles schnurzpiepe ist, aber die Gerechten können
> kein Auge zutun und machen sich wegen allem einen Kopf.
> Sonst wären sie ja nicht gerecht.
> ROMAIN GARY

Es gibt keine gefährlicheren Argumente als jene, die die Genetik ins Feld führen. Denn solange es um Meinungen geht, lässt sich leicht erkennen, worauf unser Gesprächspartner abzielt, doch bei der Wissenschaft ist das schwieriger, dort musst du gewappnet sein. Wenn jemand eine wissenschaftliche Theorie verteidigt, frag dich immer, ob er neutral ist oder sich von einem Vorurteil leiten lässt. Wer vorurteilsgeleitet Forschung betreibt, macht Schulden, die früher oder später jemand bezahlen wird, vielleicht nicht er selbst, vielleicht nicht einmal seine Generation, doch früher oder später wird jemand die Schulden begleichen müssen. In autoritären Regimen wird der größte Teil solcher Schulden angehäuft.

Als ich in deinem Alter war, ging mir eine Frage im Kopf herum: Warum hatte Stalin die Theorie der Vererbungsgesetze von Gregor Mendel mit solcher Gewalt unterdrückt? Ich liebte Mendel und war erschrocken, als ich las, dass Stalin viele sowjetische Wissenschaftler, die Mendels Theorie anhingen, in die Lager des Gulag hatte deportieren lassen. Meine Frage klärte sich auch nicht, als ich auf dem Gymnasium las, dass Stalin glaubte, Mendel habe die Eugenik der Nazis beeinflusst, denn Stalin hatte sich meinem Eindruck nach nie Sorgen um Menschenrechte oder die Freiheit der Wissenschaft gemacht. Ich habe hier schon einmal das »Lebensborn«-Experiment der Nazis erwähnt, erinnerst du dich? In diesem Mittelding zwischen Privatklinik und Waisenhaus trafen große, blonde Männer auf große, blonde Frauen, nur um große, blonde Kinder zu zeugen, die dann allein in dieser grotesken Arier-Fabrik aufwuchsen. »Rassenhygiene« nannte sich diese Selbsttäuschung Hitlers.

Diese Antwort genügte mir aber nicht. Das konnte es nicht gewesen sein, was Stalin missfiel, hatte er doch nicht gezögert, einen Pakt mit dem Deutschland des Lebensborns zu schließen.

An der Universität stieß ich dann auf die Theorien eines von Stalin sehr geschätzten Agrarwissenschaftlers, Trofim Denissowitsch Lyssenko, der behauptete, eine Lösung für große Hungersnöte gefunden zu haben. Seine Thesen interessierten mich, weil sie zeigten, dass Stalin in Russland eine Wirtschaftsdoktrin, den Marxismus, auf dem Boden des Aberglaubens schuf. Einerseits bekämpfte er den Aberglauben und die Religion, weil er sie als Hindernis für die Modernisierung des Landes ansah, andererseits verkaufte er jedes beliebige Experiment an seinem Volk als »wissenschaftlich«. Das Volk diente ihm nur als Versuchskaninchen bei seinem Bemühen, ein bäuerliches, rückständiges Land innerhalb weniger Jahre in ein industrialisiertes, wirtschaftlich starkes Land zu verwandeln.

Die Beschäftigung mit den Theorien von Lyssenko lieferte mir ein zweites Indiz für das, was hinter Stalins Hass auf Mendel steckte. Lyssenko, der sich als Genetiker ausgab, wurde von Stalin unterstützt, weil er dem hungernden russischen Volk versprochen hatte, riesige Getreidefelder mitten im Eis der Tundra wachsen zu lassen. Wie das? Durch Umerziehung der Getreidepflanzen. Du hast richtig gelesen: Lyssenko glaubte wirklich, man könne die Gene so umziehen, wie die Kommunistische Partei der Sowjetunion ihre Dissidenten umzog, indem sie sie zu jeder Art Entbehrung zwang. Würde man die Getreidepflanzen nämlich in Sibirien überwintern lassen, würden sie einen neuen Charakter bekommen, sie bräuchten die Sonne nicht mehr und würden so die endlosen Eisflächen des Nordens in das fruchtbare Reich der Ceres verwandeln. Dieses zweite Indiz überzeugte mich weit mehr als das erste, doch das Bild schien mir trotzdem noch unvollständig, denn Stalins Hass auf Mendel, der eine Generation vor ihm gelebt hatte, war genau die Art Hass, die du für einen echten Feind empfindest, der dich persönlich gekränkt hat. Eine unvergessliche Kränkung, vor allem weil du glaubst, er könnte dir immer noch schaden, dich jederzeit wieder angreifen. Später erhielt ich dann die Antwort auf meine Frage. Doch bevor ich dir erzähle, warum der tote Mendel eine sehr nahe Bedrohung für Stalin war, möchte ich zusammen mit dir seine Geschichte nachzeichnen.

Gregor Mendel wurde in der ersten Hälfte des 19. Jahrhunderts, gut fünfzig Jahre vor Stalin, in einem abgelegenen Dorf Österreichisch-Schlesiens geboren. Schon als Kind faszinierten ihn Bienen, er beobachtete sie, ließ sich von ihnen stechen, hatte gelernt, sie zu unterscheiden und zu katalogisieren. Interessiert beobachtete er, wie sie Blütenstaub aufnahmen und wie die Blumen, je nach der Farbe der Blütenblätter, unterschiedliche Früchte hervorbrachten. Gregor wollte lernen, also ging er in die nahe gelegene Stadt Olmütz an den Ufern der March, wo er Philosophie studierte, die eine wichtige Veränderung in seinem Denken bewirkte: Er begann zu systematisieren. Von dem Moment an ordnete sein Geist jede Information, auch die banalste, in Fächern ein, die ein Etikett trugen: Farbe Rosa, Form rund, Oberfläche glatt, Anzahl der Blütenblätter, Art des Stängels, Dornen, keine Dornen, Blätter, keine Blätter ...

Mendel brauchte mehr Bücher, sehr viel mehr Bücher, als er finden konnte. Mithilfe der Bücher wollte er zusätzliche Leben gewinnen, alle Leben, die einem einzelnen Menschen nicht gewährt werden. Die Leben derjenigen, die vor ihm Bienen, Fliegen und Samen beobachtet hatten. Wer zwanzig Jahre lang die Natur beobachtet hatte, sollte diese zwanzig Jahre an ihn weitergeben. Gregor würde sich diese Jahre nehmen und von dort aus weitermachen, seiner Forschung ein weiteres Stück hinzufügen. Dann würde er warten, bis wieder einer kam und ihm abermals ein Leben gab.

Also ging er in eine Stadt mit mehr Büchern, nach Alt-Brünn. Hier trat er in den Augustinerorden der Abtei St. Thomas ein. Seine Ordensbrüder bemerkten jedoch schon bald, dass seine Liebe zum Studium die Liebe zum Gebet weit übertraf, und weil sie überzeugt waren, dass Studium und Gebet im Grunde dasselbe sind, verhalfen sie ihm zu einem Studium an der Universität Wien. Hier beendete Gregor das einsame wissenschaftliche Forschen, zu dem ihn seine Geburt in der Provinz genötigt hatte, und konnte dank einiger Kollegen die Prämissen und Resultate seiner Lehre endlich so präzise vor sich sehen, wie er sie als Junge erahnt hatte. Das gelang ihm mit der Kreuzung von Erbsen. Warum ausgerechnet Erbsen? Erbsen sind widerstandsfähige Pflanzen, lassen sich leicht kultivieren und unterscheiden sich deutlich in ihren Eigenschaften – glatte Schote, faltige Schote, helle Farbe, dunkle Farbe –, sodass man Veränderungen bei der Vererbung mit bloßem Auge beobachten kann. Durch die Kreuzung von Grünerbsenpflanzen mit denen der gelben Erbse verlor sich das Grün.

Und so wurde aus den Beobachtungen, die er während der stillen Sommer Mährens und später in den blühenden Gärten der Hauptstadt des Reiches gemacht hatte, die Theorie der dominanten und rezessiven Merkmale. Der Ordensbruder hatte schon am Ende des 19. Jahrhunderts verstanden, dass nicht alle Merkmale bei der Vererbung das gleiche Gewicht haben. In der ersten Generation verschwinden die rezessiven Merkmale, um in der folgenden Generation dann zu einem geringeren Prozentsatz wieder aufzutauchen.

Ahnst du jetzt, warum Stalin so große Angst vor Mendel hatte? Stalins Vater war Alkoholiker. Wenn er abends betrunken nach Hause kam, verprügelte er seinen Sohn. Aus einer schweren Kindheit geht man entweder gerade hervor wie gut gepflanzte Bäume oder krumm wie Wäsche im Wind. Stalin krümmte sich schon in der Schulzeit für immer, als er begann, einen Teil der Tritte und Ohrfeigen, die er als Kind eingesteckt hatte, an andere weiterzugeben.

Der Heranwachsende änderte sich nicht. Seine Volljährigkeit feierte er mit der Gründung einer eigenen revolutionären Bande, die mit Entführungen und Raubüberfällen im ganzen Kaukasus aktiv war.

Zu Stalin geworden, dem Beinamen, mit dem er das sowjetische Russland regierte, verbot er allen Menschen in seinem Umkreis, zu erwähnen, dass er einst Bessarionowitsch Dschugaschwili gewesen war, ein gewöhnlicher Krimineller aus dem Kaukasus. Niemand, nicht einmal seine Verwandten, durfte je an seine Jugendsünden in Georgien und an das Familienalbum erinnern.

Stalin musste für alle der »neue Mensch« sein, der alte Bessarionowitsch Dschugaschwili war tot! Stalin wollte sich nur in den Statuen spiegeln, die ihn überall in Russland als »Väterchen«, den »besten Menschen der Welt« und »unfehlbaren Führer« feierten.

Mendels Theorie hätte ihn also daran erinnern können, dass es nicht so einfach ist, sich von der eigenen Vergangenheit zu befreien, weil etwas von dieser Vergangenheit sogar deinem Erbgut eingeschrieben sein und an deine Kinder weitergegeben werden kann. Für Stalin, den neuen Menschen, war das völlig inakzeptabel, und er beschloss, Krieg gegen die sowjetischen Genetiker mendelscher Prägung zu führen – viele von ihnen verloren ihre universitären Lehrstühle, andere wurden in sibirische Umerziehungslager geschickt oder man ließ sie verschwinden –, um Platz nur noch für Lyssenko und die Lyssenkisten zu schaffen.

Im Gegensatz zu ihnen behauptete Lyssenko nämlich, dem Muster seiner persönlichen Geschichte folgend, dass die Erbfaktoren, die Gene, sich nicht in den Chromosomen befänden, dass Vererbung vielmehr ein physiologischer Prozess der Wechselwirkung zwischen Organismus und Umwelt sei. Ein Organismus, der in eine neue Umgebung gebracht und dort anderen äußeren Einflüssen ausgesetzt werde, könne seine Erbausstattung verändern und die so erworbenen Merkmale weitergeben. Wenn man dieses gedankliche Modell nicht nur auf die Natur, sondern auch auf die Gesellschaft anwende, könne man beweisen, dass weder die Gene der Eltern noch die kindlichen Traumata einen unumkehrbaren Einfluss auf das Individuum hätten. Oder genauer, zumindest nicht nach einer angemessenen Zeit der Umerziehung. Stalin glaubte, wie du weißt, wenn er den Kulaken die Bärte scheren ließ, würde er ihre Bindung an den Boden beseitigen, wenn er die Tschetschenen deportierte, würde er ihre Nabelschnur zum Kaukasus durchschneiden, wenn er das Kruzifix von den Altären entfernte, würde er den Glauben ausrotten. Lyssenkos Theorie eignete sich perfekt, um all das zu rechtfertigen und Stalin davon zu überzeugen, dass seine Herkunft nicht den geringsten Einfluss auf ihn hatte. Kurz, Mendel hätte das russische Volk darüber nachdenken lassen, wer Stalin gewesen war, während es mit Lyssenko nur sah, was Stalin geworden war.

Eine bestimmte Art Behauptungen über die Genetik ist potenziell gefährlich, weil sie die Illusion nähren, der Mensch lasse sich neu entwerfen, so wie man ein Auto oder irgendein Produkt neu entwirft. Auch heute ist das so: Angesichts der offenkundigen Tatsache, dass der Mensch die zermürbenden Rhythmen des Turbokapitalismus nicht mehr erträgt, wird nicht überlegt, wie sich die Bedingungen ändern lassen, die diese Rhythmen erzeugen, sondern nur, wie man den Menschen verändern könnte.

Wie lässt sich die Zeit optimieren, die ein Mensch braucht, um eine Mikrokamera zu installieren? Um Kunden zu kontaktieren? Um Bankgeschäfte zu erledigen? Um Tomaten zu ernten? Haare zu waschen? Wohnungen zu verkaufen? Diese Art Fragen werden heute gestellt. Wie kann man erreichen, dass ein Mensch nicht nur die doppelte Menge Schuhe produziert, sondern auch doppelt so viele Kunden herbeischafft, die diese Schuhe kaufen? Wie erreicht man, dass dieser Mensch nicht krank wird, während der Arbeitszeit nie auf die Toilette geht, keine Stimmungsschwankungen hat, nicht unter Müdigkeit leidet? Und wenn er seinen Arbeitsplatz verlässt, also vom Produzenten zum Konsumenten wird, wie verhindert man, dass er todmüde ins Bett fällt? Wie hält man ihn wach, damit er konsumiert?

Man muss seine wache Zeit verlängern, sie ausdehnen, bis sie dünn wird wie ein Pizzaboden. Ob der Boden beim ersten Tomatenspritzer Löcher bekommt, ist unwichtig. Wichtig ist, den Menschen zu verändern – nicht seine Software, nein, seine Hardware. Man muss ihm mehr flüchtigen Speicher verschaffen, ein Drittel des Massenspeichers, doch vor allem muss man ihn mit einem Turboprozessor ausstatten. Lyssenko würde dazu sagen, dass wir auf dem richtigen Weg sind, weil wir den Menschen Entbehrung antrainieren: vom Geschmack des Essens bis zur freien Zeit, in der er tun kann, was ihm gefällt, das einatmet, was ihm nicht schadet. Ja, Lyssenko würde sagen, dass wir schon so weit sind, dass wir, genau wie seine Getreidepflanzen, bald alle lernen werden, in der sibirischen Kälte zu überleben.

Früher hat sich der eine oder andere gefragt: Wie kann ich den Menschen glücklich machen? Heute lautet die Frage immer nur: Wie passe ich ihn der Produktivität des globalen Marktes an? Seit wir selbst zu verkäuflichen Produkten geworden sind, seit jeder die Zeit und die Rechte anderer kaufen kann, sind wir alle ein Teil dieses teuflischen Mechanismus geworden: Kinder, junge und alte Menschen, Arme, Reiche, Männer, Frauen, Kranke und Gesunde, die Nordhälfte der Welt, die Südhälfte der Welt. Produziere, beiß zu, konsumiere und zerstöre. Das sind die Peitschenhiebe, die unterschiedslos auf alle niedergehen, und es gibt nicht genug Zeit, um zu verstehen, wo der Plan fehlging, wo mein Handeln dem Handeln eines anderen Menschen die Luft wegnimmt und in welchem entfernten Winkel der Erde jemand mit meinem Leben spielt. So gehen wir mit verbundenen Augen auf einen tiefen Abgrund zu, ohne je zu verstehen, wo genau die Welt gerade durchgerüttelt wird. Paradoxerweise hat die weltweite Vernetzung unser Wissen über die Gesamtprozesse nicht vermehrt, sie hat es, im Gegenteil, verringert, denn das Fließband, an dem wir in einem rasend schnellen, entfremdenden Zeittakt arbeiten, ist nicht mehr das Band einer einzelnen Fabrik, sondern das einer einzigen globalen Fabrik, zu der die ganze Welt geworden ist und in der wir alle die Arbeiter sind. Das ist nun eine Tatsache, und diesen Preis bezahlen wir für den unbeschränkten Zugang zu Gütern, von denen frühere Generationen nur träumen konnten. Und niemand hat uns erklärt, warum wir weiter unter diesen Bedingungen arbeiten müssen, um eine einzige unterschiedslose Traurigkeit für alle zu produzieren.

Wir sind vom Thema abgekommen … Mendel. Kehren wir zu ihm zurück, denn die Geschichte, die ich dir erzähle, fand in den Sechzigerjahren des 20. Jahrhunderts statt, als seine Forschungen für immer bestätigt wurden. Zwei Biologen, der Amerikaner James Watson und der Brite Francis Crick, erhielten den Nobelpreis für ihre Entdeckung der berühmten Doppelhelix der DNA. Kurz, Mendel hatte an den Erbsen beobachtet, was die beiden Wissenschaftler an der DNA der menschlichen Chromosomen beobachtet hatten. Jetzt gab es kein Zurück mehr!

Ich habe diese Geschichte so weit in der Vergangenheit beginnen lassen, weil ich möchte, dass du dich in das Klima jener Jahre versetzt, als die Nachricht von der Entdeckung der DNA um die Welt ging. Hörst du, wie die Zeitungsverkäufer an den Straßenecken der amerikanischen Städte die Nachricht von der Verleihung des Nobelpreises an ihren Landsmann James Watson ausrufen? Hörst du die Wissenschaftler der halben Welt sagen, dass es nunmehr unbestreitbar nur eine einzige menschliche Rasse gibt? Hörst du, was sie feststellen? Die Wissenschaft hat den Beweis geliefert: Die Helix ist bei allen die gleiche, bei Roten, Weißen, Schwarzen und Gelben!

Und siehst du, wie sich der Blick des Durchschnittsamerikaners als Reaktion auf diese Nachricht verfinstert? Der Durchschnittsamerikaner ist besorgt. Fühlst du seine Angst? Er ist in Häusern aufgewachsen, wo Schwarze kochten, wo Schwarze den Boden wischten, wo Schwarze sich die Hände zerkratzten, um die Büschel von den Baumwollsträuchern zu pflücken ... Fühlst du die Angst um seine Welt, die zusammenzubrechen droht? Und siehst du auf der anderen Straßenseite die Schwarzen, die sich zuprosten? Hörst du sie rufen, dass dies das Ende der angeblich minderwertigen »Rasse« ist? Schluss mit den getrennten Toiletten, den Hotels nur für Weiße, den Schulen nur für Schwarze, Schluss mit dem Unsinn über die physiologisch bösen Schwarzen und die physiologisch guten Weißen!

Hast du den Schrei ihrer Erleichterung gehört? Wenn du ihn wirklich gehört hast, wenn du dich eingefühlt hast, wenn du ihre Befreiung bis ins Letzte ermessen hast, dann bist du bereit, jetzt auch – wie eine unerwartete, unverständliche Ohrfeige – zu fühlen, wie groß ihre Wut, ihre Enttäuschung war, als sie in den folgenden Monaten sahen, dass sich nichts änderte. Als sie mit Händen greifen konnten, dass diese sensationelle Entdeckung in den USA nicht nur alles beim Alten ließ, sondern auch die Entschlossenheit der Weißen verstärkte, die Schwarzen weiterhin in untergeordneter Stellung zu halten. Der größte Teil der

Weißen tat so, als hätte die Entdeckung der DNA nichts mit der Segregation zu tun, und behinderte weiterhin jeden Versuch der »beiden Rassen«, sich anzunähern, sich zu berühren, ihren Atem, ihre Wärme, ihr Blut, ihr Sperma, ihren Schweiß zu vermischen. Wenn du dies nicht im Gedächtnis behältst, werden dir die beunruhigenden, skandalösen Aspekte der folgenden Geschichte entgehen.

Am 19. Mai 1970 veröffentlichte die *Los Angeles Times* eine morbide Geschichte von einer »gemischtrassigen« Liebe. Die Namen der Hauptfiguren waren geschwärzt, aber es hieß, sie sei eine berühmte Hollywoodschauspielerin, auch bekannt als engagierte Verfechterin der Bürgerrechte der Schwarzen, und er einer der prominentesten Anführer der Black Panther. In den USA war allen klar, dass damit Jean Seberg und Raymond Hewitt gemeint waren.

Der Artikel endete mit der Nachricht, dass die Frau schwanger und dass der Vater des Kindes mit ziemlicher Sicherheit der amerikanische Revolutionär und nicht der französische Ehemann der Schauspielerin war.

Dieser hieß Romain Gary und war kein Unbekannter. In den Jahren, als diese Geschichte stattfand, erhielt Gary den angesehensten Literaturpreis Frankreichs, den Prix Goncourt, eine Anerkennung, die so verdient war, dass er den Preis Jahre später für sein Meisterwerk *Du hast das Leben vor dir* noch einmal erhalten sollte, obwohl die Preisregeln eine zweimalige Vergabe nicht vorsahen. Wie war es dann möglich? Es war kein Betrug, denn nach der Geschichte, die du gleich lesen wirst, begann Romain Gary unter Pseudonym zu schreiben, um die Presse von seinem Privatleben fernzuhalten. Als das Buch erschien, konnte die Jury seinen wirklichen Autor nicht identifizieren, und erklärte ihn ein zweites Mal zum Gewinner.

Ich stelle mir eine Frau vor, die der Jury angehört – auf ihrem Nachttisch ein Stapel Bücher –, wie sie müde nach Garys Buch greift, bereut, in die Jury eingetreten zu sein, es misstrauisch aufschlägt, zu lesen beginnt und nicht mehr aufhören kann. Denn wenn Romain Gary dich in ein Bordell im besetzten Frankreich entführt, riechst du den ranzigen

Geruch billigen Puders auf dem Gesicht der Prostituierten, fühlst ihre Brust an deiner Brust, verspürst ihren Impuls, die Kehle der Kunden, die mit dem gut sichtbaren Hakenkreuz auf ihrer Uniform hereinkommen, vom rechten bis zum linken Ohr aufzuschlitzen.

Doch der vermeintliche Liebhaber von Jean Seberg, der Vater des Kindes, ist nicht weniger verdienstvoll. Vielleicht hätte die Zeitung schreiben sollen, dass das ungeborene Kind auf jeden Fall einen bedeutenden Vater haben würde, denn Raymond Hewitt war der anerkannte Führer der Bewegung für die Rechte der Schwarzen.

Raymond Hewitt hat studiert, will seine Kenntnisse in den Dienst seiner Community stellen und ist der Typ Afroamerikaner, der stolz darauf ist, dass seine Hautfarbe keine Spuren der häufigen Vergewaltigungen schwarzer Sklavinnen durch weiße Sklavenbesitzer trägt.

Die schwangere Frau dagegen ist der Typ Weiße, deren ferne Vorfahren Afrika wahrscheinlich schon während der Eiszeit verließen und auf der nördlichen Halbkugel im Laufe von Jahrtausenden ohne starke Sonneneinstrahlung vollkommen weiß wurden. Ihre sehr helle Haut, die weißblonden Haare und blauen Augen erzählen alles über ihre Ursprünge.

In Hollywood spielte Jean Seberg Rollen, die als mittelmäßig galten, beim Publikum aber sehr beliebt waren, und trat in Filmen auf, die kein Publikum fanden, aber von der Kritik bejubelt wurden. Sie konnte also den Traum vieler Künstler verwirklichen: Sie hatte Erfolg mit bescheidenen Rollen, die aufs Publikum zielen, um dann anspruchsvollere Projekte selbst finanzieren zu können, die vom Publikum erst entdeckt werden müssen.

An Preisen und einer Karriere ist Jean nicht interessiert, sie verabscheut den Luxus und engagiert sich seit ihrer Jugend in Iowa für die Unterstützung der National Association for the Advancement of Colored People, einer wohltätigen Organisation für den Schutz der Bürgerrechte von Schwarzen. Je größer ihr Erfolg als Schauspielerin wird, desto mehr Freiwilligen- und Aktivistenverbände wenden sich an sie, worauf sie sofort einen Scheck ausstellt oder öffentlich zur Unterstützung dieser oder jener humanitären Sache aufruft. Diese Aktivität hilft ihr, in ihrem Beruf zu bestehen, auch wenn ihr der Regisseur nicht zusagt, auch wenn ihr die Rolle nicht gefällt, vor allem aber bei den Pressekonferenzen, die eigens so angelegt sind, dass alle ihre Hände in dieses Milchweiß tauchen dürfen. Die Journalisten, die von ihren Redaktionen nur für Klatschgeschichten losgeschickt werden, schildern sie natürlich nicht als eine Schauspielerin mit starker Persönlichkeit, wie es den Tatsachen entspricht, sondern stellen sie als das genaue Gegenteil dar, als eine zerbrechliche und verwirrte Frau. Sie sprechen nicht von den Ideen, für die sie glüht, sondern unterstellen, was ihr gefällt, seien nicht die Ideen, sondern die Männer, die sie vertreten. Ihre Schüchternheit wird nicht als Scham – ein heiliges Gefühl! –, sondern als emotionale Verletzlichkeit dargestellt. Was die Redaktion will, ist ein hingeschmierter Artikel voller Flirt- und Ehebruchgeschichten, weil der Markt das angeblich verlangt.

Im Zerrspiegel der Boulevardpresse wird jede ihrer Freundschaften schmutzig, jede Beziehung eigennützig, jedes ihrer Motive falsch, jeder Kampf naiv, jede ihrer Empfindlichkeiten zur Krankheit. Und da der klassische Trick der Diffamierung hier nicht zieht – man kann nicht behaupten, Geldgier beeinflusse ihre Entscheidungen, weil es ihr an Geld nicht mangelt –, lässt man durchblicken, was sie bewegt, sei eine krampfhafte Gier nach Sex.

Keine einzige ihrer Beziehungen wird mit dem Maß des Gefühls oder der Seelenverwandtschaft gemessen, sondern immer und ausschließlich mit dem der Launenhaftigkeit und emotionalen Instabilität. In der Gewissheit, dass so etwas für das puritanische Amerika schwer wiegt, unterstreicht man außerdem, dass die Männer, von denen sie sich begleiten lässt, allesamt durch und durch unmoralischen Kategorien angehören: Schwarze, Juden, Muslime, politisch engagierte Schriftsteller, Aktivisten, Poeten, Müßiggänger.

Die Anzahl von Jean Sebergs Beziehungen unterscheidet sich – nach Abzug der ihr willkürlich unterstellten – nicht von der durchschnittlichen Menge an Beziehungen, die jede Frau heute angeben könnte. Und damals unterschied sie sich nicht von der Anzahl der Beziehungen, die ihr Ehemann im selben Zeitraum hatte. Doch Nachrichten spiegeln immer nur den Blickwinkel des Berichterstatters wider, und bei Jean Sebergs Privatleben waren es reaktionäre, bigotte Journalisten.

Und so wurde sie, genau wie die Jeanne d'Arc ihrer ersten Rolle, in eine naive, psychisch instabile Frau verwandelt.

1969, sie war erst dreißig, wurde sie von einer Freundin von den Black Panther angerufen und um eine besondere Hilfe gebeten: Die Frauen der Bewegung wollten in die öffentlichen Schulen der Wohnviertel von Schwarzen gehen, um den Schülern ein Frühstück zu bringen. Es wurde Zeit, dass man etwas, was nur gelegentlich als vereinzelte Initiative einer mitleidigen Mutter geschah, zu einer systematischen, kontinuierlichen Aktion ausbaute. Denn alle schwarzen Kinder und Jugendlichen hatten das Recht auf eine kostenlose nahrhafte Mahlzeit. Und das nicht einmal im Jahr, sondern an jedem Tag im Schuljahr.

Die Frauen der Black Panther glaubten fest daran, dass der Schlüssel zu Befreiung der schwarzen Community in Amerika in den Schulen lag. Nur mit einer angemessenen Bildung würden sie sich von der Straße, dem Verbrechen und dem Alkoholismus fernhalten können, Bereichen, in denen die Schwarzen statistisch immer noch die übergroße Mehrheit bildeten.

Bis jetzt hatten die Panther-Frauen den falschen Weg eingeschlagen, denn sie waren eingeschritten, um zu heilen, nicht um vorzubeugen. Tag und Nacht waren sie durch die Straßen gezogen, um zu verhindern, dass die Polizei ihre Brüder unter dem Vorwand anhielt, sie seien betrunken oder mit Drogen vollgepumpt, um sie dann zu verprügeln oder zu verhaften. Sie hatten denen, die hinter Gittern landeten, weil sie ein Bußgeld nicht bezahlt oder ein Brot gestohlen hatten, Lebensmittel und Trostworte gebracht, sie hatten denen, die vom Finanzamt oder der Justiz verfolgt wurden, kostenlosen Rechtsbeistand verschafft, sie hatten denen, die bei der Arbeit verunglückt waren, die ärztliche Behandlung bezahlt. Doch jetzt hatten sie erkannt, dass man viel früher aktiv werden musste. Lange bevor man gerechte Prozesse, Einhaltung der Menschenrechte, ungehinderte Nutzung des öffentlichen Nahverkehrs forderte. Es gab etwas, um das man sich vorher kümmern musste, vor den Verhaftungen, den Prügeln, den Ungerechtigkeiten, den Prozessen, der

Diffamierung: die Schule. Die Schule war der wahre Flaschenhals der Segregation. Die Schulen der Schwarzen waren die schlechtesten im ganzen Land. Zu oft blieben die Klassenzimmer leer, denn zu Hause gab es niemanden, der die Kinder weckte, ihnen Frühstück machte, ihnen einschärfte, wie wichtig das Lernen war. Um diese Zeit waren ihre Mütter schon aus dem Haus, in anderen Häusern, wo sie anderen Kindern das Frühstück machten. Schuld der weißen Kinder? Natürlich nicht, sie konnten nicht wissen, dass sie anderen Kindern Liebkosungen und Ermutigungen stahlen. Die weißen Kinder waren nur ein Ergebnis der Geschichte, wie wir alle.

Doch auch wenn die Kinder der schwarzen Viertel gelernt hatten, selbst aufzuwachen, sich selbst die Schuhe zuzubinden und auch die kleineren Geschwister anzuziehen, konnten sie sich, in der Schule angelangt, nicht konzentrieren. Der Hunger lenkte sie ab, vor ihren Augen tanzten die Zahlen, und das Bild der Lehrerin verschwamm.

Vielleicht gab es bei ihnen zu Hause sogar Säcke voll Mehl, Töpfe voll Reis, Dosen mit Bohnen, Flaschen voll Öl und mit Salz und Zucker gefüllte Behälter, doch es fehlte der tägliche Einkauf, Brot, Milch, Obst und Eier, mit denen man eine Mahlzeit für die Unterrichtspause zubereiten kann. Diese Kinder waren noch die Glücklicheren, denn bei vielen gab es in der Vorratskammer weder eine Handvoll Reis noch ein Häuflein Bohnen.

Noch heute schicken die besten Programme der Adoption auf Entfernung den Familien kein Geld, sondern verteilen Mahlzeiten in den Schulen. Dort, wo es an Nahrungsmitteln fehlt, eine anständige Mahlzeit zu garantieren, ist der einzige Weg, die Kinder an die Schule zu binden und zu verhindern, dass man ihnen Wissen verweigert. Nur so packt man ihnen Munition in den Schulranzen, Munition, mit der sie nicht lernen sollen, zu schießen, sondern sich zu verteidigen. Aus der Schule einen Ort zu machen, der dieses Recht garantiert, bedeutet, mit Hammer und Nägeln einen Pfeil anzubringen, der den sicheren Notausgang anzeigt. Genau das wollten die Frauen der Black Panther, einen Notausgang für die jahrhundertealte Segregation der Schwarzen finden.

Jean Seberg, die damals einen kleinen Sohn hatte, Alexandre Diego Gary, also für das Thema empfänglich war, spendete zehntausend Dollar für diese Aktion. Eine Summe, die auch heute als groß gelten würde. Du irrst dich, wenn du glaubst, dass dieses Geld ihr nichts bedeutete. »Sie ist schließlich reich!«, sagt man nicht so? Eine voreilige Einschätzung. Für sie bedeutete dieses Geld viel, es bedeutete, einen Film akzeptieren zu müssen, den sie andernfalls abgelehnt hätte, es bedeutete vor allem, sich gegenüber vielen Verwandten, Freunden und ehrenamtlichen Helfern rechtfertigen zu müssen, die ihr Vorwürfe machten: Warum hast du dieses Geld nicht mir gegeben? Deinem Cousin, der keine Arbeit hat? Deinem Onkel, der operiert werden muss? Deinem Schwager, der das Dach seines Hauses reparieren muss? Warum hast du es nicht für die Unterstützung alter Menschen ausgegeben? Für die Kriegswaisen? Für die Rettung der Alkoholiker? Für die vom Aussterben bedrohten Arten? Für die Frauenrechte? So ist es immer: Für jede Sache, die du unterstützt, für jede Schlacht, die du kämpfst, wird es tausend andere geben, denen du dich nicht widmen kannst, und für jede einzelne wird man dich zur Rechenschaft ziehen.

Auch dank des mehr als großzügigen Beitrags von Jean Seberg nahm das Projekt der kostenlosen Frühstücke seinen Anfang und breitete sich von der Oakland School, wo es begonnen hatte, auf viele weitere Schulen in den USA aus, bis es über zehntausend Kinder erreichte, die noch nie in ihrem Leben ein Frühstück bekommen hatten.

Gut, aber was sind zehntausend Kinder verglichen mit den Hunderttausenden, die an anderen Orten Amerikas oder der Welt nichts zu essen haben?

Wenn man dir mit Argumenten dieser Art kommt, versuch dir vorzustellen, du seist eins dieser zehntausend Kinder. Du wärst am Morgen aufgewacht, und endlich wäre dir der Schulweg kürzer vorgekommen, du hättest die Lehrerin schärfer gesehen und ihre Worte deutlicher gehört. Stell dir vor, du gehst mit etwas Wissen im Schulranzen nach Hause, nicht mit den ewigen Löchern im Magen.

Wenn der Tropfen, den jemand absondert, dein Tropfen ist, wird sogar »eins« zu einer sehr großen Zahl.

Doch dann kann es natürlich passieren, dass du mitten in der Wüste Wasser trinkst und plötzlich jemand daherkommt, der mit einem Tritt deinen Becher durch die Luft fliegen lässt, sodass das Wasser im Boden versickert ...

Als die Kinder in den Schulbänken ihr Frühstück aßen und die Lehrerin sie zufrieden beobachtete, in der Gewissheit, dass man die Hoffnung nie aufgeben darf, weil das Gute ja doch früher oder später geschieht, stürmten bis an die Zähne bewaffnete Soldaten in die Klassenzimmer. Sie rissen den Kindern das Essen aus der Hand, es fiel auf den Boden und wurde in der allgemeinen Verwirrung zertreten.

»Warum?«, schrie die Lehrerin.

Sie erhielt viele Antworten, außer der richtigen: Die Klassenzimmer sind nicht geeignet, um darin zu essen, nicht alle Mütter haben ihre Erlaubnis gegeben, die Hygienevorschriften wurden nicht eingehalten, die Behörden wurden nicht vorschriftsgemäß von der Aktion informiert. Als die Mütter und Lehrerinnen in den folgenden Tagen alles taten, um die von den Soldaten aufgezeigten Versäumnisse nachzuholen, wurde ihnen klar, dass es nur Vorwände gewesen waren und dass auf jede spitzfindige Vorschrift, die sie umgehen konnten, sofort hundert andere folgen würden. Die Kinder aber hatten keinen Hunger mehr, denn von nun an verbanden sie mit dem Wort Frühstück nur noch das brutale Eindringen der Ordnungskräfte, Panik, die schreiende Lehrerin, die weinenden Eltern draußen vor dem Schultor ...

Wie bitte, die Polizei drang in die Schule ein, um Kinder am Essen zu hindern?, fragst du dich. Doch, genau so war es, und glaub nicht, es würde selten passieren.

Du weißt vermutlich, dass die Unterstützung von humanitären Aktionen, und seien es die moralisch unangreifbarsten, wie Essensmarken an Kinder zu verteilen, die sich die Schulkantine nicht leisten können, oder Menschen vor dem Ertrinken zu retten, massiven Hass auf sich zieht. Das hat, vermute ich, mit der irrigen Vorstellung zu tun, die Anzahl derer zu erhöhen, die essen oder am Leben bleiben, würde früher oder später dein Recht, zu essen oder am Leben zu bleiben, bedrohen. Wie ist das möglich? Jemandem ein Recht auf etwas zu geben, bedeutet ja nicht, es einem anderen zu nehmen. Stimmt, aber so war es auch beim Stimmrecht für Frauen. Die Suffragetten forderten nicht, den Frauen das Stimmrecht zu geben und es den Männern zu nehmen, trotzdem wollte die Mehrheit der Männer es ihnen nicht gewähren.

Es ist eine Tatsache, dass viele die ganze Welt mit ihrem eigenen Vorgarten gleichsetzen. Ein Garten, der ständig vor denen geschützt werden muss, die keinen Garten haben, folglich eines Tages den Garten der anderen für sich verlangen könnten.

So denken sowohl diejenigen, die in den Kellergeschossen der heruntergekommensten Ghettos leben, als auch die Bewohner der gepflegten Häuschen in den Villenvierteln.

In einer dieser gepflegten kleinen Villen im Seward Square Nr. 413 in Washington, D. C. wohnte eine weitere wichtige Figur in unserer Geschichte.

Für diesen Mann, J. Edgar Hoover – ich habe dir schon von ihm erzählt, du wirst dich erinnern, was er gegen Martin Luther King anzettelte –, war sein Vorgarten gleichbedeutend mit ganz Amerika, und er war bereit, sich foltern zu lassen, zu sterben und sogar zu töten, nur um dieses Gärtchen zu schützen. Nach dem Tod seiner Mutter, er war um die vierzig, hielt er rote Fische im Brunnen des Innenhofs und schlief mit dem Gewehr im Arm, überzeugt, dass früher oder später jemand in sein Haus eindringen würde. Machte einer seiner Mitarbeiter ihn darauf aufmerksam, dass es nicht die geringste Gefahr gab, weil sein Wohnviertel eines der ruhigsten der Welt war, ließ Hoover ihn feuern und sagte, er wolle nur aufgeweckte Leute im Federal Bureau of Investigation, das er von 1935 bis zum Tag seines Todes 1972 leitete.

Nach den ersten Entlassungen lernten seine Angestellten, alle nötigen Beweise zu finden, damit Hoover »sich die Welt erschaffen konnte, an die er glaubte«. Das befeuerte seine ständige Alarmbereitschaft nur noch mehr und löste einen Teufelskreis aus, bei dem er ständig Gefahren witterte und seine Männer ihm die Beweise lieferten, dass diese Gefahren tatsächlich existierten.

Hoover war kein wirklich böser Mensch. Seit er denken konnte, war er immer bei Morgengrauen aufgewacht, hatte eifrig studiert und hart gearbeitet, sich wenig Luxus und äußerst selten Erholung gegönnt. Er hatte immer seine Steuern bezahlt, den Abfall ordnungsgemäß entsorgt und auf seine persönliche Hygiene geachtet. Oft hatte er gelogen, das ja, aber immer »für das Wohl Amerikas!«, wie sein eigener Freispruch lautete.

Den Vorwurf, jahrzehntelang eigenmächtig über das Schicksal einer ganzen Nation entschieden zu haben, wehrte er mit den Worten ab, man schulde ihm keinen Dank. Es darf daher nicht verwundern, dass J. Edgar Hoover 1956 ein weitgehend illegales Projekt ins Leben rief, Counter Intelligence Program genannt, doch besser bekannt unter dem Akronym COINTELPRO, mit dem Ziel, potenziell kompromittierendes Material über das Privatleben eines jeden Bürgers zu sammeln, um alle auf seine persönliche Vorstellung von Amerika zu verpflichten.

Oft fand Hoover nichts über die Menschen heraus, die er überwachen ließ, doch es genügte, ein Dossier in der Kartei des FBI anzulegen, damit alles, was dort vermerkt war, Beweiskraft erlangte. Verführt von Hoovers Schmutzkampagnen, begehen wir noch heute den Fehler, zu glauben, alles, was in den Protokollen des FBI geschrieben steht, sei damals durch Beweise gestützt worden. Aber das stimmt nicht. Hoover ließ regelmäßig einen Teil des gesammelten Materials vernichten, um keine Spuren seiner nicht immer von der Regierung autorisierten Ermittlungen zu hinterlassen, und das konnte uns zu dieser irrigen Annahme verleiten. Die Tatsache, dass man selbstverständlich davon ausgeht, Geheimdienste müssten keine Beweise liefern – wegen der Geheimhaltung, die ihre Tätigkeit umgibt und Teil der Pflichtethik der Agenten ist –, führt dazu, dass wir zu oft keine Beweise für das haben, was sie behaupten, und auch keine Beweise verlangen.

In Wahrheit aber – und das würde auch ein Kind verstehen – landeten oft nur Spielzeugpistolen und Theaterperücken in den Archiven und Karteikästen von Hoovers FBI, die dann als unanfechtbare Beweise für kriminelle Biografien oder moralische Verdorbenheit dienen mussten.

Da seine Amtszeit sich fast über die gesamte politisch heikle Phase des Kalten Krieges hinzog, nutzte Hoover die Angst vor dem Sowjetkommunismus als Schreckgespenst, damit er mit unkorrekten Ermittlungsmethoden und Erpressungen jeden beliebigen Bürger kaltstellen konnte. Wer ins Visier des FBI geriet, war automatisch angeklagt, verdächtige Sympathien für die Heimat der Matrjoschka zu hegen. Doch Hoover musste feststellen, dass seine Landsleute gegen das Virus des Antiamerikanismus weitgehend immun waren. Da er sie nicht als vaterlandsfeindliche Verschwörer entlarven konnte, beschloss er, seine Ermittlungen auf ein anderes Feld zu verlagern. Statt den politischen Ruf der »Feinde Amerikas« zu zerstören, würde er ihr Privatleben angreifen. Und so begannen seine Leute, jeden Spermafleck auf einem Autositz oder einer Hotelmatratze zu archivieren. Hoovers Männer mussten stundenlang jeden Orgasmus seiner Feinde anhören und aufzeichnen. Feinde waren all jene, die seiner Ansicht nach Amerikas »wahre Werte« verrieten: Hippies, Drogensüchtige, Umweltschützer, Pazifisten, Homosexuelle, Feministinnen, Vietnamkriegsgegner, »Neger« und italoamerikanische Mafiosi. Die Mafiosi waren allerdings keine wirklichen Feinde, denn sie begingen zwar Verbrechen, hatten aber – weil von allen gehasst – nicht die geringste Chance, die öffentliche Meinung zu beeinflussen, und das machte sie in Hoovers Augen weit weniger gefährlich.

1964 kamen auch die Anhänger des Ku-Klux-Klan auf die Schwarze Liste von COINTELPRO, doch nur weil sie mit ihrem eigenmächtigen Handeln und ihrer Missachtung der Zentralregierung zu weit gegangen waren.

Hoovers wichtigste Gegner – praktisch alle sechs Präsidenten, die während seiner Amtszeit aufeinander folgten – hofften insgeheim, er würde vom Erdboden verschwinden. Sie waren auch überzeugt, dass Hoover nur darum auf die Idee gekommen war, die Waffe des privaten Skandals zu benutzen, weil er selbst panische Angst vor der Verletzung seiner Privatsphäre hatte. Seine Karteikästen mit schmutzigen Strumpfhaltern und Unterhosen zu füllen, war also eine Verteidigungswaffe – andere erpressen, bevor man selbst erpresst wird.

Die Fakten gaben ihm recht, denn er schaffte es, in kürzester Zeit unantastbar zu werden. Du wirst dich fragen, warum niemand versucht hat, ihn aufzuhalten. Es gibt ein Sprichwort, das diese Dynamik erklärt: Ein fauler Apfel steckt hundert gesunde an. Ja, denn manchmal genügt ein einziger Mensch, der bezahlt wird, um Informationen aus einer Zeitungsredaktion oder dem Vorstand eines Verlags auszuplaudern, und der ganze Mechanismus gerät ins Stocken. Das FBI hatte solche Leute in jeden Bereich der Medien eingeschleust. Und immer wenn eine Zeitung oder ein Verleger vorhatte, die fragwürdigen Methoden des FBI anzuprangern, wurde Hoover vorher davon informiert und konnte die Maschinen anhalten lassen, bevor die Nachrichten gedruckt wurden. Er musste nicht viel dafür tun: Mal verschwanden die Druckfahnen, mal erhielt die Redaktion ein Foto der Frau des Direktors, auf dem sie den schwarzen Chauffeur küsste, oder einen Umschlag mit Arztrezepten für unzählige Psychopharmaka oder Mahnungen wegen unbezahlter Bußgelder oder einen ungedeckten Scheck, es war alles dabei. Der Druck, den das FBI ausübte, war so groß, seine Mittel so raffiniert, dass alle schließlich nachgaben.

1950 aber schritt Max Lowenthal, ein Anwalt aus Washington, der zuvor Mitarbeiter des Kongresses und Berater von Präsident Truman gewesen war, zur Tat. Er hatte zehn Jahre seines Lebens damit verbracht, unanfechtbare Beweise für die illegalen Methoden von Hoovers FBI zu sammeln. Diese Methoden, so schrieb er in seinem Buch *The Federal Bureau of Investigation*, »untergraben die demokratischen Grundlagen des Landes«. Die USA mussten davon erfahren.

Als Hoover von der bevorstehenden Veröffentlichung des Buches erfuhr, kämpfte er wie ein Löwe. Doch manchmal rollt die Kugel unerklärlicherweise ins Loch, trotz aller Versuche, sie auf ihrer Bahn aufzuhalten.

Das Buch erschien.

»Ja, und?«, fragst du. »Warum geschah nichts?«

Weil das Buch von keinem gelesen wurde. Ich werde nie müde werden, zu wiederholen, dass nicht das Angst macht, was in einem Buch steht, sondern diejenigen, die es lesen. Wenn ein Buch nicht gelesen wird, stirbt sein Inhalt. Wird es aber erfolgreich, verwandelt es sich in einen Dietrich, und dann wird sein Inhalt gefährlich.

Denn Lowenthal war kein Schriftsteller. Er war ein guter Anwalt, ein guter politischer Berater und hatte enorme Mühen auf das akribische Sammeln von Beweisen gegen das FBI verwandt, aber das Buch war unlesbar, »langweilig wie ein Gerichtsprotokoll«.

Es gab zwar einen gewissen Medienrummel, vor allem, weil Hoover einige Zeitungsverrisse in Auftrag gab. Doch auch diese Debatte verschaffte Hoover noch mehr Macht, denn die Amerikaner verstanden lediglich, dass sie alle überwacht werden konnten und dass das FBI die Informationen, die es in Klatschzeitungen sammelte, seinem wahren bewaffneten Arm, als Beweise anonymer Informanten ausgab.

Und jetzt können wir zu dem Moment unserer Geschichte zurückkehren, an dem wir sie verlassen haben, denn unter den Schlägen dieses bewaffneten Arms kam auch Jean Seberg zu Schaden. Das FBI hörte eines ihrer Telefongespräche ab: Elaine Brown, eine Aktivistin der Black Panther, hatte Jean angerufen und um erneute Unterstützung der Bewegung gebeten. In dem Gespräch vertraute Jean ihr an, dass sie schwanger war. Diese Nachricht tarnte das FBI als Enthüllung einer Freundin von Jean Seberg, ließ sie unverzüglich den Zeitungen zukommen und gab dabei auch gleich zu verstehen, wer der wahre Vater des Kindes sei.

Kein seriöser Journalist biss an, außer einer Leitartiklerin der *Los Angeles Times*, die ihre Klatschspalte über Hollywoodstars sehr populär gemacht hatte. Aus Furcht vor Rechtsstreitigkeiten verbot der Herausgeber der Zeitung dem Journalisten, die Namen der Beteiligten zu nennen. Doch jeder Amerikaner konnte erkennen, dass es um Jean Seberg ging, denn damals gab es in Hollywood nur wenige Schauspielerinnen, die »Neger-Freundinnen« waren, und keine von ihnen war mit einem Franzosen verheiratet.

Obwohl nun alle Bescheid wussten, kam die auflagenstärkste amerikanische Wochenzeitschrift, *Newsweek*, zwei Monate später auf das Thema zurück, um zu präzisieren, dass es sich tatsächlich um Jean Seberg und den Anführer der Black Panther Raymond Hewitt handelte.

Der hektische Reigen der Wetten auf die Hautfarbe des ungeborenen Kindes flammte wieder auf. Viele waren sicher, das Kind werde so schwarz sein wie die Scham der Mutter vor der Weltöffentlichkeit. Zwei Monate Wartezeit noch, bevor die Mutter das Kind gebären würde, um es der neugierigen Menge der Leser zum Fraß vorzuwerfen.

Jean Seberg, die noch recht gefasst reagiert hatte, als die Nachricht im Mai 1970 zum ersten Mal aufgetaucht war, konnte zwei Monate später, als sie hörte, dass ihr Name gut sichtbar auf der beliebtesten Zeitschrift Amerikas prangte, nicht so gelassen bleiben. Unaufhörlich klingelte das Telefon, stundenlang musste sie ihre Verwandten beruhigen, die angerufen hatten, um sie zu trösten, dann aber selber Trost wollten, die Anspielungen neugieriger Anrufer übergehen und die Prozession aufdringlicher Freunde vor ihrer Haustür unterbinden. Aber es wurde nicht besser, Nachbarn brachten ihr Blumen, nur um den Skandal von Nahem zu sehen oder den Tratsch weiterzugeben, den sie auf der Straße gehört hatten.

Seberg stand kurz vor einem Nervenzusammenbruch, als starke Wehen einsetzten, obwohl sie erst im siebten Monat war. Sie wurde in die Notaufnahme gebracht, doch die Entbindung ließ sich nicht mehr hinausschieben. Am 23. August 1970 wurde die kleine Nina mit einem Kaiserschnitt auf die Welt geholt, sie war gesund, aber zwei Monate zu früh geboren.

Vielleicht lag es an der angespannten, ungesunden Luft um sie herum, dass das Mädchen schon bald nicht mehr atmen wollte.

Bei der Beerdigung in Marshalltown, dem Geburtsort der Mutter, blieb der Sarg während der ganzen Trauerfeier geöffnet. Hundertachtzig Fotografen aus aller Welt drängten sich um den Sarg, um den Leichnam eines schwarzen Kindes zu fotografieren. Wie sie beim Anblick des offenen Sargs schon geahnt hatten, wurden sie enttäuscht, die lang erwartete Enthüllung blieb aus – der kleine Körper war eindeutig weiß.

Ninas toten Körper während der Trauerfeier zu zeigen, war eine vollkommen falsche Entscheidung gewesen. Anders als die Eltern gehofft hatten, setzte sie keinen Schlusspunkt unter die Geschichte. Im Gegenteil, diese Konzession an die Presse war wie ein Stück Fleisch, das einer hungrigen Bestie vorgeworfen wurde, und sie verlangte sofort mehr. Schon am Tag nach der Beerdigung schloss man Wetten auf die wahre Identität des Vaters ab, der zwar kein Schwarzer war, aber doch ein Geliebter von Jean Seberg sein konnte.

Als die Eheleute erkannten, dass der Horrorfilm, für den sie ohne ihr Wissen engagiert worden waren, niemals enden würde, trennten sie sich, vielleicht um einander nicht ständig an diese schmerzhafte Geschichte zu erinnern.

In den folgenden Jahren versuchte Jean mehrmals, sich eine Woche vor oder nach dem Jahrestag von Ninas Tod das Leben zu nehmen.

Neun Jahre später gelang es ihr. Sie schloss sich in ihrem Auto ein und schluckte eine Menge Schlaftabletten. Der Leichnam wurde erst einige Tage später gefunden. Sie hinterließ eine Nachricht für ihren Sohn Alexandre:

»Verzeih mir, ich kann nicht länger leben mit meinen Nerven.«

Anderthalb Jahre später nahm auch Romain Gary sich das Leben mit einem Schuss in den Mund. Er hinterließ ebenfalls eine Nachricht:

»Keine Verbindung zu Jean Seberg.«

Es war sein Versuch zu verhindern, dass die Presse ihrer beider Namen abermals missbrauchte, sie noch einmal in der zigsten Version einer Geschichte vereinte, die niemals hätte erzählt werden dürfen.

Ich bitte dich, begnüge dich mit dem, was du hier gelesen hast, such nicht nach mehr Informationen im Netz. Denn du wirst, wie es mir geschah, auf Artikel stoßen, die zwar heute geschrieben wurden, in denen aber noch immer der Ton der damaligen Presse widerhallt. Einer puritanischen und rassistischen Presse, die, auch wenn sie vorgab, Seberg zu verteidigen, nichts anderes tat, als die engagierteste Schauspielerin Hollywoods und den originellsten, antikonformistischsten Schriftsteller jener Jahre in den Schmutz zu ziehen.

Lesern von Klatschgeschichten ist selten bewusst, was sie tun. Auch ich musste mir über Jahre hinweg beibringen, dieser Versuchung auch bei vielversprechenden, saftigen Enthüllungen nicht nachzugeben, obwohl dieser Verzicht für meine berufliche Arbeit nachteilig sein kann. Ich habe den Finger, der die Nachrichten auf meinem Handy überfliegt, darauf trainiert, gleichmütig zu bleiben.

»Das habe ich nur aus Neugier gelesen«, sagen meine Freunde manchmal. Eben diese Neugierde diskreditiert und tötet Menschen. Daran ist Nina gestorben.

SCHREI, DASS DU NICHT SCHLAFEN KANNST, WENN ANDERE NICHT SCHLAFEN,
DASS DU NICHT ESSEN KANNST, WENN ANDERE NICHT ESSEN,
DASS DU NICHT GESUND WERDEN KANNST, WENN ANDERE NICHT GESUND WERDEN,
DASS DU NICHT LIEBEN KANNST, WENN ANDERE NICHT LIEBEN DÜRFEN.

Julian Huxley, *Soviet Genetics and World Science: Lysenko and the Meaning of Heredity*, London 1949.

Joyce Haber, »Miss A Rates as Expectant Mother«, in: *Los Angeles Times*, 19. Mai 1970.

»Max Lowenthal/Lawyer, Dies, Book of FBI Stirred a Storm«, in: *The New York Times*, 19. Mai 1971.

Wendell Rawls Jr., »FBI Admits Planting a Rumor to Discredit Jean Seberg in 1970«, in: *The New York Times*, 15. September 1979.

M. Wesley Swearingen, *FBI Secrets. An Agent's Exposé*, Boston 1995.

Duncan Campbell, »How the FBI Used the Gossip Columnist to Smear a Movie Star«, in: *The Guardian*, 22. April 2002. https://www.theguardian.com/media/2002/apr/22/mondaymediasection.filmnews.

Simon Sebag Montefiore, *Der junge Stalin. Das frühe Leben des Diktators 1878–1917*. Fischer, Frankfurt/M. 2007.

Francesco Cassata, *Le due scienze. Il »caso Lyssenko« in Italia*, Turin 2008.

Curt Gentry, *J. Edgar Hoover. The Man and the Secrets*, New York 1991. (Aus diesem Buch stammen die beiden Zitate: Die von den FBI-Agenten besorgten Beweise dienten dazu, dass Hoover »sich die Welt erschaffen konnte, an die er glaubte«, und »Lowenthals Buch war so langweilig wie ein Gerichtsprotokoll«).

Anthony Summers, *J. Edgar Hoover. Der Pate im FBI*, München 1994.

Ariane Chemin, *Mariage en douce. Gary et Seberg*, Paris 2016.

Romain Gary, *Du hast das Leben vor dir*, üb. v. Christoph Roeber, Zürich 2017.

Dale M. Brumfield, »Cheapened and Neutralized: Why the FBI Destroyed Actress Jean Seberg's Life«, in: *Medium*, 21. Februar 2019, https://medium.com/lessons-from-history/cheapened-and-neutralized-why-the-fbi-destroyed-actress-jean-sebergs-life-4097d87e8195.

PIER PAOLO PASOLINI

21.
DIE TANKSTELLE

Überall wo ein Aas ist, da sammeln sich die Geier.
MATTHÄUS 24, 28

Am 18. November 1961 fährt ein Mann mit dem Auto über die Küstenstraße, die von Sabaudia nach Circeo führt. Es ist kurz nach drei, als er an einer Tankstelle hält. Er geht in die Bar und bestellt eine Cola.

Die Sonne brennt noch heiß, obwohl es Spätherbst ist, denn am Monte Circeo hält der Martini-Sommer länger an.

Die Tankstelle mit der Bar liegt in einer Gegend, die erst durch Mussolinis Projekt der Urbarmachung zugänglich wurde. Er ließ hier Wälder aus Eukalyptusbäumen pflanzen, die den Morast austrockneten.

Das Meer ist so allgegenwärtig und die Sanddünen sind so hypnotisch, dass sie Halluzinationen auslösen können, wie in der Wüste.

Der Cola-Trinker stellt sein leeres Glas auf dem Tresen ab und streift sich ein Paar Handschuhe aus schwarzem Leder über. Dann zückt er eine Pistole, öffnet langsam die Trommel, holt eine Patrone aus der Tasche und lädt. Träge dringt ein Sonnenstrahl in das Lokal, fällt auf den Lauf der Pistole und offenbart dem erschrockenen Barmann ein weiteres ungewöhnliches Detail: Das Geschoss ist aus Gold.

Jetzt sieht der Barmann die Pistole auf sich gerichtet, er soll die Tageseinkünfte der Bar und der Tankstelle herausgeben. Der Barmann reagiert beherzt, packt ein Messer an der Klinge, versetzt dem Räuber einen Schlag mit dem Griff und kann ihn zur Flucht bewegen.

Am nächsten Tag entdeckt er ihn in Begleitung eines Freundes vor der Bar. Diesmal notiert er sich das Autokennzeichen.

Es scheint, als hätte der Barmann seinen Angreifer, den Schriftsteller und Regisseur Pier Paolo Pasolini, nicht erkannt, denn als er Anzeige bei der örtlichen Wache der Carabinieri erstattet, kann er nur das Autokennzeichen angeben, nicht den Namen des Räubers. Merkwürdig, dass er ihn nicht erkannt hat. Offenbar hat er keinen Fernseher und liest keine Zeitungen, denn der Mann, der versucht hat, ihn auszurauben, steht seit vielen Jahren im Mittelpunkt heftiger öffentlicher Debatten. Seine Romane *Ragazzi di Vita* und *Una vita violenta* haben Missfallen erregt, weil sie in die dunkelsten Sphären der männlichen Prostitution vorgedrungen sind.

Sein Film *Accattone*, der gerade in den Kinos von ganz Italien anläuft, ist bereits Gegenstand einer hitzigen Auseinandersetzung. Unmoralisch, unanständig, gefährlich, stolz auf die eigene Schuld … das wirft das christdemokratische, aber auch das kommunistische Italien Pasolini vor.

Wie es aussieht, hat die Tankstelle nicht nur dem Vormarsch der Nachrichten und Medien an der Küste Latiums wie eine Festung widerstanden, sondern auch den Gerüchten, die in der römischen Unterwelt umgehen. Sonst hätte der Barmann erfahren, dass Pasolini eine berühmte Persönlichkeit ist, skandalumwittert und Gegenstand heftiger Diskussionen, schon einmal angeklagt wegen Diebstahls und nächtlichen Herumtreibens am Kapitol und am Monte Caprino, wo Männer käufliche Liebe anbieten.

Natürlich, du hast recht. Vielleicht lügt der Barmann. In Wahrheit weiß er sehr genau Bescheid, ja, er ergreift sogar, wie alle Italiener, Partei für oder gegen Pasolini. Seine Aussage ist nichts anderes als der Versuch, eine Szene zu entwerfen wie die, von denen er schon gehört hat. Doch diesmal möchte er sich selbst in den Mittelpunkt stellen.

Auf der Wache der Carabinieri aber schwört der Barmann, Pasolini im ersten Moment nicht erkannt zu haben. Er sei nicht auf Ruhm oder Geld aus und wolle einem Mann, der schon zur Zielscheibe geworden war, keinen weiteren Schlag zufügen.

Die Anzeige zwingt Pasolini, die Pontinische Küste zu verlassen, wo er gerade zusammen mit Sergio Citti am Drehbuch für einen anderen Film, *Mamma Roma*, schreibt. Er muss eilig in die Stadt zurück, damit die Carabinieri seine Wohnung in der Via Carini durchsuchen können, wo er wahrscheinlich die Pistole mit der goldenen Kugel versteckt hat.

»Was soll denn der Quatsch mit der goldenen Kugel?«, protestierst du. »Die Richter werden eine so unwahrscheinliche Geschichte doch nicht etwa geglaubt haben?«

Doch, die Richter haben sie geglaubt.

In der Via Carini kommt die Waffe nicht zum Vorschein, aber die Beschreibung des Barmanns ist zu lebendig, um ignoriert zu werden, und die goldene Kugel ein zu surreales Detail, um erfunden zu sein.

Pasolini wird wegen versuchten bewaffneten Raubüberfalls der Prozess gemacht. Er wird verurteilt, dann begnadigt und in dritter Instanz freigesprochen, aber nur aus Mangel an Beweisen. Die Pistole fand sich nicht, und außer dem Barmann gab es niemanden, der Zeuge der Szene war.

Am 3. Juli 1962, bei der Eröffnung des Verfahrens, bezeichnet der Anwalt der Verteidigung, Francesco Carnelutti, einen versuchten Raubüberfall mit vierundzwanzig Karat als höchst unwahrscheinlich.

Der Anwalt stellt dem Gericht Fragen, die auch ans ganze Land gerichtet sind: Warum hätte Pasolini, ein bekannter und wohlhabender Mann, zwanzig Jahre Gefängnis für die lächerliche Summe von zweitausend Lire riskieren sollen? Und ist es glaubhaft, dass der Barmann den räuberischen Kunden beim Betreten des Lokals wirklich nicht erkannt haben will? Könnte der versuchte Raubüberfall, der bei den Carabinieri angezeigt wurde, nicht die erfundene Geschichte eines geltungssüchtigen jungen Mannes gewesen sein?

Die Fragen des Anwalts scheinen auf logischen Schlüssen zu beruhen, doch die Aufmerksamkeit der Öffentlichkeit verlagert sich schon bald auf ein dringenderes Problem, das die Presse angesprochen hat: Warum bemüht sich der Anwalt so eifrig um die Verteidigung seines Klienten? Reine professionelle Pflichtethik? Oder muss man, was realistischer ist, annehmen, dass Pasolini und sein Anwalt ein Paar sind?

Ein perfektes Mittel, um von den Argumenten der Verteidigung abzulenken und zu den Eigenarten der Personen überzugehen: Ist Pasolinis Anwalt schwul? Kann einer, der sich als gläubiger Christ bezeichnet, wie der Anwalt Carnelutti, schwul sein? Wer mag da wen verführt haben?

Während die Öffentlichkeit sich über diese Fragen den Kopf zerbricht, geht der Prozess weiter, und Pasolini wird schließlich verurteilt.

Ja, du hast richtig gehört: Pasolini, der größte italienische Intellektuelle des 20. Jahrhunderts, wird wegen »Bedrohung mit Waffengewalt« verurteilt, einer Waffe mit goldener Kugel, in einem öffentlichen Lokal an einer befahrenen Straße, das jeden Moment jemand hätte betreten können, obendrein wenige Kilometer von Laura Bettis Haus entfernt, wo Pasolini sich häufig aufhält, um dort zu arbeiten.

Der Prozess wegen versuchten Raubes in der Bar vom Circeo endet mit einer Verurteilung zu zwei Wochen Gefängnis, einer Geldstrafe von zehntausend Lire (fünfmal mehr als die Summe, die Pasolini zu stehlen versucht haben soll) wegen unerlaubten Waffenbesitzes und der Zahlung von fünfzigtausend Lire Schadensersatz an den Vater des Barmanns, der zum Tatzeitpunkt noch minderjährig war.

Welcher Waffenbesitz ist gemeint, wenn sich doch keine Waffe fand? Und warum Schadensersatz, wenn der Raub vereitelt wurde?

Frag mich nicht, ich versichere dir, die Richter glaubten es. Das Urteil zeigte, dass sie alles widerspruchslos hinnahmen, was die Anklage vorbrachte: die Waffe, die goldene Kugel und dass der Raub nur verhindert wurde, weil der Barmann mutig mit dem Messergriff zuschlug. Mit dem Messergriff?

Natürlich. Um die Tatsache zu rechtfertigen, dass Pasolini unverletzt blieb.

Ich weiß, auch das ist lächerlich, dass jemand ein Messer an der Klinge anfasst.

Das Urteil kam vor den Kassationsgerichtshof in Rom, der die Forderungen sowohl des Angeklagten als auch des Staatsanwalts ablehnte, aber Pasolini Straffreiheit gewährte. In der nächsten Instanz setzte sich Pasolinis zweiter Anwalt, Giuseppe Berlingieri, zwar für Freispruch wegen erwiesener Unschuld ein, erreichte jedoch nur einen Freispruch aus Mangel an Beweisen, was für Pasolini ein Stachel im Fleisch blieb.

An diesem Tag erkannte er, dass der Verdacht, ein Räuber zu sein, für immer an ihm kleben würde. Die Zweifel würden nie verschwinden.

Natürlich erhöhten diese falschen Anschuldigungen, die fortwährenden Auseinandersetzungen auch die Aufmerksamkeit für seine Filme und Bücher, doch der Preis, den er dafür zahlte, war zu hoch und für ihn nicht mehr zu ertragen. Inzwischen war es ein ständiger Druck: Jeden Tag erschien eine Falschmeldung über ihn, täglich gab es die unglaublichsten Anschuldigungen. Er habe einer Figur in seinen Filmen seinen Nachnamen verliehen, er habe seinen eigenen Roman kopiert, einen Roman, der nie erschien, weil er auf dem Rücksitz eines gestohlenen Autos zurückgeblieben sei, er sei mit einem Stock im After ins Krankenhaus eingeliefert worden.

Der Film *Mamma Roma*, an dem Pasolini lange im Hinterland des Monte Circeo gearbeitet hatte, kam im September desselben Jahres heraus. Auch diesmal zog Pasolini das ganze Ausmaß möglicher Anklagen auf sich, vor allem die Anklage wegen Erregung öffentlichen Ärgernisses und des Verstoßes gegen die Moral. Unerklärlicherweise wurde er jedoch nicht strafrechtlich verfolgt.

Also beschloss Pasolini, die unverhofft frei gewordenen Energien, die er gewöhnlich einsetzen musste, um sich in den Gerichtssälen zu verteidigen, in die Werbung für seinen Film zu investieren.

Am Tag der Premiere im Kino Quattro Fontane erschien er voller Hoffnung, das Publikum der Hauptstadt erobern zu können, denn sein Film beruhte auf einem stadtbekannten Fall, dem Tod des Sohns einer römischen Prostituierten im Gefängnis Regina Coeli.

Die Erzählung war herzzerreißend, die Geschichte eine jener Geschichten, bei denen man, so Pasolini, die Tränen kaum zurückhalten kann.

Pasolini hatte seine Rede im Kinosaal gerade beendet, als eine neofaschistische Schlägertruppe sich von der Seitenempore herabließ und ihn angriff. Seine engsten Freunde, darunter Sergio Citti und Laura Betti, warfen sich ins Getümmel, um ihn zu verteidigen, wurden aber ebenfalls zusammengeschlagen.

Doch verglichen mit der römischen Premiere von *Accattone* ging es diesmal glimpflicher ab. Damals hatten Neofaschisten die Vorführung gestört, indem sie Tinte auf die Leinwand sprühten.

Ich könnte dir sämtliche Prozesse auflisten, in die Pasolini verwickelt war. Insgesamt dreiunddreißig. Doch stattdessen möchte ich dir nur von einem anderen Prozess erzählen, der ihm gemacht wurde. Neben dem, von dem ich dir gerade berichtet habe, ist er der einzige, den ich mir näher anschauen möchte.

1969 zeigt ein Viehzüchter aus Catania Pasolini an, weil er den Tod von fünfzig seiner Schafe verursacht haben soll.

Nach Aussage des Schafzüchters hat Pasolini, als die Dreharbeiten zum Film *Porcile* (*Der Schweinestall*) beendet waren, eine unbestimmte Anzahl Hunde freigelassen, die er zuvor in seinem Film benutzt hatte. Die hungrigen Tiere haben die Nacht abgewartet und sind dann in das Gehege des Viehzüchters eingedrungen, um die Schafherde zu zerfleischen. Die Tiere müssen Pasolini gehören, denn er hat sie sicher nicht zurück nach Rom gebracht. Warum auch, was hätte er mit all diesen Hunden machen sollen?

Pasolini war überzeugt, dass normale Menschen wie der Barmann vom Circeo oder der Schafhirte aus Catania ihn angriffen, weil sie schlichte Gemüter waren, ungebildet und darum leicht zu beeinflussen. Sie verwechselten ihn mit den Figuren seiner Romane, nach dem Motto: Wenn einer über Drogen schreibt, ist er wahrscheinlich drogensüchtig.

Doch allein aus dieser ebenso naiven wie unschuldigen Ineinssetzung wird nie Verfolgung oder Rache. Wenn Vorurteile bis in eine Wache der Carabinieri gelangen und dort zum Protokoll werden, hat das nichts mehr mit einer Verwechselung zwischen dem, der schreibt, und dem Geschriebenen zu tun, hier geht es um ein Gift, das nach und nach in den Körper der Gesellschaft injiziert wurde.

Nicht Unbildung oder der Niedergang der Kultur haben es möglich gemacht, Pasolini der unwahrscheinlichsten und gemeinsten Taten zu bezichtigen, sondern das Klima des Hasses, das um ihn herum geschaffen wurde. Ein Klima, in dem es nicht genügte, ihn anzuzeigen, vor Gericht zu bringen, zu diffamieren, nein, es tötete ihn sogar.

Die Szene seiner Ermordung wurde so oft beschrieben, dass mir beim Gedanken an die Nacht des 2. Novembers 1975 der ranzige Geschmack des Huhnes in die Kehle steigt, das Pino Pelosi in der Trattoria Biondo Tevere aß, bevor er Pasolini begrüßte. Dazu brummt in meinem Kopf der Motor des Alfa 2000 GT, der über die Cristoforo Colombo gleitet, bis er den verwahrlosten kleinen Fußballplatz am Wasserflughafen von Ostia erreicht. Und jedes Mal, wenn ich an diesen Platz, an all die Fehler bei der Spurensicherung, bei den polizeilichen Ermittlungen zurückdenke, bekomme ich Migräne, und mir wird übel.

Du weißt es, oder? Du kannst dir vorstellen, warum so viele Fehler gemacht wurden?

Den eigentlichen Grund für alles – seinen Tod und seine Prozesse – bildet die Tatsache, dass Pasolini homosexuell war. Darum ist unwichtig, ob Pelosi ihn allein oder zusammen mit anderen oder andere ohne Pelosi ihn umgebracht haben oder ob der Mord politisch motiviert oder reine Bestialität war ... das zählt nicht, denn Pasolini war schwul, und ein Schwuler findet früher oder später immer jemanden, der ihm eine Lektion erteilt.

»Endlich hat er das wahre Wesen dieser Vorstadtgauner kennengelernt, die er so liebte!«, so dachte man, so kommentierte man seine Ermordung in Italien.

Sicher, in diesen Jungen gab es nicht nur die unberührte Reinheit, die er in ihnen sah, oft waren das abgebrühte Kriminelle, verroht und grausam, von der Armut ausgedörrt. Damals, um die Mitte der Siebzigerjahre, machten sie auch erste Drogenerfahrungen. Und nichts trübt deine Wahrnehmung so gründlich wie Drogen. Wenn du unter Drogen auf einen lebenden Körper einschlägst, ist es, als käme diese Gewalt nicht von dir. Als würdest du sie in einem Videospiel ausleben. Videospiele gab es damals noch nicht, Drogen ja, sie begannen, sich auszubreiten, wurden massenhaft konsumiert, erodierten den Horizont der italienischen Vorstädte.

Pelosi aber war an jenem Abend clean. Sonst hätte Pasolini, der diese Welt gut kannte, sich nicht die Hose öffnen lassen. Ich spreche von denen, die am Wasserflughafen zu Pelosi stießen … ja sicher, es ist nicht gesagt, dass jemand in dieser Nacht zu Pelosi stieß, vielleicht handelte Pelosi allein, wie er gleich nach seiner Verhaftung erklärte. Für mich ändert das gar nichts. Der genaue Tathergang interessiert mich nicht, mich interessiert, was vorher passierte, ich meine die Tatsache, dass über Pasolini jeden Tag absurde Geschichten entstanden, Geschichten von vorsätzlich abgeschlachteten Schafen, versuchten bewaffneten Raubüberfällen, Einlieferung in die Notaufnahme wegen Verletzungen des Afters. Anzeigen, gerade gut genug, um damit im Winter den Kamin zu heizen, die aber allmählich, Lüge für Lüge, in den Köpfen der Menschen tiefe Spuren hinterlassen hatten. Und so war es kein Zufall, dass Pelosi bei seiner Verhaftung sofort erklärte, was alle hören wollten: Er musste Pasolini töten, weil Pasolini versucht habe, ihn mit einem Stock anal zu vergewaltigen.

Viele Jahre später nahm er alles zurück, nichts davon sei wahr. Doch zunächst hatte man seine Anklagen für plausibel gehalten, weil man diesen Mord gerne als eine Abrechnung unter Schwulen ad acta legen wollte. Was über diesen Mord aber noch nicht gesagt wurde, ist, dass Pasolini in jener Nacht schon tot am Wasserflughafen ankam. Er kam an, zu Tode erschöpft von den dreiunddreißig Schlägen der Prozesse. Und wenn von dreiunddreißig Schlägen einer tödlich trifft, ist das kein Zufall, sondern Statistik.

Weißt du, in Wahrheit gibt es nur zwei Arten von Intellektuellen: Die einen erzählen vom Leben, das sie wie durch einen Paravent beobachten, die anderen müssen sich am Leben blutig stoßen, denn nur wenn sie sterbend am Boden liegen, können sie es beschreiben. Pasolini gehörte zum zweiten Typus: mit Haut und Haar im Leben. Schreiben ja, lesen ja, kommentieren ja, analysieren ja, doch nur von Sonnenaufgang bis Sonnenuntergang, denn sobald die Sonne verschwand, begann sein Nahkampf mit dem Leben. Pasolini hat zum Schreiben nie den Kopf benutzt, er hat immer nur den Körper benutzt, im Kampf.

Die Muskeln, die sich auf seinem blutüberströmten Körper auf dem Fußballplatz noch genau abzeichneten, sind das deutlichste Kennzeichen seines täglichen Kampfes.

Die, die ihn näher kannten, erzählen, dass er im Morgengrauen heimkehrte wie ein streunendes wildes Tier, das übel zugerichtet in seinen Bau zurückkommt: geschlagen, gehetzt, getreten, verdreckt, stinkend. Mal fehlt ihm ein Auge, mal ein Stück vom Ohr, mal lahmt ein Bein. Ein Nachttier. Ein Mann, der von allen guten Familienvätern verabscheut werden musste. Und tatsächlich waren genau diese »Durchschnittsmenschen«, die »guten Familienväter« Pasolinis Obsession. Für ihn waren sie zu den entsetzlichsten Verbrechen fähig. Die Konformisten, die Rassisten, die Sklavenhalter, die Gleichgültigen, die sich rühmen, gesetzestreu zu leben, in sicheren Häusern mit blühenden Geranien auf den Balkonen und gut im ledergefütterten Aktenkoffer verschlossenen Leichenteilen.

SCHREI, DASS DU NIEMALS SAGEN WIRST:
»SELBST SCHULD«.

In seinem Beitrag *La ricotta* (»Der Weichkäse«) für den Episodenfilm *RoGoPaG* lässt Pasolini den Schauspieler Orson Welles sagen, dass der »Durchschnittsmensch«, der gute Familienvater, »ein gefährlicher Verbrecher, Konformist, Kolonialist, Rassist, Sklavenhalter und unpolitischer Jedermann« ist.

Das von Laura Betti herausgegebene Buch *Pasolini: cronaca giudiziaria, persecuzione, morte*, Mailand 1977, beschreibt sämtliche Prozesse gegen Pasolini.

Es gibt ein Buch über Pasolini, das meiner Meinung nach auswendig gelernt werden müsste, und es handelt nicht von seinen Werken: Umberto Apice, *Processo a Pasolini. La rapina del Circeo*, Bari 2007. Apice zitiert unter anderem den Satz, den Pasolinis Anwalt Francesco Carnelutti im Gericht sagte und der das Klima um Pasolini gut zusammenfasst: »Ihr wollt Pasolini zerfleischen.«

Apice war auch der Erste, der verstand, was man mit diesem Prozess außerhalb des Gerichtssaals verkünden wollte: »Die Botschaft lautete, dass Pasolinis Vorbild nicht nachgeahmt werden darf, weil die Staatsmacht über reaktionsfähige Antikörper verfügt. Sie können all jene vernichten, die, und sei es nur mit dem Wort, die freie Ausübung staatlicher Gewalt behindern. Das zweifache Ziel war a) die Subkultur und das Kleinbürgertum zu beruhigen: Der Subversive, der Andere, der ›Schwule‹ hat sich mit eigenen Händen umgebracht; b) den Unangepassten zu drohen: Wer wagt, sich der Logik des Fortschritts und des Neokapitalismus zu widersetzen, wer fordert, dass die Wirtschaft vor allem Recht und Gesetz respektieren muss, wer sich zum Ankläger der italienischen Regierung macht, den erwartet das gleiche Schicksal wie Pasolini. Kurz, man muss einsehen oder spüren, dass die Regierung stark ist: ›Niemand darf sich erlauben, einen Prozess gegen diejenigen zu fordern, die Italien regieren.‹ Und wieder ist es, als laute die Warnung: ›Du bist ein Schriftsteller, ein Regisseur und ein Intellektueller, doch dein Wort, deine Botschaften sind nichts wert. Wir können die absurdesten Anschuldigungen gegen dich erheben – die Welt wird uns glauben.‹ Das ist die Logik von Mafiamorden. Der Auftraggeber muss erkennbar sein, wird aber nicht zur Verantwortung gezogen. Das wird anderen eine Lektion sein. Der Feind wird vernichtet, aber mit ihm muss auch sein Vorbild verschwinden. Es darf keinen geben, der ihn nachahmt.«

TROMMELWIRBEL

> Wenn Menschen weit entfernt auf anderen Planeten
> ein paar Wellenlängen von uns aufschnappen, vielleicht hören
> sie dann nichts als einen langgezogenen Schrei.
> IRIS MURDOCH

Hast du dein Schulbuch für Geschichte vor Augen? Das, mit dem du dich für eine mündliche Prüfung vorbereitest? Vielleicht magst du das Fach ja, vielleicht ist es aber auch eines der vielen Bücher, die deinen Schulrucksack schwer machen. Denk jedenfalls immer daran, dass du das nächste Kapitel im noch ungeschriebenen Geschichtsbuch der Gegenwart selbst verändern kannst.

Ich habe darüber nachgedacht. Wer weiß, ob die Geschichte und die Erinnerung an die Vergangenheit wirklich helfen können, zu verhindern, dass sich Katastrophen wiederholen. Aber eines ist sicher: Wenn du verstehen lernst, wie bestimmte Ereignisse sich ankündigen, wirst du den ersten Trommelwirbel inmitten von tausend Hintergrundgeräuschen erkennen können. Ich möchte, dass auch du das lernst. Weißt du, wie es im ausgehenden Mittelalter auf den Marktplätzen der italienischen Gemeinden aussah? Es lohnt sich, von dort auszugehen, denn die Massenkommunikation entsteht nicht erst im 20. Jahrhundert, sondern mit dem Tamtam der mittelalterlichen Prediger. Begeisterte Prediger, die in den vierzig Tagen vor Ostern auf die Marktplätze kamen, angekündigt vom fast freudigen Rhythmus der Trommeln. Sie predigten die Reinheit der Sitten und des Glaubens, eine strenge Rechtsgläubigkeit, die auch den jeweils Regierenden sehr gelegen kam. In den Zuhörern schürte man das Misstrauen gegen jede Form von Andersheit, gegen die schlecht integrierten Minderheiten, die entweder gewaltsam integriert oder verjagt werden mussten, gegen Juden, Prostituierte, Gaukler, Homosexuelle, Glücksspieler, Bettler. Die Prediger konnten die Gemüter so sehr entflammen, dass es nach ihren Auftritten prompt zu Unruhen kam: Eine Prostituierte wurde blutig geschlagen, ein Jude ins Wasser geworfen, Spielkarten wurden verbrannt und Hunderte Spiegel – Werkzeuge der Eitelkeit – zerschlagen.

Da begann man zu verstehen, dass der Marktplatz ein heikler Ort ist. Die Empfindungen der Menschen, die ihn bevölkern, können einen reinigenden Wind entfachen, der den feinen Staub wegfegt, oder aber ein erschreckendes Feuer. Es ist der Marktplatz, der uns dazu bringt, nachzugeben oder eine Intelligenz zu erwerben, die uns hilft, Kontakt mit unseren Mitmenschen aufzunehmen. Also ist es außerordentlich wichtig, sich anzuhören, was derjenige schreit, der neben uns steht. Denn die schlimmsten Ereignisse der Geschichte – die Hexenjagd, die Judenpogrome, die Religionskriege, die Jagd auf Brunnenvergifter, die faschistische Propaganda, die Aufmärsche der Nazis, die in Sowjetrussland von der Partei organisierten Sonntage, der Mord an Sacco und Vanzetti, die Ära McCarthy, die Völkermorde in Armenien, Ruanda, Bosnien und dem Kosovo, der »Islamische Staat«, der Populismus, der Rassismus, die Großstadtlegenden, die falschen Mythen, die Angriffe auf die NGOs, die Verschwörungstheorien und alle Fake News, die unser Verhalten beeinflussen wollen – haben mit einem einfachen, fast unhörbaren Trommelwirbel begonnen.

Versuchen wir also, diesen Rhythmus mit allen Mitteln zu entschlüsseln und anzuhalten. Sonst werden auch wir für das verantwortlich sein, was er entfesselt. Und die Generationen nach uns werden fragen, was wir taten, als diese Trommel zu schlagen begann. Doch wenn dieser Moment kommt, werden wir nicht direkt in die Schlacht ziehen können, um den Feind Mann gegen Mann zu bekämpfen. Vorher müssen wir uns denen stellen, die sagen: »Entspann dich, Mann!«, »Reg dich nicht immer so auf!«, »Das hier ist nicht Ruanda!«.

Das Tamtam ist niemals unschuldig. Schrei es, beim ersten Wirbel!

22.
TUTORIAL

> Es gibt einen Moment im Leben,
> da ist Schreien die einzige Pflicht.
> GIORGIO LA PIRA

Tutorials, diese Lernvideos, sind nützlich. Ich packe meinen Koffer jetzt immer mit zusammengerollter Kleidung. Ja, lauter kleine Rollen. Eine japanische Methode, die ich aus einem Tutorial gelernt habe. Dieses Tutorial hat die Geometrie der Koffer in aller Welt verändert, denn zusammengerollte Hemden und Pullover brauchen weniger Platz.

Als ich in deinem Alter war, in den Neunzigerjahren, waren Handbücher für Manager in Mode, eine Art Tutorial in Papierform, das erklärte, wie man eine Führungspersönlichkeit wird. Setz dich höher hin als dein Gesprächspartner, leg die Arme so übereinander, dass dein Gesicht die Spitze eines Dreiecks bildet, zeig immer Gewissheit, Charisma, trag enge Hosen, damit deine Hoden sich darunter abzeichnen.

Nun, Tutorials sind nützlich als Gebrauchsanweisung für Staubsauger, als Tipps, wie man auf dem Fensterbrett einen Garten anlegt. Aber lass dich nie von Tutorials verführen, die als Lebensratgeber auftreten, die versprechen, dir beizubringen, wie du im Existenzkampf deinen Motor so frisierst, dass andere es nicht bemerken, wie du rechts überholst, ohne eine Geldstrafe zu kassieren, wie du die Kunst der Verführung in zehn Tagen erlernst ... das ist blanker Unsinn. Man findet zwar manchmal interessante Zitate, es sind unterhaltsame Spielereien, aber keine Lebensratgeber. Sie können dir das Leben nicht beibringen.

Erst ein paar Jahre nach dem Gymnasium habe ich etwas entdeckt, das mir die Augen öffnete: Diese Überlebenskits des erfolgreichen Managers, an denen sich noch heute viele Geschäftsführer oder regierende Politiker orientieren, basieren auf den Leitlinien der Propaganda von Goebbels. Du hast richtig verstanden. Joseph Goebbels. Der Propagandaminister der Nazis.

Zustimmung erhält man, wenn man eine einfache Sprache spricht, sagte Goebbels. Eine Sprache, die sich dem Individuum mit der geringsten Intelligenz in der Gruppe anpasst.

Der am wenigsten intelligente Mensch einer Gruppe ist das Idol, der Fetisch, das Totem der Propaganda. Er wird als Matrize für die Fabrikation von Menschen benutzt, das Modell ist der weniger Talentierte, weniger Scharfsinnige, weniger Gebildete, weniger Befähigte, weniger Reflektierte, und so werden alle auf sein Niveau herabgesetzt. Wenn ein Redner seine Sprache schlichter macht, wird sich der Kluge überlegen fühlen, weil er die impliziten Gründe für diese sprachliche Vereinfachung zu verstehen glaubt. Der Großteil der Zuhörer aber wird die einfache Botschaft verstehen und sich nicht gedrängt fühlen, weiter darüber nachzudenken.

Politiker mit anspruchsvoller Ausdrucksweise signalisieren ihren Zuhörern hingegen, dass sie sich verändern und verbessern müssen, um zu verstehen. Sie vermitteln den Menschen das niemals angenehme Gefühl der Überforderung. Hat ein Politiker ein komplexes Programm, dessen Durchdringung Zeit, Hingabe und Geduld, dessen praktische Umsetzung Mut verlangt, muss er es zwangsläufig mit einer ebenso komplexen Sprache beschreiben, die seine Zuhörer in eine Situation ständiger Unzulänglichkeit bringt – und eben das soll ihnen ein Ansporn sein, klüger, konstruktiver zu werden. Im Gegensatz dazu erklärt ein Politiker mit simpler Sprache, der immer einfache Lösungen verspricht, seinem Publikum: Ihr seid in Ordnung, so wie ihr seid! Ihr seid nicht dumm, aber die anderen wollen, dass ihr euch dumm fühlt, um euch manipulieren zu können! Das ist die Fabrik des Einheitsdenkens, wie geschaffen, um die synaptischen Verbindungen zu trennen, die Hälfte des Hirnareals verkümmern zu lassen, Träume, Hoffnungen,

Fantasie und Vertrauen – die Musik des Lebens – auszulöschen. Eine Fabrik, die nur eine Farbe verkauft, ein einheitliches Grau für alle.

Dennoch war Goebbels der kultivierteste Mann unter den Bonzen des »Dritten Reichs«. Von den Männern um Hitler besaßen nur er und Albert Speer eine wirklich umfassende und vielseitige Bildung. Die anderen waren im Schnitt ignorant. Darum machte Hitler ihn zum Minister für Propaganda. Und als Reichspropagandaleiter konnte sich Goebbels zum einflussreichsten Politiker des »Dritten Reichs« entwickeln.

Die Grundprinzipien seiner Propaganda wurden wiederholt aus seinen Schriften herausgefiltert, bis sie ein Extrakt bildeten, das so klingt:

ERSTENS: sich dem Gegner niemals nachdenklich oder gesprächig zeigen.
ZWEITENS: sich nie verteidigen, immer angreifen.
DRITTENS: den Feind mit so vielen Beleidigungen und Lügen überhäufen, dass ihm keine Zeit bleibt, sie alle zu widerlegen.
VIERTENS: zu verstehen geben, dass die eigenen Ideen nicht originell sind, aber immer aus einem allgemeinen, von vielen geteilten Denken stammen.
FÜNFTENS: sich einen Feind besorgen, doch ohne ihn zu erfinden, ihn stattdessen aus den verfestigten Vorurteilen und abergläubischen Überzeugungen der Nation rekrutieren.
SECHSTENS: die Anzahl der Feinde nicht vervielfältigen, alle Feinde müssen einem einzigen, gut erkennbaren Typus angehören.
SIEBTENS: wenn eine schlechte Nachricht umgeht, die dich betrifft, immer eine ebenso schlechte erfinden, die dich nicht betrifft.
ACHTENS: auf eine Lüge niemals mit der Wahrheit antworten, immer und ausschließlich mit einer anderen Lüge.
NEUNTENS: eine Lüge hundertmal wiederholen, bis sie zur Wahrheit wird.
ZEHNTENS: nicht vergessen, dass die Wahrheit, weil sie Feindin der Lüge ist, auch die größte Feindin des Staates ist. Denn eine Wahrheit, die die Macht behindert, ist eine Lüge, und eine Lüge, die die Macht begünstigt, wird zur Wahrheit.
ELFTENS: immer und auf jede mögliche Art das Wort und die politische Satire bekämpfen.

Letztere, die Satire – daran zweifelte Goebbels nicht – war Teil der »jüdischen Rasse«.

Politische Witze waren nach Goebbels' Ansicht von den Juden erfunden worden, um die edlen Werte des Volkes und der Nation auszuhöhlen. Dennoch sah er die wahren Feinde Deutschlands nicht in den Juden, sondern in den Bildungseliten, den Bürgern, die studiert hatten und Bücher lesen wollten. Darum ließ Goebbels Bücher verbrennen.

Im Unterschied zu diesen Menschen, den Gebildeten, Mäklern und Defätisten, wollte das Reich zum Volk sprechen:

»Die Politik ist bei uns niemals eine Sache des Volkes gewesen, immer nur Angelegenheit einer bevorzugten regierenden Schicht (...) Die Tatsache, daß man es nach dem Krieg unterließ, überhaupt Versammlungslokale zu schaffen, in denen größere Volksmassen zur politischen Aufklärung untergebracht werden konnten, war schon der Beweis dafür, daß die Väter der Demokratie im Ernst gar nicht die Absicht hatten, das Volk politisch zu erziehen, daß sie vielmehr in der Masse nur Stimmvieh sahen, gut genug, bei Wahlen den entsprechenden Zettel in die Urne zu werfen, im übrigen aber eine misera plebs, die nach Möglichkeit von der wirklichen Gestaltung der politischen Entwicklung fernzuhalten war. Die nationalsozialistische Bewegung hat hier in vielerlei Beziehung bedeutsamen Wandel geschaffen. Sie erfand für die politische Agitation eine ganz neue Sprache und verstand es, die Probleme der deutschen Nachkriegspolitik in einem Maße zu popularisieren, daß auch der kleine Mann aus dem Volk dafür Verständnis und Interesse haben konnte.«

Viele haben bei den Nazis eine initiatorische, esoterische Komponente sehen wollen, aber ihre Ideologie war die Negation all dessen. Im Gegenteil, der Nationalsozialismus war eine dezidert populistische und antielitäre Bewegung. Kaum war Goebbels zum Verantwortlichen für die Nazipropaganda geworden, beschloss er, ein entsprechendes Ministerium zu schaffen, dessen Gründung für ihn sogar eine kulturelle Revolution bedeutete: Das deutsche Volk würde nie mehr alleingelassen! Niemals mehr sich selbst überlassen! Der Propagandaminister würde jeden seiner Schritte begleiten, es mit Worten und Ideen füttern und immer vor den Lügen der Intellektuellen schützen.

Zu Goebbels' Lieblingsworten gehört das Wort »Volk«. Es war seine Idee, den Mythos von Hitler zu erschaffen, der sein Volk an sich drückt, von seinem Volk umarmt wird, mit seinem Volk verschmilzt. Ringsumher nur Feinde. Feinde, die neidisch sind, auf diese enge und exklusive Umarmung. Denn entweder man hat Anteil an ihr, oder man ist draußen, bei den Feinden, zwischen den Vaterlandsverrätern.

Von dieser Umarmung ausgeschlossen waren natürlich die Intellektuellen, ob Juden oder Arier. Unter den Intellektuellen gab es zwar auch viele Lakaien der NSDAP, Handlanger, Linientreue, Konformisten und Feiglinge, doch wenn die Nazipropaganda angegriffen wurde, kam der Angriff immer von dieser unzuverlässigen Flanke.

Goebbels jedenfalls hatte für die Intellektuellen nur tiefe Verachtung übrig. Die »Spezialisten« sagte er, die Linguisten, Biologen, Philosophen, Physiker und Mathematiker, benutzten die Partei für ihre eigenen Zwecke, sie wollten ihren »fixen Ideen«, ihren unverständlichen Theorien, zum Sieg verhelfen. Der Nationalsozialismus habe jedoch eine völlig andere historische Funktion. Goebbels wies den Abweichlern ohne viel Federlesens die Tür:

»All diese Spezialaufgaben wurden dann irgendwie mit der Partei und ihren Bestrebungen in Verbindung gebracht. Die Spezialisten verwechselten ihre grotesken Liebhabereien mit Nationalsozialismus und verlangten, daß die Partei auf ihre meist frechen und arroganten Forderungen eingehe [...]. Wir haben solche naiven Phantastereien in unserer Bewegung niemals aufkommen lassen, und manch einem völkischen Weltbeglücker, der da meistens auf Sandalen, mit Rucksack und Jägerhemd angestreunt kam, wurde bei uns höhnisch und lachend die Türe gewiesen.«

Die Sprache des Reichs durfte nicht die Sprache der »Spezialisten« sein, ja Goebbels verbot den Rednern der NSDAP strikt, sich auf Daten, Quellen, Statistiken, Theorien und komplexe Hypothesen zu berufen, wenn sie bei Versammlungen zu der Menge redeten. Eine weltanschauliche Bewegung, sagte er, hat nie mit der Vernunft zu tun, sondern immer und ausschließlich mit dem Glauben! Diejenigen, die auf der Straße zu den Menschen sprechen mussten, sollten sich die Apostel zum Vorbild nehmen, denn sie hatten immer in Bildern und Gleichnissen gesprochen. Und wo die Apostel von Liebe sprachen, sollte jetzt das Wort Hass eingesetzt werden. »Jesus hat nie Beweise erbracht, er hat nur Behauptungen aufgestellt«, sagte Goebbels.

Nur Slogans, einfache Formulierungen, die leicht zu behalten sind, denn die Masse, so Goebbels' Überzeugung, hat kein Reflexionsvermögen und behält nur einfache, eindeutige Begriffe im Gedächtnis:

»Man hat unsere Agitation vielfach primitiv und geistlos gescholten. [...] Aber man ging bei dieser herben Kritik von ganz falschen Voraussetzungen aus. Gewiß ist die nationalsozialistische Propaganda primitiv; doch auch das Volk denkt ja primitiv. Sie vereinfacht die Probleme, sie entkleidet sie mit Bewußtsein ihres verwirrenden Beiwerks, um sie in den Horizont des Volkes hineinzupassen. Als die Massen einmal erkannt hatten, daß die drängenden Fragen der Gegenwart in nationalsozialistischen Versammlungen in einem Stil und einer Sprache behandelt wurden, daß jedermann sie verstehen konnte, da setzte auch unaufhaltsam der Strom der Zehn- und Hunderttausende in unsere Versammlungen ein. Hier fand der kleine Mann Aufklärung, Ansporn, Hoffnung und Glauben. Hier gewann er in der Irrnis und Wirrnis der Nachkriegszeit einen festen Halt, an den er sich in der Verzweiflung anklammern konnte.«

Goebbels hat von allen Naziführern am meisten geschrieben, aus dem einfachen Grund, weil er von seinem siebenundzwanzigsten Lebensjahr bis zu seinem Tod mit siebenundvierzig ununterbrochen ein privates Tagebuch führte. Du kannst das mit den Profilen im Internet vergleichen, wo man einen Teil von sich selbst ausdrücken kann, der andernfalls keinen Raum hätte. Als es noch keine sozialen Medien gab, lebte man diesen Teil in einem privaten Tagebuch aus.

Heute ist eine Seite auf Facebook oder Instagram der Ort, wo du täglich aufschreibst, was du erlebt hast. Je nach deiner inneren Ordnung oder Unordnung mit Fotos, Kommentaren, Ideen, Emoticons, Schreien oder Witzen. Jetzt mach einen Versuch: Scroll einmal durch deine Facebook-Seite. Lies dich selbst, lies, was du gepostet hast. Dort steht höchstwahrscheinlich nicht, was du bist, dort steht, wer du sein möchtest. Eine Art Absichtserklärung, ein Arbeitsprogramm, das du vielleicht nicht immer einhalten kannst.

In einem Raum völliger Ausdrucksfreiheit – Freiheit von dem, was ihre Eltern, ihre Verlobte oder ihr Chef denken – können alle, die besten wie die schlechtesten Menschen, Gedanken und Impulsen freien Lauf lassen, die das Gegenteil dessen sind, was sie gewöhnlich ausdrücken.

Nun wollte ein Teil von Goebbels' Charakter keineswegs in die Richtung gehen, die der Nationalsozialismus einschlug. Aber genau das bewirkt die Propaganda: Sie überredet dich, dass die Welt sich in eine einzige Richtung bewegt. Wenn du der entgegengesetzten Bahn folgst, bist du der Einzige. Und so lässt du dich schließlich überzeugen, dass du einer Minderheit angehörst. Du glaubst, deine Ideen würden nicht geteilt, schlimmer, du hältst sie für unsinnig und glaubst, das, was du bisher für »unsere Welt« gehalten hast, werde zerbrechen. Das ist die verblüffendste Fähigkeit der Propaganda, sie kann uns weismachen, dass ihre Lügen von allen geteilt werden. Dass ihre Lügen die Mehrheitsmeinung sind. Dass nicht sie, die Propaganda, diese Ideen in die Welt gesetzt, sondern sie bei den Menschen eingesammelt hat. Damit besiegt die Propaganda alle. Besonders jene, die glauben, immun gegen sie zu sein, ihre Fallen enttarnen und ihre Lügen aufzeigen zu können.

Damit du lernst, die Macht der Propaganda niemals zu unterschätzen, möchte ich, dass du die Tagebücher von Goebbels liest, dass du darin blätterst, wie du die Facebook-Seite eines Menschen lesen würdest, den du gerade kennengelernt hast, dessen wahres Wesen und dessen verborgene Seiten du zu verstehen suchst.

Goebbels' Tagebücher zu lesen, bedeutet, im Instagram-Profil der Naziherrschaft zu versinken, dem abrupten Wechsel ihrer Tweets zu folgen, den Abgrund ihrer schwärzesten Stimmungen zu erleben. Ihre

Lektüre wird dir zeigen, wie jeder von uns seine »Konsensfabrik« im Taschenformat erschaffen kann, denn Goebbels war der unerreichte Meister der Kunst der Propaganda.

Hast du schon einmal darüber nachgedacht? Wir haben kein Propagandaministerium. Eine kurze Recherche zeigt dir, dass die Regierungen in der Geschichte, die den Mut, oder besser, die Dreistigkeit hatten, das Wort »Propaganda« in den Namen eines Ministeriums einzufügen, sich an einer Hand abzählen lassen und fast alle illegitim waren. Natürlich machen alle Regierungen der Welt Gebrauch von Propaganda, doch sie gehört zu dem, was man praktiziert, ohne darüber zu sprechen.

Auch der italienische Faschismus schuf sein »Ministerium für Presse und Propaganda«, später »Ministerium für Volkskultur«, erst, als er es im Nazideutschland entstehen sah. Hitler war sofort auf die Idee gekommen, am 13. März, wenige Wochen nach der Machtergreifung, wurde dieses besondere Ministerium ins Leben gerufen. Wer verstehen wollte, verstand an jenem Tag alles und konnte den ganzen Film über Nazideutschland bis zu seinem katastrophalen Ende sehen. Alles, was danach geschah, stand schon in diesem Datum, dem 13. März 1933 geschrieben. Denn wer die Schulen, die Massenmedien und die Kultur eines Landes kontrolliert, besitzt es allein.

Worte formen die Architektur unserer Köpfe. Das bedeutet, dass unsere Köpfe die Form der Wörter annehmen, die wir in sie hineingeben.

Ich versuche, nie daran zu denken. Ich möchte diese offensichtliche Tatsache vor mir verstecken, denn jedes Mal, wenn ich daran denke, drängt es mich, mehr zu schreiben, mehr zu erzählen: mehr Wörter, mehr Sätze, mehr Geschichten. Ich weiß, dass jede Geschichte, die ich nicht erzähle, durch eine Geschichte mit umgekehrtem Vorzeichen ersetzt werden wird. Jede Wahrheit, die ich nicht verteidige, wird durch eine Lüge ersetzt werden. Jede Fälschung, die ich nicht verhindere, wird andere Köpfe besetzen und andere Opfer kosten.

Ich soll mich nicht so wichtig nehmen, sagst du. Du hast recht. Ich versuche ja auch, mich vom Gegenteil zu überzeugen, zu glauben, dass die Hassparolen, die wir schlucken, unsere DNA nicht verändern werden. Wir werden sie alle ausspeien wie unverdaute Speisen. Doch was ist, wenn wir beim Verdauen ihre Schlacken in uns aufnehmen? Wenn ihr Gift unsere Leber angreift? Wenn ihre ganze Toxizität beim Hinunterschlucken in uns zurückbleibt? Ich hoffe, dass die Neurologen unrecht haben, dass die Worte an uns abprallen, dass unsere Stirnlappen Gummiwände sind.

Hitler war überzeugt, dass man eine Diktatur errichtet, indem man mit der Wahl der Worte beginnt, die mit Gewalt in die Köpfe der Menschen gebracht werden müssen. Alle, die versuchten, gegen die Worte des Reichs zu opponieren – Politiker, Lehrer, Schriftsteller, Dissidenten, Journalisten –, wurden mit Dreck beworfen und später in die Konzentrationslager verschleppt.

Doch nicht nur das Wort der Lebenden wurde verfolgt, die Nazis bekämpften auch das Wort der Toten. Ein Autor kann nicht wissen, welches seine zukünftigen Leser sein werden und in welcher Welt sie leben werden, aber das machte ihn in Hitlers Augen nicht weniger schuldig und gefährlich.

Die »Reinigung des Wortes« in Nazideutschland brauchte ebenso viel Zeit und sorgfältige Planung wie die Eliminierung der jüdischen Bevölkerung Europas. Ob lebendig oder tot, das nicht linientreue Wort musste verbrannt werden. Von Berlin bis Leipzig, von Düsseldorf bis Heidelberg, von Münster bis München, von Rosenheim bis Dresden fanden spektakuläre Bücherverbrennungen statt. Pausenlos brannte das Wort. Kafka. Jude und entartet. Rosa Luxemburg. Jüdin und »Salonbolschewikin«. Heinrich Heine. Jude und Romantiker. Die Romantik ist eine Krankheit der Seele! Marcel Proust. Jude und Melancholiker, vielleicht sogar homosexuell. Homosexuelle mussten ausgerottet werden, darin waren sich Goebbels und Hitler einig. Karl Marx. Jude und Vater des Kommunismus. Jack London. Kein Jude, aber er hatte Romane mit sozialistischer Gesinnung geschrieben. Émile Zola. Aus den gleichen Gründen wie Jack London und weil er den Juden Dreyfus verteidigt hatte. Bertolt Brecht. Auch er Sozialist und Judenfreund. Sigmund Freud. Jude und Manipulator der Seele. Albert Einstein. Jude und Wissenschaftler. Schalom Asch. Bei dem sträubten sich den Nazis wirklich die Haare! Jude, natürlich. Aber vor allem Verfasser einer lesbischen Geschichte, die in einem Bordell spielt. Im Feuer endeten auch das pazifistische Wort, der frühe Hemingway und Henri Barbusse.

Du magst Goebbels nicht, ich weiß. Ich auch nicht.

Das italienische Sprichwort, nach dem dir im Leben entweder der Wein oder das Glas fehlt, war kennzeichnend für Goebbels.

Auserwählter Kopf des Nationalsozialismus zu sein, befriedigte ihn nicht, lieber wäre er dessen Körper gewesen. Mehr als die Propaganda gefiel Goebbels das Muskelspiel der Nazi-Ideologie, der Geist des »Übermenschen«, der Bruch mit der bürgerlichen Moral, mit dem Leben gewöhnlicher, durchschnittlicher Untertanen. Ihn berauschten die heroische Tat, der Sprung, der Angriff, der Krieg, das Blut. Nicht selten fühlt sich jemand innerlich als Wikinger, ist aber äußerlich unauffällig, schmächtig, sanftmütig. Goebbels fühlte sich als Zyklop, sah aber kränklich aus, war klein und wog wenig mehr als fünfzig Kilo. Schlimmer noch, er trug die Male eines feigen Überfalls: Eine Knochenmarkentzündung hatte ihn schon als Kind angegriffen, als er sich noch nicht verteidigen konnte. Sie hatte ihm ein Bein hinterlassen, das fünf Zentimeter kürzer war als das andere, und einen nach innen gedrehten rechten Fuß.

Beim Gehen schlenkerte das Unglücksbein mal nach links, mal nach rechts. Im Gleichschritt marschieren war unmöglich. Aber Goebbels wollte unbedingt ein Körper sein, er liebte körperliche Leistungsfähigkeit, wollte Soldat sein, mit Waffen hantieren und Uniform tragen.

Als junger Mann hatte er es versucht. Bei der Rekrutierungskampagne für den Ersten Weltkrieg hatte er sich als Freiwilliger beworben, war aber abgelehnt worden.

Das Gegenteil war damals üblich. Viele Männer wollten nicht an die Front, wollten keinen sinnlosen Krieg führen, an den sie nicht glaubten. Also rieben sie sich die Achseln mit Tabakblättern ein, damit sie hohes Fieber bekamen, versuchten, sich die Zehen zu brechen, oder ließen sich den After mit glühenden Eisen verbrennen, damit die Fisteln entstanden, die ihnen die Untauglichkeit garantierten. Als untauglich abgelehnt zu werden, war für Goebbels wie ein lebenslanges Brandmal. Für einen vom Körperkult Besessenen wie ihn musste das sein, als hätte man ihm VERLIERER ins Gesicht tätowiert. Du weißt, wie die Leute sind: Sie fantasieren, denken sich alles Mögliche aus, aber am Ende unterstellen sie, dass nicht nur dein Bein versagt, sondern mehr.

Abgelehnt, gedemütigt, für untauglich erklärt. Goebbels fühlte sich verdammt, zeitlebens gegen ein Bild anzukämpfen, das ihm nicht entsprach. Als Hitler ihn dann zu einem seiner engsten Mitarbeiter machte, endete der Albtraum, und es war, als hätte man ihn aus dem Eimer für den Ausschuss gefischt.

Um der Welt für dieses unerwartete Geschenk Dankbarkeit zu zollen, formte er ein anderes Bild von sich, das genaue Gegenteil von dem, was ihm das Schicksal zugedacht hatte. Als Erstes kam die Uniform, die der NSDAP, als Entschädigung für die Uniform des Deutschen Heeres, der Armee des Kaiserreichs, das ihn vor vielen Jahren abgelehnt hatte.

Doch die nationalsozialistische Uniform, wie aggressiv und kraftstrotzend sie auch wirkte, konnte das hinkende Bein nicht verbergen. Es hinkte auf eine Art, die Goebbels als lächerlich empfand, weil sie so anders war als das Hinken der durch Granatsplitter versehrten Soldaten oder das Zucken bei einem Angriff verletzter Beine. Ein politischer Führer, der hinkte, passte nicht in den Triumphalismus des neugeborenen »Dritten Reichs«.

Ich glaube, eben die Art und Weise, wie Goebbels seine körperliche Behinderung in eine Bestätigung physischer Leistungsfähigkeit verwandeln konnte, zeigte, dass Hitler recht gehabt hatte: Goebbels war der perfekte Mann für die Nazi-Propaganda.

Propaganda: etymologisch das, was verbreitet, kommuniziert, unbedingt in die Köpfe gebracht werden muss. Propaganda gab es schon vor der Werbung, denn früher wurden nur Ideen beworben, keine Produkte. Die Werbung basiert auf dem gleichen Prinzip, tritt aber weniger aggressiv auf, denn in der Werbung muss das Kaufen immer wie ein großes Fest erscheinen. Die Politik dagegen erhöht überall die Lautstärke.

Die Werbung spricht zu dir, weil sie will, dass du ein Produkt kaufst, die Propaganda spricht zu dir, weil du selbst das Objekt bist, mit dem sie Gewinn machen will.

Propaganda und Werbung haben gemeinsam, dass beide ihre Produkte ungeachtet ihrer Nebenwirkungen verkaufen, und beide wollen die Käufer an den Konsum gewöhnen. Nur das Verkaufen zählt. Die politische Propaganda muss die Wähler an Ideen gewöhnen, die mit Wünschen einhergehen: Sie werden keine Steuern mehr bezahlen, es wird keine Krankheiten mehr geben ... Doch sehr viele dieser Ideen sind nicht nur unrealisierbar, sondern auch nicht tragfähig. Heute braucht es mehr denn je den Mut, von *nicht tragfähigen Ideen* zu sprechen, wie die Entwicklungsmodelle. Menschen in deinem Alter muss man zum Beispiel erzählen, dass auch das »Glück« – das in der amerikanischen Verfassung unter den Grundrechten auftaucht – keine tragfähige Idee ist, wenn man es weiterhin so definiert: das Essen in der Pizzeria, der Kuss der Freundin, das vorm Einschlafen von Mama vorgelesene Märchen. Alles Dinge, die man selbstverständlich lieben muss, weil sie zu den Freuden des Lebens gehören, doch aufgepasst: Glück ist etwas anderes. Es ist das, was dir, auch wenn du allein zu Hause bist oder mit dem Auto zur Arbeit fährst, das Gefühl gibt, Teil eines Ganzen zu sein, dass du sprichst, auch wenn du kein Wort sagst. Die Gewissheit, an etwas mitzuwirken, auch wenn du krank im Bett liegst – das ist das Recht auf Glück, das sichere Wissen, dass du, auch wenn es schlecht läuft, auch wenn du traurig bist, auch wenn du Probleme hast, voll und ganz für das, was du bist, geschätzt wirst. Das Glück ist die Macht der Rechte. Oder besser, es wäre so, wenn du und ich in dem Moment, in dem wir glücklich sind, gleichzeitig auch andere glücklich machen könnten.

In der Illusion des Allein-Glücklichseins wiegen sich auch die jungen Menschen der Clans. Anfangs schließen sie sich den kriminellen Vereinigungen an, weil sie glauben, ein langes, langweiliges Leben gegen ein kurzes, aber aufregendes Leben einzutauschen, wäre der direkte Weg zum Glück. Doch auch im Leben des »Alles-und-Jetzt« verstrickt man sich in einer Beziehung. Ein Freund, ein Mädchen, eine Mutter, ein Bruder – es gibt immer jemanden, an den du gebunden bist oder sein wirst. Und wegen dieses Menschen wird dir das Rennen in Richtung Abgrund verrückt und sinnlos vorkommen. Das wird dir passieren, auch wenn du noch sehr jung bist, auch wenn du entschlossen bist, dein Leben im organisierten Verbrechen oder in einem irrigen politischen Projekt wie der Nazi-Ideologie aufs Spiel zu setzen.

Wie die jungen Clan-Mitglieder glaubte auch Goebbels, er könnte die menschlichen Bindungen und die Komplexität des Lebens vergessen, wenn er sich nur der Bewegung und der Tat widmen würde, doch auch für ihn kam irgendwann der Moment, da er bereute, all das durch die Unterordnung unter den Nationalsozialismus aufgegeben zu haben. Zunächst war der Eintritt in die NSDAP ein Mittel, um sein größtes Problem zu lösen: seine körperlichen Grenzen. Er begann zu lügen, gab seine Behinderung als Kriegsverletzung im Ersten Weltkrieg aus, an dem er nie teilgenommen hatte. Dann umgab er sich mit vielen Frauen, um sein Image endgültig der Nazi-Ästhetik anzupassen. Das war leicht für Goebbels, denn als Propagandaminister war er für die Filmindustrie verantwortlich – ein großes Jagdgebiet! Doch erotische Verlockungen gehen unergründliche Wege, häufig widersprechen sie unseren innersten Überzeugungen. Und so kaprizierte sich Goebbels auf eine einzige Frau, obendrein eine, die in der nationalsozialistischen Ideologie als »Untermensch« galt.

Heute wird meist vergessen, dass die Nazis die Slawen verachteten.

Im Jahr 2019 verschickte eine Firma aus der Gegend um Brescia eine E-Mail an ihre Lieferanten, in der verlangt wurde, die Waren nicht mehr von »farbigen Boten«, sondern nur noch von Migranten aus Osteuropa ausliefern zu lassen. Implizite Botschaft: Menschen mit weißer Haut. Ich bin mir nicht sicher, ob die Absender dieser E-Mail wussten, was sie taten, denn außer den Rumänen und Albanern sind die Osteuropäer Slawen, und die Nazis betrachteten die Slawen als eine minderwertige »Rasse«, wie die Juden.

Seltsam, heute wollen ausgerechnet die Slawen der Visegrád-Gruppe – damals »Untermenschen« für die Nazis – Ausweise für »ethnische Überlegenheit« einführen.

Ich möchte dir einen Rat geben. Sag niemals: »Mit einer Pakistanerin oder einem Pakistaner würde ich nie eine Beziehung eingehen«, »mit einem Neapolitaner nicht«, »mit einer aus Tirana auch nicht« ... denn das Schicksal, die Fügung, die Vorsehung, nenn es, wie du willst, wird sich einen Spaß daraus machen, dich genau mit dem Menschen zusammenzubringen, von dem du glaubtest, er passe nicht zu dir. Bei Goebbels war es jedenfalls so, 1936 verliebte er sich in die Tschechin Lída Baarová.

Natürlich wäre das kein Problem gewesen, wenn es bei der Sache nur um eine weitere Kerbe im Gewehrkolben gegangen wäre. Das ließ sich auch in den Augen ultraorthodoxer Nazis wie ihm und seinen Parteigenossen rechtfertigen. Doch diesmal handelte es sich nicht um eine der üblichen Trophäen: Goebbels war bereit, für Lída Frau und Kinder zu verlassen, und sagte es seiner Frau auch. Sie durfte allerdings kaum protestieren, denn sie war in Hitler verliebt, was Goebbels wusste. Ich bin nicht sicher, ob du weißt, dass Hitler zwar von unzähligen deutschen Frauen vergöttert wurde, die davon träumten, sich mit dem »Führer« zu vereinigen, aber große Probleme mit Frauen hatte. Er brauchte vorab ausgewählte Frauen, die nachweislich treu zum Reich standen und von ihm nicht die heroischen Taten erwarteten, die die Nazi-Propaganda versprach. Magda, Goebbels' Frau, war in dieser Hinsicht perfekt geeignet, aus »arischer« Familie, überzeugte Nationalsozialistin und dem labilen, empfindlichen Hitler liebevoll zugetan. Niemals hätte sie ausgeplaudert, dass Hitler in intimen Situationen äußerst schüchtern und unbeholfen war. Wenngleich mit tiefem Widerwillen, duldete Goebbels stillschweigend das Verhältnis seiner Frau mit dem Führer.

In seinen Tagebüchern schlägt sich diese Abmachung jedoch oft als schlechte Laune nieder. Goebbels bewunderte Hitler, er wäre für ihn durchs Feuer gegangen, doch außereheliche Affären seiner Frau waren eine Sache, Teil eines morbiden Dreiecksverhältnisses zu sein, eine andere. Natürlich ist das die Angelegenheit von Hitler, Goebbels und seiner Frau. Was überrascht, ist allerdings, warum Goebbels glauben konnte, sich aus einer für den Führer so vorteilhaften Abhängigkeit befreien zu können.

Als der Führer erfuhr, dass Goebbels beabsichtigte, seine Frau vor die Tür zu setzen, aus der Partei auszutreten und Deutschland zu verlassen, zeigte er sich – was zu erwarten war – sehr verärgert. Wir sind übrigens dem falschen Bild einer posthumen Ästhetik des Nazismus erlegen, das aus Sex mit Peitschen, SS-Uniformen und spitzen Stiefeln für sadomasochistische Praktiken besteht. Hitler predigte, ganz im Gegenteil, die kleinbürgerliche Moral des guten Familienvaters, fürchtete Skandale und zwang Goebbels und Magda, weiterhin die Rolle des glücklichen, gesunden Paares zu spielen, das monogam lebte und viele Kinder zeugte.

Goebbels hatte seine Lage falsch eingeschätzt. Er war nicht irgendein beliebiger Angestellter, er konnte nicht eines Tages sagen: »Ich trete zurück.« Hitler war nicht sein Vorgesetzter, er war etwas wie sein Pate, und Goebbels war wie ein einfaches Mitglied der Mafia-Vereinigung. Wenn man sein Blut mit dem Blut des Anführers vermischt hat, gibt es kein Zurück mehr. Aus einem Clan kommt man nur im Sarg heraus. Keiner darf je verlangen, aus dem System oder aus der Cosa Nostra auszutreten.

Mit einem verliebten Mann konnte Hitler nichts anfangen.

Hitler wollte ergebene, untertänige Männer um sich. Macht verlangt Ernsthaftigkeit und unbedingte Demut, gewiss keine Selbstverwirklichung.

Goebbels war schwer enttäuscht. Er fand sich nicht damit ab, dass ihm verboten wurde, ein neues Leben mit Lída Baarová anzufangen, und suchte die Hilfe anderer Personen aus dem engsten Kreis um Hitler, die für ihn sprechen sollten. Goebbels hoffte, der Führer würde es sich noch einmal überlegen, ihn aus Mitleid mit seiner verzweifelten Lage ziehen lassen. In Goebbels' Tagebüchern kannst du lesen, wie sehr er hoffte, dass Hitler nachgeben, ihm schließlich erlauben würde, seine Frau zu verlassen und woanders ein neues Leben mit Lída anzufangen. Du wirst dich fragen: Was wäre passiert, wenn Hitler ihn hätte gehen lassen? Wäre die Propagandamaschinerie gestoppt worden? Vielleicht wäre dem Nazismus die Luft ausgegangen? Vielleicht hätte es den Horror des Endes nicht gegeben?

Es scheint unglaublich, wie universal der Schlüssel zum Menschen ist, wenn man in sein Innenleben blickt.

»Gestern: ich schlafe so schlecht. Vor lauter Sorgen. Die drücken mir fast das Herz ab. Ich bin manchmal ganz verzweifelt.«
(8. JULI 1938)

»Und nun fängt ein neues Leben an. Ein hartes, grausames, nur der Pflicht ergebenes. Die Jugend ist nun zu Ende.«
(16. AUGUST 1938)

»Beim Führer. Ich habe wieder eine lange Aussprache mit ihm. Ich bin dann tief ergriffen. Ich weiß nun fast keinen Ausweg mehr.«
(17. AUGUST 1938)

»Ich kann nur mit starken Mitteln schlafen. Und gegessen habe ich seit 3 Tagen garnichts. Und dabei ewig in dem alten Arbeitstrott. Ich kann das kaum noch ertragen. Ich habe niemanden, der mir hilft. Ich will auch keinen haben. Man soll auch den Schmerz ganz auskosten. Und sich vor nichts feige zurückziehen. Ich durchlebe augenblicklich die schwerste Zeit meines Lebens. […] Nachmittags zum Bogensee heraus. Der Wind braust und der Regen fällt. Mein Herz ist todwund. Es ist alles so traurig hier. Mich umgibt nur Leid und Kummer. Etwas gelesen. Aber ich bin mit den Gedanken anderswo. Früh schlafen gegangen. Ich will keinen Menschen sehen und hören. Einsamkeit!«
(18. AUGUST 1938)

»Spät ins Bett. Ich schlafe nur noch mit Schlaftabletten und esse garnichts mehr. […] Ich fühle mich sonst so einsam, daß ich es garnicht mehr aushalte.«
(19. AUGUST 1938)

»Aber ein tiefer Stachel bleibt in mir stecken. Den überwinde ich nie.«
(21. AUGUST 1938)

»Und dann wieder müde und abgespannt ins Bett.
Könnte ich nur durchschlafen, um nicht mehr aufzuwachen!«
(26. AUGUST 1938)

»Ich bin ganz tief von Trauer erfüllt. Wie schwer und grausam manchmal das Leben ist.«
(28. AUGUST 1938)

»Das war heute ein trauriger, wehmütiger Tag für mich persönlich. [...] Einmal fehlt uns der Wein – und einmal fehlt uns der Becher.«
(1. OKTOBER 1938)

»Wieder eine Reihe von nerventötenden privaten Angelegenheiten. Das reißt nie ab. Ich komme wohl auch nicht mehr daraus heraus.«
(4. OKTOBER 1938)

»Ich bin gesundheitlich ganz herunter. [...] Ich bin wie zerschmettert.«
(10. OKTOBER 1938)

»Danach ist die Sache ziemlich hoffnungslos. Ich bin darüber sehr erschüttert, aber ich verstehe nun alles. Eine große menschliche Tragödie spielt sich ab, in der es weder Schuldige noch Unschuldige gibt. [...] Hanke hat nun alle drei Beteiligten angehört. Er wird jetzt in meinem Auftrage dem Führer Bericht erstatten. Von seinem Entscheid hängt dann alles Weitere ab. Ich will nicht klagen und nicht jammern, ich habe keinen Grund zu Haß und Empörung, ich warte auf die Entscheidung des Führers und werde

mich ihr, sie falle wie auch immer, gehorsam fügen. Ich durchlebe in diesen Tagen Stunden, die kaum noch erträglich sind. Ich muß aus dieser Nervenmarter wieder herauskommen und einen Weg nach oben finden. Wie, das weiß ich noch nicht. Jedenfalls so, wie es augenblicklich ist, kann und wird es nicht weiterbestehen können.«
(11. OKTOBER 1938)

»Gestern: draußen geblieben. Wie in einer Narkose geschlafen. Es geht mir ganz schlecht. Mein Herz droht manchmal stehen zu bleiben. Aber ich halte mich krampfhaft und mit Gewalt aufrecht. Sie sollen nicht das Schauspiel erleben, daß ich zusammenbreche.«
(19. OKTOBER 1938)

»Ich bin ganz erschlagen. Das Schicksal soll denn seinen Lauf nehmen. Helldorff ist sehr nett zu mir. Wenigstens ein Freund in der Not. Ich kann nicht schlafen. Eine furchtbare Nacht!«
(20. OKTOBER 1938)

»Gestern: nach langem Schlaf müdes Erwachen. Magda kommt zu mir und wir überlegen. Aber es ergibt sich vorläufig noch kein Ausweg. Was soll ich tun?«
(27. OKTOBER 1938)

»Und heute mein Geburtstag. Der traurigste Geburtstag meines Lebens. Mich ekelt vor den Menschen und vor den Dingen. Nichts mehr sehen, nichts mehr hören und nichts mehr wissen, das wäre jetzt mein einzigster und heißester Wunsch.«
(29. OKTOBER 1938)

»Gestern: der traurigste Geburtstag meines Lebens. Ich durchlebe ihn als eine wahre Nervenmarter. Das [!] ein Mensch so etwas alles aushalten kann. [...] Aber über allem liegt der Schleier der Trauer und der Wehmut. Meine Rede vor der A. E. G. kommt in der Presse

gut heraus. Ebenso wird mein Geburtstag richtig herausgestellt. Mir tut das alles maßlos weh. Ich leide darunter wie unter einer körperlichen Qual.«
(30. OKTOBER 1938)

Was hattest du erwartet? Die Menschen sind eine Mischung aus Leben und Tod, Wahrheit und Lüge, Schwäche und Härte, Gut und Böse. Nur die Verteilung, die Dosis unterscheidet sich. Die kontrafaktische Geschichtsschreibung ändert nichts, da hast du recht, doch ich habe dir nicht von Goebbels erzählt und dich angeregt, in seinen Tagebüchern von seinem Gefühlsleben zu lesen, weil ich dir zeigen wollte, was sich anders hätte entwickeln können, wenn sein Privatleben anders verlaufen wäre, nein, ich wollte, dass du darüber nachdenkst, wie unzuverlässig und verlogen die Tutorials für zukünftige Führungskräfte sind. Goebbels, der sie erfunden hatte, war der Erste, der an seiner eigenen menschlichen Schwäche scheiterte und daraus keine Lehre für sein Leben zog. Am Schreibtisch konnte Goebbels Leitlinien für die Größe und Macht des Nationalsozialismus entwerfen, mit ruhiger Hand eine Ideologie nur für Starke, Unbesiegbare ersinnen, doch bei den ersten persönlichen Problemen ging er in die Knie wie alle.

Entdecken zu müssen, dass zwischen ihm und dem Führer ein großes Missverständnis herrschte, war ein tödlicher Schlag für ihn. Er hatte geglaubt, dass Hitler ihn auserwählt hatte, weil er die Lebenskraft gespürt hatte, die trotz seiner körperlichen Behinderung in ihm steckte, und musste dann erkennen, dass Hitler ihn genauso sah, wie alle ihn sahen, als einen Schwächling. Und das sicher nicht wegen seines Hinkens. Hitler hatte eine ganz andere Schwäche an ihm wahrgenommen. Merkwürdig, dass ein feiner, gebildeter Geist wie er nicht daran gedacht hatte, dass die sogenannten charismatischen Führer sich in der Geschichte nie mit starken Männern umgeben, sondern immer mit schwachen, höchst zerbrechlichen. Und wie! In Uniform marschieren, mit angeblichen Kriegsverletzungen prahlen, sich einen Harem von Geliebten zulegen machte seine Schwäche nicht um ein Gran geringer. Es war sonnenklar, dass Hitler ihn besser verstanden hatte als andere. Goebbels konnte es nicht leugnen, es war ein großes Missverständnis gewesen: Er war nicht wegen seiner Stärke auserwählt worden, sondern wegen seiner sichtlichen Labilität. Das war aber nicht mehr wichtig, jetzt litt er aus einem anderen Grund. Der Führer hatte dafür gesorgt, dass Lída gedrängt wurde, Deutschland zu verlassen, und ihn gezwungen, im Land zu bleiben wie in einer Falle. Von ihr hörte er nichts mehr.

Eines Nachts trank er viel Alkohol, nahm eine hohe Dosis Schlaftabletten und legte sich ins Bett, in der Hoffnung, nicht mehr aufzuwachen. Doch das Dienstpersonal fand ihn. Goebbels wurde dazu verurteilt, am Leben zu bleiben.

Langsam kehrte er in sein früheres Leben zurück, ölte weiter die Propagandamaschinerie und die vom Führer gewollte Todesfabrik. Sein Blick wurde noch zynischer und erbarmungsloser, der Ton in seinen Tagebüchern aggressiver und vulgärer:

»Ich schlage vor, bei Streik der Straßenbahnbeamten die Straßenbahnen und bei Streik der Kinobesucher die Kinos stillzulegen. So würden wir die rebellischen Elemente am ehesten kirre machen. Keine blutigen, aber lästige und peinliche Maßnahmen. Das zieht! [...] Unsere Verwaltung in Polen ist zu deutsch. Wir wollen da den Polen den Laden in Ordnung bringen nach dem Grundsatz, daß am deutschen Wesen die Welt genesen soll. Das ist ganz falsch. Richtig ist, die Polen mit sich selbst fertig werden zu lassen und die Schwäche und die Korruption zu unterstützen. So regiert man am besten unterworfene Völker.«

(31. OKTOBER 1939)

»Fahrt durch das Ghetto. Wir steigen aus und besichtigen alles eingehend. Es ist unbeschreiblich. Das sind keine Menschen mehr, das sind Tiere. Das ist deshalb auch keine humanitäre, sondern eine chirurgische Aufgabe. Man muß hier Schnitte tuen, und zwar ganz radikale. Sonst geht Europa an der jüdischen Krankheit zugrunde. [...] Warschau: das ist die Hölle. Eine demolierte Stadt. Unsere Bomben und Granaten haben ganze Arbeit getan. Kein Haus

ist unversehrt. Die Bevölkerung ist stumpf und schattenhaft. Wie Insekten schleichen die Menschen durch die Straßen. Es ist widerlich und kaum zu beschreiben.«
(2. NOVEMBER 1939)

»Das englische Weißbuch über unsere K. Z. erregt einiges Aufsehen. Ich werde dagegen 2 Weißbücher vorbereiten: eins über englische Kolonialgreuel und eins über englische Presselügen. Damit neutralisiere ich das zum großen Teil. [...] Beim Führer. Ich gebe ihm Bericht über meine Polenreise, der ihn sehr interessiert. Vor allem meine Darlegung des Judenproblems findet seine volle Zustimmung. Das Judentum ist ein Abfallprodukt. Mehr eine klinische, als soziale Angelegenheit.«
(3. NOVEMBER 1939)

Während der letzten Kriegstage, die für Joseph Goebbels auch die letzten Tage seines Lebens waren, erhielt er eine unglaubliche Anerkennung: Hitler ernannte ihn zum Reichskanzler und Verantwortlichen für die Verteidigung Berlins. Der »Krüppel«, wie man ihn boshaft nannte, konnte jetzt über das Schicksal Tausender Soldaten entscheiden und die deutsche Nation führen – er, der immer davon geträumt hatte, der Auserwählte unter den Gesunden zu sein!

Doch es war bereits zu spät, die Rote Armee kam schnell voran und würde bald in Berlin sein. In diesen katastrophalen Tagen wurden Tausende Jugendliche auf die Straße geschickt, um der Umzingelung durch die Alliierten einen sinnlosen Widerstand entgegenzusetzen.

Seine eigenen Kinder nahm Goebbels mit sich und tötete sie eigenhändig, um sie nicht einer Welt ohne Hitler zu überlassen. Er betäubte sie und tötete sie wenige Stunden nach dem Selbstmord Hitlers mit Zyankali. Dann wählte er dasselbe Schicksal für sich und seine Frau. Wie im alten Ägypten, wo die Diener zusammen mit der Leiche des Pharaos bei lebendigem Leib eingemauert wurden.

**SCHREI, WENN SIE DICH IN KLASSIFIZIERUNGEN ZWÄNGEN,
WENN SIE DICH EINSCHLIESSEN WOLLEN
IN EINER ZAHL
IN EINEM GLAUBENSBEKENNTNIS
IN EINEM KÖRPER
IN EINER FARBE.**

Die allgemeinen Angaben zu Goebbels' Leben sind der Biografie des deutschen Historikers Peter Longerich entnommen: *Joseph Goebbels: Biographie*, München 2010.

Kampf um Berlin … Der Anfang ist einer der wichtigsten Texte, um den Aufbau der Nazi-Propaganda zu verstehen. Goebbels beschreibt hier die Anfangsphase, in die die NSDAP Zustimmung gewann. Die Zitate stammen aus Joseph Goebbels, *Kampf um Berlin … Der Anfang*, München 1934. Vgl. auch: Wieland Giebel, *Goebbels' Propaganda: »Das erwachende Berlin«. Ein Propagandabuch des NS-Agitators*, Berlin 2012.

Die Leitlinien von Goebbels' Propaganda, die in diesem Kapitel zusammengefasst wurden, stammen aus: Leonard W. Doob, »Goebbels' Principles of Propaganda«, in: *The Public Opinion Quarterly*, 14, 3, 1950.

Der Satz »Jesus hat nie Beweise erbracht, er hat nur Behauptungen aufgestellt«, stammt aus einem Artikel von Goebbels vom 15. März 1927 in der Zeitschrift *Nationalsozialistische Briefe* und wird bei Longerich (ebd.) wiedergegeben.

Die biometrische Anomalie von Goebbels' Gliedmaßen wurde in einem Bericht vermerkt, den die Russen bei der Auffindung seiner Leiche am 9. Mai 1945 im Berliner Bunker verfassten, wo Goebbels sich am 1. Mai 1945 umbrachte.

Dieter Segert, *Von Musterschülern zu Problemkindern? Zwischenbilanz der politischen Transformation*, in: Aus Politik und Zeitgeschichte. Bundeszentrale für politische Bildung 47–48, 2015, https://www.bpb.de/apuz/215190/zwischenbilanz-der-politischen-transformation.

Goebbels' gesammelte Tagebücher in zweiunddreißig Bänden wurden ab 1992 von der deutschen Historikerin Elke Fröhlich herausgegeben. Die gesamte Edition mit dem Titel *Die Tagebücher von Joseph Goebbels* wurde 2008 mit einem *Geographischen Register* und einem *Personenregister* abgeschlossen. Verlag: De Gruyter.

Die Beziehung zwischen Goebbels und Lída Baarová wurde anhand der – mal expliziten, mal verfremdeten – Tagebuchaufzeichnungen im Jahr 1938 rekonstruiert, das Goebbels als die schwierigste Zeit seines Lebens bezeichnet. Der Name Baarová taucht häufig auf, versteckt hinter dem der Ehefrau, wie zum Beispiel am 16. Juni: »Magda kommt zum Kaffee. Wir parlavern uns aus. Es ist sehr nett.«

Zu den Strategien sprachlicher Manipulation siehe: Victor Klemperer, *LTI – Notizbuch eines Philologen*, Berlin 1947.

Der Ausdruck »Konsensfabrik« ist zitiert nach dem Buch von Noam Chomsky und Edward S. Herman: *Manufacturing Consent. The Political Economy of the Mass Media*, New York 1988.

Hitler spricht oft von den Slawen als einem »minderwertigen Volk«, ich zitiere nur eine erste Stelle in *Mein Kampf*: »Das ›Erzhaus‹ tschechisierte, wo immer nur möglich, und es war die Faust der Göttin ewigen Rechts und unerbittlicher Vergeltung, die den tödlichsten Feind des österreichischen Deutschtums, Erzherzog Franz Ferdinand, gerade durch die Kugeln fallen ließ, die er selber mithalf zu gießen. War er doch der Patronatsherr der von oben herunter betätigten Slawisierung Österreichs.«

23.
DER RADIOMODERATOR

Und die Geschichte ist auch nicht
der zerstörerische Bulldozer, wie behauptet wird.
Sie hinterlässt Unterführungen, Grüfte, Löcher
und Verstecke. Manche überleben.

EUGENIO MONTALE

Kantano Habimana hieß der bekannteste Radiomoderator des Senders, der in der Zeit vor dem Völkermord die meisten Zuhörer hatte.

Vor den Mikrofonen von RTLM Radio Télévision Libre des Milles Collines wandte Kantano sich in einer einfachen, leidenschaftlichen, feurigen, manchmal gewagten Sprache an die Hörer. Sein Ton war kumpelhaft und freundlich, so unterhält man sich am späten Abend miteinander.

Nenn es Populismus, nenn es Demagogie, Tatsache ist, dass die Leute diesen Ton mochten. Wenn jemand im Radio dich so anspricht, müsstest du dich fragen, ob er damit sagen will »Entspann dich!« oder »Bereite dich aufs Kämpfen vor!«. Doch Kantanos Zuhörer fragten sich das nicht und verstanden nicht, dass er nichts anderes sagte als: »Hol deinen Tarnanzug raus und halte dich bereit!«

Es war ein ungleicher Kampf. Auf der einen Seite stand Kantano, äußerst gerissen, skrupellos und gut ausgebildet. Denn natürlich studiert man auch, um seinen Nächsten reinzulegen! Auf der anderen Seite stand eine Masse aus Analphabeten, Bauern, Arbeitslosen und ungebildeten Menschen, die von der Welt nichts wussten. Es waren Menschen, die weder die Zeit noch die Möglichkeit gehabt hatten, sich eigene

Ideen zu bilden. Jungfräulicher Boden, wo du alles pflanzen konntest, auch die Samen des Hasses.

Anfangs hätten sich die Hörer von Radio Télévision Libre nicht vorstellen können, dass Kantano Habimana, der so umgänglich und so nah an den Problemen der Menschen dran war, von der verhassten regierenden Klasse bezahlt wurde. Das Wort, mit dem die Ruander schon Anfang der Achtzigerjahre die Entourage des Präsidenten Habyarimana bezeichneten, war »Akazu«, was auf Kinyarwanda »kleines Haus« bedeutet. Doch nachdem die Frau des Präsidenten das »kleine Haus« mit ihren korrupten Verwandten vollgestopft hatte, erhielt das Wort die gleiche Bedeutung wie unser Wort »Mafia«. Tatsächlich widmete sich das Akazu den gleichen Aktivitäten wie die Mafia-Clans der ganzen Welt: Entwaldung des Vulkangebiets im Norden des Landes an der Grenze zu Uganda und dem damaligen Zaire, um dort Marihuana anzupflanzen und es zu exportieren, Handel mit importierten Waffen, natürlich den beliebtesten Sturmgewehren AK-47 und den Pumpguns vom Typ MAG-7. Besonders aktiv waren diese Leute auch beim Einfangen von Berggorillas – eine geschützte und vom Aussterben bedrohte Spezies –, die auf dem internationalen Markt bis zu 40 000 Dollar pro Exemplar einbrachten. Lebend gefangen, wurden sie in den Privatgärten eines Mafia-Bosses eingesperrt oder an irgendeinen europäischen Zoo verkauft. Tote Tiere wurden zerlegt und für eine Handvoll Dollar pro Körperteil verkauft: Ein Kopf oder eine Hand waren die beliebtesten Stücke, die sich gut als Trophäen über dem Kamin einer luxuriösen Maisonette-Wohnung in der Stadt oder am Eingang eines Chalets im Gebirge ausstellen ließen.

Kantano Habimana aber schrie durch die Radiomikrofone »Nieder mit der Mafia!« und »Die Mafia ist zum Kotzen!«, also argwöhnte keiner, dass er mit dem Geld der Mafia bezahlt wurde.

Ich weiß, »Nieder mit der Mafia!« ist ein alter Trick, der hier bei uns noch heute funktioniert. Jetzt pass gut auf, was ich dir erzähle, sonst wirst du dich wundern und fragen, wie das möglich ist, wenn du liest, dass Kantano Habimana und die anderen Sprecher von Radio Télévision Libre am Ende des Krieges vom Internationalen Strafgerichtshof für Ruanda als Verbrecher gesucht wurden und im Fall ihrer Verhaftung zu Zuchthaus verurteilt werden sollten, ohne je eine Machete in der Hand gehabt zu haben.

Beginnen wir von vorn. Erinnerst du dich? Oder warst du noch nicht geboren? Das Radio Télévision Libre war halbstaatlich, doch im Grunde diente es der Propaganda der ruandischen Präsidentenfamilie, die Hass auf die Ethnie der Tutsi verbreitete.

Du glaubst doch nicht wirklich, dass es sich um einen Stammeskrieg handelte? Es war alles andere als ein unkontrolliertes, spontanes Ereignis, im Gegenteil, es handelte sich um eine minutiös geplante Operation. Natürlich spielten die Schandtaten der kolonialen Vergangenheit eine große Rolle.

Als Deutschland am Ende des Ersten Weltkriegs all seine afrikanischen Territorien verlor, wurde Ruanda der Kontrolle von Belgien unterstellt. Kaum angekommen, nutzten die neuen Kolonialherren die sozialen Unterschiede (die Tutsi, Viehzüchter, schienen zu einer etwas wohlhabenderen Schicht zu gehören, die Hutu, Bauern, zu einer wirtschaftlich schwächeren Gruppe, doch beide waren nichts anderes als Gemeinschaften innerhalb desselben Volkes) und verordneten Regeln im Geist rassistischer Ideen, die damals in Europa sehr verbreitet waren. Sie wählten aus der Bevölkerung diejenigen aus, die etwas hellere Haut hatten, feinere Gesichtszüge und einen schlankeren Körperbau, und machten sie zur Schnittstelle für die Kolonialherrscher. Sie wurden zum Verwaltungspersonal der neuen regierenden Klasse gemacht, man bildete sie in deren Politik und Handlungsweise aus. Kurz, es handelte sich um eine Operation »ethnischer Differenzierung«, die die Gruppe der Tutsi bevorzugte. Mit der Selektion der Hellhäutigeren und Größeren wollte man den Nachwuchs »westlicherer« Afrikaner befördern, was zum Ausschluss der Hutu führte.

Ähnlich wie die Nazis den Papieren der Juden kurze Zeit später Stempel mit »Rassenmerkmalen« aufdrückten, verordneten die Kolonialisten ab 1932 für die Ausweise der Ruander diese Art Kennzeichnung, um die »Arier« Ruandas – die Tutsi – kenntlich zu machen.

Vorher hätte kaum jemand in Ruanda Unterschiede zwischen den Bevölkerungsgruppen wahrgenommen. Die Belgier gingen noch weiter, sie belohnten die Tutsi für ihren Dienst an der belgischen Krone mit der Zuteilung von Ländereien und Bauernhöfen, womit sie aus einer vermeintlichen ethnischen Differenz eine gigantische soziale Kluft machten: die Tutsi reich, die Hutu arm. Kurz vor dem Völkermord kam zu dieser Unterscheidung eine weitere hinzu: die Tutsi »schön«, die Hutu »hässlich«. Wenn die Geschichte derartigen Unsinn hervorbringt, kann man sich bemühen, die Fehler geradezubiegen oder sie zu verschlimmern, damit der Hass noch stärker wird und man ihn nutzen kann. Ruandas Präsident wählte den zweiten Weg.

Wem es genützt haben soll, Hass auf die Tutsi zu säen, darfst du mich nicht fragen, du musst schlussfolgern wie bei einem mathematischen Problem. Die Tutsi mussten den Sündenbock spielen. Sie sollten für die Schandtaten einer Regierungskaste büßen, der es nur darum ging, Geld auf ihren Konten anzuhäufen, statt sich um die ungeheure Arbeitslosenquote, das völlige Fehlen einer Infrastruktur und eines funktionierenden Gesundheitssystems zu kümmern.

Ich will nicht leugnen, dass es zwischen den Ethnien der Tutsi und der Hutu offene Rechnungen gab, doch ich behaupte, dass sie nicht zu gewaltsamen Auseinandersetzungen geführt hätten, wenn die Regierung Ruandas kein Öl ins Feuer gegossen und eine ganze Nation in ein Volk aus Schlächtern und Lämmern verwandelt hätte.

Der Radiomoderator Kantano Habimana aber würde dir sagen, es seien, im Gegenteil, die Journalisten gewesen, die mit ihrer Kritik am gesetzwidrigen Handeln der Präsidentenfamilie Feuer an die Lunte gelegt hätten. Die unabhängigen Zeitungen seien schuld, weil sie ständig über die angeblich korrupte und unfähige Regierung berichtet hätten! Darum, so würde Kantano sagen, musste der ruandische Präsident sich ein Medium für alternative Berichterstattung schaffen, um der böswilligen Presse etwas entgegenzusetzen. So begann die Regierung, die Zeitung *Kangura* als ihr eigenes Presseorgan zu nutzen, und verteilte die unverkauften Exemplare gratis, um so viele Menschen wie möglich zu erreichen.

Drittes newtonsches Gesetz: Jeder Ausübung von Kraft entspricht eine gleich große, aber entgegengesetzte Reaktion. Du hast eine Zeitung, auch ich lege mir eine Zeitung zu. Du bewirfst mich mit Dreck, ich bewerfe dich mit Dreck. Du informierst, ich desinformiere. Du protestierst, ich diffamiere dich. Nichts Persönliches, ein rein physikalisches Gesetz!

Doch dann kam der Geniestreich der Mannschaft des Präsidenten. Als sie begriffen, dass der Lärm derer, die sie beschuldigten, ethnischen Hass zu schüren, nicht zu übertönen sein würde, verhafteten sie die Direktoren der unabhängigen Zeitungen. Sie begannen mit *Kanguka*, dem Konkurrenzblatt von *Kangura*. Die Anklage war die übliche, wenn man sich auf die Schnelle keine andere zurechtzimmern kann: Vaterlandsverrat. Bei seiner Rückkehr aus Kenia wurde der Direktor verhaftet, weil er »zweifelhafte« Beziehungen zu den einstigen Monarchen Ruandas unterhielt. Um den Verdacht zu zerstreuen, es habe sich um eine Zensurmaßnahme gehandelt, inszenierten sie auch die Verhaftung des Direktors ihrer eigenen, der regierungstreuen Zeitung.

Wer dieser Direktor war? Hassan Ngeze, ein Busfahrkartenverkäufer ohne jede journalistische Ausbildung, vom Präsidenten als Strohmann ernannt, was bedeutete, dass der Präsident die Artikel für *Kangura* selbst schrieb, sie aber dann vom einstigen Fahrkartenverkäufer unterzeichnet wurden.

Man verhaftete ihn zum Schein, und Ngeze spielte mit. Er wusste, dass das alles nur ein Drehbuch war, tatsächlich lachte er, als man ihn wegbrachte, gewiss, dass er bald wieder auf freiem Fuß sein würde.

Damals sind wir alle darauf hereingefallen. Alle haben wir protestiert gegen den Versuch, der ruandischen Presse einen Maulkorb zu verpassen! Amnesty International und Reporter ohne Grenzen engagierten sich in einer Kampagne für die Befreiung der beiden Journalisten, von Opfern des Regimes. Aber nur einer der beiden war wirklich in Lebensgefahr: Vincent Rwabukwisi, der Direktor von *Kanguka*, wurde 1994 umgebracht.

Die Einschüchterung hatte den gewünschten Erfolg. Die Zeitung wurde eingestellt. Zurück blieb nur noch eine andere unabhängige Zeitung, deren gesamte Redaktion entlassen wurde. Von da an herrschte die regierungsfreundliche Presse des Präsidenten unangefochten, die Nation hatte keine Alternativen mehr.

Der neue Kurs der ruandischen Informationspolitik wurde mit der Veröffentlichung der »Zehn Hutu-Gebote« gefeiert. Sie lauteten etwa so: Die Tutsi sind reich, die Tutsi sind Verräter, sie haben internationale Beziehungen, sie zetteln eine Verschwörung gegen den Staat an, sie wollen die Macht, du sollst dich nie mit einem Tutsi zusammentun, du sollst den Tutsi misstrauen, und vor allem: Du sollst die Tutsi HASSEN.

Dieser Genozid war der erste, von dem ich nicht aus Geschichtsbüchern oder Fotoarchiven erfuhr. Ich war fünfzehn und habe ihn live in den Nachrichten verfolgt. Der erste Völkermord, der sich während meines Lebens ereignete und drei Monate lang jeden Morgen meinem Milchkaffee einen Geschmack nach Eisen verlieh, den des Blutes. Doch nicht darum geht er mir näher als andere. Wenn du dir die Ereignisse nacheinander ansiehst, bemerkst du eine entsetzliche Besonderheit dieses Krieges: Die Hasskampagne in Ruanda konzentrierte sich auf die Frauen.

Ich sage nicht, dass Frauen nicht bei allen Genoziden unfassbar leiden mussten, im Gegenteil. Wenn es darum geht, die Frauen zu isolieren, kommen die Männer sich entgegen, sogar wenn sie einander auf entgegengesetzten Seiten der Barrikade beschießen. Auch stelle ich keine Rangordnung von Gräueln auf, der Bosnienkrieg war genauso bestialisch. In Bosnien wurden die muslimischen Frauen als Angehörige einer abstoßenden »Rasse« beschrieben, die durch den serbischen Samen verbessert werden musste. Die Nazi-Propaganda bezeichnete Jüdinnen als unattraktiv, sie wurden immer mit den karikaturistischen Stereotypen der krummen Nase und Kraushaare dargestellt. Und das kannst du noch heute beobachten, die rassistische Propaganda stigmatisiert Frauen mit der Bezeichnung »minderwertig« und nennt sie »unansehnlich«. Geh ins Internet und sieh dir die Karikaturen oder Fotomontagen an, die die italienische Rechte zu Cécile Kyenge postet, der gebürtigen Kongolesin und Ministerin im italienischen Abgeordnetenhaus!

In Ruanda aber war das anders, dort geschah das Gegenteil. Ein perverses Spiel: Den Männern der Hutu wurde gesagt, sie sollten Tutsi-Frauen meiden, aber nicht, weil sie »minderwertig« oder hässlich seien oder Krankheiten verbreiteten, ganz im Gegenteil: weil sie zu schön, zu gut gekleidet, zu parfümiert und zu heißblütig seien. In Ruanda geschah etwas Neues. Der ethnische Hass wurde durch eine Kampagne massenhafter sexueller Erregung angestachelt. Die rassistischen Zeichnungen, die während der Hasskampagne in den von der Präsidentenfamilie finanzierten Zeitungen erschienen, waren keine Karikaturen. Im Gegenteil, es waren erotische Bilder vom Typ der »Hentai«, der pornografischen Zeichentrickfilme aus Japan. Eines dieser Bilder habe ich von einem Buch abfotografiert. Immer wenn ich es sehe, frage ich mich, wie es möglich war, so ein Bild in der offiziellen Presse zu veröffentlichen: Ein belgischer Blauhelmsoldat, der am Boden liegt, leckt eine Tutsi-Frau, während sie einem anderen Blauhelmsoldaten einen bläst, der wiederum an der Brustwarze einer zweiten Tutsi-Frau saugt, die ihrerseits von einem dritten belgischen Soldaten von hinten genommen wird.

War ich vulgär?

Hätte ich diese Zeichnung ignorieren und das Thema in den Tönen nüchterner, aseptischer Berichterstattung behandeln sollen? Dann hättest du aber nicht verstanden, was man mit dieser Art Zeichnungen bezweckte. Wir können lange drum herumreden, aber das Ziel war, den Betrachter körperlich zu erregen. Ich erkläre dir, warum.

Am Vorabend des Krieges, zwischen Januar 1993 und März 1994, kaufte Ruanda von China 581 Tonnen Macheten, eine unverhältnismäßig große Anzahl, aber trotzdem nicht genug, um alle Zivilisten zu bewaffnen, die bei der »ethnischen Säuberung« mitmachen wollten. Also wurde denen, die keine Machete zum Abschlachten erhielten, gesagt, sie sollten ihren Schwanz benutzen, um Frauen zu vergewaltigen.

Die Hasskampagne konnte jedoch nicht nur mit pornografischen Zeichnungen fortgesetzt werden. Irgendwann wurde klar, dass man bei fast 70 % völliger Analphabeten in der Bevölkerung allein mit Zeitungen nichts ausrichten würde. Darum wurde der Sender Radio Télévision Libre geschaffen, wo Kantano Habimana sofort eine Anstellung fand.

Unglaublich, wie perfekt die Meritokratie funktioniert, wenn sie unter umgekehrtem Vorzeichen benutzt wird! Wenn man für einen Job die Qualitäten eines Ex-Knastbruders von dir verlangt, kannst du sicher sein, dass dich keiner einstellt, wenn dein Curriculum das beste ist.

Nach diesem Prinzip wurde Kantano ausgesucht, und zweifellos war er wirklich der Schlimmste. Jahre zuvor hatte man ihn beim öffentlich-rechtlichen Sender rausgeworfen, weil er als Streithammel, notorischer Belästiger und exzessiver Trinker galt und Drogen nahm. Doch jetzt kamen ihm diese Mängel zugute. Radio Libre brauchte einen Moderator mit grober Ausdrucksweise, mit einer Sprache, die nach der Gosse roch, nach Groll stank, und man wollte einen anbiedernden Ton, in der Art von »Wir verstehen uns«, »Du kapierst mich sofort«, »Hey, du bist doch ein aufgeweckter Typ!«.

Das Wort musste benutzt werden wie die Machete, eine schartige Klinge mit einem Griff, der gut in der Hand liegt, damit du es dir auch allein schnell zurechtlegen kannst, um alles in Stücke zu schlagen, was dir im Weg ist. Und wenn du lernst, gezielte Schläge auszuteilen, haust du einen Arm ab oder spaltest einen Kopf.

Es ging nicht darum, mit Lehrern oder Entwicklungshelfern zu flirten, Kantano wollte muskulöse, junge Menschen rekrutieren. Nicht dass man besonders viel Kraft braucht, um zu töten – töten ist fast immer nur eine Frage der Einstellung –, aber es sollten Menschen mit noch unausgereiften Stirnlappen sein. Du kannst das überprüfen: Jedes Programm, das dich zum Töten ausbilden will, verändert zunächst dein Denken und erklärt dir erst dann, wie man eine Klinge im Fleisch versenkt oder das Magazin in eine Pumpgun steckt.

Kantano zielte also auf die Jüngsten, denn man braucht Platz, um Ideen in einem Hirn unterzubringen. Hat einer zu viele eigene Ideen, stößt das Gehirn sie wieder ab, wie Neugeborene, die zu viel Milch getrunken haben. Kurz, das Gros der Handlanger wollte man unter den noch Unreifen rekrutieren – sie waren die potenziellen Schlächter, die für das große Gemetzel trainiert werden mussten.

Anfangs war Kantano Habimana nur unterhaltsam, erzählte Witze, die er auf der Straße gehört hatte:

Eine Hutu-Frau kommt nach Hause und sagt zu ihrem Mann:
»Weißt du, was heute passiert ist? Es ist schrecklich!«
»Was denn, Liebste, was? Haben die Kinder Unkrautvertilgungsmittel getrunken? Hast du wieder mal die Küche in Brand gesetzt?«
»Schön wär's! Nein, unser Sohn hat sich mit einer Tutsi verlobt!«

Nach und nach wurde der Tonfall immer aggressiver, die Tagesereignisse wurden mit gehässigen Kommentaren bedacht, andere Journalisten und die Politiker der Opposition beschimpft und beleidigt. Ständig wurden die »Stimmen von der Straße« zum Mitmachen gedrängt, aber die Stimme war immer nur seine eigene, die von »Kantano, der den Leuten sagt ›Leckt mich doch‹«.

Das Interview vor Ort mit dem schwankenden Mann am Bartresen begann immer damit, dass Kantano mit einem Glas Bier in der Hand ankam, als wollte er sagen: »Lass mich neben dir sitzen und erzähl mir, wer hat dich heute genervt? Komm, wir rülpsen zusammen!«, und weiter ging's mit ätzenden Bemerkungen, einem Trommelfeuer aus Witzen, fettem Gelächter.

Beim Prozess gaben einige Opfer zu, dass sie lachen mussten, wenn sie die abfälligen Bemerkungen über sich im Radio hörten. Denn Kantano brachte alles im Ton des: »So denk ich nun mal!« und »Scheiß drauf, ich sag, was mir passt!«. Das gefiel den Leuten, denn dieser Tonfall wirkte ehrlich, spontan, der Sprecher erschien als einer, der nicht mit großen Worten jongliert oder mit seinen Titeln und Zeugnissen prahlt, ein Unkorrekter eben und darum – im Namen der Unkorrektheit – ein freierer Mensch. Jetzt hör mir gut zu. Nie darfst du den Fehler begehen, zu denken, das »Leck mich« sei befreiend und gesund, wenn es von Politikern oder von denen benutzt wird, die korrekte, qualitativ hochwertige Berichterstattung garantieren sollen. Lenny Bruce, ein amerikanischer Komiker, sagte in einer Fernsehsendung, dass man den Menschen auf keinen Fall verbieten solle, »Leck mich« zu sagen, denn das wäre, als würde man ihnen die Möglichkeit nehmen, »Die Politik kann mich mal« zu einer Regierung zu sagen, die ihnen nicht gefällt.

Jetzt möchte ich, dass du diese Position, die ich prinzipiell teile, denn wir alle haben das Recht, die Korruption, die Ausbeutung, die Ungerechtigkeit zum Teufel zu schicken, einmal umkehrst: Was passiert, wenn dieses »Leck mich« an die Regierung kommt? Was passiert, wenn ihr politisches Programm ein einziges »Leck mich« ist?

Stell dir das vor: Zum Teufel mit der Schule!, Zum Teufel mit der Erziehung!, Zum Teufel mit der Familie!, Zum Teufel mit den Bußgeldern!, Zum Teufel mit den Geschwindigkeitsbeschränkungen!, Zum Teufel mit den Armen!, Zum Teufel mit den Migranten!, Zum Teufel mit den Kranken!, Zum Teufel mit den Alten!, Zum Teufel mit der Moral!, Zum Teufel mit den Nachbarn!, Zum Teufel mit den Lehrern!, Zum Teufel mit den Ärzten!, Zum Teufel mit den Politikern! ... Was bleibt dir, wenn du alles zum Teufel geschickt hast? Was bleibt, wenn du den Becher deiner Wut bis zur Neige ausgetrunken hast? Hat sich etwas um dich herum geändert? Ist etwas anders in deinem Leben oder deiner Möglichkeit, Lebenspläne zu verwirklichen? Misstraue denen, die sagen »Zum Teufel mit allem«, denn sie sind die Ersten, die dich reinlegen werden. Die Ersten, die von dir verlangen, nicht nachzudenken, alles zum Teufel zu schicken und Schluss! Doch danach warten deine Probleme immer noch in einer Reihe, und niemand wird kommen, um sie für dich zu lösen.

Für Kantano war es jedenfalls ein Kinderspiel, all die leeren Festplatten seiner Zuhörer zu formatieren. Erst die ganz Jungen, dann nach und nach die älteren Hörer.

Von zweideutigen Bemerkungen ging er über zu deutlichen Worten: *inyenzi* zum Beispiel, »Kakerlaken«, so nannte man die Tutsi! Der unflätige, kumpelhafte Ton hatte Hörer angelockt, doch dann brauchte man stärkere Munition, damit die Herde aktiv wurde. Es musste etwas Schlüpfriges sein, und ich bin der Erste, der die Ohren spitzt, wie die Hunde, wenn man mir das Dunkel im Zwielicht zeigt.

Kantano bot seinem Publikum weit mehr als Zwielicht, er machte ihm vor, wie er beim Orgasmus stöhnte. Dann gab es nur noch Wörter wie »Schwanz«, »vögeln« und »ficken«. Und natürlich erklärte er auch, welche Frauen »gefickt« werden mussten – die der Tutsi. »Das ist doch, was die Tutsi wollen«, sagte Kantano immer wieder. »Sie wollen uns durch ihre Frauen kontrollieren und unterwerfen ... uns zu ihren Sexsklaven machen ... damit wir stillhalten!« Der Moment sei gekommen, ihre Frauen zu ficken, brüllte Kantano, aber mit Gewalt, um sie zu beherrschen und nicht mehr beherrscht zu werden. Es dauerte nicht lange, bis die ersten Hutu-Männer auf die Straße gingen und Tutsi-Frauen vergewaltigten und töteten.

In keinem anderen Krieg war Vergewaltigung eine Waffe, die so systematisch und weitreichend eingesetzt wurde. Weißt du, warum? Weil es keine vereinzelte Aktion einiger Soldaten oder die Brutalität unkontrollierter Truppenteile war, sondern ein Auftrag an die ganze Nation. Der Befehl lautete nicht nur, zu vergewaltigen, sondern auch, »bestialisch« zu sein:

»Ich grüße die jungen Leute, die beim Schlachthof in der Nähe von Kimisagara wohnen. [...] Gestern habe ich diese jungen Leute dort angetroffen, wie sie den Zouk tanzten. [...] Also wirklich ... Haha! Was habt ihr mir bloß zu rauchen gegeben! Es hatte einen ziemlich üblen Einfluss auf mich. Ich habe schon drei Züge davon genommen, und es ist viel zu stark, aber es scheint Mut zu machen. Behaltet die Kloaken gut im Auge, damit euch keine Kakerlake entkommt. [...] Unsere Zulieferer sollen uns weiterhin mit großen Mengen versorgen, damit wir stark bleiben, damit wir wütend und bestialisch bleiben ...«

(Kantano Habimana, Radio Télévision Libre des Mille Collines, 26. Mai 1994)

Natürlich begeisterte der offenherzige Ton von Kantano nicht alle. Es gab auch Hutu, die versuchten, seine Sendungen anzuprangern. Sie versuchten es. Sie schrien, man solle die Augen öffnen, man müsse diesem Tamtam ein Ende setzen! Kantanos Reden seien alles andere als derbe Sprüche oder unschuldiges Amüsement. Damit werde ein Gleis gebaut, über das früher oder später etwas Grausames rollen würde. Als Antwort auf diese Anklagen las Kantano im Radio eine Liste mit den Namen all derer vor, die ihn kritisierten, die vor seinen gefährlichen Worten warnten. Er las die Namen, ohne Kommentar, einfach so, einen nach dem anderen. Nie forderte er explizit dazu auf, sie zu beseitigen. Er ermahnte seine Hörer nur, sich diese Namen einzuprägen, und ging dann von den Namenslisten seiner persönlichen Feinde zu den Listen mit Namen der Tutsi über, die in jedem Dorf lebten.

Überleg mal: Wie lange dauert es, bis dir eine Melodie – egal, wie primitiv –, die andauernd im Radio gespielt wird, nicht mehr aus dem Kopf geht? Nicht lang. Du singst sie, auch wenn du sie blöd findest.

Unablässig dröhnte es aus dem Radio Télévision Libre: Die Tutsi sind Kakerlaken, die Tutsi-Frauen sind Nutten, die Journalisten sind Tutsi-Freunde, die Eliten sind Tutsi-Freunde, die Tutsi haben ausländische Freunde, die Tutsi haben zu schmale Nasen, die Tutsi sind zu groß, wir müssen die Städte von den Tutsi reinigen, Straße für Straße, Haus für Haus, lern die Namen der Tutsi-Freunde auswendig.

Waren die Anführer rekrutiert, übernahmen sie das Kommando beim Massaker. Manchmal weigerte sich jemand, doch dann setzten sie ihm eine Pistole an die Schläfe und drohten, sie würden mit seiner Frau und seinen Töchtern das machen, was er mit den Tutsi-Frauen machen sollte.

Die »Arbeitsschichten« waren mörderisch. Oft befahl man ihnen, die Gliedmaßen der Tutsi abzusägen, damit sie so kurz wurden wie die der Hutu. Man hat mir erzählt, dass die Männer, die sägen mussten, von der Plackerei so erschöpft waren, dass sie manchmal einfach aufhörten, um Mittagspause zu machen, und die halb fertige »Arbeit« zurückließen. Halb tote Körper, Beine und Arme halb abgesägt, die unter der

Sonne auf das Ende der Siesta warteten, um endlich getötet zu werden.

Die Tutsi hatte man so oft Kakerlaken genannt, dass sie anfingen, sich wirklich wie Kakerlaken verhalten zu müssen. Sie suchten Schutz in den Hohlräumen der Häuser, einem Spalt, einer Lücke, jedes Loch war ein Versteck. Andere wählten die Flucht, nahmen ihre Kinder mit, stießen aber unweigerlich auf Straßenblockaden der Milizen, die aus dem Boden schossen wie Pilze nach dem Regen. Durch eine Machete zu sterben, war entsetzlich. Doch schlimmer noch war, dass Leute wie Kantano sich beim Töten amüsieren wollten. Er selbst stachelte die Schlächter an, Lust beim Abschlachten zu empfinden, sich etwas einfallen zu lassen, ein bisschen zu spielen, bevor sie töteten.

So wurde ein Mann auf der Flucht vor die Wahl zwischen seinen vier Söhnen gestellt, denn nur einer sollte verschont werden. Er flehte, sie sollten sein Leben für das all seiner Kinder nehmen, doch das war nicht vorgesehen. Er musste sterben, und sie mussten sterben. Ein Kind durfte er auswählen. Nur eins. Der Mann zögerte. Er hatte Angst vor den Blicken seiner anderen Kinder. Schließlich siegte der Instinkt, der Selbsterhaltungstrieb, und er nannte einen Namen.

Die Frauen seiner Familie hatte er schon vorher ausgesondert. Ein Funken Klarheit war ihm geblieben: In einer Situation wie dieser musst du sie mit eigenen Händen erwürgen. Der Kleinste, den er noch auf dem Rücken trug, hätte allein in dieser Hölle keinen Tag lang überlebt. Also zeigte er auf den älteren, den achtjährigen Sohn. Er hoffte, die Henker würden ihn adoptieren, wie die Folterer im Argentinien von Videla, die die Kinder der Menschen adoptierten, die sie ermordet und im Ozean versenkt hatten.

Einen nach dem anderen wurden drei seiner Söhne vor seinen Augen umgebracht.

Während sie fielen, wurde ihm immer leichter ums Herz, weil er bald an der Reihe sein würde. Insgeheim nannte er die Machete, die ihn erlösen würde, »Schwester«. Aber nein, er war noch nicht dran. Wer dann? Der Sohn, den er ausgesucht hatte. Sie steckten ihn in einen Sack, verschnürten die Öffnung und schleuderten ihn gegen die Mauer. Nach drei Schlägen war der ganze Sack mit Blut getränkt. Sie hatten falschgespielt.

Ich weiß, jeder Vater wäre auf das Spiel eingegangen, um das Leben wenigstens eines seiner Kinder zu retten. Du aber vergiss nicht, dass man am Spieltisch der Mörder niemals gewinnt.

Wem nützte eine Million Tote? Vielleicht hatten sie diese Zahl nicht geplant. Vielleicht hatten sie nicht an eine Million Tote gedacht, ursprünglich war vielleicht nur vorgesehen, aus der Tutsi-Minderheit eine Zielscheibe, einen Sündenbock, eine Abwechslung im Alltag zu machen. Doch du weißt, wie die Geschichte ist, oder? Sie ist eine gierige Bestie. Wenn du anfängst, sie zu mästen, gibt sie keine Ruhe, bis sie genug hat vom Blut und vom Menschenfleisch.

Beim Prozess, der am 23. Oktober 2000 in Arusha in Tansania begann, behauptete der Direktor von Radio Libre, Ferdinand Nahimana, es habe keinen Völkermord gegeben. Du hast richtig verstanden, es gab keinen Völkermord in Ruanda. Er sagte, die eine Million zerstückelter Körper sei eine typische Übertreibung der von ausländischen Mächten gesteuerten Gerichte, Feinden der einfachen, ehrlichen und unverdorbenen Menschen, die in kleinen ländlichen Gemeinschaften lebten. Der Direktor des ruandischen Informationsbüros, Higiro, erklärte dagegen: »Am Vorabend des Völkermords wurde die Presse in Ruanda als eine Waffe angesehen, mit der man den Krieg ebenso gewinnen konnte wie mit Kalaschnikows vom Typ R-4 oder MAG-7.«

Der Internationale Strafgerichtshof für Ruanda stellte fest: Das Tamtam der Sprecher von Radio Télévison Libre konnte anfangs durch Beschimpfungen und Halbwahrheiten, dann durch Anstachelung zum »Rassen«-Hass und zur systematischen Vergewaltigung der Frauen einer Ethnie eine ganze Nation in den Abgrund ziehen. Dieses Gericht hat zeigen können, dass es möglich ist, mit Worten – nur mit Worten – bis zu einer Million Menschen zu töten.

Verstehst du, was das Gericht meinte? Jedes Mal, wenn Kantano sein Mikrofon einschaltete, musst du dir das Klick-klack der Pumpguns vorstellen, bei jedem Witz einen Schuss und dann das Geräusch eines Körpers, der zu Boden fällt. Du musst deine Wahrnehmung erweitern, in seinen Sprüchen nicht mehr nur banale Gags hören, die Ohren vor dem Gelächter derer verschließen, die in ihren Wohnungen oder auf der Straße zuhören, und stattdessen das Geräusch der Gewehre wahrnehmen, die gebündelt und den Radiohörern überreicht werden. Du musst sehen, wie sie ihre Arme nach dem Batterieradio ausstrecken, aus dem Kantanos sarkastische Bemerkungen kommen, und seinen Worten dann folgen, wenn sie mit der Waffe auf die Straße gehen, zufällig einem Tutsi begegnen und klick-klack, laden und Schuss, klick-klack, laden und zweiter Schuss und so weiter bis zum Sonnenuntergang. Und jede Anspielung auf Sex, jede Aufforderung, hart zu bleiben zwischen den Hosenbeinen, musst du als das wahrnehmen, was sie ist – den Befehl, auch diesen Körperteil als Waffe zu benutzen, sich bereitzuhalten, Fleisch mit Fleisch zu zerreißen.

Die Angst vor einer exemplarisch harten Strafe lähmte fast immer auch die Hutu, die bei den gewalttätigen Auseinandersetzungen einschreiten und den Tutsi helfen wollten. Ein junges Hutu-Mädchen, sechzehn Jahre alt, tat es. Sie hieß Lucie, Licht.

1994 sieht Lucie auf dem Heimweg ein Kind, ein Tutsi, es ist das Kind ihrer Nachbarn. Der Junge zittert, er wird von einer Gruppe junger Männer umringt, die gerade besprechen, wie sie ihn töten sollen.

Lucie weiß, dass sie ihr nichts antun werden, denn sie gehört zur Ethnie der Hutus wie die Jungen. Instinktiv geht sie dazwischen, schützt das Kind mit ihrem Körper. Die Jungen fordern sie auf, zu verschwinden, sie werden ihr nichts tun, wenn sie nach Hause geht und ihnen die kleine Tutsi-Kakerlake überlässt. Doch Lucie rührt sich nicht, auch sie zittert jetzt, aber sie spürt den Körper des Kindes im Rücken und begreift, dass sie nicht mehr weggehen kann, ihre beiden Körper sind jetzt verschmolzen. Es wäre klüger, sich von ihm zu lösen und nach Hause zu laufen, aber jetzt kann sie das nicht mehr, es wäre, als würde sie sich selbst ein Bein amputieren.

Die Jungen beschließen, sie zu bestrafen, ihr eine Lektion zu erteilen, als Warnung für alle, die ihr Beispiel nachahmen wollen. Also vergewaltigen sie das Mädchen nacheinander. Sie lassen das Kind in Ruhe, vergewaltigen sie. Dann wenden sie sich wieder dem Kind zu. Sie steht auf, kann kaum gehen, eine weitere Gewalttat würde sie nicht überleben, das weiß sie. Trotzdem stellt sie sich noch einmal vor das Kind. Die Jungen betrachten sie, lachen, dann gehen sie weg.

Lucie bringt das Kind zu seiner Mutter. Zu Hause möchte sie alles vergessen, entdeckt aber bald, dass einer der Vergewaltiger sie geschwängert hat. Sie ist mit Zwillingen schwanger. Als ihr Zustand sichtbar wird, jagt die Familie sie aus dem Haus, denn die Gewalt, die ihr angetan wurde, entehrt die Familie.

Erinnerst du dich? In manchen Gegenden der Welt kommt für die Frau nach der schrecklichen Erfahrung einer Vergewaltigung das Schlimmste erst danach, wenn die Familienangehörigen des Opfers den Vergewaltigern zum Sieg verhelfen. Sie behandeln die Frau, als wäre sie aussätzig und seelisch krank. Als hätte sie Gott verraten und ihre eigene Familie dem öffentlichen Gespött preisgegeben.

Noch heute sind die Kinder in Bosnien, die zwischen 1992 und 1995 durch Vergewaltigung gezeugt wurden, ausgegrenzt, als hätten sie kein Recht auf einen Platz in der Welt, als würden sie das Leben nicht verdienen, weil sie durch eine Gewalttat entstanden sind.

Was geschah mit Lucie? Action Aid, ein Verein, mit dem ich zusammengearbeitet habe, um diese Geschichten zu erzählen, hat sie adoptiert.

Als sie in das Programm aufgenommen wurde, dachte Lucie, die Gewalt zu überleben, wäre eine schlimmere Strafe als der Tod. Doch mit der Zeit lernte sie, Pflanzen zu züchten. Und weil sie für das Leben dieser Pflanzen sorgte, begann sie auch wieder, für sich selbst zu sorgen, für ihre durch den Horror geborenen Kinder. Heute sind Lucie und ihre Kinder Selbstversorger. Sie verkauft einen Teil ihrer Ernte und behält einen kleinen Teil für sich und ihre Kinder.

SCHREI, WENN SIE VERSUCHEN, UNS GEGENEINANDER AUFZUHETZEN.

Zu den Cannabis-Plantagen, die der ehemalige Präsident Ruandas Junénal Habyarimana eingeführt hatte, siehe: Jean Baptiste Kayigamba, *Rwanda-Development: Streets Paved with Drugs*: http://www.ipsnews.net/1997/06/rwanda-development-streets-paved-with-drugs/.

Über das Schicksal des Direktors der Zeitung *Kanguka*, Vincent Rwabukwisi, der lange im Gefängnis saß und dann ermordet wurde, berichtet die Internetseite des *Committee to protect journalists*: http://cpj.org/data/people/vincent-rwabukwisi. Auf dieser Seite kann man einen Bericht von Amnesty International über andere »abweichende« Journalisten der Zeitung herunterladen, die in jenen Jahren verhaftet und gefoltert wurden: https://www.amnesty.org/download/Documents/200000/afr470161991en.pdf.

Die rassistische Karikatur mit dem Titel »La force du sexe et les paras belges« findet sich in: *Rwanda. Les médias du génocide*, hg. von Jean-Pierre Chrétien und Reporters Sans Frontières, Karthala/Paris 1995. Dort ist im Anhang mit Dokumenten die Rede von Kantano Habimana auf Radio Télévision Libre des Mille Collines am 26. Mai abgedruckt.

Zur Rolle der Medien beim ruandischen Völkermord siehe: Darryl Li, »Echoes of violence: Considerations on Radio an Genocide in Rwanda«, in: *Journal oft Genocide Research*, 6,1, März 2004; *The Media and the Rwanda Genocide*, hg. v. Allan Thompson, London 2007; James T. McCoy, *Mbwirabumva (»I Speak to Those Who Understand«) Three Songs by Simon Bikindi and The War and Genocide in Rwanda*, Electronic Theses, Tallahassee (FL) 2013; William J. Bernstein, *Masters of the Word. How Media Shaped History*, New York 2013; James P. Farwell, *Persuasion and Power. The Art of Strategic Communication*, Washington, D. C. 2012.

24.
TAMTAM

> Der Schrei. Er ist der Anfang des Lebens und des Menschen auf der Erde.
> Der Jagdschrei, der Kriegsschrei, der Liebesschrei,
> der Schreckensschrei, der Freudenschrei, der Schmerzensschrei,
> der Todesschrei. Doch auch die Tiere schreien, und für den Urmenschen
> schreien auch der Wind und der Boden,
> die Wolke und das Meer, der Baum, der Stein, der Fluss.
>
> EMANUELE SEVERINO

Sorg dafür, dass in deinen Papieren niemals deine ethnische oder religiöse Zugehörigkeit steht, sei sie real oder vermutet. Denn wenn das passieren würde, wenn eines Tages jemand die unheilvolle Idee hätte, deinen Personendaten eine Anmerkung dieser Art hinzuzufügen: Roma, Tutsi, Soninke, Kalabrese, Sizilianer, Ladiner, Römer, Bergamasker, Maghrebiner, Christ, Muslim, Jude – wenn das wirklich passiert, dann lauf besser sofort weg, so schnell du kannst.

Manche Wörter sind Brandzeichen und werden nur benutzt, um zu brandmarken.

Also vergiss meine Ermahnung nicht. Sollte irgendjemand je ein Brandzeichen auf deinen Personalausweis setzen, hau ab, ohne einen Moment zu zögern.

Und pass auf, dass du nie auf einer Liste stehst.

Listen sind wie Mantras, wie die neunundneunzig Namen Allahs, wie die jüdischen Berachot: Durch ständige Wiederholung setzen sie sich in den Köpfen fest wie das Tamtam der Trommeln.

Das Tamtam ist ein obsessiver, monotoner Sound: Handfläche-Fingerknöchel, Handfläche-Fingerknöchel, Handfläche-Fingerknöchel.

Der Rhythmus wird schneller, höher, er fliegt, steigt fortschreitend vom tiefen, gemessenen bis zum hohen, ohrenbetäubenden Geräusch.

Hypnotisches, eintöniges, primitives, durchdringendes Tamtam. Es packt dich, füllt dich aus, schlägt in dir, lässt dich vibrieren, drängt dich, mit seiner Musik mitzugehen.

Tamtam der Nachrichten, die man dir in den Kopf hämmert, die nur scheinbar monoton und gleichgültig sind.

Tamtam, das dich betäubt, anästhesiert, dir die Verantwortung nimmt, indem es das Geräusch deiner Gedanken überdeckt und jeden anderen inneren Ton auslöscht.

Tamtam wie ein Finger, der ständig auf dein Gehirn drückt, um jeden anderen Gedanken zu verhindern.

Tamtam, das nicht beruhigt, sondern bedroht, dich belagert.

Tamtam, das deine Wachsamkeit erregt, dich aus dir selbst herausdrängt auf der Suche nach deinem Gegenteil, deinem Weiß, wenn du schwarz bist, deinem Yin, wenn du Yang bist, deinem Norden, wenn du Süden bist, deinem Tag, wenn du Nacht bist.

Urzeitlicher Klang der Trommeln, die die großen Feldschlachten begleiten, die des Mann-gegen-Mann, der Zweikämpfe, des Feindes, der zerfleischt wird.

Tamtam, das dich auf den Kampf vorbereitet, dich zum Kampf antreibt, dich direkt auf das Schlachtfeld bringt.

Tamtam, das an deiner Stelle denkt, an deiner Stelle Bescheid weiß, an deiner Stelle hasst.

Mach dir keine Illusionen, wenn der Moment kommt, wird niemand an deiner Stelle kämpfen. Wenn die Zeit zum Kämpfen kommt, wird man dir das Halsband abnehmen, und dann wirst du zubeißen oder gebissen werden. Dann hast du deinen Feind direkt vor dir: Reiß ihm ein Ohr ab, jetzt, stich ihm das Auge aus, beiß ihm in die Eier. Und protestiere nicht, das sei keine menschenwürdige Arbeit, denn jetzt bist du kein Mensch mehr, du bist nur ein Hund, auf den man wetten kann.

Weißt du, wozu Listen da sind? Sie versehen den Hass mit einem Kontext, geben ihm einen Anschein von Legitimität und Berechtigung. Sie dienen dazu, Personen zusammenzubringen, die absolut nichts miteinander zu tun haben, aber alle nebeneinander auf der Liste wie eine Bande erscheinen, eine kriminelle Vereinigung, eine zu fürchtende Entität. Listen sind dazu da, Verwirrung zu stiften. Ist die Liste geschrieben, bist nicht mehr du derjenige, der zum Zuschlagen auffordert, derjenige, der Öl ins Feuer gießt. Du bist nicht mehr der, der zum Hass anstachelt, sondern sie – alle, die auf der Liste – sind die Bedrohung.

Listen werden gemacht, um Zielscheiben über den Köpfen der Menschen anzubringen, wie bei den Proskriptionslisten in der römischen Antike, an die wir erinnert haben, als wir von Émile Zola sprachen.

Bei Carlo Alberto Dalla Chiesa, Giovanni Falcone und Paolo Borsellino wurde dasselbe Prinzip angewandt, das für jede Liste gilt: Es war, als hätte der Staat sich stillschweigend, aber ausdrücklich abgewandt, damit diejenigen, die den Tod dieser Männer wollten, wussten, dass sie zuschlagen konnten. Der Zweck der Proskriptionslisten war, den Geächteten zu exponieren, sodass jeder ihn töten konnte.

Cicero sagte, ein Geächteter zu sein, sei schlimmer, als ein Toter zu sein. Für einen Toten ist das Schlimmste vorüber, seine Stunde hat geschlagen, aber für den, der auf eine Liste gesetzt wird, hat der Todeskampf eben erst begonnen. Und die Wartezeiten können lang sein. Nicht mehr hier, noch nicht drüben. Du bist noch kein Toter, doch du bist auch nicht mehr wirklich lebendig. Du kannst nichts mehr von dem tun, was die Lebenden tun, spazieren gehen, ans Meer fahren, Pläne schmieden, Beziehungen knüpfen und auch nicht hoffen, deinem Urteil zu entgehen. Du kannst nur abwarten, mit dem Tod Schach spielen, ihn dir vorstellen, ihn erwägen, ihn vorhersehen, ohne zu wissen, von welcher Seite er dich treffen wird. Von dem Moment an, da dein Name auf der Liste steht, gibt es keinen Keller, keinen Torweg, keine Portikus, keinen Hohlraum, keine Krypta, keinen Wald, keinen leeren Baumstamm, der dir als Versteck dienen kann. Niemand wird dir Zuflucht gewähren, niemand kann dir Ruhe für eine Nacht bieten, denn sogar deine Mutter müsste mit dem Leben dafür bezahlen.

Vergiss nicht: Regierungen wechseln, unterschiedliche Epochen folgen aufeinander, aber die Neigung der Menschen, Listen anzulegen, bleibt. Eine Liste garantiert, dass du dir nicht die Hände schmutzig machen musst. Weißt du noch, wie Kantano das machte? Er las nur die Namen vor, wer zuhörte, musste die Botschaft empfangen. Zuhörer wie in Trance, orientierungslos, nahmen, gelenkt von der falschen Heiterkeit seiner Sprüche, die Machete und machten sich an das brutale Gemetzel, während er auf der Frequenz von Radio Télévision Libre in Sicherheit war.

Und die allgemeine Stimmung war: »Was soll ein lustiger Spruch denn schon ausrichten? Sogar die Tutsi lachen!«

Wenn die Ereignisse Gestalt annehmen und man nur einen kleinen Ausschnitt beobachten kann, passiert es immer wieder, dass man die Situation unterschätzt. So auch beim Coronavirus. Anfangs dachte man, was dort im Osten passierte, könne nie im Westen geschehen.

Du aber schrei beim ersten Trommelwirbel! Lass dich nicht von denen beruhigen, die sagen: »Entspann dich, das hier ist ja nicht Ruanda!«

Bei der Geschichte, die ich dir jetzt erzählen werde, konnte ich mich nicht entspannen. Ich habe das Schlagen der Trommel gehört, die immer lauter wurde. Darum bitte ich dich jetzt um deine Meinung, sag mir, ob auch du in der Ferne die ersten Trommelschläge zu hören glaubst.

Hier die Geschichte. In den Neunzigerjahren wurde in den USA eine Hasswebsite namens *Stormfront* eingerichtet. Du hast sicher schon davon gehört, denn die Seite hat ihre Ableger in mehreren Ländern der Welt, allerdings unter dem Schirm des amerikanischen Mutterhauses. Die Anhänger von *Stormfront* sehen es als eine unerträgliche Zumutung der westlichen Demokratien an, dass sie sich nicht öffentlich auf ihre Nazi-Ideen berufen können, ebenso wie sie es als inakzeptable Kastration empfinden, nicht explizit die Segregation der Schwarzen und die Ausrottung der Juden propagieren zu dürfen. Unter ihnen findest du Anhänger des Ku-Klux-Klan, die »Afrikaaner«, die den Zeiten nachtrauern, als Nelson Mandela auf Robben Island inhaftiert war, die Fanatiker, die zu Mussolinis Grab pilgern, und Bewunderer von Hermann Göring.

Im Lauf der Zeit ist *Stormfront* zu einer immer größeren und immer öfter besuchten Community herangewachsen. In ihren Foren wird über die Überlegenheit und Unterlegenheit der »Rassen« diskutiert, über jüdische Komplotte und darüber, dass Frauen an den heimischen Herd zurückkehren sollten (oder auf den Strich, je nachdem), dass Menschen mit Behinderung (nicht nur in den Schulen) isoliert, Homosexuelle »geheilt« (oder segregiert) und die Roma sterilisiert (oder beseitigt) werden müssten. Viele Kommentare erklären auch mehr oder weniger offen, wie notwendig es sei, den Pazifisten (für die Anhänger von *Stormfront* unerträgliche Heuchler) und den Umweltschützern (angeberische Besserwisser) exemplarische Lektionen zu erteilen.

Die *Stormfrontisten* lieben es, Listen anzulegen, die sie dann zum Trocknen auf ihrer Website aufhängen. Sie verbringen Tage damit, einzelne Namen zusammenzustellen, die nichts miteinander zu tun haben, aber als Gruppe, wie oben beschrieben, das Bild einer geschlossenen, gefährlichen Bande abgeben.

Auf einer dieser Listen stehe ich. Darum erzähle ich dir diese Geschichte nicht als Beobachter, sondern als Zeuge. Und in diesem Zusammenhang möchte ich dich bitten, dir etwas zu merken: Wenn sie versuchen, dich zum Opfer zu machen, mach dich selbst zum Zeugen. Schrei heraus, was sie tun, klage sie an, denn nur als Zeuge hörst du auf, Opfer zu sein.

An dem Tag, an dem ich vom Opfer zum Zeugen geworden bin, weil ich im Gerichtssaal als Nebenkläger gegen die italienischen *Stormfront*-Anhänger auftrat, die von mir vor Gericht gebracht worden waren, habe ich mir Notizen über meine Eindrücke gemacht. Ich möchte dir diese Notizen so weitergeben, wie ich sie an jenem Tag aufgeschrieben habe.

Rom, 28. Mai 2018. Wie an jedem Morgen bin ich bei Tagesanbruch aufgewacht. Wie an jedem Morgen war ich versucht, aus dem Haus zu gehen und durch die leeren Straßen Roms zu spazieren.

Wenn ich um diese Zeit auf die Straße gehe, dachte ich, bemerkt mich niemand. Ich kann versuchen, in aller Freiheit die Morgenluft zu atmen, den Duft der Linden, die gerade zu blühen beginnen. Wenn ich schnell gehe, kann ich, bevor die Morgendämmerung mich ins Licht taucht, sogar hoffen, den Campo de' Fiori zu erreichen, bevor meine Personenschützer mich schnappen. Ich will meine Hand auf die Bronze der Statue von Giordano Bruno legen, ich will das Knistern der brennenden Holzscheite hören, ich will mich wieder als Teil dieses Urteils fühlen, ich will zusammen mit ihm den Preis für seine Worte zahlen.

Es ist so früh, sagte ich mir, dass ich es schaffen kann. Doch kaum ist mir der Plan durch den Kopf gegangen, zerbricht er und löst sich in einer Myriade kleiner Wasserspritzer auf. Das Schutzprotokoll ist eine Präzisionsuhr, die aufhört zu funktionieren, wenn du beschließt, nicht mehr Teil des Räderwerks zu sein, wenn du anfängst, dich wie ein durchgedrehtes Rädchen zu benehmen. Also muss ich meine Nervosität zu Hause behandeln, sie in den Arm nehmen und auf meinen Knien wiegen. Aber ich will nicht sitzen, ich will mich bewegen, darum fange ich an, zwischen dem Tisch und dem Sofa auf und ab zu gehen, dann versuche ich, mich wieder hinzusetzen, aber immer in der möglichst unbequemsten Position. Ich will mich nicht entspannen. Ich starre auf die Zeiger der Uhr, um mich mit ihnen vorwärtszubewegen, mir jeden ihrer Schritte auf die Netzhaut zu brennen.

Um halb acht springe ich auf in die Habachtstellung. Die Personenschützer vor dem Haus sind schon bereit. Ich steige ins Auto, sie spüren meine Anspannung, versuchen sie mit einem Witz zu dämpfen, doch heute Morgen ist das schwieriger als sonst.

Auf der Fahrt denke ich an die Männer, die im Gericht vor mir stehen werden, die ich angezeigt habe wegen Anstiftung zur Gewalt und ethnischer Diskriminierung im Internet.

Ich versuche, mir ihre Gesichter vorzustellen, sie in einer Reihe, eines hinter dem anderen zu sehen. Ich versuche, den Geruch ihrer kahl geschorenen Köpfe zu riechen, ich will spüren, wie es sie erregt, sich jenseits von Gut und Böse zu fühlen, ich will das empfinden, was sie empfinden, das Adrenalin, das sie im Blut spüren, wenn sie Blumenvasen mit einer Schleuder in Stücke schießen. Denn die Scherben durch die Luft fliegen zu lassen, ist befreiend, es ist schnell, es hat einen Rhythmus. Die anderen aber, die immer wachsam sein und die Vase vorsichtig an einen anderen Ort bringen müssen, leben in ständiger Angst, sie zerbrechen zu sehen. Sie sind zu einer ewigen Vorhölle verdammt, bei ständig ausgesetztem Urteil. Stattdessen: Ein entschiedener Schlag, schon kommt dir die Angst lächerlich vor, sogar die Gefahr erscheint dir harmlos.

Ich bin im Gerichtssaal, wo ich die Gesichter sehe, die ich mir während der Fahrt nur vorgestellt habe. Eines prägt sich mir ein, das von M. P., neunundzwanzig Jahre alt. Sein Username im Forum von *Stormfront* ist »ComplottoGiudaico« JüdischesKomplott, und er hat die Liste der italienischen Juden, die das Land mit ihrem Einfluss angeblich an den Eiern haben, um neue Ziele bereichert – oder »verbessert«, wie die *Stormfrontisten* sagen. Am 6. November 2012 hat ComplottoGiudaico vom »Juden Saviano« geschrieben, da war M. P. also erst zweiundzwanzig.

Ich überlege, was ich mit zweiundzwanzig gemacht habe. Philosophie studiert, ein Fach, mit dem ich keine Arbeit finden würde, sagte man mir und sagt man sicher noch heute. Aber als Zweiundzwanzigjähriger wollte ich die Welt verstehen. Ja, das habe ich mit zweiundzwanzig gemacht, Philosophie studiert, weil ich die Welt verstehen wollte. M. P. will mit zweiundzwanzig nicht verstehen, er will wahrscheinlich nur Listen schreiben und Listen verbessern: Listen von Restaurants, Listen von Schulen, Listen von Papierhandlungen, Listen von Buchhandlungen, Listen von Kaffeeröstereien, Listen von Lebensmittelläden, Listen von Konditoreien, Listen von Politikern, Listen von Philosophen, Listen von Schriftstellern, Listen von Anwälten, Listen von Lehrern, Listen von Schülern ... Wofür brauchen M. P. und die anderen von *Stormfront* all diese Listen? Was will M. P. mit diesen Listen verstehen? Er will nicht verstehen, er will kennzeichnen. Es sind keine beliebigen Listen, die sie schreiben, denn es sind Listen von Restaurants, Schulen, Papierhandlungen, Buchhandlungen, Kaffeeröstereien, Lebensmittelläden, Konditoreien, Politikern, Philosophen, Schriftstellern, Anwälten, Lehrern und Schülern jüdischer Herkunft.

M. P. und die *Stormfrontisten* wollen den Anschein der großen Zahl, und auf Listen schwellen Zahlen immer an. Alle auf einer Liste vereint, scheinen die Feinde zahlreich zu sein und sofort eine außergewöhnliche Anstrengung von dir zu verlangen, eine große Aktion, um sie zu bekämpfen. Sie alle auf einer einzigen Liste zu vereinen, vermittelt den Eindruck, sie würden die Welt beherrschen! Sie verwalten alle Restaurants! Sie haben das Bankmonopol! Sie kontrollieren die Gerichte! Sie manipulieren die Nachrichten!

Wenn du mal Zeit hast, mach dieses Experiment: Nimm aus dem Internet zehn Namen von Unternehmern aus der Lombardei, dann zehn Bankdirektoren, zehn Schriftsteller, zehn Journalisten, zehn Plattenfirmen, zehn Influencer, alle aus der Lombardei, und dann schlag Alarm: »Die Lombarden beherrschen die Welt!«, »Sie sind überall!«, »Sie haben die Wirtschaft des Landes in der Hand!«, »Sie kontrollieren die Finanzwirtschaft!«, »Sie steuern die Nachrichten!«, »Sie besitzen das Verlagswesen!«. Es wird garantiert jemanden geben, der diese Behauptung für wahr hält. Du siehst, wenn man Daten in bestimmter Weise aneinanderreiht, ist es nicht schwierig, die Wahrnehmung einer Tatsache zu verzerren.

Dennoch kommt mir nach einer Weile im Gerichtssaal der Gedanke, dass es ein Fehler war, sie anzuzeigen. An den Fragen, die mir die Journalisten stellen und sogar einige Freunde, die zum Prozess gekommen sind, erkenne ich, dass eine versöhnliche, nachsichtige Stimmung herrscht. »Wir machen hier großen Jungen den Prozess ...«, »Das sind doch nur Dummejungenstreiche im Netz ...«, »Nichts Besonderes ...«.

Ich versuche, der Versuchung zu widerstehen, ihnen recht zu geben, denke wieder an Kantano Habimana und daran, dass man das auch über Kantano sagte. Als er im Radio Télévision Libre anfing, die Tutsi als Kakerlaken zu bezeichnen, hieß es, Kantano sei nur ein dreister Flegel, ein Provokateur, ein Angeber, nichts Besonderes!

Doch heute Morgen wirkt das Beispiel von Kantano Habimana nicht bei mir. Vielleicht weil ich den starken Eindruck habe, dass man nicht ihnen, sondern mir den Prozess macht, oder besser, nicht mir direkt, sondern meinem Versuch, eine Gruppe von »Angebern« vor Gericht zu bringen. Kurz, das ist der zugrunde liegende Gedanke, ich beschäftige ein Gericht mit einer Bande dreister Flegel, das wirklichen Kriminellen den Prozess machen sollte.

Außerdem scheint mir, dass sich dieser Gedanke rasch im Saal verbreitet, als wäre er ansteckend. Ich sehe Blicke, Augenzwinkern, Schulterzucken. Ja, das ist mein Eindruck. Man sagt mir mit einem Gesichtsausdruck, einer Handbewegung, einem Verziehen des Mundes: »Was hat dich bloß dazu getrieben? Das sind doch nur dumme Jungs!« M. P. hat tatsächlich niemanden umgebracht, und jetzt bin auch ich überzeugt: Es war ein Irrtum, ihn vor den Richter zu zerren. Schon will ich aufstehen, den Richtern zurufen, dass ich mich geirrt habe, dass ich meine Anzeige zurückziehen will. Auch den Journalisten im Saal will ich sagen: Ich habe einen Fehler gemacht, ich habe übertrieben, sie haben recht, im Grunde handelt es sich um ungebildete Jungen, die so tun, als wüssten sie alles über das Böse, um sich aufzuspielen. Ich möchte aufstehen und das Spiel beenden: alles vorbei, alle nach Hause. In Gedanken bin ich schon draußen, im gepanzerten Auto, schon auf dem Rückweg.

Alles ein Irrtum, ein Irrtum trotz der »Liste der Italiener, die den Migranten helfen«; ein Irrtum trotz der »Liste der jüdischen Gemeinden in Italien« mit Angaben von Läden, Restaurants und Schulen; ein Irrtum trotz der »Überarbeitung und Verbesserung der Liste der einflussreichen Juden in Italien«, trotz der Liste der »Gesichter, die aus dem Fernsehen verschwinden müssen«. Ein Irrtum trotz einiger Presseorgane, die diese Artikel nachgedruckt haben, wo die von Juden geführten Geschäfte angegeben werden, mit Straßennamen und Name des Ladens ... Ein Irrtum trotz der Schlussfolgerung: »Handelt nach eurem ...«

Nach eurem was?, fragst du ... Nichts, einfach nur, handelt, wie ihr wollt, nach eurem Gefühl, mit den Mitteln, die am besten zu euch passen.

Doch ein Name bringt mich schlagartig zurück in den Gerichtssaal. Wie ein Donnerhall oder eine Explosion reißt er mich aus meiner Benommenheit, aus dem Glauben, das alles sei ein großes Missverständnis.

Während die Straftaten vorgelesen werden, die man den *Stormfrontisten* zur Last legt, und die gegen sie erhobenen Anklagen, höre ich einen Namen, Settimia Spizzichino, den einzigen Namen, der durch das Knäuel meiner Gedanken in mein Bewusstsein dringen kann.

Settimia Spizzichino wird im Zusammenhang mit den Kommentaren zu Carla Di Veroli erwähnt, seinerzeit Stadträtin im Rathaus des Bezirks XI von Rom. »Carla Di Veroli«, schreibt A. M. aka Dagren, »ist wie fast alle Juden in unsere Institutionen eingedrungen«, eine »überzeugte Feministin«, »eine fanatische Unterstützerin der Homosexualität« und »ein Neger-Liebchen«. Carla Di Veroli ist die Enkelin von Settimia Spizzichino, die Dagren verächtlich als *olomiracolata* bezeichnet, als eine, die den Holocaust auf wundersame Weise überlebt hat. Um genau zu sein, er nennt sie »die zigste Holocaust-Überlebende«.

Settimia Spizzichino sah ich bei einem Interview im Fernsehen oder im Internet.

Sie war eine römische Jüdin, wie andere römische Juden im Oktober 1943 gefangen genommen und erst nach Auschwitz, dann nach Bergen-Belsen deportiert. Ihren Bericht zu hören, machte einen tiefen Eindruck auf mich. Ich erinnere mich nicht genau an ihre Worte oder wie sie von den Ereignissen erzählte, aber der Eindruck ihres Zeugnisses hat sich mir für immer eingeprägt. Wie es oft geschieht, wenn wir die Worte der Überlebenden hören, stelle ich mir ihren Aufenthalt im Konzentrationslager, ein Jahr und sieben Monate, so vor, als wäre ich selbst dort gewesen.

Wenn man aus einer warmen Stadt wie Rom nach Auschwitz kommt, trifft einen die Kälte wie ein Schlag. Eine Kälte, die die Natur ringsum versteinert, die selbst die Stille erfasst.. Denn dieser anonyme Ort, diese kleine Industriestadt, in der damals nur wenige Tausend Menschen lebten, schweigt, schickt keinen Schrei zum Himmel.

In dem Viertel, wo Settimia aufwuchs, ist nichts anonym und stumm, im Gegenteil, alles ist lebendig und erzählt von einer alten Tradition: jede Säule ein Erinnerungsstück, jedes Schild ein Gedenkstein. Der über fünf Jahrhunderte lang fortgesetzte Versuch, die jüdische Gemeinde, die am linken Tiberufer Wurzeln geschlagen hatte, erst auszugrenzen und auszusondern, dann auszulöschen, hat nur bewirkt, dass ihre Bindungen an den Ort immer stärker wurden.

Ich stelle mir Settimia Spizzichino als kleines Mädchen vor. Sicher nahm sie sich einen Stuhl auf die Straße mit, um abends mit Freundinnen zu plaudern; sicher wurde sie zu den Nachbarn geschickt, um frisch aus dem Ofen gezogene *mostaccioli* in Empfang zu nehmen; sicher musste sie bei dieser oder jener Familie Gerätschaften abholen oder zurückbringen, die Gemeinschaftseigentum waren: die Leiter, um Decken aus den oberen Fächern im Schrank zu holen, den Hammer, um Nägel in die Wand einzuschlagen, die Luftpumpe fürs Fahrrad, das Brett mit dem Nudelholz, um den Blätterteig auszuwalzen.

Die Bewohner des römischen Ghettos haben die Traditionen ihrer Gemeinschaft tatsächlich immer so hartnäckig lebendig gehalten, dass sie dieses Viertel in ein lärmendes kleines Dorf verwandelten, voller Menschen, die seit Jahrhunderten in übereinandergestapelten Häusern leben. Denn wo die Quadratmeter sich nicht in der Fläche ausbreiten können, gehen sie in die Höhe.

Alles ist voller Leben im Ghetto am Portico d'Ottavia, nichts schwitzt Tod aus wie die Gleise dieses anonymen Eisenbahnknotenpunkts in Polen, der eigens erbaut wurde, um den »Warentransport« schneller zu machen.

Ich denke an Settimia, sie ist noch ein Mädchen, bei der unendlichen Reise nach Norden, bei der Ankunft. Ich sehe sie, wie sie mit ihrer Schwester in die Reihe der »arbeitsfähigen Frauen« gestellt wird. Ich sehe die Angst in ihrem geraden, eiskalten Rücken, die ängstliche Sorge, gesund zu bleiben, um arbeiten zu können, um in Auschwitz zu überleben. Die Angst am Tag der ärztlichen Untersuchung. Etwa einmal im Monat, wenn die Frauen selektiert werden, die noch arbeiten können, und die, die in die Gaskammer geführt werden.

Da ist der Tag, an dem sie nackt vor einer Kompanie Männer stehen und dann laufen müssen, laufen, laufen, laufen, so schnell wie möglich, auch wenn sie keine Kraft mehr in den Beinen haben.

Je mehr Kraft du in dein Laufen legst, desto mehr erhöhen sich deine Chancen, am Leben zu bleiben.

Wenn du am Leben bleibst, darfst du hoffen, eines Tages zum Portico d'Ottavia zurückzukehren, wieder den Duft der frisch gebackenen *mostaccioli* zu riechen, und versuchen, herauszufinden, was aus deiner Schwester Giuditta wurde, der Jüngsten, von der du in Auschwitz nichts mehr gehört hast. Sie war immer die Schönste der Familie, darum bist du sicher, dass der Tod vor ihr zurückgewichen ist. Der Tod schämt sich für seine Absichten, wenn er so strahlende Augen und so schön gezeichnete Lippen vor sich hat. Niemand kann Giuditta angetan haben, was sie dir antaten, du hast keine Haare mehr, Wunden auf der Haut, schwarze Zähne und einen Uringestank am Körper, der nicht weggeht. Angesichts der Schönheit von Giuditta verlässt jeden der Mut, denn sie zu schänden, wäre ein so schreckliches Vergehen, dass nach ihm nichts mehr geduldet werden könnte. Und dir gibt es Kraft, weiterhin zu glauben, dass es etwas gibt, vor dem alles innehält.

Also wirst du laufen. Du wirst versuchen, dein Leben zu retten, um nach Hause zurückzukehren und Giuditta wiederzufinden. Du und sie. Von dort wieder anfangen.

Die Erinnerung an eine Schwester, eine Mutter, einen Vater, eine Tante, kann die Muskeln anspornen und den Beinen Schwung geben.

Der Winter in Polen ist sehr streng, und oft fällt Schnee. Darum findet diese ärztliche Untersuchung fürs Überleben oft bei Schneefall statt.

Während die Mädchen nackt unter dem fallenden Schnee über vereisten Boden laufen, verlieren sie Körperflüssigkeit. Ein Strom Fäkalien fließt über ihre Beine und wird bei jeder Runde etwas fester, trocknet, bis er eine kompakte, gelbe Kruste bildet, die tagelang an der Haut kleben bleibt und einen ekelhaften Geruch verströmt. Vielleicht sagt man darum »Du stinkst nach Kälte«, um zu sagen, dass Kälte, wenn sie so stark ist wie Hitze, starke Ruhr-Attacken hervorruft.

Als der Staatsanwalt mich in den Zeugenstand ruft, steht mir klar vor Augen, was mich an den Chats der *Stormfrontisten* so betroffen gemacht hat. Die Tatsache, dass sie Settimia Spizzichino, eine Auschwitz-Überlebende, *olomiracolata* nannten. Dieses Wort benutzten sie ständig in ihren Foren, genau zu der Zeit, als sie mich angriffen. Dieser Neologismus hatte mich angewidert, und ihn im Gerichtssaal ausgesprochen zu hören, erinnert mich endlich daran, was mich veranlasst hatte, sie zu verklagen. Es war dieses Wort: *olomiracolata*.

Die anwesenden Journalisten schreiben auf, welche Bedeutung dieser Neologismus für die Anhänger von *Stormfront* hat. Sie meinen damit all jene Menschen, die ihrer Meinung nach enorme Vorteile daraus ziehen, dass sie den Holocaust überlebt haben. Ich benutze hier absichtlich den Begriff Holocaust statt Shoah, denn sie sprechen immer nur vom Holocaust, weil sie dieses Adjektiv daraus abgeleitet haben.

Das wollten sie uns also vor allem verkünden. Dass sie die Juden nicht als solche hassen, sondern dass Signora Spizzichino für sie eine ist, die sich mit dem Holocaust bereichert hat. Während sie in den Schulen Italiens jammerte, machte sie Geld mit dem Buch ihrer Erinnerungen!

Ich wundere mich über mich selbst. Statt mich von Herzen zu empören, stelle ich buchhalterische Berechnungen an, als müsste ich das Formular meiner Steuererklärung ausfüllen. Die Berechnungen zeigen mir, dass meine Kollegen recht hatten, ich habe Dummköpfe vor mir, die keine Ahnung von der Welt haben. Wahrscheinlich haben sie nie ein Buch in der Hand gehalten, sonst wüssten sie, dass der kleine Verlag, bei dem Signora Spizzichino ihre Erinnerungen veröffentlicht hat, höchstens fünfhundert Exemplare davon drucken ließ. Denn für diese Art Buch gibt es außerhalb der Schulen keinen Markt.

Fünfhundert verkaufte Exemplare werden Signora Spizzichino ein paar Tausend Lire, also zwei- oder dreihundert Euro eingebracht haben, was bedeutet, dass es sich für sie finanziell nicht gelohnt hat, aus ihren Erinnerungen ein Buch zu machen.

»Vorträge an Schulen«, für die Jungen von *Stormfront* ein Zeichen von Ruhm und Erfolg, werden nicht bezahlt, weil es sich um freie Beiträge zu Themen handelt, die vom Redner selbst vorgeschlagen werden, nicht um Fortbildungen, für die Schulen einen Teil ihres Budgets ausgeben dürfen.

Diese Jungen können offenbar nicht glauben, dass man Bücher nur deswegen schreibt, weil es richtig und geboten ist. Sie halten es nicht für möglich, dass man schreibt, weil man an eine Idee glaubt. Das Verrückte ist, dass wir an diesem Tag im Gericht zusammenkommen, weil sie die Ersten sind, die an eine Idee glauben. So abwegig ihre Ideen auch sind, ComplottoGuidaico und Dagren haben Tage damit verbracht, Listen zu verfassen, für die ihnen nie jemand Geld geben wird. Vermutlich sind ComplottoGiudaico, Dagren und die *Stormfrontisten* überzeugt, dass man nur ehrlich ist, wenn man den Hass verteidigt, während alle anderen eigennützige Heuchler sind.

Ständig messen wir uns am Guten und am Bösen, aber warum können wir das Böse als authentisch Böses erkennen, während wir gegen das Gute immer Misstrauen hegen? Warum glauben wir immer, wenn wir eine gute Tat sehen, dass man uns reinlegen will? Offenbar ist es eine uralte Angst, die uns hindert, zu glauben, es gebe ein Gutes, das wirklich uneigennützig ist. Wo steckt der Betrug? Was springt für den dabei raus?

Doch es gibt noch etwas anderes, und es betrifft uns, ja uns, hier und jetzt. Dich, der du liest, und mich, der ich schreibe. Der Konsumismus ist zu einem existenziellen Konsumismus geworden, der unsere sozialen Beziehungen beschädigt. Wir sind Konsumenten und gleichzeitig Objekte des Konsums. Der ökonomische Tausch wird so zur einzigen Form, Beziehungen zu anderen einzugehen. Wenn du mir etwas anbietest, das nichts kostet, glaube ich dir nicht. Außerdem misst der Mensch seine Nächsten mit eigenem Maß, das heißt, wir erwarten, dass der andere uns reinlegt, so wie wir ihn reinlegen. Unter diesem Blickwinkel ist die Idee vom kostenlosen Guten verwirrend, denn wenn es stimmt, dass man auf diese Weise lieben kann, kann man sich auch ändern, doch das hat seinen Preis, den nicht alle zu zahlen bereit sind.

Mir wurde gesagt, wenn man in einem Kampf überdauern will, muss man diesen Kampf in das Gesicht eines Menschen verwandeln, in seine Augen, seine Hände und den Klang seiner Stimme. Mir wurde gesagt, dass Prinzipien allein dem Gehirn nicht genügen, nach einer Weile empfindet es sie als zu abstrakt. Prinzipien dienen als Zündschnur, doch auf die Dauer neigt alles dazu, sich abzuschwächen: der tiefere Sinn deines Kampfes, seine Wichtigkeit, deine Fähigkeit, ihn auszufechten, und sich dann zu vermischen: dein Blickwinkel mit dem der anderen, deine Beweggründe mit denen der anderen.

Jetzt weiß ich, warum ich im Gerichtssaal bleibe und warum ich bis zum Äußersten gehen werde. Ich habe meinem Kampf die Augen und die tiefe Stimme von Settimia Spizzichino gegeben.

> SCHREI, DASS LISTEN BRANDZEICHEN SIND
> UND DASS DU NIEMANDEN BRANDMARKEN WILLST.
> SCHREI, DASS ES NICHT STIMMT, DASS DAS BÖSE
> IMMER AUTHENTISCH IST UND DAS GUTE NIE.
> SCHREI, DASS ES DAS GUTE GIBT,
> KOSTENLOS UND UNEIGENNÜTZIG,
> UND DASS DU ES UM JEDEN PREIS VERTEIDIGEN WIRST.

Die Erinnerungen von Settimia Spizzichino sind gesammelt in dem gemeinsam mit Isa di Nepi Olper verfassten Buch: *Gli anni rubati. Le memorie di Settimia Spizzichino, Überlebende der Lager Auschwitz und Bergen-Belsen*, Cava de' Tirreni 1996.

Zu den Ereignissen, die mich am 28. Mai 2018 in den Gerichtssaal gebracht haben, verweise ich auf das Prozessprotokoll, das Urteil des Strafgerichts Rom vom 10. Februar 2020 und den Artikel von Simone Somekh, »Roberto Saviano. Author of ›Gomorrah‹, Takes on Internet Nazis«, in: *Tablet Magazine*, 8. Mai 2018: https://www.tabletmag.com/sections/arts-letters/articles/roberto-saviano-nazis.

Ciceros Worte finden sich in seiner Rede *Pro Quinctio*, 15.

Zuletzt: Ich habe die *Stormfrontisten* nur mit ihren Usernamen und den Anfangsbuchstaben ihrer Namen zitiert, weil ich der Letzte bin, der Listen erstellen will, mich interessiert nicht, ob ihr die Worte dieser Männer mit ihren Namen verbindet. Es soll euch genügen, dass das, was ich erzähle, passiert ist und dass der Ton der Botschaften auf der Seite von *Stormfront* an Brutalität alles übertrifft, was man sich vorstellen kann. Man hat mir oft gesagt: »Sprich nicht über sie«, »Wenn du über sie sprichst, verleihst du ihnen Bedeutung«, »Wenn du über sie sprichst, existieren sie«. Damit bin ich nicht einverstanden: Man muss über sie sprechen und sie anzeigen.

25.
NUR EIN LEBEN, DAS ZU BODEN FÄLLT

> Der Dichter hat die Füße im Schlamm,
> den Blick in den Sternen und einen Dolch in der Hand.
> PETER BROOK

Es gab eine Zeit, in der Xu ein Mensch war: 23 % Fleiß, 12 % Körperpflege, 34 % Spielen und Fernsehen, 31 % Zuneigung.

Die 23 % Fleiß verdankte er der Schule. Seine Eltern sprachen tagelang kein Wort mit ihm, wenn er eine schlechte Note bekommen hatte. Wenn du in einem Haus lebst, wo sie so tun, als existiertest du nicht, fühlst du dich, als wärst du vom Erdboden verschwunden. Davon konnte er sich nicht befreien, obwohl er in der Schule unter der Gemeinschaft mit den Kameraden litt wie auch unter der drangvollen Enge im Bus. Es war eine Wohltat, sagte er, auf dem Land aufzuwachsen, wo es viel Platz gab.

Auch die 12 % Körperpflege verdankte er seinen Eltern. Doch das Gefühl, frisch gewaschene Baumwollwäsche zu tragen und sich mit der Hand durch saubere Haare zu fahren, missfiel ihm nicht.

Die 34 % Spielen und Fernsehen waren sein Reich, sein wahres Leben, sein Reich der Entdeckungen. Obwohl seine Eltern ihm beigebracht hatten, dass Spielen nur Zeitverschwendung war, ein Privileg derjenigen, die nicht gezwungen sind, zu arbeiten, um zu leben. Leben war für sie – das hatte er immer deutlich wahrgenommen – nur Fleiß und Tränen.

Die 31 % Zuneigung kamen nicht von seinen Eltern. Seine Eltern waren nicht in der Lage, Zuneigung aufzubauen, nicht, weil sie ihn nicht gernhatten, sondern weil diese Fähigkeit bei ihnen nie aktiviert wurde. Bei ihm auch nicht, tatsächlich warfen ihm alle vor, erst ein schüchternes Kind und dann ein einsamer Junge gewesen zu sein.

> Alle sagen
> dass ich ein wortkarger Junge bin
> und ich leugne es nicht
>
> Doch in Wahrheit
> werde ich, ob ich nun spreche oder nicht,
> immer in Konflikt mit dieser Gesellschaft geraten
>
> (Xu Lizhi, *Konflikt*)

Da sein Großvater väterlicherseits der Einzige in der Familie war, der Zuneigung entwickeln konnte, dachte Xu, dass diese Fähigkeit mit dem Alter kam, er also nur warten musste, bis er alt genug war.

Als Kind wusste er nicht genau, wie alt sein Großvater war. Er ahnte nur, dass der Großvater vor langer Zeit jung gewesen war, der Zeit des Zweiten Weltkriegs, des »Widerstandskriegs gegen die japanische Aggression«, wie er ihn nannte. Ein Krieg, der den Großvater mütterlicherseits getötet hatte, dem Xu ähnelte.

> Die Alten im Dorf sagen
> dass ich meinem Großvater ähnlich sehe, als er jung war
> mir schien das nicht so, aber weil ich es oft hörte
> glaubte ich es schließlich
>
> Als kämen wir aus demselben Schoß
> haben mein Großvater und ich
> Gesichtsausdruck, Temperament und Interessen gemein
> Die Alten nannten ihn »Bambusrohr« und mich
>   einen Schlacks

Er verbarg oft seine Gedanken
und ich bin oft geradezu unterwürfig

Er riet gerne auf gut Glück
ich glaube an Vorahnungen

Im Herbst 1943
eroberten uns die japanischen Teufel
und verbrannten ihn bei lebendigem Leib

Er war dreiundzwanzig

In diesem Jahr
werde auch ich dreiundzwanzig

(Xu Lizhi, *Eine Art Prophezeiung*)

Xu und sein Großvater waren leidenschaftliche Sammler. Sie verbrachten Tage damit, alle möglichen wild wachsenden Pflanzen und Früchte zu klassifizieren. Xu habe die Spürnase und Beharrlichkeit des Suchers, hieß es in der Familie. In Wahrheit hatte seine Nase gelernt, alle Arten guter Kräuter zu erkennen, weil er die tiefe Befriedigung seines Großvaters spürte, wenn er eines entdeckte. Und nichts machte ihn glücklicher. Der Großvater war ein sanftmütiger Mann, hochbetagt, dem nichts anderes in seinem Leben Befriedigung schenkte, denn eine chronische Arthritis hatte seine Hände steif werden lassen, was ihn für die Feldarbeit untauglich machte. Seit Xu denken konnte, war der Großvater ein nutzloser Mann. Nicht für Xu natürlich, aber seine Eltern zeigten es mit unzähligen kleinen Gesten oder unmerklichen Veränderungen im Tonfall, die Xu im Lauf der Zeit zu entschlüsseln gelernt hatte, denn sie trafen ihn mit größerer Wucht, ebenso wie uns die Schläge treffen, die einem Schwächeren, Unterlegenen versetzt werden.

Abgesehen von seinem Zusammensein mit Xu erschien das Leben des Großvaters also wie eingeäschert. Xu konnte sich nicht einmal vorstellen, wer er vor seiner Geburt gewesen war. Seit jeher erinnerte er sich an ihn, wie er in einem Bettchen neben dem seinen einschlief, und dieses Bett musste, so stellte Xu es sich vor, auch seine Wiege gewesen sein.

Er starb, als Xu siebzehn war. Da waren sie schon nicht mehr so eng verbunden. Mit der Zeit war Xu ruhelos geworden, er konnte die Flamme der Zufriedenheit im Großvater nicht mehr lebendig erhalten. Er hatte begonnen, sehr viel zu lesen, und dafür zog er sich in einen Winkel des Hauses zurück, wo er sich stundenlang absonderte. Der Großvater tat so, als würde er das nicht bemerken, aber Xu war sicher, dass diese fortschreitende Abkapselung ihn getötet hatte.

Er wusste selbst nicht, wie, aber während seines Heranwachsens veränderten sich die Pole des Magnetfeldes, in dem er sich als Kind bewegte. Nicht mehr der Großvater zog ihn an, jetzt waren es seine Eltern.

Ihre Sorgen hatten in Xu unversehens und gründlich Wurzeln geschlagen. Nach jahrelanger Inkubationszeit hatte ihr Pessimismus – vielleicht auch nur Pragmatismus – die ersten Symptome gezeigt und die Herrschaft über ihn übernommen. Er fühlte jetzt genau wie sie, dass das Leben nur Pflicht und Leiden war. Das sagte ihm die ganze Welt ringsum, nicht nur seine Eltern, sondern auch die Schule und die Regierung. Nachdem er erkannte hatte, dass es kein Entkommen gab, beschloss er, seine Schulden gegenüber dem Leben so bald wie möglich zu bezahlen, seine Strafe zu verbüßen. Er wollte einen klaren Schnitt und hoffte, die Erfahrung zu machen, dass der Eintritt ins Erwachsenenleben im Grunde doch nicht so schmerzhaft war.

Das Grün der Felder im Morgen und die blauen Berge bei Sonnenuntergang zu betrachten, konnte ihn nicht mehr trösten wie noch als Kind, denn jetzt wusste er, dass alles enden musste. Und wenn alles enden musste, dann sollte es so bald wie möglich enden.

Nach Abschluss der höheren Schule nahm er, wie der größte Teil seiner Schulkameraden in Jieyang, den Bus, der ihn in die Hauptstadt der Provinz Guangdong brachte, von wo er Shenzhen erreichen wollte.

Shenzhen war der Star unter den Städten seiner Heimatprovinz. In ihren Straßen war Huawei entstanden, und zwischen ihren Häuserschluchten hatte Foxconn Gestalt angenommen, der riesige multinationale Konzern aus Taiwan, weltgrößter Hersteller von Elektronikteilen. Jeder kannte das blaue Logo, mit dem sie warben.

Für einen Jungen aus der Provinz, der weit weg von den flackernden Lichtern der Metropolen aufwuchs, war diese hellblaue, blinkende Neonreklame ein Traum. Foxconn war das Synonym für Modernität, Komfort, Luxus, Zukunft. Jeder Bewohner dieses Planeten – ob er es wusste oder nicht – verdankte Foxconn die Möglichkeit, sich zu verbinden. Ein iPhone, ein iPad, ein iPod, ein Mac, eine Xbox, eine PlayStation, eine Wii U und ein Kindle existierten nur, weil es Menschen gab, die an den anonymen Tischen der Foxconn saßen und die winzigen Komponenten zusammenbauten. Sämtliche Wunder der technologischen Welt tanzten dank eines Prozessors, eines Bildschirms, einer LED, eines Mikroschaltkreises, einer Kamera, eines Ohrhörers aus der Produktion von Foxconn City.

Um die jungen Leute aus Guangdong zu motivieren, aus den armen bäuerlichen Gegenden, wo sie aufgewachsen waren, nach Shenzhen zu ziehen und den Fabriken von Foxconn Arbeitskräfte zu liefern, wurden Slogans verbreitet wie: »Deinen Geburtsort kannst du dir nicht aussuchen, aber hier wird sich dein Schicksal erfüllen. Hier musst du nur träumen, dann wirst du fliegen!«

Was Foxconn in seinen Werbespots nicht sagte, war, dass Shenzhen eine SWZ war.

»Was ist eine SWZ?«, fragte Xu eines Tages den Großvater.

SWZ ist das Akronym für Sonderwirtschaftszone. Was bedeutete, erklärte der Großvater in Worten, die ein kleiner Junge verstehen konnte, dass in Shenzhen ab Mitte der Siebzigerjahre das weltweit größte Experiment mit menschlichen Versuchskaninchen durchgeführt worden war.

So sagte der Großvater: »Ein Experiment mit Menschen als Versuchsobjekten.« Ein Experiment, das eine ganze Stadt benutzte, als wäre sie ein gigantisches Labor unter freiem Himmel.

Und gleich nachdem er das gesagt hatte, musste Xu dem Großvater versprechen, dass er das Dorf niemals verlassen würde, um dorthin arbeiten zu gehen.

Die chinesische Regierung wollte damals das kommunistische Wirtschaftssystem hinter sich lassen. Sie beabsichtigte nicht, diesen Teil der eigenen Geschichte in toto zu verleugnen, im Gegenteil, das unerbittliche Gebäude des Staates, die feinmaschige Organisation der Überwachung und das System der Restriktionen sollten festgefügter sein denn je. Natürlich musste man weiterhin die Bücher auswählen, die die Bürger lesen durften, die Ideen, die gedacht, und die Internetseiten, die besucht werden durften. Was man überwinden wollte, war das Wirtschaftssystem. Die Regierung war entschlossen, es wegzugeben, wie wir ein Paar noch guter, aber altmodischer Schuhe weggeben, ein Überbleibsel aus vergangenen Zeiten, das uns peinlich ist und das weiterhin zu tragen uns bestenfalls als eine Schrulle und schlimmstenfalls als schlechter Geschmack ausgelegt werden würde.

Die Idee war also, einen beträchtlichen Teil des kommunistischen Systems zu erhalten, indem man ihn mit einem ebenso beträchtlichen Teil des kapitalistischen Systems kreuzte. Es ging um eine Operation, die das Gegenteil dessen war, was man hundert Jahre zuvor beim Boxeraufstand versucht hatte. Damals hatte man die Ausländer verjagen wollen, die unter Chinas heiligem Himmel gute Geschäfte machten, jetzt wollte man die Ausländer anlocken, damit sie unter Chinas heiligem Himmel Geschäfte abschlossen.

Dazu dienten die SWZ wie glitzernde Spiegel für die Vogeljagd, sie sollten den Weltkapitalismus dazu verlocken, vorteilhafte Einkäufe fast zum Selbstkostenpreis zu tätigen, und so viele Investoren wie möglich nach China bringen.

Doch um das zu verwirklichen, mussten Millionen Arbeiter aus den ländlichen Gegenden in die Stadt umziehen. Es war der große Sprung der chinesischen Wirtschaft.

Man konnte sie aber nicht mehr mit Gewalt holen, wie man es zu Maos Zeiten getan hätte. Auch darin musste das System von den kapitalistischen Ländern lernen: Die Straßen mussten geschmückt und beleuchtet werden wie Weihnachtsbäume, die Häuser mit Werbeplakaten tapeziert, die das Hohelied des Glücks und des Erfolgs sangen. Es würde reichen, sich als Laterne im Dunkeln auszugeben, dann würden die Nachtfalter kommen.

Kaum hatte die chinesische Regierung der Welt mitgeteilt, dass sie mit dem baldigen Zustrom von Arbeitskräften rechnen konnte, kamen die ausländischen Investoren an, um das Experiment des »defragmentierten« Kapitalismus zu starten. Wie bei der Informatik ging es darum, die über fünf Kontinente verstreuten Daten – die einzelnen Produktionsphasen der Komponenten – an einem einzigen Ort, der Sonderwirtschaftszone, zu bündeln, um sie dem Ziel des Prozesses unterzuordnen. Einem Prozess der Optimierung, an dem alle, jeder in seiner eigenen Funktion, teilnehmen würden.

Die multinationalen Konzerne überboten sich gegenseitig, um an dem Geschäft teilzuhaben, und kamen in China an, entschlossen, sich ein Stück von der Torte zu schnappen, und sicher, dass es funktionieren würde.

Wie schon in Europa zur Zeit der zweiten industriellen Revolution ließen die Bauern sich verlocken, und so begann in den Achtzigerjahren der Zustrom aus den Provinzen, der das kleine Shenzhen in eine Megametropole mit mehreren Millionen Einwohnern verwandelte.

Schon bevor Xu und seine Altersgenossen in Shenzhen ankamen, wussten sie von der Gefahr, als Versuchsobjekte des großen Experiments zu enden, denn auch bei Foxconn, dem Elektronikunternehmen, das sie einstellen würde, sickerte etwas nach draußen.

Man wusste zum Beispiel, dass die Arbeit in den Werkhallen der Foxconn nicht so wunderbar war, wie der Konzern in seinen Werbespots propagierte, doch die Jungen dachten, es würde genügen, die ersten harten Monate zu überstehen und sparsam mit den ersten Löhnen umzugehen. Wenn sie dann mit der Zeit etwas Übung hatten, würde alles wie von selbst laufen. Ja, das dachte Xu, man muss sich dran gewöhnen, die Zähne zusammenbeißen, Entschlossenheit zeigen. Die Berichte über unerträgliche Arbeitszeiten und die Grausamkeit der Aufpasser waren wahrscheinlich nur von denen in Umlauf gebracht worden, die es nicht geschafft hatten, die nicht stark genug waren oder sich nicht hartnäckig genug gezeigt hatten. Er aber würde es schaffen. Er hatte eine gute Konstitution, hatte sich nie Müßiggang gegönnt und konnte auf die Beharrlichkeit zählen, die sein Großvater schon an ihm gelobt hatte, als er noch ein Kind war.

Obwohl dies während der ganzen Fahrt die Grundstimmung seiner Gedanken war, hatte Xu, als der Bus ihn und seine Reisegefährten vor den Toren von Foxconn City ausspuckte, die Vorahnung, dass diese kleine industrielle Zitadelle, die wie ein Krebsgeschwür am Stadtrand von Shenzhen entstanden war, ihm keine Aussicht auf Glück und Selbstverwirklichung geben würde.

Wachen mit feindseligen Mienen stellten die Jungen an der Außenmauer in einer Reihe auf und gingen langsam an ihnen vorbei. Ihre Haltung zeigte, dass sie verborgene Mängel suchten, zu krumme Rücken, schlechte Augen, Köpfe, die nicht richtig funktionierten. Dabei waren alle Jungen offensichtlich bei guter Gesundheit und niemand von ihnen älter als fünfundzwanzig.

Ebenso unverhohlen missmutig, wie sie die Jungen untersucht hatten, händigten sie ihnen einen Pass aus, den sie jedes Mal, wenn sie aus der Zitadelle heraus- und wieder hineingingen, an den Checkpoints durchziehen mussten. Die Männer sagten auch, sie sollten nicht »Zitadelle« oder »Wohnheim« sagen, der richtige Begriff sei »Campus«.

Ja, sie sagten ihnen, dass sie jetzt den »Campus« von Foxconn betreten würden, wo es für einen motivierten jungen Menschen, der Neues lernen und seinen Geist erweitern wollte, nicht an Gelegenheiten mangeln würde. Auf dem Gelände gäbe es eine Bibliothek, ein Informationszentrum, eine Sporthalle und einen großen Computerraum mit Internetzugang. Das Insistieren auf dem Namen, mit dem sie ihren neuen Wohnort bezeichnen sollten, wunderte sie, doch sie verstanden bald, dass er mit dem Image zusammenhing, das die Firma sich geben wollte. Das Wort »Campus« sollte Assoziationen an den Campus amerikanischer Universitäten oder die exklusiven Villenviertel der Angestellten im Silicon Valley hervorrufen.

Doch das Bemühen, Bilder von einer beruhigenden, heiteren Atmosphäre in ihrer neuen Lebenswelt zu suggerieren, kontrastierte mit dem Ton, in dem dies alles erklärt wurde. Es klang, als müssten sie an diesem Ort ihre Strafe für ein Verbrechen abbüßen.

Der Ton wurde nur etwas freundlicher, als sie versuchten, die Jungen davon zu überzeugen, den »Campus« möglichst nie zu verlassen, nur wenn es außergewöhnliche Gründe gab, und nur dann, wenn sie im Inneren nicht das gefunden hatten, was sie brauchten. Denn alles, wurde ihnen versichert, gab es schon hier drinnen, auf diesen drei überwachten und geschützten Quadratkilometern, die sie jetzt betreten würden. Die Wachen rieten ihnen auch davon ab, sich eine Unterkunft außerhalb der Zitadelle zu suchen, denn ein Schlafplatz in Foxconn City koste nur ein Zwanzigstel ihres Lohnes, wohingegen sie für eine Einzimmerwohnung in der Stadt mindestens ein Drittel aufwenden müssten. Auch wenn sie ihr Zimmer mit anderen Angestellten würden teilen müssen, bedeute, hier drinnen zu wohnen, mehr Geld zu haben, um es auszugeben oder der Familie zu schicken. Sie sagten, viele junge Männer aus den ländlichen Provinzen ließen sich von ihrer Begeisterung über die große Stadt hinreißen und »setzten sich in den Kopf« – sie gebrauchten genau diesen Ausdruck –, sich eine eigene Wohnung außerhalb von Foxconn City zu suchen. Aber so verschleuderten sie ihren Lohn und hätten am Monatsende nichts beiseitegelegt. Mit anderen Worten, eine eigene Wohnung zu bezahlen, bedeute, das Privileg mit Füßen zu treten, das Foxconn ihnen gewährte: auf eigenen Beinen zu stehen und denen zu helfen, die hart gearbeitet hatten, um sie großzuziehen.

Die Fähigkeit der Wachen, den Tonfall zu wechseln, war entscheidend, um wenigstens teilweise das Vertrauen der Jungen zu gewinnen. Denn sie waren die Ersten, die diesen Lohn wie ein kostbares, rares Gut ansahen, das nicht verschwendet werden durfte.

Jeder von ihnen trat mit dem festen Entschluss, sein Leben nutzbringend einzusetzen, über die Schwelle von Foxconn City, und die Reden der Wachen über die Möglichkeit, sich einen respektablen Platz in der Welt zu erwerben, hatten die unguten Gefühle des ersten Eindrucks verfliegen lassen.

Von innen gesehen, bestand Foxconn City aus fünfzehn Fabriken, Schlafsälen für die Arbeiter, einem Einkaufszentrum, einer Kaserne für die Feuerwehr, einem Krankenhaus und, wie das Sicherheitspersonal schon angekündigt hatte, aus einer Bibliothek, einem internen Fernsehsender, einer Zeitungsredaktion, einigen Universitätskursen und einem Schwimmbad. Letzteres verlieh der Zitadelle das Aussehen einer fröhlichen Feriensiedlung, wodurch sie sich endlich den Namen »Campus« verdiente, auf den Foxconn so viel Wert legte.

Nach den ersten Tagen jedoch entdeckte Xu hinter dieser scheinbaren Normalität die Anzeichen des wirklichen Lebens, das sie erwartete. Die Gesichter der Menschen, denen er auf der Straße begegnete, waren finster, blass, ganz ohne Gefühlsausdruck. Eine seltsame Müdigkeit schien die Arbeiter von innen aufzufressen.

An den Wachtürmen und vor den Fenstern der Schlafsäle waren Brüstungen und Anti-Suizid-Netze angebracht, die beim Empfang keiner angesprochen hatte. Xu wusste, dass sich in den letzten zehn Jahren mehrere Arbeiter, die in Foxconn City wohnten, das Leben genommen hatten, indem sie aus den Fenstern der Schlafsäle sprangen. Doch er wollte lieber glauben, dass dies nicht mit Foxconn City, sondern mit anderen, persönlichen Gründen zu tun hatte.

Im ersten Monat erstaunte ihn am meisten, dass Foxconn – ganz entgegen den Reden über die Heiligkeit des Sparens, die sie bei ihrer Ankunft gehört hatten – für Wasser und Strom eine Summe aus ihren Lohntüten saugte, die doppelt so hoch war wie die Tarife draußen. Und wenn man sein Bett im Schlafsaal behalten wollte, musste man sich den Preisen beugen, die Foxconn verlangte. Schon bald lernte Xu, dass es so bei allen Dingen lief. Er und die anderen Arbeiter waren wie Illegale. Das chinesische System begünstigte dies, weil man das städtische Bürgerrecht nur durch Geburt erwarb. Das System des »Hukou« legte fest, dass die Rechte der aus anderen Gegenden zugezogenen Bürger den lokalen staatlichen Leistungen an ihren Herkunftsorten entsprachen. Wenn in deinen Adern also kein städtisches Blut floss, konntest du bei einem Wechsel des Wohnorts oder der Wohnung nicht hoffen, jetzt mehr Rechte zu bekommen als die mit dem Herkunftsort deiner

Familie verbundenen. Ein Wanderarbeiter, auch wenn er sich im Land aufhielt, war auf jeden Fall ein Bürger zweiter Klasse.

Die Tatsache, dass er mit den Rechten eines auf dem Land Geborenen in der Stadt arbeitete, machte Xus Lage der aller Illegalen in der ganzen Welt gleich: Für seine Einkäufe bei den »Caporali« musste er das Doppelte des Marktpreises bezahlen, denn im Supermarkt von Foxconn City wurden gewöhnliche Karotten so teuer verkauft wie biologische Karotten aus Kalifornien.

Es ist das Grundprinzip des Kapitalismus – von Foxconn voll und ganz verwirklicht –, dass ein Menschenleben auf viele verschiedene Weisen ausgeplündert werden muss. So blieben Xu am Ende des Tages nur wenige Yuan vom Lohn.

Der Arbeitstag dauerte im Durchschnitt 10 bis 12 Stunden, viele dieser Stunden wurden den Jungen als Überstunden angeboten, aber dann wie normale Arbeitsstunden bezahlt.

Die Arbeit fand unter den wachsamen Augen der Aufseher statt. Pausen gab es fast nie, und der Produktionsrhythmus war rasend schnell. Unmöglich, den Blick von den kleinen Komponenten des Telefons oder der PlayStation zu heben, die jeder Arbeiter an seinem Platz sitzend zusammenbaute. Die Organisation der Arbeit oblag den Abteilungsleitern, die sie so unpersönlich wie möglich zuteilten, um die menschliche Interaktion auf ein Minimum zu reduzieren.

Beziehungen unter den Kollegen wurden höchst ungern gesehen und der Geist der Solidarität missbilligt. War er erkannt, wurde er sofort lächerlich gemacht. Wenn sich eine Hand ausstreckte, um eine heruntergefallene Schraube aufzuheben, stellten die Aufseher nicht nur den Arbeiter an den Pranger, der sie aufgehoben hatte, sondern auch den Nutznießer dieser Geste, damit so etwas garantiert nicht noch einmal vorkam. Das Gleiche geschah dem, der nicht lachte, wenn die Aufsicht diesen oder jenen Arbeiter oder jemanden, der andere verteidigte, mit lauter Stimme lächerlich machte. Wer sich so verhielt, bewies, dass er ein Neuankömmling war; nach den ersten drei, vier Wochen zeigten die Älteren keinerlei Regung dieser Art mehr, vor allem, um den Kollegen Schindereien zu ersparen. Wenn jemand trotz der schwierigen Bedingungen Freundschaften schloss, tat er alles, um sie zu verbergen, denn das führte zu Bestrafungen seitens der Wachen.

Liebesbeziehungen waren in den Werkhallen von Foxconn City am meisten gefürchtet. Wenn ein Arbeiter und eine Arbeiterin zusammen sein wollten, hielten sie es in den Schlafsälen, wo es keine Privatsphäre gab, bald nicht mehr aus und träumten davon, eine Wohnung in der Stadt zu beziehen und Kinder zu haben. Statistiken belegten, dass Arbeiter mit Kindern energischer auf ihren Rechten bestanden, also mussten solche Eventualitäten unbedingt verhindert werden.

Alles war darauf angelegt, dass der Produktionsprozess so schnell wie möglich ablief, das Einzige, was ihn verlangsamen durfte, waren die Reden der Aufseher. Sie hielten fortwährend drohende Ansprachen, um Überstunden von den Arbeitern zu fordern und sie über die allgemeine Situation der Firma auf dem Laufenden zu halten. Gerne wurde erzählt, dass Foxconn kurz vor dem Ruin stand, das diente dazu, jedes Opfer, jeden Verzicht, jede willkürliche Verlängerung der Arbeitsschicht als unvermeidlich darzustellen, als etwas, dem niemand sich entziehen durfte, weil sonst alle ihre Arbeit verlieren würden. Ständig wurden der Konkurs, die Insolvenz als unmittelbar bevorstehende Bedrohung präsentiert, damit diejenigen, die protestieren oder eine Art Streik organisieren wollten oder planten, draußen zu erzählen, was hinter den Mauern von Foxconn City passierte, von den anderen sofort isoliert wurden, aus Sorge um die Firma, mit deren Untergang sie auch ihren Arbeitsplatz verlieren würden.

Jede Zerstreutheit wurde öffentlich getadelt, um allen als Lehre zu dienen. War ein Stück schlecht bearbeitet oder konnte der erwartete Produktionsrhythmus nicht eingehalten werden, tadelte man die Verantwortlichen nicht an ihrem Arbeitsplatz, sondern organisierte außerhalb der Arbeitszeit eine Versammlung, bei der die Täter zu einem öffentlichen Schuldgeständnis gezwungen wurden.

Wer unter Anklage stand, musste seine Fehler in einer klaren, gut einstudierten, öffentlichen Rede aufzählen und eingehend beschreiben, mit besonderer Betonung der Schwere der Schuld, die sie möglich gemacht hatte. Nach dieser Selbstbezichtigung, auf die sich jeder sehr ernsthaft vorbereitete, musste der Angeklagte die Direktion und die Kollegen um Vergebung anflehen. Denn man wusste, solange keine glaubwürdige Inszenierung geliefert wurde, würde der Zwang zur Selbsterniedrigung unerbittlich weitergehen.

Darum hatte jeder von ihnen gelernt, sich schon in vorauseilendem Gehorsam einen solchen Text zu schreiben, eine gut strukturierte Selbstbewertung, mit der die Folterer überzeugt werden mussten, dass die Kapitulation aufrichtig, total und umfassend war. Die anderen Arbeiter mussten während des Ketzergerichts eingreifen, um den Angeklagten ihrerseits zu tadeln, andernfalls würden sie selbst in den Schattenbereich der Missbilligung und des Tadels geraten, aus dem man das Personal für die nächste Vorführung auszusuchen pflegte.

Außer der Kontrolle durch die Abteilungsleiter unterstanden die Arbeiter der Überprüfung durch die Aufseher. Auf dem Papier gab es keine Gehorsamspflicht ihnen gegenüber, doch die Art, wie sie sich an die Arbeiter wandten, die Rituale, die sie ihnen auferlegten, waren eigens geschaffen, um diesen Eindruck zu erwecken. Die Arbeiter sollten sich in eine militärische Disziplin eingezwängt fühlen, damit jeder erdenkliche Fehler wie der Verstoß gegen ein martialisches Gesetz gewertet werden konnte.

Man sorgte dafür, dass die Arbeiter sich unzulänglich und untauglich fühlten, um sie von jedweder Forderung abzuhalten und sie in der Überzeugung zu bestätigen, dass seinen Arbeitsplatz in Foxconn City zu behalten ein Privileg war, das mit totaler Entsagung und Dankbarkeit beantwortet werden musste.

Für die Aufseher war das kein Vergnügen, sie waren die Ersten, denen diese Methode aufgezwungen wurde, und die Ersten, denen dieselbe Behandlung durch die höheren Ränge widerfuhr.

Dort wurde über jedes ihrer Worte gespottet, jedes mögliche Bündnis ironisch karikiert, damit sie sich isoliert und lächerlich fühlten, und das, so dachte man an der Spitze des Unternehmens, würde genügen, damit sie fügsam und produktiv blieben.

Für Foxconn City war das einfach eine mathematische Rechnung. Auf dem Campus arbeiteten 240 000 Menschen, und wenn alle 240 000

Arbeiter und Arbeiterinnen sich zusammenschließen würden, könnten sie die Fabrik lahmlegen, die Anlagen verwaisen lassen, ja wenn die Situation dann außer Kontrolle geriet, sogar die Maschinen zerstören und die Strukturen beschädigen. Natürlich wären dann die Behörden eingeschritten und die Schuldigen bestraft worden, doch man hätte mit allem wieder von vorn anfangen müssen, was eine Verzögerung der Produktion bedeutete, die man sich nicht erlauben konnte. In Foxconn City war Prävention also vorteilhafter, darum entmutigte man von vorneherein jeden Versuch, gemeinsam zu handeln, Kinder zu bekommen oder die Zitadelle zu verlassen.

In Foxconn City lief im Vergleich zu dem, was in anderen Elektronikunternehmen auf der Welt geschah, ein umgekehrtes Experiment. In Kalifornien wurde erforscht, wie man Maschinen mit der einzigen Komponente ausstattete, die die Technologie nicht herstellen konnte: der Fähigkeit, Gefühle zu empfinden. In Shenzhen versuchte man, genau umgekehrt, den Menschen diese Fähigkeit auszutreiben, weil sie als Hindernis für eine erfolgreiche Produktion galt.

Ohne dass man es ihnen befohlen hätte, lernten die Arbeiter in Foxconn City mit der Zeit, allem zu gehorchen, sie passten sich den Wünschen der Aufseher sogar dann an, wenn sie unausgesprochen blieben. Denn mit der Zeit machte sich jeder von ihnen die Philosophie, die in Foxconn City herrschte, zu eigen.

Und so begannen sie auch, ohne dass man sie je dazu aufgefordert hätte, jeden Bezug auf Foxconn oder Foxconn City aus ihren Gesprächen zu verbannen, auch außerhalb der Arbeitszeiten, auch wenn es keine ungebetenen Zuhörer gab.

Die Leiter von Foxconn sprachen nicht darüber, aber sie fürchteten, dass den Arbeitern bewusst war, was mit ihnen geschah, dass sie also, wenn sie zusammensaßen, die Dinge beim Namen nannten. Für das Unternehmen war es von elementarer Bedeutung, dass alles auf akzeptable Weise beschrieben wurde, in einer Version, die außerhalb der Werkstore bestehen konnte.

Für die Betriebsplanung war das so, als würde man Kinder abrichten, einen Tritt oder eine Ohrfeige Kuss zu nennen. Wenn dann etwas nach draußen durchsickerte, würde es nicht in seiner wirklichen Bedeutung verstanden werden. Durch Umkehrung der Bedeutung bestimmter Wörter und die Zensur anderer Wörter konnte man die Schäden einer unbedacht vertrauten Mitteilung oder eines versehentlichen Informationslecks begrenzen. Letztendlich war diese so gut wie jede andere Methode, um Widerspruch innerhalb der Zitadelle zu dämpfen, sinnlosen Ärger oder, schlimmer, Verzögerungen der Produktionsabläufe zu vermeiden. Ohnehin mussten die Manager von Foxconn die Folgen einer echten, präzise formulierten und über offizielle Kanäle erstatteten Anzeige nicht fürchten, weil die Arbeiter wussten, dass die Polizei und die Regierung aufseiten des Konzerns standen. Wie auch immer, die Arbeiter saßen in der Falle, sie hatten nichts, worauf sie sich berufen konnten.

Seit dem ersten verfluchten Lohn, den sie nach Hause geschickt hatten, stand ihr Schicksal fest.

Es war, als hätten sie ihren Familien versprochen, ihnen von jetzt an für immer zu helfen. Sie hatten sich verführen lassen von Sätzen wie: »Dank des Geldes, das du uns geschickt hast, haben wir den Dachboden renoviert«, »Mithilfe deines Geldes konnten wir Papa behandeln lassen«, »Dank deiner Überweisung haben wir die Schulden beglichen«, »Mit deiner Unterstützung haben wir der Tante geholfen«. Umzukehren bedeutete nicht nur, die finanzielle Unterstützung plötzlich einzustellen, sondern vor allem, die Eltern zu zwingen, den wenigen Reis wieder unter zu vielen Mündern aufzuteilen, und sich vor den Nachbarn schämen zu müssen. »Warum ist er zurückgekommen?«, würden sie sich fragen.

Und was wollten sie nach ihrer Rückkehr von Foxconn City erzählen? Die örtliche Polizei würde sie überwachen, denn keiner durfte schlecht von Foxconn City sprechen. Das gute Image der Marke im Ausland war sehr wichtig. Foxconn ermöglichte den Zusammenbau des iPhone, des iPad, des iPod, der PlayStation, und man durfte nicht zulassen, dass diese Designobjekte mit Fabriken in Verbindung gebracht wurden, die Straflagern ähnelten, wo das Leben von jungen Menschen zwischen siebzehn und dreiundzwanzig Jahren grausam ausgebeutet wurde. Es war wie bei Werbespots für Autos, den Kunden verführte man zum Kauf, wenn man Bilder von Freiheit, Leben, Hoffnung und Zukunft in ihm weckte, nicht Bilder von Schmerz, Ausbeutung und Tod. Niemand hätte diese Produkte gekauft, wenn sie mit Sätzen verbunden waren wie: Xu hat dein iPad zwölf unbezahlte Überstunden gekostet, Li hat dein Smartphone mit dem Verlust des Rechts bezahlt, Freundschaften zu schließen, Qiang verlor das Recht, zu heiraten, Xia, ein Kind zu haben, und Yumei, in einem anständigen Bett zu schlafen.

Nichts davon durfte durchsickern.

Eines Tages hielt ein Journalist mit seinem Auto vor der Mauer von Foxconn City. Er war Chinese und kannte die Politik sehr gut, mit der die realen Lebensbedingungen der Arbeiter und die Absprachen zwischen der Regierung und dem Unternehmen verschleiert wurden. Darum stieg er nicht aus dem Auto und lehnte sich nicht aus der Tür. Er begnügte sich damit, hinter der Fensterscheibe mit seinem Smartphone zu filmen und ein paar Fotos zu schießen. Die Aufseher kamen heraus auf die Straße, lächelten, taten, als wären sie nur neugierig, und baten ihn, das Fenster herunterzulassen. Kaum hatte er es etwas geöffnet, packten sie ihn an seiner Jacke, öffneten die Autotür und zogen ihn heraus. Erst nachdem sie ihn verprügelt hatten, gaben sie ihm das völlig zerstörte Handy zurück.

Mit der Zeit begriff Xu, dass er dazu verdammt war, von den Magensäften der Maschinerie aufgelöst zu werden, die ihn mit seiner Zustimmung verschluckt hatte.

Foxconn City, davon war er überzeugt, war nicht das Reich des Bösen, es war nur die Einheit von Kapitalismus und Kommunismus: Der Kommunismus nimmt den Menschen die Freiheit, schlägt aber keinen Profit aus ihnen, der Kapitalismus macht das Gegenteil. Foxconn machte beides, es nahm den Menschen die Freiheit und schlug maximalen Profit aus ihnen.

Xu begriff, dass es ein Fehler gewesen war, so schnell wie möglich seine Strafe verbüßen zu wollen. Eine solche Strafe müsste man so spät wie möglich verbüßen, wenn die Wände deines Herzens stark genug sind, um dem Ansturm standzuhalten.

Er hatte geglaubt, je eher er in diese Welt aus Pflicht und Tränen eintrat, desto früher würde er Antikörper entwickeln, um in ihr zu überleben. Aber gegen etwas wie Foxconn City gibt es keine Antikörper. Er hatte gehofft, Abkürzungen zu finden, Listen zu ersinnen, sich dem Gespür seiner Kindheit anvertrauen zu können, um essbare Kräuter zu finden, die ihn am Leben erhielten. Er hatte geglaubt, alles verdauen zu können, was Foxconn City verkörperte, aber er hatte sich geirrt.

Die Verdauung war genau das, was ihm die größten Probleme machte. Immer wenn seine Mitbewohner nach der Schicht ins Wohnheim zurückkehrten, feierten sie ihre Rückkehr in die Freiheit, indem sie Zigaretten rauchten oder Bier in den Gemeinschaftsräumen tranken. Daraus und aus wenig mehr bestand ihre Freiheit, denn das Aufsichtspersonal kontrollierte ihre Leben auch nach Schließung der Fabriken. Xu war einer der wenigen, die nach der Arbeit nichts runterbrachten. Er wusste, dass er sich erst von den Flüssigkeiten reinigen musste, die er während des Tages in sich aufgenommen hatte. Er spürte, dass er nicht mal ein kleines Stück Huhn würde herunterschlucken können, bevor er sich von diesem Gift befreit hatte. Wenn er vor dieser Reinigung gegessen hätte, hätte er das Gefühl gehabt, mit dem Abendessen sein eigenes Fleisch zu verzehren.

Die Schüssel, in die er jeden Abend die Abfallstoffe ausleerte, war das Papier. Auf Papier spuckte er die Blutegel, die während des Tages in seinen Magen gelangt waren und die, das spürte er, schon begonnen hatten, seine inneren Organe aufzufressen.

    Ich habe einen Mond aus Stahl geschluckt
    sie sprechen davon, als wäre es ein Fingernagel

    Ich habe die Fabrikabwässer geschluckt, die
    Arbeitslosenpapiere
    Die über die Maschinen gebeugte Jugend stirbt vor ihrer
                                                        Zeit

> Ich habe den Lärm und die Armut geschluckt
> habe Fußgängerüberwege, rostbedecktes Leben geschluckt
>
> Mehr bekomme ich nicht herunter
> Und alles, was ich geschluckt habe, quillt jetzt
> aus meiner Kehle
> und ergießt sich über das Leben meiner Vorfahren
> in einem schändlichen Gedicht.
>
> (Xu Lizhi, *Ich habe einen Mond aus Stahl geschluckt*)

Erst wenn er sah, wie die Parasiten auf dem Papier zappelten, konnte er sein Schreibheft zuklappen. Dann konnte er essen.
 Eines Tages ergoss sein Magen dies in das Heft:

> Sogar die Maschine wackelt mit dem Kopf
> versiegelte Werkstätten häufen krankes Metall an
>
> Unter Vorwänden verweigerte Löhne
> wie die Liebe, die die jungen Arbeiter am Grund ihrer
> Herzen begraben
> Fehlt ihm die Zeit sich auszudrücken, zerfällt das Gefühl
>   zu Staub
>
> Sie haben Mägen, im Eisen geschmiedet
> voll dickflüssiger Säure mit Schwefel und Salpeter
>
> Die Fabrik fängt ihre Tränen auf
> bevor sie fallen können
>
> Die Zeit läuft, ihre Köpfe sind im Nebel verloren
> die Ausbeutung lässt sie altern
> der Schmerz macht Tag und Nacht Überstunden

In ihren Leben lauert die verfrühte Verwirrung
der Hobel schürft die Haut ab
und bedeckt sie gleichzeitig mit einer Schicht Aluminium
Einige widerstehen noch, andere hat die Krankheit gepackt

Ich schlummere zwischen ihnen, bewache
den letzten Friedhof unserer Jugend.

(Xu Lizhi, *Der letzte Friedhof*)

In Foxconn City gab es einen Computerraum. Niemand ging dorthin, denn jeder, der mit den Computern von Foxconn surfte, überließ ihnen auch die andere Hälfte seiner Seele, die sie ihm noch nicht hatten entreißen können. Man konnte den Browserverlauf noch so geschickt löschen, alles wurde schon ausspioniert, bevor man sich einloggte.

Eines Abends jedoch beschloss Xu, nach der Arbeit nicht sofort ins Wohnheim zurückzukehren. Er wollte verstehen. Der letzte Akt seines Lebens sollte darin bestehen, dass er verstand, welches das Gegengewicht zu all diesem Leid war. Er wollte sehen, in welchem größeren Mosaik er das erfolgloseste und unglücklichste Stück war. Wenn er und seine Kameraden Tag und Nacht an dieses Leid gefesselt waren, wer saß dann am anderen Ende der Kette, wer waren diejenigen, die die von ihnen zusammengebauten Computer, die iPhones, die Tablets, die PlayStation benutzten?

Er wusste von ihnen nur, was aus den Statistiken hervorging: Junge Chinesen bildeten 30 % der weltweiten Arbeitskräfte, doch auf dem Gebiet der Elektronik erhöhte sich dieser Prozentsatz auf etwa 69 %. Er wusste, dass jeder westliche Elektronik-Großkonzern die in Foxconn City produzierten Teile brauchte, um die Geräte fertigzustellen, die auf dem internationalen Markt verkauft wurden. Er wusste auch, aber das hatte er nirgendwo lesen können, er wusste es vom Hörensagen, dass Lehrer und Studenten der westlichen Welt viele der Marken boykottierten, die Komponenten von Foxconn kauften, um humanere Arbeitsbedingungen und anständige Löhne für Jungen wie ihn zu erzwingen.

Und er wusste, dass die Zahl der Selbstmorde in den Foxconn-Werken um 300 % gestiegen war und dass diejenigen, die sich umbrachten, eine sonderbare Eigenschaft gemeinsam hatten: Nach ihrem Eintritt bei Foxconn hatten sie angefangen, Gedichte zu schreiben.

Doch die Schätzungen, die Analysen interessierten ihn nicht mehr. Jetzt wollte er jemanden am anderen Ende der Kette erreichen. Er hatte ihm nichts zu sagen, er wollte nur seine Hand ausstrecken und die Hand auf der anderen Seite spüren. Einfach nur, um die beiden Teile der Welt, die getrennt voneinander existierten, aber einer auf dem Rücken des anderen, in einer Geste zu vereinen. Einer nutzlosen Geste, das wusste er, aber auch die Gedichte, die er und andere Arbeiter schrieben, waren nutzlos. Wer würde sie je lesen? Wozu konnten sie dienen?

Vor Jahren hatte er einen Film gesehen, vielleicht hatte er auch nichts gesehen, vielleicht wusste er auch das nur vom Hörensagen, und es war niemals passiert, vielleicht war es nur eine Großstadtlegende, ein moderner Mythos. Aber seit einigen Monaten dachte er immer daran. Eine Arbeiterin in einer Textilfabrik in Shanghai hatte einen Zettel in die Tasche einer Jeans gesteckt. Darauf hatte sie eine Botschaft in Englisch geschrieben, an den Menschen am anderen Ende der Welt, der die Jeans kaufen würde, die sie soeben genäht hatte. Die Jeans mit dem Zettel war am Abend zusammen mit Tausenden anderer Hosen aus der Fabrik in Shanghai abgeholt worden. Eine über die andere gestapelt, dazwischen Seidenpapier und Zellophan, um Abrieb zu vermeiden, waren die Jeans in Container gepackt und auf Schiffe geladen, dann wieder auf andere Lastwagen umgeladen und am Ende dieser Reise in den Schaufenstern von Paris, London, Johannesburg, Dakar und New York ausgestellt worden. Sie kosteten umgerechnet etwa achtzig Euro, von denen die Textilarbeiterin dafür, dass sie die Jeans vom Schritt bis zum Saum zusammengenäht hatte, nur achtunddreißig Cent in der Lohntüte hatte. Eine Frau kaufte diese Jeans, und als sie in die Tasche griff, fand sie den in Shanghai geschriebenen und zusammen mit dem Tütchen Silikongel in die Jeans gesteckten Zettel. Darauf stand:

»Ich bin Jia Lin, ich habe deine Jeans genäht.
Für mich war sie mit sehr viel Leid verbunden!«

Nun, Xu wollte es genauso machen wie Jia Lin, er wollte einem Jungen auf der anderen Seite der Welt sagen, dass der Controller seiner PlayStation ihm sehr viel Leid gebracht hatte. Er wollte ihm sagen: Ich bin der, der auch heute niemanden umarmt, niemanden geküsst, nicht gelesen, nicht gespielt hat, nicht gelaufen, nicht gewandert ist, nicht gegessen, nicht geschlafen hat, um dein nächstes Smartphone zusammenzubauen.

Um nicht zu schnell entdeckt zu werden, begann er seine Suche unter dem Schutz eines VPN. Er legte einen Account an, ging in den Chat und wartete. Nach einer Weile erschien, begleitet von einem kleinen Seufzer des Computers, die Botschaft eines anderen Nutzers ... sein Username war Bananaboss, er schrieb direkt an Xu, und Xu antwortete.

Wo lebst du, Bananaboss? Oh, in Madrid war ich noch nie. Wie alt bist du, Bananaboss? Aha, dann bist du viel jünger als ich, ich bin schon dreiundzwanzig ... Was magst du, Bananaboss? Warum magst du deine Eltern nicht? Ich weiß nicht, ob ich meine mag, hab nie drüber nachgedacht, die Eltern sind heilig ... Warum spielst du gern auf der PlayStation, Bananaboss? Welches Spiel hast du zuletzt gespielt? *The Last of Us* ... nein, das kenne ich nicht. Schade, dass wir es nicht zusammen spielen können ... Erzähl mir, wie das Spiel geht. Nein, ich weiß nicht, wo Salt Lake City liegt. Aha, in den USA ... Was passiert bei diesem Spiel in Salt Lake City? Ein Krankenhaus, klar, auch bei mir gibt's viele Krankenhäuser ... Musst du in dieses Krankenhaus, Bananaboss? Verstehe, du musst deine Tochter dort hinbringen. Okay, klar, es ist nur ein Spiel ... sie heißt Ellie, und für dich ist sie wie eine Tochter ... Mit was hat sie sich angesteckt? Ach so, sie ist die Einzige, die sich nicht angesteckt hat ... Mit einem Pilz? Natürlich, als kleiner Junge habe ich mit meinem Großvater immer Pilze gesammelt ... Ach, dieser Pilz macht die Menschen aggressiv ... wie Zombies ... Was ist ein Zombie? Oh, und Ellie ist die Einzige, die gegen diesen Pilz immun ist? Sie müssen etwas aus ihrem Gehirn entnehmen, um damit einen Impfstoff herzustellen, ich verstehe ... Sie werden ihr wehtun ... Gibt es diesen Pilz wirklich? Nein, ich weiß nicht, was der *Guardian* ist ... Ich glaube, ich kann nicht lange genug online bleiben ... Ja, ich werde den Artikel im *Guardian* suchen ... Ja, das Foto kann ich sofort sehen, schreib mir, was ich in die Suchmaschine eingeben muss ... *Ophiocordyceps*, ja, ich sehe die Fotos, den Kopf der Ameise mit dem Pilz, der dort rauskommt, dem Parasiten, der ihr das Leben gestohlen hat ... Es ist ein Pilz, der die Kontrolle über manche Ameisenarten übernimmt, er pflanzt sich in ihren Kopf ... zerstört ihr Nervensystem ... die Ameisen bewegen sich unkoordiniert ... sie haben keine Kontrolle mehr über ihr Leben. Das ist interessant. Es ist, als wären die Ameisen in ihrem Inneren nicht mehr sie selbst, das Gefühl verstehe ich ... Sie werden wie Automaten, Roboter, das kenne ich gut ... Ich verstehe, was es heißt, die Arme zu bewegen, ohne selbst in dieser Bewegung zu sein, ohne Willen, ich verstehe, was du sagst ... Bye, Bananaboss ... Ich muss jetzt wirklich Schluss machen ... Natürlich ... in einer Woche ... Viel Glück, Bananaboss.

In den folgenden Tagen fiel es Xu immer schwerer, sich zu konzentrieren. Ihm war, als fühlte er den Pilz von Bananaboss in seinem Kopf wachsen, als kontrollierte der Pilz schon seine Gedanken und Bewegungen. Und wie in dem Spiel fühlte er ihn gegen seinen Kopf drücken, um aus seinem Gehirn hervorzubrechen. Darin war jetzt nicht mehr er, Xu, sondern der Parasitenpilz. Xu konnte sich nicht mehr auf wichtige Dinge konzentrieren, nur auf nebensächliche, unwichtige wie eine kleine Schraube, die auf den Boden fällt. Schrauben und Bolzen waren die einzigen Stücke, die die Aufseher am Ende der Schicht nicht nachzählten, weil sie nichts wert waren. Darum verlor niemand Zeit, um sie aufzuheben, wenn ihm eine kleine Schraube herunterfiel, denn sich zu bücken hätte das Produktionstempo verlangsamt.

Eines Nachts sah Xu während einer Überstundenschicht wieder eine kleine Schraube vom Tisch fallen. Niemand hörte das Klacken, als sie den Boden berührte.

Obwohl das, was er und seine Kollegen taten, Präzisionsarbeit war, erzeugten viele in einem Raum versammelte Menschen doch Geräusche. Vielleicht hörte darum niemand den Aufprall. Doch dank des Vermögens, Kräuter zu unterscheiden, das Xu in seiner Kindheit entwickelt hatte, nahm er unterschiedliche Geräusche nicht zu einem Ganzen vermischt wahr. Er konnte die einzelnen Nuancen genau unterscheiden. Er hörte das wirbelnde Geräusch einer Schraube, die über den Tisch rollt, bis sie ins Leere fällt. Er hörte ihren winzigen Körper die Luft durchschneiden und hörte deutlich den gewaltsamen Aufprall auf dem Boden. Ihn wunderte, dass dieses Geräusch nur bei ihm ankam. Wie war das möglich? In dieser Nacht erkannte er, dass niemand bemerken würde, wenn er es so machte wie die Schraube.

Das Leben ohne Freiheit, das er führte, dachte er, während er beobachtete, wie die Schraube, von niemandem beachtet, aufprallte, ließ ihm wenigstens noch eine Freiheit. Zu verschwinden, ohne Nebenwirkungen hervorzurufen.

> In dieser von Außergewöhnlichem verdunkelten Nacht
> ist, senkrecht fallend, leise klingelnd
> eine Schraube auf den Boden gefallen.
>
> Sie wird niemandes Aufmerksamkeit erregen.
>
> Ebenso wie beim letzten Mal
> als in einer Nacht wie dieser
> jemand auf den Boden stürzte.
>
> (Xu Lizhi, *Eine Schraube ist auf den Boden gefallen*)

Bananaboss gibt es nicht, Xu Lizhi ja, er arbeitete bei der Foxconn und schrieb Gedichte.

Am 30. September 2014 nahm er sich das Leben.

**SCHREI, WENN INMITTEN DER STILLE RINGSUMHER
EIN LEBEN ZU BODEN FÄLLT.**

Eine Sammlung der Gedichte von Xu Lizhi findet man im Blog libcom unter dem Titel »The Poetry and Brief Life of a Foxconn Worker: Xu Lizhi (1990–2014)«: https://libcom.org/blog/xulizhi-foxconn-suicide-poetry.

Dem deutschen Publikum wurde Xu Lizhi u. a. durch einen Beitrag in der *Süddeutschen Zeitung* bekannt: Siehe Kai Strittmaier, »Der Sprung«, in: Süddeutsche Zeitung, Nr. 139, 20./21. Juni 2015. Buch Zwei, S. 11–13. Aus diesem Artikel sind auch Teile der deutschen Übersetzung seiner Lyrik übernommen.

Um sich ein allgemeines Bild von den Bedingungen zu machen, denen die Arbeiter bei Foxconn unterworfen sind, siehe: Brian Merchant, »Life and Death in Apple's Forbidden City«, in: *The Guardian*, 18. Juni 2017, https://www.theguardian.com/technology/2017/jun/18/foxconn-life-death-forbidden-city-longhua-suicide-apple-iphone-brian-merchant-one-device-extract. Pun Ngai/Jenny Chan/Mark Selden, *Dying for an iPhone: Apple, Foxconn and the Lives of China's Workers*, London 2020.

An Xu Lizhis Selbstmord, die Tausende chinesischer Wanderarbeiter und die Entfremdung aller Arbeiter der Welt wird in dem Kurzfilm von Andrea und Marco Nasuto erinnert: https://www.facebook.com/kosmonautsmovie/videos/2541115299316323.

Zum Parasitenpilz, der Ameisen zu Zombies macht, siehe: Ian Sample, »Zombie Ant's Controlled by Parasitic Fungus for 48, Years«, in: *The Guardian*, 18. August 2010. https://www.theguardian.com/science/2010/aug/18/zombie-carpenter-ant-fungus. Das Videospiel, das Bananaboss erwähnt, ist *The Last of Us* für die PlayStation.

ES LEBE ITALIEN!

26.
DAGOS

Wir riefen Arbeitskräfte, und es kamen Menschen.
MAX FRISCH

Du glaubst, du bist weiß. Du hältst dich für weiß, weil man dich auf den Straßen Turins oder Palermos als einen Weißen ansieht, doch bei einem Gang durch die Straßen New Yorks hast du plötzlich das starke Gefühl, es nicht zu sein. In Nordamerika zeigt man dir oft, dass du nicht weiß bist, wenn du Italiener bist. Du bist nicht black, aber auch nicht white.

Denn in den USA ist »weiß« eine Farbe, die man ganz selbstverständlich nur für die WASP reserviert, also für die Menschen, die sich aller drei Referenzen eines echten Weißen rühmen können, was in Amerika bedeutet, dass du, von allem anderen abgesehen, auf jeden Fall verlässlich, ehrlich, glaubwürdig bist.

Und zu diesen Referenzen gehört nicht nur die Hautfarbe, sondern auch die Herkunft und die Religion, die unbedingt angelsächsisch und protestantisch sein müssen. Mit anderen Worten, die Geschichte deines Blutes muss auf den Holzbohlen der Schiffe beginnen, die, angefangen mit der *Mayflower*, 1620 die ersten Kolonisatoren aus Großbritannien nach Cape Cod brachten. Denn das bedeutet WASP: *white anglo-saxon protestant*. Du kannst also eine weiße Haut haben und dich dennoch keineswegs sicher fühlen, wenn du nachts allein durch die Straßen gehst, weil du zuinnerst überzeugt bist, dass etwas schiefgehen könnte, wenn die Polizei dich anhält. Denn du weißt, sobald die Polizei deinen Ausweis gesehen hat, wird die Tatsache, dass du kein WASP bist, im

Unterbewusstsein des diensthabenden Polizisten arbeiten, als wäre sie ein geladenes Gewehr, das auf dich zielt und jederzeit losgehen kann.

Ich will dir eine Geschichte erzählen, die sich Ende des 19. Jahrhunderts in Nordamerika an den Ufern des Mississippi ereignet hat und möglich wurde, weil es nicht nur im Kopf vieler Polizisten, sondern auch vieler Bürger ein starkes Gefühl von Straffreiheit gibt, das sie in der Gewissheit wiegt, gegenüber einer bestimmten Art Bärte, Haarschnitte, Gebete und Essgewohnheiten wäre alles erlaubt.

Jedes Mal, wenn sich in einem Wort, einer Geste oder einem Verhalten die Überzeugung ausdrückt, dass die Bürgerrechte nur für einige privilegierte Menschen gelten, musst du aufschreien, rebellieren, dich widersetzen und abermals schreien. Denn jedes Mal, wenn wir angesichts von Diskriminierung – auch der subtileren und freundlicheren, nicht nur der demonstrativen, krassen, brutalen Diskriminierung – nicht reagieren, werden wir zu Komplizen eines Teils der Welt (nicht notwendigerweise des Teils, zu dem wir gehören), der sich berechtigt wähnen wird, den anderen Teil zu diffamieren, zu beleidigen, auszuplündern, verarmen zu lassen, zu quälen, zu unterdrücken, zu versklaven und zu töten.

Am Ende des 19. Jahrhunderts konntest du im Hafen von Palermo, Neapel oder Genua sein, das Ritual war überall das gleiche. Wenn die Route nach Amerika italienische Hilfsarbeiter einsaugte, sahst du Hunderte Arme, die vom Schiffsdeck ein Seil auswarfen.

Wer abfuhr, hatte ein Seil in der Tasche, und war er auf dem Schiff, holte er es heraus und warf das Ende auf den Kai, wo eine Verlobte, eine Ehefrau, ein Sohn es auffingen, um sich noch ein wenig an das Leben des Auswanderers zu klammern. So verharrten sie, durch die Enden des Seils verbunden, und betrachteten sich stumm, einer an Bord, der andere an Land, bis das Schiff sich mühsam in Bewegung setzte wie ein verletztes Tier, das einen Schmerzensschrei ausstößt.

Dann riss das Seil, und am Kai wurden die Gedanken finster, obwohl man sich lange Zeit auf diese Situation vorbereitet hatte. Die Zurückbleibenden hatten das Seil fest umklammert, als könnten sie damit das

Schiff anhalten. Kannst du dir das vorstellen? Lässt sich ein Schiff, das an Spinnwebfäden hängt, am Kai zurückhalten? Nein. Wenn das Seil nachgab und der Arm zurückschnellte, weil die Spannung jäh ausblieb, glitt das Schiff davon, und nur die Leere blieb, ein durch die Trennung der beiden Leben aufgerissener Krater.

Jeder verstaute sein Seilende in der Anzugtasche, in einer Schublade oder im Schrank zwischen der Wäsche und wusste, dass das Urteil schon gesprochen war. Denn wenn das längere Stück des Seils in den Händen des Auswanderers geblieben war, würde er nicht mehr zurückkommen – zu groß war die Entfernung für die Umkehr. Hatte der Zurückbleibende aber das längere Stück in der Hand, würde der andere den Weg zurück finden.

»Vaterland« – der Begriff ist häufig mit Rhetorik aufgeladen, doch er hat mit dem Wort »Mutter« etwas gemein: Du musst eine haben, sonst kommst du nicht auf die Welt. Rhetorisch oder nicht, das Vaterland ist etwas, mit dem du dich auseinandersetzen musst, und wenn die Beziehung zum Vaterland kompliziert ist, gibt es Probleme.

Auf den Wellen des Hafens, zwischen Hunderten von Seilen, ist eines Tages auch eine Nonne, in der Hand ein Ticket dritter Klasse nach New York. Sie ist neununddreißig, doch ihr Gesicht ist noch mädchenhaft, klar und offen, auch die Haare sind die eines Mädchens, glänzend schwarz, unter der reinlichen Schwesternhaube in der Mitte gescheitelt.

Ihr Blick aber ist nicht der eines Kindes, er ist streng, mürrisch, wie der eines Menschen, der nie zufrieden ist mit dem, was er sieht, eines Beobachters, der immer aufschreien könnte vor Empörung.

Sie ist gegen ihren Willen auf dem Schiff, denn auf einer solchen Reise begegnest du Christus so oft, dass du ihm irgendwann nichts mehr zu essen und zu trinken geben kannst. Fünfundzwanzig Tage im Schiffsbauch, zusammen mit dem nackten, hungrigen Christus, sind auch für sie, die solche Begegnungen gewohnt ist, zu viel.

Auf diesen Überseereisen der Hoffnung begriff man nämlich erst nach Tagen, dass die Schifffahrtsgesellschaften absichtlich falsche Angaben über die Menge an Nahrungsmitteln und Wasser gemacht hatten, die an Bord gebracht werden durfte. Die Menschen in der dritten Klasse sollten während der Überfahrt hinaufgehen, um zu jedem beliebigen Preis zu kaufen, was sie nicht länger entbehren konnten. Wer nichts mehr zu essen hatte, musste die Mindestsumme angreifen, die jeder Emigrant vorzuweisen hatte, um in den Vereinigten Staaten aufgenommen zu werden. Man musste sich entscheiden. Entweder du isst und trinkst, aber dann schicken sie dich zurück nach Hause, oder du isst nicht, trinkst nicht, bewahrst dir aber die Hoffnung, dass die Tore Amerikas sich für dich öffnen werden. Die Übelkeit, die Sorge, die Angst, die Traurigkeit, ständig von den Wellen des Ozeans hin und her geschleudert, machten die Reise noch schmerzhafter und endloser.

Francesca ist der Name der Nonne, die in der dritten Klasse nach New York reist. Cabrini ihr Nachname. Sie hat auch einen Spitznamen, einen männlichen: Saverio. Es ist der Name des Heiligen, der ihr als Kind gefiel, des Heiligen, den sie bewunderte: Francesco Saverio. Sie selbst wollte sich diesen Namen geben und nahm ihn so, wie er ist, Saverio, nicht Saveria. Sie wollte, dass er fast genauso klang wie ihr Name: er Francesco Saverio, sie Francesca Saverio. Auch jetzt auf dem Schiff schenkt ihr dieser Name die Gewissheit, dass sie dieselbe Kraft hat wie Francesco Saverio, der Missionar.

Als Mädchen wäre sie gern nach China gegangen wie er, denn dort, so hatte sie gehört, tötete man neugeborene Mädchen, und die wollte sie retten.

Sichuan, Quinghai, Shanxi, das waren die Orte, von denen Francesca Saverio geträumt hatte, nicht New York, Chicago oder New Orleans ... Doch jetzt muss sie diese Reise machen, sie muss die Freiheitsstatue am Horizont sehen, diese gütige und verlogene Göttin, und sie muss entdecken, dass ihre Fackel nur von Weitem brennt, denn wenn man näher kommt, erlischt sie, und die Nachtfalter bleiben im Dunkeln.

Als die Gangway dumpf auf der Kaimauer aufprallt, reiht sich Francesca hinter den anderen Frauen ein, alle von Kopf bis Fuß bedeckt, damit sich keine weibliche Rundung abzeichnet und deutlich wird, dass an diesen Körpern, abgesehen von Plackerei und Demütigung, nichts käuflich ist.

Besonders die Jüngeren achten darauf, die sepiaschwarzen Augen gesenkt zu halten, um die Schönheit ihrer Gesichter zu verbergen.

Auch die Männer haben sich aufgereiht. Nur die Glücklicheren haben Frauen und Kinder dabei, der größte Teil geht allein von Bord, ohne Koffer, nur eine Decke in der Hand, denn bei der Abreise fanden sie nichts, was sie hätten mitnehmen können.

Francesca weiß, was es bedeutet, nichts anderes als die eigene Armut mitnehmen zu können, ist sie doch mit den armen Familien in der Provinz Lodi aufgewachsen, von wo viele von ihnen kommen. Bauernfamilien, für die das Christentum noch immer der Schlüssel ist, um die Welt zu verstehen. Sonntags zur Messe, die Gleichnisse auswendig lernen, Grammatik lernen, um die Bibel zu lesen, die Leben der Heiligen und der Missionare, das hat Francesca gelehrt, sich in dieser Welt zu orientieren, es hat ihr die Werkzeuge gegeben, um dieser Welt zu begegnen. Vielleicht sogar, sie zu verändern.

Als Erwachsene, erst als Lehrerin, dann als Gründerin von Schulen, beschließt sie, diese Grammatik weiterzugeben. Es sind besondere Schulen für Mädchen ohne Eltern, denn Waisenmädchen sind immer die Schwächsten, denkt Francesca, Gefahren besonders ausgesetzt und unweigerlich zu einem Leben auf der Straße verdammt.

Wo immer Francesca ankommt, sammelt sie Mädchen auf und steckt ihnen Munition in den Schulranzen. Keine Schusswaffen, keine Kugeln, sondern Wissen, Kenntnisse, Zahlen, Zeichen, Worte – Waffen, mit denen man sich wehren kann. Francesca weiß, dass die einzige Möglichkeit, die Welt neu zu entwerfen, das Alphabet ist.

Eines Tages besucht sie ein Priester, der von ihr und von ihrer Grammatik gehört hat. Der Priester heißt Giovanni, er will, dass Francesca aufhört, zu unterrichten, ihre Schulen in der Provinz Lodi verlässt und dass sie ihren Traum begräbt, eines Tages nach China zu kommen. Sie soll auf ein Schiff steigen und sich auf die große Route der Verzweiflung und der Schande begeben, dieselbe Route, über die in Afrika geraubte Seelen transportiert wurden und auf der jetzt von Europa Sklaven gefordert werden – die verfluchte Atlantik-Route. Auch Giovanni, der Priester, hatte wegen dieser Route seine Träume aufgegeben. Denn nicht immer bist du es, der sich die Welt ansehen geht, manchmal kommt die Welt zu dir, um sich ansehen zu lassen.

Ihm war das eines Tages am Mailänder Bahnhof inmitten von Tausenden Migranten widerfahren. An die Säulen gelehnt, mit Kindern im Arm auf den Bänken sitzend, im Halbschlaf auf dem Boden liegend. Er war nur mit Mühe an sein Gleis gekommen, musste sich durch diese Menge hindurchzwängen, ihren Schweiß riechen, ihr Elend mit Händen greifen und ihre Resignation fühlen. Und danach hatte er immer nur sie vor sich gesehen.

Andere Priester aber sahen nichts. Von den Kanzeln ganz Italiens drängten sie die Menschen, aufzubrechen nach Genua, Neapel, Palermo, um sich auf der verfluchten Route in die USA einzuschiffen.

Es war der große Betrug, ausgeheckt von der italienischen Regierung, sie alle zur Arbeitsmigration zu drängen, indem man ihnen woanders gute Verdienstmöglichkeiten vorgaukelte. Sie vertrieben das Elend, sie vertrieben die Aufstände, damit die Landgüter auf ihren Latifundien sicher blieben, um ihre Häuser zu schützen, die besetzt werden würden, um ihre Fabriken zu schützen, die keine Arbeitsplätze vergeben konnten. Arme zum Arbeiten, Körper, Plackerei gegen Preisnachlässe bei Kohle, Zucker und Baumwolle. Es war ein Plan aus klingenden Münzen, Geld, das jeder ins Vaterland zurückschicken würde, Geld, das die Reeder verdienen würden, wenn sie ihre Fahrten verhundertfachten, Geld für die Mittelsmänner der ausländischen Unternehmen und Regierungen, die von Dorf zu Dorf gingen, um Hilfsarbeiter aufzuspüren und zur Migration zu überreden. Pfarrer, Journalisten, Bürgermeister mussten sagen, dass »La Merica« schön ist, La Merica ist groß, La Merica ist reich.

Und so geschah es, immer wieder: Die Pfarrer sagten am Sonntag, sie sollten auswandern, die Mütter drängten sie, es zu versuchen, die Geschwister baten sie, es auszuprobieren, die Verlobten hinderten sie nicht an der Abreise, denn die Männer auf diesen Schiffen gehen zu lassen, bedeutete ein schöneres Hochzeitskleid, jeden Sonntag Huhn, jeden Tag Milch, Wäsche und warme Decken auf dem Bett. Jeder trug auf seine Weise dazu bei, dass der Strom anschwoll.

Lügen über Lügen, Illusionen über Illusionen. Was geht's uns an?, dachte das unmenschliche italienische Bürgertum. Das waren ja nur ungebildete Leute, Analphabeten, an Tritte in den Hintern gewöhnt, sie würden nicht mal verstehen, in welchem Land sie vom Schiff gingen.

Doch an jenem Tag im Mailänder Bahnhof hatte Giovanni am Ausdruck in ihren Augen gesehen, dass sie verstanden, und ob. Sie wussten genau, dass sie nicht vom Glück begünstigt waren, dass sie nicht zählten, dass sie nicht das Siegeslos, sondern ein Los aus der Lotterie der Verzweiflung gezogen hatten.

Er hatte es an ihrer Fügsamkeit gesehen, der Fügsamkeit derer, die wissen, dass alles nur eine Frage der Zeit ist, weil ein unheilvolles Urteil über ihrem Kopf schwebt, er hatte es an ihrer würdevollen, aber traurigen Resignation gesehen. Er hatte es aus der totalen Apathie geschlossen, mit der sie das stundenlange Warten erduldeten, ohne sich zu setzen, ohne zu trinken, ohne zu essen, ohne jede Aussicht, einen Schlafplatz zu bekommen. Als hätte jeder schon längst damit gerechnet, dass es ihm vorherbestimmt war, die Verletzungen von vielen auf sich laden zu müssen, sich für die ganze Familie opfern zu müssen:

> Io no, non torno. Me ne resto fore,
> e resto a faticà pe' tutte quante;
> i' c'aggio perzo patria, casa, onore,
> i' so' carne 'e maciello: so' emigrante!

> Nein, ich komme nicht zurück. Ich bleibe im Ausland,
> ich bleibe und arbeite für alle,
> ich, der Vaterland, Haus und Ehre verloren hat,
> ich bin Schlachtvieh: ein Emigrant!

Wenn Italiener als Angeklagte vor ein amerikanisches Gericht kamen, hieß es oft: »Ihr seid zu uns gekommen, um das Schlaraffenland zu finden, wo ihr reich werden könnt!« Doch keiner, nicht mal der Dümmste, glaubte das. Ja, es war ein Traum, eine Sehnsucht, eine Naivität, die aber dazu diente, die Ängste, die sie begleiteten, zu verhüllen, zu lindern. In Wirklichkeit wussten sie, dass in der Neuen Welt die Straßen nicht mit Gold gepflastert waren und dass sie die Straßen bauen mussten. Sie wussten, dass auf einen, der sein Glück machte, hundert mit leeren Händen zurückkamen. Sie wussten, dass man nur feindselige Worte und ein schiefes Lächeln für sie haben würde. Sie wussten, dass man sie verspotten würde, wenn sie mit einem Kreuz unterschrieben und zehn sagten, wenn sie hundert sagen wollten, weil sie nicht weiter als bis zehn zählen konnten. Sie wussten, dass es vergeblich war, nach Hause zu schreiben, um getröstet zu werden. Sie wussten, dass es nutzlos war, zu lügen, alles liefe gut, weil drüben in der Heimat alle Bescheid wussten. Dort wussten sie, ob man aß oder nicht, sie wussten, wie viele Stunden man unter der Sonne oder unter der Erde mit der Hacke in der Hand gearbeitet hatte. Das Sprechen übernahm der neue Mantel, den ihre Mutter sich gekauft hatte, das Dach, das ihre Frau hatte reparieren lassen, die Schuhe, mit denen ihr Sohn zur Schule gekommen war. Das waren die Beweise, wie es jenseits des Ozeans lief. Sie wussten auch, dass Heimweh ein Luxus ist, den sich nur erlauben kann, wer nicht auswandert, und dass es zu Hause keine größere Schande gibt als das Geld, das du nicht geschickt hast, das Geld, das du nicht verdient hast, und sogar das Geld, das du in dem Land ausgegeben hast, in dem du arbeitest.

Wenn du dich auf eine verfluchte Route begibst, bist du kein Einzelner mehr, du wirst zu einer Familie, einem Clan, einem Dorf, denn dann lastet eine ganze Familie, ein Clan, ein Dorf auf dir. Und sei gewiss, dass niemand sich je fragt, welchen Preis das Geld kostet, das in die Heimat zurückfließt.

Die Familie, vergiss das nicht, ist nicht immer ein Kraftquell. Es hängt davon ab, was sie von dir verlangt. Wenn sie will, dass du tust, was du niemals tun würdest, kehr ihr den Rücken zu und verhandle nicht mit ihr um ihre Bereitwilligkeit, wenn du nicht auch im Teufelskreis der Schande und der Ehre enden willst. Die Familie ist oft nur Erpressung, Anstiftung. Hab keine Angst, einen Verlobten, eine Mutter oder sogar einen Sohn zu enttäuschen, wenn ihre Erwartungen an dich deiner Weltanschauung, deinen Lebensentscheidungen zuwiderlaufen. Dasselbe gilt für dein Vaterland, deine Heimatstadt: Wenn sie von dir verlangen, zu schweigen, ein Auge zuzudrücken, dich zum Komplizen des Verbrechens und der Korruption zu machen, an einem schändlichen Spiel unter der Flagge nobler Gefühle teilzunehmen, schrei, dass es Betrug ist. Schrei, beug dich nicht der Erpressung.

Wenn du im Ausland hörst, dass sie statt »Italiener« verächtlich »Familie« sagen, urteile nicht zu hart über sie, denn damit meinen sie, dass wir bereit sind, jeden anderen Wert dem besonderen Interesse der Familie unterzuordnen. Doch sie wissen nicht, dass die Familie für uns, wie für viele andere, Flucht und Rettung zugleich ist: Wenn es nichts anderes gibt, keinen Staat, keine Demokratie, keine Freiheit, lebst du nur, weil du einen Onkel, einen Großvater, eine Mutter, einen Vater, einen Bruder und viele Cousins hast, die dir helfen können. Denn wenn jemand dir unrecht tut, gibt es kein Gericht oder Gesetz, das dich schützt, sondern nur ihre Rache. Im Ausland wissen sie oft nicht, dass es so ist, dass hier der Grund liegt, warum wir die Familie allem anderen voranstellen. Weder Faulheit noch Liebe zur Mama, nur das: ein Mangel, eine Not, die eine durch Blut verbundene Organisation erschafft. Dann wirst du voll und ganz spüren, wie peinlich es ist, dass »Familie« in Italien ein heiliges Wort ist, man aber woanders, im Ausland, unsere Anhänglichkeit an die Familie als Gradmesser nimmt, wie sehr wir zur Amoralität neigen.

So groß war die Last der Erpressung, die das Vaterland und die Familie dem Auswanderer auf die Schultern luden, dass viele sich, wenn die Inspektoren und Ärzte in Ellis Island ihnen gesagt hatten, sie seien »ungeeignet«, und sie wieder aufs Schiff schickten, während der Rückfahrt ins Meer stürzten. Lieber die Explosion des Salzwassers hinter den Schläfen spüren, als wieder den Boden des Vaterlands berühren, wo sie nur entdecken würden, dass ihr Platz im Bett schon neu zugeteilt war, ihr Stuhl schon verkauft, ihr Löffel schon vergeben.

Nein, es gab keinen Weg zurück. Es gibt niemals einen, auch heute nicht, keinen Rückweg für die, die ihr Land verlassen. Wer weggeht, wird nur noch als die Kubikzentimeter Luft wahrgenommen, die er frei macht, und als Straßenkilometer, die er nicht begeht.

In der Antike war Afrika auf den Landkarten noch nicht als das gewaltige, breite, lang gestreckte Dreieck gezeichnet, das wir heute kennen. Sein Umriss war damals nicht vollständig bekannt. Unsere Mittelmeerküste war sehr detailliert gezeichnet, doch auf der Höhe der Sahara verschwamm alles zu einem Nicht-Ort.

Jemanden auf ein Schiff oder in ein Flugzeug zu setzen, um ihn in die Heimat zurückzuschicken, ist etwa so, als gäbe man vor, nicht zu wissen, dass sein Vaterland auf der Karte nicht verzeichnet ist. Denn dem, der weggeht, löscht man immer den Boden der Heimat unter den Füßen aus.

»Geh zu ihnen, Francesca«, sagt Giovanni, »lass sie nicht allein, sie können sich nicht wehren, da drüben gibt es nicht einmal Priester, die unsere Sprache sprechen, es gibt keine Kapellen, keine Pfarreien, keine Beichtväter. Geh zu ihnen, Francesca, folg diesem Bluterguss. Hier, Francesca, diese Zeitung kommt aus den Vereinigten Staaten, siehst du diese Witzzeichnung, verstehst du die Ironie der Unterschrift? *Die Schlafzimmer der Italiener.* Siehst du Francesca, zu zehnt in einem Raum ... auf dem nackten Boden, nur eine Decke über dem Rücken ... Das ist keine Karikatur, Francesca! Sie schlafen wirklich so. Denn ›Witzzeichnung‹ bedeutet nicht unbedingt Karikatur, es bedeutet nicht unbedingt, dass sie die Realität verfälscht oder verzerrt, manchmal erzählt dir eine solche Zeichnung von der Wirklichkeit, genau so, wie sie ist, wie auf einer Fotografie. Wir nennen sie Witzzeichnung oder Karikatur, nur um zu sagen, dass es einen Widerspruch zwischen dem Bild und der Unterschrift gibt. Aber natürlich gibt es auch bösartige Witzzeichnungen. Es sind Männer, aber auf den Zeichnungen sind sie Orang-Utans mit Bart, es sind Frauen, aber auf den Zeichnungen sind sie Schweine mit Rock, es sind Kinder, aber auf den Zeichnungen haben sie einen Schwanz ... nur weil sie Italiener sind, werden sie so gezeichnet.«

»Wie ist das möglich?«, fragt Francesca.

»Das weiß ich nicht, aber es ist so.«

»Wird diese Zeitung denn viel gelesen?«

»Weißt du, Francesca, eine Zeitung ist niemals nur die verkauften Exemplare, sondern die Hände, durch die sie geht. Der Verkäufer liest sie, während er den Preis in die Kasse eingibt, der erste und der letzte Stammgast einer Bar liest sie, die Reisenden im Zug lesen sie, die Schichtarbeiter in der Fabrik lesen sie in der Pause, sogar der Wind liest sie, wenn er in einem auf der Straße zurückgelassenen Exemplar blättert. Auch ein Buch ist nie nur der, der es liest oder in der Buchhandlung kauft, es ist eine Idee, eine Zusammenfassung, ein Aufprall, ein Kommentar, ein Streit beim Abendessen, eine Beschreibung, eine Hoffnung, eine Vorschrift, eine Lieferung, der Anfang einer Revolution, einer Veränderung ... Siehst du, darum habe ich Angst vor diesen Zeichnungen, nicht weil viele Leute die Zeitung kaufen, sondern weil diese Vorstellungen, einmal gezeichnet, existieren, und darum existieren die, die darüber lachen, die diese Vorstellungen weitergeben wie eine ansteckende Krankheit, und dann werden alle wirklich anfangen, diese Kinder mit einem Schwanz zu sehen, diese Frauen wie Schweine und diese Männer wie Orang-Utans ...«

»Aber warum gerade ich, Giovanni?«

»Warum nicht du?«

»Was soll ich tun?«

»Erinnerst du dich, wo du dein erstes Armenhaus gegründet hast?«

»Du meinst das in Codogno?«

»Weißt du, was *codogno* bedeutet? Es bedeutet *cotogno*, Quittenbaum. Quitten sind nicht irgendeine Apfelsorte, denn du kannst sie nicht so essen, direkt vom Baum gepflückt, sie sind zu hart und sauer. Wenn du sie aber schälst, ihr Fruchtfleisch in einen Topf gibst, viel Zucker hinzufügst und sie kochen lässt, dann kommt dabei ein nahrhafter Brei heraus, wie es keinen gehaltvolleren auf der Welt gibt. Mit einem Feld voller Quittenbäume und einem mit Zuckerrohr machst du ein ganzes Dorf satt. Geh hin, Francesca, vermisch das Fruchtfleisch deiner Heimat mit dem Zucker ihres Landes und ernähre unsere Leute.«

»Aber ich weiß nicht mal, wo ich anfangen soll, Giovanni.«

»Fang mit dem Wort an. Lehre sie lesen, wenn sie lesen können, werden sie lernen, sich zu wehren, vor Gericht zu antworten, um den Preis zu verhandeln und vielleicht ein paar Rechte für sich zu fordern ... Bekämpfe die Gemeinheiten, die die Zeitungen über sie schreiben, denn diese Idiotien bringen unsere Emigranten um, sie sind schlimmer als

Gewehrkugeln, als die Schläge, die sie bekommen, wenn sie ihre Miete nicht rechtzeitig zahlen. Geh hin, Francesca, erzähl ihnen eine andere Wahrheit, erzähl den Amerikanern, wer wir sind, werde nicht müde, es zu erzählen ... und sei unbesorgt, alles andere kommt dann von selbst, denn Wahrheit und Wohlergehen fallen immer zusammen.«

»Aber selbst wenn es so wäre, Giovanni, ich bin doch nur ein winziger Tropfen in diesem ungeheuren Ozean ...«

»Ein Tropfen ist ein Tropfen, Francesca, doch wenn ein Tropfen auf die Zunge eines Verdurstenden fällt, rettet er ein Leben. Außerdem ... besteht der Ozean nicht aus Milliarden Tropfen?«

Sie ist klein und schmächtig, lungenkrank. Die Ärzte sagen, ihr bleiben nicht mehr als zwei Jahre. Doch dann steigt sie trotzdem auf das Schiff. Fragil ist sie seit ihrer Geburt, die zu früh kam, in einer Zeit, in der es weder Brutkästen noch Milchpulver gab, in der die Kindersterblichkeit so hoch war, dass in Francescas Elternhaus von elf Kindern nur vier überlebten.

Als Erwachsene wird sie nie mehr als fünfzig Kilo wiegen, ihre Gesundheit leidet zunehmend unter den Anstrengungen und Reisen. Doch überall, wo diese zerbrechliche Person auftaucht, entstehen Schulen, Armenhäuser, Suppenküchen und Krankenhäuser. Und gerade als sie sicher ist, dass dies ihre letzte Mission war, weil ihre Kräfte mehr nicht ertragen können, legt Giovanni ihr noch einmal das Kreuz in die Hand und schickt sie zurück nach Amerika.

Immer wieder sie.

Warum?

Weil sie ein Talent hat, das andere nicht haben: Sie verdoppelt die Barmherzigkeit. Geld akzeptiert sie fast nie, sie legt keine Fonds an, befasst sich nicht mit den Strukturen, die entstehen sollen. Sie überzeugt die Wohltäter, besonders die Italiener, die es in Amerika zu Wohlstand gebracht haben, ihre Einnahmen in Mörtel und Steine für ein Krankenhaus zu investieren, in Holz und Glas für eine Schule, in Bettchen und Öfen für ein Waisenhaus. Sie müssen persönlich mit den Baufirmen um Preise verhandeln, sie müssen sich um das Projekt kümmern und es von der Grundsteinlegung bis zur Einweihung des Gebäudes überwachen. Danach sind sie für den Erhalt ihrer Schöpfung verantwortlich, sie müssen das Personal aussuchen, die Namen und Nachnamen der Menschen auswendig lernen, die sich dort behandeln lassen, krank werden, dort essen oder dort lernen.

Es genügt nicht, einen Scheck zu zücken. Eine Schule zu gründen, ist für Francesca, wie ein Kind zur Welt bringen. Es genügt nicht, das Kind zu gebären, du musst es betreuen. Das verlangt Francesca von ihren Spendern und bekommt es. Sie haben Kinder, nicht nur Anhängsel. Außer der Finanzierung müssen sie Francesca ihre Kenntnisse zur Verfügung stellen, ihre Fähigkeiten, das Geld gewinnbringend einzusetzen, ihre Umsicht und Erfahrung, ihre Anwälte und Steuerberater, denn es ist nicht schwer, etwas zu erschaffen, schwer ist, es am Leben zu erhalten.

Diese Methode, Unterstützung zu organisieren, hilft Francesca auch, ein anderes Übel in Schach zu halten, das einzige Übel, das sie nicht ertragen könnte, die Verunglimpfung. Niemand darf behaupten, dass ihre Mitschwestern von diesen Geldern gelebt haben, niemand darf einwenden, dass sie das gesammelte Geld schlecht investiert oder, schlimmer, es vergeudet haben. Francesca will nicht gezwungen sein, bei jeder Überfahrt ihr Ticket dritter Klasse vorzuzeigen – sie reist schließlich immer dritter Klasse.

Dann geschieht etwas, das sogar ihre persönliche, ihre hartnäckige Art, barmherzige Werke zu tun, verändert, es verändert die Art und Weise, wie sie sich um die Migranten kümmert. Francesca beginnt, Ermittlungen anzustellen. Im Frühjahr 1892 geht sie in New Orleans vom Schiff, um den Lynchmord an elf Italienern zu untersuchen, der sich ein Jahr zuvor im Gefängnis des Ortes ereignet hat. Die Stadt New Orleans wurde von den Franzosen gegründet, damals war sie die drittwichtigste Stadt der USA und nach New York der größte Anziehungspunkt für die Auswanderer der ganzen Welt.

Warum fängt eine Nonne an, Nachforschungen zu betreiben? Ihr klingen Giovannis Worte im Kopf: Wahrheit und Wohlergehen fallen immer zusammen, und in New Orleans wurde die Wahrheit vertuscht, verzerrt, verheimlicht, wie die verwesende Leiche eines Mordopfers. Die gängige Version lautet, dass es sich um einen Wutanfall der Menge gehandelt habe, nachdem der Chef der örtlichen Polizei, David Hennessy, eines gewaltsamen Todes starb, für den die Italiener verantwortlich gemacht wurden.

Doch etwas in der Syntax dieser Erzählung überzeugt nicht, auch Francesca überzeugt es nicht. Keiner mag die Polizei von New Orleans, und der Rachedurst der Menge entzündet sich eigentlich immer am Unrecht gegenüber dem wehrlosen, unbewaffneten Menschen, mit dem jeder sich identifizieren kann. Wer will schon die Polizei rächen? Nur die Polizei selbst rächt aus Kameradschaftsgeist die Polizei, niemals die Wut der Menge. Und es gibt eine weitere Überlegung: Francesca glaubt nicht an die Schuld der Menge, denn sie ist Lehrerin und weiß, dass »Menge« nur eine Sammelbezeichnung ist, ein abstrakter Ausdruck, eine Formel, mit der man der Bequemlichkeit halber eine Gruppe von Menschen bezeichnet, die in Wahrheit nur aus einzelnen Individuen besteht. Francesca will herausfinden, von wem die Feindseligkeit ausging.

Sie bezieht Quartier im lokalen Little Italy, das in New Orleans alle Little Palermo nennen, denn die Nachnamen derer, die dort wohnen, lauten Schirò, La Rocca, Vitale, Rappolo, Provenzano, Pecoraro, Sciacca, Di Maggio, Giuffré, Rosolino, Zito, Lomonaco, Monasterio, Polizzi, Abbagnato, Maselli. Alle zusammen bilden sie ein Zehntel der Einwohner. Mit anderen Worten, in »Nuovaorleanza« sind von hundert Männern, die beim Barbier das Kinn heben, zehn Sizilianer; von hundert Gläsern Whiskey, die eilig über die Theke einer Bar geschoben werden, sind zehn für Sizilianer bestimmt; von hundert Strohhüten, die in den Warenhäusern des Vieux Carré verkauft werden – dem französischen Viertel, dem Herzen der Stadt –, werden zehn die Köpfe von Sizilianern bedecken. Hier sagen die Leute Sizilianer, wenn sie Italiener meinen, so wie heute in Italien viele Marokkaner sagen, wenn sie Maghrebiner meinen. In Wahrheit aber nennen die Leute sie weder Sizilianer noch Italiener … sie nennen sie *Dagos,* denn in New Orleans sind die Italiener die »as the day goes«. Wer sind die »as the day goes«? Es sind die, die bei Tagesanbruch an den Straßen der Randgebiete von New

Orleans warten, bis jemand kommt und sie mitnimmt. Er kommt im Auftrag eines der Großgrundbesitzer, einer, der mit seiner Baumwolle vier große Stadtviertel von London einkleidet, der für die Aussteuer aller heiratsfähigen Mädchen von Sizilien bis zum Veneto sorgt, der den Bedarf an sterilem Verbandsmull sämtlicher Krankenhäuser in Bayern und Sachsen deckt und die Textilfabriken von ganz Genua beliefert, wo diese blauen Hosen genäht werden, die die Angelsachsen »Dschienes« nennen, die Hosen »aus Genua«.

Die Dagos sind die, für die der Tag manchmal schlecht läuft, wenn niemand kommt, um sie abzuholen, niemand ihnen einen Lohn zahlt. Wenn er aber gut läuft, gewinnen sie bei ihrer täglichen kleinen Lotterie: ein ganzer Tag auf den Plantagen, wo im Sommer um sechs Uhr abends die Sonne brennt, als wär's zwei Uhr mittags, und partout nicht ans Untergehen denkt, so wie sie in unserer Zeit über den Rücken der Tomatenpflücker in Nardò, in Apulien, nicht untergehen will.

Hau ab, Sonne, lass dich verschlucken, zersetz dich, sink, verschleier dich, bedeck dich, versteck dich. Das beten die »as the days goes« von fünf Uhr morgens bis fünf Uhr nachmittags auf den Plantagen von Louisiana, aber diese Sonne scheint hartnäckig weiter.

Die Sonne gefällt den Touristen, denen, die in Freiheit leben, nicht den Menschen auf den Feldern, wo sie gehasst wird. Du liebst sonnige Tage, die Wärme, das Licht. Es scheint unmöglich, dass jemand sie hassen kann. Doch wenn sie dir den Rücken verbrennt, dich blendet, dir die Finger rissig macht, dann fängst du an, sie zu hassen.

> Madonna quant'è àutu stu suli!
> Pi carità facìtilu cuddari!
> Non lu faciti, no, pi lu patrùni,
> ma pi sti puvereddi iurnatàri.
>
> Madonna, wie hoch steht diese Sonne!
> Bitte lass sie sinken!
> Tu es nicht für die Herrschaften,
> tu es für die armen Tagelöhner!

Was den Italienern auf den Feldern widerfährt, ist nicht neu für Francesca. Bei ihr in der Poebene müssen die Tagelöhner mit einer Faser kämpfen, die ebenso widerspenstig ist wie die Baumwolle, dem Leinen. Und auch dort machen endlose Weiten aus Sonne, Mücken, Feuchtigkeit und Malariafieber ihnen den Arbeitstag schwer.

Die Glücklicheren unter den »as the day goes« fliehen die Plantagen, wie man vor einer Schlange flieht. Sie warten lieber tagelang an den Hafenbänken auf das Schnauben eines Dampfschiffs. Dann springen sie auf und leeren den Bauch eines der Schiffe, die die Kalsa von Palermo mit dem Vieux Carré von New Orleans verbinden und Waren vom sizilianischen Marsala bis zum Zucker aus Louisiana, von Zitronen aus Syrakus bis zur Baumwolle vom Mississippi transportieren.

»As the day goes!« Versuch mal, das schnell auszusprechen. Etwas schneller als normal. Die Betonung muss amerikanisch sein.

Hast du das Wort gehört, das dabei herauskommt?

Deigos.

Genau.

Das schreibt sich auf Englisch *dagos.*

Dagos wurden die Italiener in New Orleans genannt, unabhängig von der Arbeit, der sie nachgingen. Es war nicht zwangsläufig schlecht bezahlte oder Gelegenheitsarbeit, auf jeden Fall aber beleidigend, denn in den Staaten gilt ein geringes Einkommen im allgemeinen Empfinden immer als persönliche Schuld. Verstehst du jetzt, warum diese Bezeichnung so demütigend war? Demütigender noch als eine üble körperliche Stigmatisierung oder eine bösartige Charakterzeichnung? Die Dagos mussten selbst schuld sein, wenn sie schlecht verdienten, und diese Schuld verbüßten sie jeden Tag in den Gesprächen der Leute auf der Straße:

»Was machen die Dagos?«
 »Sie füttern ihre Zecken!«
 »Hahaha!«
 »Mama, Mama, ich hab einen Dagos gesehen!«
 »Dann sei brav, sonst lasse ich dich von ihm wegbringen.«

»Jack, stimmt es, dass die Dagos einen Schwengel haben, so groß wie der von den Niggern?«

»Nein, der von den Dagos ist klein, aber er hat auch immer Appetit, wie der Schwengel der Nigger, also schließ die Frauen trotzdem ein …«

»Aber warum haben die Dagos keinen so großen wie die Nigger?«

»Niemand kann einen so großen haben wie die Nigger, das haben ihre früheren Herren fertiggebracht, die waren nämlich Viehzüchter und wussten, wie man so was macht.«

»Was macht?«

»Die Rasse verbessern.«

»Welche Rasse?«

»Die der Sklaven.«

»Und wie machte man das?«

»Im Stall haben sie die größten und kräftigsten Sklavinnen mit den größten und kräftigsten Sklaven gepaart.«

»Die mit dem längsten Schwengel?«

»Klar, die mit dem Besamungsschwengel.«

»Und die Dagos, wie wurden die gezüchtet?«

»Das weiß ich nicht, denn die Dagos sind nicht hier bei uns geboren, sie kommen von weit weg, sie sind nicht wie die Nigger, die schon immer hier waren. Aber eins ist sicher, die Dagos müssen ein bisschen Niggerblut in ihren Adern haben, denn nur die Dagos können dieselbe Arbeit machen wie sie.«

»Ja, stimmt, die auf den Plantagen …«

»Erinnerst du dich, dass alle anderen es nicht aushielten? Dass sie starben wie die Fliegen?«

»Natürlich, und ob ich mich daran erinnere, wie es war, als sie die Nigger freigelassen haben …«

»Nach dem Krieg war das, da gingen die Nigger von ihren Herren weg. Du erinnerst dich doch? Wie die Felder alle verfaulten!«

»Schlimm war das, und niemand ging ernten.«

»Niemand.«

»Dann haben sie die Chinesen geholt, die Iren, die Deutschen, die Franzosen, die Kreolen, die Kubaner, aber nichts zu machen! Diese verfluchten Mischrassen, sie verreckten oder holten sich das Gelbfieber und kamen die ganze Erntezeit über nicht mehr auf die Felder ...«

»Die sind wie die Indios, die unter der Peitsche starben, je mehr du sie gepeitscht hast, desto weniger arbeiteten sie, das machten sie absichtlich, je mehr Peitschenhiebe sie kriegten, desto eher starben sie!«

»Aber die Dagos nicht! Die schlägst du, und sie überleben, wer weiß, warum. Muss ein mieser Ort sein, wo sie herkommen ... oder es ist, wie ich sage, sie haben Niggerblut in den Adern!«

»O ja, sie haben wirklich Niggerblut, auch wenn sie sich vergnügen!«

»Stimmt, sie amüsieren sich zusammen mit den Niggern! Hast du sie mal gesehen, nach Sonnenuntergang auf den Feldern? Nachts auf der Straße? Sie mögen dieselben Sachen, wild tanzen, verrückte Musik machen, beim Reden gestikulieren, immer laut sprechen ...«

»Sie haben sogar zusammen eine Gewerkschaft gegründet, unten am Hafen!«

»Ja, sie haben sich verbündet ...«

»Feines Bündnis! Kannst du dir das vorstellen? Ein Nigger, der einen Dagos verteidigt, und ein Dagos, der einen Nigger verteidigt!«

Das Erste, was Francesca begreift, ist genau das: Die Dagos sind zur Arbeit auf die Plantagen geschickt worden, um den Platz der »Nigger« einzunehmen. Und dafür brauchte man Mut, zwölf Stunden hintereinander mit den Füßen tief im Boden zu stecken, auf Plantagen, die sich in Blut verwandelten, wo man vom Morgengrauen bis zum Sonnenuntergang kaum Luft bekam.

Das also war das Problem von New Orleans. Die Gutsherren wussten nicht, wie sie die Dagos zur Arbeit auf den Plantagen anhalten sollten. Mit den »Niggern« war das dreihundert Jahre lang einfach gewesen, denn man hatte sich Ketten erlauben dürfen, doch jetzt war die Sklaverei abgeschafft und viele waren weggegangen. Mit den Dagos konnte man das nicht machen, denn die Dagos waren frei geboren, zumindest auf dem Papier. Tatsächlich suchten sie sich, sobald sie konnten, eine Stelle im Handel und setzten keinen Fuß mehr auf die Felder entlang der Great River Road. Und weil die Dagos von uralten Völkern aus Seefahrern und Händlern abstammten, den Griechen und Phöniziern, konnten viele sich einen Verkaufskarren zulegen und nach ein paar Jahren einen Laden eröffnen und Obst verkaufen, oder sie erwarben ein Boot und verkauften das Obst entlang dem Fluss, manche schafften sich sogar ein Schiff an, um das Obst diesseits und jenseits des Ozeans zu verkaufen: Zitronen aus Sizilien und Bananen aus Honduras.

Erfolg mit dem Im- und Export von Obst und Gemüse konnten alle Völker haben, aber auf den Feldern hielten nur die Dagos durch. Also konnte man ihnen höchstens erlauben, das zu tun, was viele Auswanderer tun: ihren Landsleuten das Blut aussaugen, diejenigen ausbeuten, die nach ihnen kamen. Denn hatte man einmal begriffen, dass es in der Neuen Welt kein Eldorado gab, blieben zwei Möglichkeiten: zubeißen oder gebissen werden.

Doch wenn die Dinge so standen, wenn sie das Schicksal Tausender Italiener waren, wem nützte es dann, diesem Lynchmord nachzugehen? Wem konnte das Schicksal von elf Elenden wichtig sein, die im Rahmen einer viel größeren Tragödie geopfert worden waren?

Der Grund ist, dass Francesca glaubt, dass es wieder geschehen wird. Dass die Art und Weise, wie dieses Massaker erzählt wurde und weiterhin erzählt wird, den Weg für ein neues Feuer bereitet, einen nächsten unerhörten Lynchmord in derselben Stadt und zum Schaden derselben Gemeinschaft, einer Gruppe von Menschen, die statt »back garden« »beccheraggia« sagt, statt »bricklayer« »briccoliere«, »carru« statt »car« und »truccu« statt »truck«.

Es wird wieder geschehen, sie ist sicher, denn wie Giovanni sagt, die Lüge ist immer der Anfang des Bösen. Es wird wieder geschehen, was damals geschehen ist, dass sie in den Laden eines Schusters kommen, der die Schuhe seiner Landsleute neu besohlt, und ihn ohne den Hauch eines Beweises ins Gefängnis bringen. Es wird wieder geschehen, dass die Polizei willkürlich einen armen Christenmenschen verhaftet, dem es in Amerika gut ergangen ist, denn er hatte das Glück, in der Ortskapelle seiner Heimat ein Instrument zu lernen, und konnte den Plantagen entrinnen, weil er nachts in den Clubs zusammen mit den »Negern« spielt.

Es wird wieder geschehen, dass sie einem »Mörder« ins Gesicht schreien, den sogar seine Landsleute »u pazzu«, »den Verrückten« nennen. Obwohl sie wissen, dass er keine Antwort geben kann, werden sie ihn fragen: »Hast du den Polizeichef getötet? Hast du David Hennessy umgebracht?« Und er wird nicken, wie er es bei jeder Frage macht, auch wenn sie ihn fragen, ob er der Sheriff der Stadt ist. Also werden sie sagen, dass er geständig ist, so wie sie es schon viele Male getan haben, und bei ihm braucht man nicht mal einen Prozess.

Es wird wieder geschehen, dass sie Toni, den Gemüsehändler, der zehn Jahre gebraucht hat, um den Karren loszuwerden und einen Laden zu mieten, mit Gewalt festnehmen, und sie werden auch zu Mimmu, 'u custureri, gehen, der dir im Nu einen eleganten Anzug schneidert, wenn du in die Heimat zurückkehrst, Mimmu, der nicht mal eine Mücke an der Wand zerquetschen könnte. Und es wird auch geschehen, dass niemand die Provenzano verhaften wird, die nicht in Little Palermo wohnen, sondern in einer abgelegenen Villa, die nach Geld und Verbrechen stinkt. Den Provenzano wird keiner auf der Straße zu sagen wagen, was sie den anderen Dagos entgegenschreien, um sich über ihre grässliche Sprache lustig zu machen: »Uchilladacif!«, »Du hast den Chef getötet!«

In den Zeitungen aber, auch das weiß Francesca, gibt es nur Schlagzeilen, die elf arme Teufel verdammen und dem Staat schmeicheln, der über die italienische Mafia von Little Palermo gesiegt hat.

Nachforschungen sind nicht einfach, Nachforschungen sind Türen, die vor dir zugeschlagen werden, Antworten, die wie Drohungen klingen, doch am Ende des 19. Jahrhunderts in einem feindlichen Land Nachforschungen anzustellen, obendrein in einer Schwesterntracht der falschen Religion, das ist eine Kugel mitten auf der Straße.

Jedes Mal, wenn Francesca den Namen David Hennessy ausspricht, hat sie das Gefühl, diese Kugel träfe sie, sie sieht sich umfallen, sieht die verschwommenen Gesichter der verzweifelten Mitschwestern, die fragen: Warum? Warum passiert das gerade ihnen? Warum eine so harte

Mission? Francesca ist sicher, dass es so kommen wird, sie sieht es an den Blicken derer, die sie befragt, Blicke, die denken: Was suchst du eigentlich? Zur welcher Sippschaft gehörst du? Was ist das für eine Uniform, die du trägst? Geh und rede lieber mit diesem Abschaum, der unsere Städte verpestet ... geh zu den Polen, den Iren, geh zu deinen Landsleuten ... und wenn du um zehn Uhr abends einen von ihnen nüchtern siehst, heißt das, du hast auch gesoffen!

Alles, was sie immer wieder vor ihr abspulen wie einen Refrain, den sie nicht mehr singen wollen, ist, dass es ein wütender Überfall der Menge war. Manchmal überreichen sie ihr nur prompt die Zeitungsausschnitte vom letzten Jahr, die nach dem Mord an David Hennessy erschienen sind, Artikel, die ihre Version bringen: eine plötzliche Explosion des Hasses. Eine Welle unkontrollierter Wut.

Vorerst ist das eine freundliche Art, ihr zu sagen, sie solle aufgeben, es nütze nichts, der Sache nachzugehen, über dieses Massaker sei alles schon gesagt. Sie seien eine schlecht integrierte Gruppe, das sei alles.

Darin gibt Francesca ihnen recht, die Italiener sind nicht integriert. Wie könnten sie auch? Es gibt keinen Italiener in Little Palermo, der Englisch spricht! Versuch mal, in einem Land zu leben, das dich nicht hört. Stumm gehst du durch die Straßen, in den Geschäften gestikulierst du, um dich verständlich zu machen, du musst erklären, dass du den Ball des Kindes im Park nicht stehlen wolltest, als du ihn auffingst, du guckst den Sitznachbarn im Bus, der zu dir sagt »Es ist heiß!«, nur blöde an, du biegst aufs Geratewohl in den Straßen ab, weil du die Schilder nicht lesen kannst! Ohne deine Worte wird auch der schärfste deiner Gedanken deinem Gegenüber dumm erscheinen.

Heute kann dir das nicht mehr passieren, weil das internationale Englisch dir erlaubt, mit der ganzen Welt zu kommunizieren, aber stell dir vor, wie es damals gewesen sein muss, in der Fremde zu sein.

Stell dir vor, was es bedeutet, ein totaler Analphabet zu sein, stell dir wirklich vor, wie es ist, sich im Leben zu bewegen, wenn niemand dir allgemein vereinbarte Zeichen beigebracht hat. Es ist, als ginge man mit verbundenen Augen in den Krieg – die erste Kugel, die durch die Luft fliegt, trifft dich.

Das quält Francesca, denn es geht nicht um den Dialekt oder die Grammatik, es ist eine Frage von Fundamenten, und ohne Fundamente lernt man keine Sprache, weil es nichts gibt, auf das man die neue Sprache stellen kann.

Welchen Sinn hat es, jemandem »Verb« zu sagen, der nicht weiß, was ein Verb ist? Bevor man ihnen Englisch beibringen kann, muss man das Feld pflügen, den Boden urbar machen, auf dem man säen will. Man muss damit beginnen, sie zum Nachdenken über ihre eigene Sprache anzuregen. Die Dagos waren nicht »biologisch minderwertig und weniger intelligent«, wie die amerikanischen Zeitungen schrieben, sie waren nicht außerstande, den Umkreis ihrer eigenen Sprache zu verlassen. Sie waren nur nicht zur Schule gegangen, nicht mal in ihrer Heimat. Es war kein Mangel an Intelligenz, wenn sie in zwanzig, in dreißig Jahren nur wenige Wörter lernten, die sie dann falsch aussprachen. Diese Unfähigkeit, eine Sprache zu lernen, wurde als Beweis für ihre deutliche Unterlegenheit präsentiert, während sie doch ein Zeichen war, dass niemand Zahlen in ihre Köpfe gebracht hatte, aber alle ihnen immer nur von Gleichungen redeten.

Außerdem, wer macht sich mit der Sprache vertraut, die ihm nur Tritte versetzt? Wer macht sich Zeichen zu eigen, die auf der Haut nur Verbrennungen hinterlassen?

Die Tatsache, dass die Dagos kein Englisch lernen konnten, bewies nicht, dass sie dumm, sondern im Gegenteil, dass sie intelligent waren. Dass sie sich vor einer Sprache schützen mussten, die nur Hass für sie übrighatte.

Leicht zu lernen sind die Wörter, die uns streicheln und Mut machen, die anderen bleiben unaussprechbar für uns.

Francesca erkennt, dass sie aufhören muss, zu ermitteln, und in New Orleans wieder anfangen muss, etwas zu tun, und zwar das, was sie in der Poebene getan hat: Sie muss Schulen eröffnen.

Doch bevor sie beginnt, Spender zu suchen, will sie alle Kinder in Little Palermo waschen und kämmen, denn Wörter lernen wir von dem, der uns liebt und umsorgt, aber von dem, der uns verachtet und demütigt, wollen wir sie nicht lernen. Das ist die Regel, die Francesca in Little Palermo einführt: Vor jeder Unterrichtsstunde müssen die Schwestern ihre Schüler kämmen, sie mit der Bürste liebkosen.

Es ist nicht leicht, in einem Viertel eine Schule zu bauen, in dem die Häuser wie Pilze aus dem Boden geschossen sind, wo Krankenhäuser fehlen, Straßen, Geschäfte und Kanalisation. Ein Viertel, das gar kein Stadtviertel ist, eher eine verlassene Baustelle, wo jeder sich ein Eckchen sucht, um sich nachts hinzulegen. Aber es gibt keine Wahl, genau dieses Viertel muss auf Vordermann gebracht werden, denn die Dagos werden weiter Schlange stehen, um hier zu leben, um alle hier zusammenzubleiben. Auch darum sagte man, dass sie dumm seien, weil sie sich darauf versteiften, zu zehnt, zu fünfzehnt in einer Wohnung zu leben, alle am selben Ort, wo man sie sofort fand, wenn man sie lynchen wollte. Woanders wäre mehr Platz gewesen, woanders hätten sie sich verteilt, aber alle zusammen, sagten die Leute, waren sie hässlicher, haariger, kleinwüchsiger, roher, schmutziger.

Manchmal war auch eine alte Mutter dabei, eine, die für alle kochte, eine mit zerschlissenen Kleidern und durchlöcherten Pantoffeln, die die goldenen Ohrringe an ihren Ohrläppchen aber niemals verkaufte. Bewies nicht auch das, wie unglaublich dumm sie waren? Wäre es nicht besser gewesen, diese Ohrringe zu verkaufen? Nun, oft stellen Menschen, die studiert haben, Überlegungen an, die nicht mal dem Naivsten der Dagos einfallen würden ... Diese Ohrringe zu verlieren, hätte bedeutet, den einzigen Wertgegenstand in diesem Gewirr aus Falten und Lumpen zu verlieren, das Einzige, was die anderen daran hinderte, zu denken, dieser Körper könnte weggeworfen werden wie Müll. Die goldenen Ohrringe erinnerten sie daran, dass jemand – vielleicht ein Onkel, ein Großvater, eine Mutter, ein Ehemann – in sie investiert hatte. Vielleicht war es eine Firmung, ein Geburtstag, vielleicht eine Hochzeit, jedenfalls etwas, das der Beachtung wert war, so etwas hatte es in ihrem Leben gegeben.

Es stimmte wirklich, von Weitem gesehen schien es, als lebten sie besser getrennt. Getrennt voneinander hätten sie weniger gestunken, wären weniger hässlich erschienen, weniger sonderbar, weniger krumm, weniger armselig, weniger verzweifelt ... Aber alle zusammen fielen sie wirklich auf, gaben einander Krankheiten weiter, Verhaltensweisen, ordinäre Ambitionen, alles in einem miesen Spiel um Rabatt, das die Kluft zwischen ihnen und der Stadt immer größer machte.

Es gab aber etwas, was den Mitbürgern der Dagos entging, während es für Francesca, die oft mit ihnen im Kielraum der Schiffe reiste, offensichtlich war: Sie lebten zusammen, um aus ihrem Wissen Kapital zu schlagen, dem wenigen Wissen, das sie sich erlauben konnten und das entscheidend war fürs Überleben: wo man einen Schlafplatz findet, wo man Arbeit sucht, welchen Vorarbeitern man trauen kann, was man der Polizei sagt, wenn sie einen festhält, wie man sich ein Visum besorgt, zu wem man bei Krankheiten geht, was man in den Briefen nach Hause erzählt. Dieses Wissen muss man weitergeben, denn es erspart viele Wege und hilft, Fallen zu umgehen, wie Arbeiten, wo man nie bezahlt wird, Vorarbeiter, die einen prompt auf der Straße stehen lassen, dreißig Kilometer von zu Hause entfernt, Polizisten, um die man besser einen weiten Bogen macht, weil sie einem ganz nebenbei die Zähne ausschlagen.

In diesem »Ghetto«, das von außen gesehen nur Verfall und Verzweiflung war, bekam man schon vom ersten Abend an einen Fortbildungskurs.

Darum beschließt Francesca, mit einer Schule zu beginnen, auch wenn ihr alle sagen, dass es besser wäre, Straßen und Kanalisationssysteme zu bauen. Aber um eine Straße kümmert sich niemand mehr, wenn das Geld ausgeht, keiner repariert sie, doch wenn du einen Kopf ausbildest, wird er dir viele Straßen reparieren.

Als die Menschen in Little Palermo langsam begreifen, dass die Schwestern nur das wollen, Schulen für sie bauen, ohne etwas dafür zu verlangen, ohne zu predigen oder Konversionen zu fordern, beginnen sie zu kollaborieren und helfen den Schwestern auch, die Antworten zu finden, um derentwillen sie den Mississippi hinaufgefahren waren.

Sie raten Francesca und ihren Mitschwestern, herauszufinden, wer genau dieser Polizeichef war, der in der Nacht des 15. Oktober 1890 in New Orleans ermordet wurde.

Francesca weiß, dass er David Hennessy hieß, dass er am Tag seines Todes dreiunddreißig Jahre zählte und dass er irischer Abstammung war. Sie weiß, dass er als Detective begann und sich am Anfang seiner Karriere eine Auszeichnung verdiente, weil er einen Boss der italienischen Unterwelt der Justiz übergeben hatte. Sie weiß auch, dass er am Hafen importierten Waren eine Einfuhrgenehmigung erteilte und den Migranten das Einreisevisum ausstellte.

Was sie weiß, genügt nicht, sagen die Italiener in Little Palermo. Sie muss besser nachforschen, mehr erfahren.

Als sie in der Richtung forscht, die ihr geraten wird, erfährt Francesca, dass Hennessy mitnichten der Held war, den die Zeitungen beschrieben hatten. Er hatte zum Beispiel ungerührt zugesehen, als einer seiner Cousins einen Mann im Streit umbrachte. Vor Gericht hatte er für seinen Cousin ausgesagt, es habe sich um Notwehr gehandelt. Später stellte sich heraus, dass der getötete Mann Hennessys wichtigster Konkurrent um das Amt des Polizeichefs gewesen war.

Francesca ahnt, dass sie noch gründlicher suchen muss. In Little Palermo rät man ihr, sich Hennessys Freundschaften genauer anzusehen, die Freunde, mit denen er sich oft bis tief in die Nacht in den Bars der Stadt aufhielt. Personen, mit denen er nachts an den Hafenbänken gesehen wurde, wo sie Waffen und Freundschaftsdienste tauschten.

Und so entdeckt Francesca, dass die Italiener von Little Palermo recht haben. Die sizilianische Mafia war nur öffentlich Hennessys Feind, privat war sie eher seine Futterkrippe.

Hennessy war ein enger Freund der Provenzano, die in ihrer Villa sogar eine Kapelle mit einer Statue der heiligen Rosalia haben. Sie ist mit Rosenkränzen bedeckt und sieht tatsächlich genauso aus wie die heilige Rosalia in der Fassade der Kirche von Corleone.

Die Statue haben die Provenzano sich aus Italien kommen lassen, und während der Überfahrt war Rosalia der einzige Passagier der dritten Klasse, der nicht hinaufkam, um an Deck Wasser und Lebensmittel zu kaufen.

Seit die heilige Rosalia im Haus der Provenzano in New Orleans wohnt, feiert man dort jeden Sommer ihr Fest, und die Sizilianer strömen in die Villa, um, man weiß nicht genau, ihr oder den Bossen, die sie beherbergen, die Ehre zu erweisen.

Jedenfalls schwören sie in Little Palermo, dass bei diesen Festen manchmal auch David Hennessy dabei war. Und dass die Provenzano ohne Hennessy niemals diese Unmenge Waren im Hafen hätten abladen können, die sie jedes Jahr aus Lateinamerika und Europa abzogen: Bananen, Kakao und Kaffee aus Zentralamerika, Zitrusfrüchte, Mandeln und Schwefel aus Sizilien, wohin umgekehrt Zucker und Baumwolle exportiert wurden. Das Ganze mit Garantien für Ankäufer und Lieferanten, dass die Lieferzeiten vorteilhaft waren und es nicht den geringsten bürokratischen Aufwand gab, keine Stempel, Visa, Ein- und Ausfuhrgenehmigungen – nur das gegebene Versprechen, Vertrauen, Ehre und Treue.

Das alles zu garantieren, hatte seinen Preis, Geld, das Hennessy bereitwillig kassierte. Außerdem hatte er unbegrenzten, kostenlosen Zugang zu sämtlichen Bordellen der Stadt. Und wenn Hennessys Männer es nicht schafften, mit dem Geld der Steuerzahler all die schmutzige Arbeit zu erledigen, die nötig war, um die Interessen der Provenzano zu schützen, kümmerten sich die bewaffneten Männer der mächtigen sizilianischen Familie um das Problem.

Doch wenn die Provenzano Freunde von Hennessy waren, warum hatte der Bürgermeister dann gesagt, sie seien Feinde und die sizilianischen Migranten hätten ihn erschossen?

Francesca soll zum Hafen gehen, sagen die Italiener, und dort ihre Fragen stellen, denn jeder Gestank, der die Stadt verpestet, kommt von den Hafenbänken.

Francesca beginnt bei denen, die auf der Mole liegen und warten, dass ein Schiff auftaucht: Was ist hier vor anderthalb Jahren passiert?

Keiner erinnert sich, alle sagen, damals hätten sie noch nicht hier gearbeitet. Doch kaum hat Francesca sich umgedreht, hört sie hinter ihrem Rücken die Warnung: »Eine Nonne sollte in der Kirche bleiben und beten!«

Nur einer – und einer genügt – folgt ihr und sagt, sie soll nach dem Sohn von Charles Matranga fragen.

Der junge Matranga, findet Francesca nach Tagen heraus, ist der Thronfolger seines Familienclans, der sich mit den Provenzano die Geschäfte am Hafen teilt. Obwohl diese Lebensgemeinschaft, wie alle sagen, beiden Familien Bauchschmerzen bereitet.

Francesca lässt sich die Adresse von Matranga geben und besucht ihn ohne Vorankündigung. Sie fürchtet sich nicht, das Haus eines Bosses zu betreten, nicht mehr, als sie sich fürchtete, wenn sie in die Keller von Brooklyn hinabstieg, wo die Polizei seit Jahren keinen Fuß mehr hinsetzte.

Ihr öffnet ein Hausmädchen, das nur Italienisch spricht. Sie wartet in einer sonnigen Vorhalle, wo ein italienisches Seestück hängt und eine Bleistiftzeichnung der heiligen Rosalia.

Als der junge Matranga aus dem oberen Stockwerk herunterkommt, zeigt er beim Anblick von Francesca weder Unmut noch Erstaunen, er wusste, dass »die Nonne der Migranten« früher oder später bei ihm auftauchen würde. Er geht langsam die Treppe herunter, mit kleinen Rucken, auf einer Krücke. Ihm fehlt ein Bein.

Francesca fragt, wie das passiert ist, und der junge Mann antwortet, die Provenzano hätten es ihm abgerissen. Eine Schande, sie haben dem einzigen sizilianischen Jüngling ein Bein abgerissen, dessen olivfarbener Teint und dessen zusammengewachsene Brauen allen in Orleans gefielen. Es war kein Unfall, wie die Zeitungen schrieben, erzählt er. Die Provenzano haben absichtlich am helllichten Tag auf ihn geschossen, um seine ganze Familie zu warnen: Sie sollten die Finger vom Hafen lassen. An diesem Tag kam Hennessy – der gewarnt worden war, er solle sich vom Hafen fernhalten – nach der Schießerei gerade rechtzeitig, um zu bezeugen, was er nicht gesehen hatte, was er aber vor Gericht wiederholen wollte: Die Provenzano hatten in Notwehr auf Matranga geschossen. In Notwehr! Hennessy hatte noch nie etwas anderes bezeugt.

Der Rest ist Geschichte, Matranga muss es nicht erzählen, Francesca kann es in den Zeitungen lesen:

»New Orleans, 15. Oktober 1890, 22.30 Uhr. Der Chef der örtlichen Polizei, David Hennessy, verlässt den Dominic Virget's Saloon, um nach Hause zu gehen. Nach wenigen Häuserblocks verabschiedet er sich von seinem Freund Bill O'Connor, einem Polizisten mit anderem Abzeichen, und wird vor seiner Haustür von einer Gewehrsalve in den Rücken getroffen.«

In Little Palermo erzählen sie ihr, dass Hennessy, als er ins Krankenhaus gebracht wurde, noch nicht verloren schien, denn die Kugeln hatten kein lebenswichtiges Organ getroffen. Nachdem die Nachricht sich in der Stadt verbreitet hatte, bildete sich in der Nacht eine Prozession aus Kollegen vor dem Krankenhaus. Seine Mutter, die ans Krankenbett geeilt war, hatte Hennessy gebeten, seine Angelegenheiten zu ordnen, aber er hatte noch Scherze machen können. Einigen Journalisten jedoch, die ihn bedrängten, zu berichten, was passiert war, hatte er geantwortet, Einzelheiten könne er nicht liefern, aber er hatte mehrmals wiederholt, was ihm einzig am Herzen lag:

Sie haben auf mich geschossen, aber ich habe mich gewehrt!
Sie haben auf mich geschossen, aber ich habe reagiert!
Sie haben auf mich geschossen, aber ich war bereit!

Denn für einen Polizisten gibt es keine größere Schmach als die, wie ein Dummkopf, ein Schwächling, ein Trottel, ahnungslos und unvorbereitet zu sterben. Wer stirbt wie ein Schaf, ist kein Polizist.

Wer in einer Symbiose mit der Waffe lebt, für den lautet das erste Gebot, sie niemals zu benutzen. Wenn jemand bei den Ordnungskräften aufgenommen werden will, muss man zuallererst herausfinden, ob er einen echten Widerwillen gegen Waffen hat. Es gilt, zu verstehen, ob das Klicken der Pumpguns ihn erregt oder ihm missfällt, und dann nur den zu nehmen, den dieses Geräusch anwidert. Ein Polizist, ein Carabiniere, ein Soldat gehorcht seinem Diensteid nur, wenn er so wenig wie möglich schießt. Nach diesem Kriterium müsste man Medaillen und Beförderungen verteilen nach der Anzahl von Verhaftungen, die jemand nicht vorgenommen, der Schüsse, die er nicht abgefeuert, der Gummiknüppel, die er nicht benutzt hat. Man müsste bewerten, wie er Verbrechen hat verhindern können, ohne zu schießen, ohne den Gummiknüppel zu zücken. Doch befördert wird jemand, der das Gegenteil tut, und so verführen sie zum Glauben, dass stark nur ist, wer als Erster schießt, wer jede Situation im Griff hat, wer in einem Spiel gewinnt, bei dem es um die persönliche Ehre geht, wie für Hennessy:

> Sie haben auf mich geschossen, aber ich habe mich gewehrt!
> Sie haben auf mich geschossen, aber ich habe reagiert!
> Sie haben auf mich geschossen, aber ich war bereit!

In den Vereinigten Staaten hat der Wilde Westen alles vergiftet. Heute wie damals ist die amerikanische Polizei in der Vorstellung der Amerikaner nur formal ein staatliches Organ. Wenn ein Polizist und ein Zivilist einander gegenüberstehen, nehmen sich beide im Grunde immer nur als zwei bewaffnete Männer wahr, die sich gegenseitig herausfordern. Zwei Cowboys, die keinem anderen Gesetz unterstehen als dem, wer zuerst schießt. Es ist nur Zufall, dass man in den Staaten irgendwann beschlossen hat, private Gewaltanwendung der staatlichen Zuständigkeit zu übertragen. Das sind Dinge, die von Anfang an falschlaufen. Denn nach diesem Beschluss, dass sie sich nicht mehr allein Gerechtigkeit verschaffen durften, traten die Cowboys massenhaft in die Polizei ein, um weiterhin zu tun, was sie schon immer getan hatten. Und diejenigen, die dem Ideal staatlicher Gerechtigkeit folgten, waren die Ersten, die angegriffen wurden. Hennessy war ein Revolverheld, dem es nur darum ging, seine Ehre zu retten.

Doch während Hennessy sich bemühte, als harter Kerl zu sterben, als einer, der das Feuer erwidert und seine Feinde niedergestreckt hatte, bemühte sich jemand im Hintergrund, ihn in ein Opfer zu verwandeln, das noch nicht gerächt war. Und als David Hennessy gegen zehn Uhr morgens trotz der optimistischen Prognosen der Ärzte seinen letzten Atemzug tat, trat dieser Jemand aus dem Schatten und besetzte endlich die Bühne. Es war sein Freund Bill O'Connor, der ihn am Abend des Überfalls fast bis vor die Haustür begleitet hatte, um ihn dann dem Tod zu überlassen. Bill O'Connor erklärte den Journalisten, dass sein Freund ihm in der Nacht eine Enthüllung gemacht hatte:

»Hennessy wurde von den Dagos ermordet!«
»Woher wissen Sie das?«, fragten die Journalisten.

»Es waren seine letzten Worte, er und ich im Krankenhaus, endlich allein, kurz vor Sonnenaufgang, Aug' in Aug', der eine bereit, die Weisung des anderen zu empfangen: ›Wer war's, David?‹ ›Die Dagos, Bill!‹«

»Dagos«, schwört O'Connor den Journalisten, »das waren die letzten fünf Buchstaben, die er aussprach, mühsam herausgebracht, zusammen mit seinem letzten Schrei.«

Die Dagos, denkt Francesca, welche Dagos denn? Die Matranga, die Feinde seiner Freunde, oder seine Freunde selbst, die Provenzano, die Hennessy vielleicht bestrafen wollten für irgendeine unerlaubte Freiheit oder eine Treulosigkeit, mit der er in Gedanken gespielt hatte? Doch was hatten die zweihundertfünfzig Sizilianer damit zu tun, die man gewaltsam aus Little Palermo herausholte, und die fünfzig Verhaftungen, die folgten? Um der sizilianischen Mafia einen gezielten Schlag zu versetzen, um sie zu bestrafen, ihr entgegenzutreten, sie aus dem Hafen zu verbannen, hätten die Namen der Matranga und der Provenzano völlig gereicht. Warum all die Unschuldigen, manche noch minderjährig, da hineinziehen, unter den absurdesten Vorwänden festgehalten, ahnungslos, wessen man sie beschuldigte?

Monate später wurden neunzehn von ihnen vor ein Gericht gestellt, das ein Urteil über sie sprechen sollte. Als die Geschworenen sie alle nebeneinander aus der Nähe sahen, wurde ihnen klar, dass die Dagos doch nicht alle gleich aussahen, wie man sagte. Wer weiß warum, dachten die Geschworenen, aber wenn wir sie von Weitem sehen, scheinen sie alle das gleiche Gesicht zu haben, vielleicht weil wir die Gesten und Worte nicht klar erkennen können, die besondere Landschaften auf den Gesichtern der Menschen hinterlassen. Und es stimmt auch nicht, dass sie alle kleinwüchsig sind, dass sie stinken und gewalttätig sind. Ja, sie hatten etwas Fleischlicheres im Vergleich zu den »echten Weißen«, den WASPs, aber vielleicht hatte das mit den unterschiedlichen Lebensumständen zu tun, die die Privilegierten von den Ausgebeuteten unterscheiden.

Du musst bedenken, dass genau darin die *white fragility* besteht, die Schwäche der Weißen: In der Gewissheit, dass das harte Leben der

Ausgebeuteten stark macht. Egal, welche Hautfarbe du hast, es ist eine historisch kontingente Tatsache, dass es *white fragility* heißt, es hätte auch eine *green*, eine *red*, eine *black*, eine *violet fragility* sein können. Es ist die Verletzlichkeit, die empfindet, wer privilegiert lebt, sich schwach im Vergleich zu denen zu fühlen, die unüberwindliche Hindernisse bezwingen mussten. Das Fehlen von Schulen, Krankenhäusern, Erholungsmöglichkeiten stärkt die Körper, macht sie stählern. Sich die besten Posten vorzubehalten, die besten Häuser, die besten Gegenden, hinter bequemen Schreibtischen zu sitzen, kurze Wege zur Arbeit zu haben, die Hausarbeit dem Dienstpersonal zu überlassen, macht schwach. Die Geschworenen überlegten, dass die Dagos auch darum nicht zu beneiden waren, weil sie Benachteiligte waren. Es gab keine Beweise gegen sie. Die Anklage versteifte sich auf Verschwörungen, die sie nicht beweisen konnte. Es gab keine Zeugen, und David Hennessy war keinem je als ein Heiliger erschienen.

Das Urteil war einstimmig: unschuldig.

Dieser Spruch kam überraschenderweise von den privilegierten, weißen Geschworenen: Die Dagos waren unschuldig.

Die ganze italienische Gemeinde zog triumphierend durch die Straßen der Stadt. Wer das Gericht hingegen verließ wie nach einem Boxkampf, bei dem er einen K. o. kassiert hatte, waren der Bürgermeister und die gesamte örtliche Polizei. Die Geschworenen hatten den Worten eines Polizisten, nein, zweier Polizisten nicht geglaubt, obwohl nur Bill O'Connor die Worte von Hennessy gehört hatte.

»Der Freispruch für die Dagos«, sagten sie in Little Palermo zu Francesca, »war der Beweis, dass die Stadt Bescheid wusste, dass sie den lokalen Institutionen nicht traute.«

Da man die Dagos für diese Schmach verantwortlich machte, wurden sie nicht sofort freigelassen, man ersann spitzfindige Vorwände, um sie noch in der Zelle zu halten: »Noch vierundzwanzig Stunden!«, sagte man ihnen ... und dann kam dieser Aufruf in der Zeitung!

»Welcher Aufruf?«, fragte Francesca.

Der, in dem die Einwohner aufgefordert wurden, gegen das ungerechte Urteil der Geschworenen zu protestieren, der Aufruf an die Bürger, sich auf der Straße zu versammeln, um den Freispruch rückgängig zu machen!

Dem ungewöhnlichen Appell folgten mehrere Politiker, einige Großgrundbesitzer, viele Industrielle und der rechte Arm des Bürgermeisters. Und noch während man auf dem Podium den schändlichen Freispruch der Dagos verfluchte, waren auf dem Platz schon, man weiß nicht, woher sie kamen, hundert Rächer zu Pferd erschienen, bewaffnet mit Winchester-Gewehren.

Wer aufgrund des Appells gekommen war, wollte nicht nur »Hier!« sagen, sondern handeln. Als die Versammlung aus Parolen und Beschimpfungen endete, folgte die Masse dicht gedrängt den Revolverhelden, als müsste sie einen düsteren Trauermarsch aufführen. Es ging zum Gefängnis, wo die Dagos noch eingeschlossen waren.

Um den Sheriff von jeder Verantwortung zu befreien, hatte jemand ihn vorher gewarnt, er solle sich nicht im Gefängnis aufhalten, damit man die Türen einschlagen und die Opfer ohne Beteiligung der Behörden herausholen konnte. An jeder Straßenlaterne knüpften sie einen auf, dann zog die Menge weiter nach Little Palermo, wo sie die Geschäfte und Häuser der Italiener in Brand setzte. Tagelang durfte niemand die Toten von Straßenlaternen herunterholen.

So war es gewesen. Kein plötzlicher Wutausbruch der unbesonnenen Menge, schrieb Francesca an Giovanni, Rassismus gebe es nicht bei allen, aber bei denen, die ihn nutzten, wie man die Ängste eines Kindes nutzt, die damit spielen, die dunkelsten Ängste anzustacheln, die in uns wohnen.

Welche Menge denn? Welche Straße? Welches Volk? Der Bürgermeister und die korrupten Polizisten hatten dem Gesetz, den Richtern, der Staatsanwaltschaft eine Lektion erteilen wollen. Und sie hatten den Dagos sagen wollen, dass es für sie in New Orleans keine Möglichkeit gab, sich zu befreien. Wenn sie bleiben wollten, mussten sie mit gesenktem Kopf leben, ohne Rechte, ohne sich anzumaßen, einen kleinen Laden zu eröffnen oder ins internationale Handelsgeschäft einzusteigen. Für sie durfte es nur die Arbeit auf den Plantagen geben. Die gute Arbeit, die im Handel, in den Büros, in den Institutionen war ausschließliches Vorrecht der Weißen, die gestern wie heute genau wissen, dass sie, sind die Gewehre einmal weggestellt, diese Posten dank ihrer Verdienste und ihrer Achtung vor dem Gesetz behalten werden.

Das schrieb Francesca an Giovanni. Und sie fügte hinzu, der eigentliche Skandal sei nicht die amerikanische Presse, die dem weißen Rassismus der WASPs bereitwillig als Resonanzboden diente, sondern die italienische Presse, die all das nachplapperte. Sie widerlegte die Fakten nicht nur, nein, sie setzte auch alles daran, mit den eigenen Landsleuten hart umzuspringen. Aus Angst, mit italienischen Kriminellen in einen Topf geworfen zu werden, verteidigte sie die unschuldigen Italiener nicht. Darum goss sie Benzin ins Feuer, indem sie Menschen wie sie selbst diffamierte und verriet. Wie viele Interviews und Artikel von Wissenschaftlern veröffentlichte die italienische Presse nach jedem Lynchmord! Italiener selbst waren es, die den gefährlichsten Rassismus verbreiteten und als wissenschaftlich fundiert ausgaben, den Rassismus von der biologisch minderbemittelten und gewalttätigen mediterranen »Rasse«. Viele Akademiker waren nicht damit zufrieden, in der Heimat beklatscht zu werden, sie gingen sich in Amerika Beifall holen für ihre Vorträge über die Emigranten als die rückständigsten Bürger Italiens!

Zu der Zeit waren in Deutschland gerade Überreste des Neandertalers gefunden worden, und du musst bedenken, dass die Idee von zwei Menschentypen, dem intelligenteren und dem dümmeren, damals bis in die Albträume der menschlichen Spezies reichte. Der Homo sapiens und der Neandertaler hatten gemeinsam in Europa gelebt, bis – so will es das Naturgesetz! – der intelligentere Typus dem dümmeren Nahrung und Wasser entzogen und ihn damit zum Aussterben verdammt hatte. Das also waren diese Dagos, die ihren Landsleuten zu Hause mit ihren Verbrechen die Schamesröte ins Gesicht trieben – Nachfahren des Neandertalers! Die bei vielen verdickte, vorstehende Augenbrauenpartie bewies es. Die dichten, zusammengewachsenen Brauen verrieten es. Sogar die Schädelform, flacher und länglicher, offenbarte es.

Eben diese Schädelform zeigte, dass sie von der Wiege an Verbrecher waren, denn als Verbrecher wird man geboren, sagten diese Wissenschaftler. Giovanni und Francesca aber vertraten das genaue Gegenteil, zum Verbrecher wird man, und zwar immer dann, wenn man in verfluchten Gegenden aufwachsen muss, wo Schulen fehlen, Krankenhäuser, Armenspeisungen, Freiwilligenorganisationen, Systeme zur Aufnahme und Integration von Flüchtlingen, Oratorien, Jugendzentren, Bibliotheken, Sozialarbeiter, Psychologen, Ärzte, Lehrer, Theater, Künstler, Dichter, Sportler, Fußballplätze, Kinos, Rollschuhbahnen und Musiker. Jemand, der dir die Haare kämmt, dich ins Bett bringt, der, statt dir zu sagen, dass alles gut wird, sich darum bemüht, dass alles gut wird. Verbrecher wird man, wo die Freiheit fehlt, die Gerechtigkeit, das Gesetz, wo es unmöglich ist, sich zu bilden und zu befreien, sondern nur, sich zu rächen und sich mit Gewalt das zu holen, was einem versagt wurde.

Francesca schrieb an Giovanni, dass der Rassismus nicht von unten bekämpft werden könne, weil er nicht von unten komme, wie das Urteil der ehrlichen Geschworenen aus dem Volk in New Orleans bewiesen hatte. Er kommt von oben, aus den höchsten Rängen in den Institutionen, von deren Stühlen aus der Schwelbrand der Vorurteile zu oft angefacht wird, wo man Ängste erfindet, die dann bewusst und aus Eigennutz zwischen den Menschen ausgesät werden.

SCHREI, DASS DIE LÜGE TÖTET.

Zur Geschichte und den Lebensumständen der Italiener in New Orleans, siehe: Joseph Maselli/Dominic Candeloro, *Italians in New Orleans*, Charleston (SC) 2004.

Zum Leben von Francesca Saverio Cabrini, die von der katholischen Kirche als Schutzpatronin der Auswanderer gefeiert wird, siehe: Giuseppe dall'Ongaro, *Francesca Cabrini: La suora che conquistò l'America*, Mailand 1982.

Der Priester, der hier als Giovanni auftaucht, war Giovanni Battista Scalabrini (1839–1905), Bischof von Piacenza. Scalabrini unterstützte Auswanderer jeder Nationalität und jeden Glaubens, darum wurde er »Bischof der Auswanderer« genannt.

27.
CONTRADE

Die Gruppierung der sienesischen Bevölkerung ist rein topografisch,
nach Contraden. Sie hat nichts mit Ideen, politischen Parteien
und Interessen zu tun, sondern hängt allein vom Ort der Geburt,
von den Vorfahren, kurz, von Dingen, die vor der Geburt liegen, ab.
GUIDO PIOVENE

Der Palio von Siena ist Italien.

Weißt du, wer beim Palio die Feinde sind? Die Nachbarviertel.

Und weißt du, wer die Freunde sind? Die weit entfernten Viertel.

Kannst du mir jetzt sagen, worauf es beim Palio ankommt? Siegen? Ha, dann kennst du den Palio nicht.

Beim Palio kommt es darauf an, die feindlichen Viertel stürzen zu sehen, nicht das Rennen zu gewinnen.

Wenn ein befreundetes Viertel gewinnt, gut. Wenn du verlierst, aber auch ein feindliches Viertel verliert, auch gut, sogar besser. Wenn du verlierst, um ein feindliches Viertel stürzen zu lassen, nun, dann hast du beim Palio nicht verloren.

Das erste Ziel beim Palio ist immer, den Sieg deiner Feinde zu verhindern.

Dieser Geist ist der Grund, warum die Italiener sich im Ausland immer alleingelassen fühlen: Man darf für einen Deutschen Partei ergreifen, für einen Holländer, für einen Engländer, aber niemals für einen Italiener!

Italien ist ein Land aus Vierteln oder Regionen, und manche sagen, dass unser Hass aufeinander diesen außergewöhnlichen Wettkampf um die Schönheit hervorgerufen hat, die Italien auszeichnet. Der schönste

Campanile, die schönste Piazza in jedem Dorf, in jeder Stadt, entstanden durch keinen anderen rationalen Plan als die irrationale Absicht, siegen zu wollen, zu kämpfen, sich vom Nachbardorf, der benachbarten Stadt, dem angrenzenden Stadtviertel unterscheiden zu wollen. Ergebnis: ein Triumph der Schönheit!

Hätten wir uns zusammengetan, würde es nur eine einzige herrliche Piazza, einen einzigen prächtigen Campanile geben, aber schau dir das Land an: eine unendliche Abfolge schönster Piazze und Campanili. Hätten wir uns zusammengetan, hätte es weniger Mühe und mehr Effizienz gegeben, stattdessen haben wir mehr Mühe, mehr Leid und mehr Streit ausgelöst.

Im tiefsten Inneren denkt ein Italiener immer: Was zählt, ist, einen Landsmann zu besiegen, was zählt, ist, dass es für einen Landsmann schlecht läuft.

Warum?

Weil die Wut, der Groll, die Frustration des Italieners so groß, sein Misstrauen, seine Resignation, sein Ohnmachtsgefühl so tief sind, dass ein Italiener die Gewissheit haben muss, in Italien mit allen anderen im selben Boot zu sitzen. Denn in Italien ist Siegen so selten, so schwierig, so unmöglich, dass es, wenn es einmal geschieht, Schicksal ist und nicht geteilt werden kann, weil es zu exklusiv und individuell ist.

Der Italiener ist in einem Land aufgewachsen, wo ihm die Überzeugung eingeflößt wurde, dass sein Vaterland nicht an ihn glaubt, nicht auf ihn setzt, nicht mal Partei für ihn ergreift. Auch wenn er verschwindet, auch wenn er auswandert, auch wenn er fremdes Brot ist, fremde Luft atmet, auf fremdem Boden geht, fährt Italien hartnäckig fort, ihm die Unterstützung zu verweigern.

Du hast es bei den Dagos gesehen. Sie hatten bereitwillig ihre Heimatstadt, ihre Familien verlassen, um zur Handelswährung bei den Geschäften zwischen der italienischen und den ausländischen Regierungen zu werden, und dennoch haben italienische Wissenschaftler sie in ihrem Exil verfolgt, um allen zu erklären, dass sie Abschaum waren!

Der Italiener ist resigniert. Er ist sich seiner Niederlage so sicher, dass er den Sieg nicht einmal als Traum oder Ziel erwägt. Und in einem

Land, wo man dir von Geburt an erklärt, dass du es nicht schaffen kannst, hoffst du nur noch, dass auch die anderen verlieren. Du forderst sogar, dass deine Mitmenschen an dasselbe Schicksal gefesselt bleiben wie du. Nur so wird sich dein Scheitern tarnen lassen, weil es nicht mehr »dein« individuelles Scheitern ist, sondern zur kollektiven Niederlage wird. Und nur scheinbar – denn es geht hier um den Anschein – wird es für dich leichter zu ertragen sein.

Würde ein Italiener aber siegen, würde er dir den Trost nehmen, dass die Niederlage nicht deine Schuld ist. Und das stimmt, du bist nicht schuld! Dieses Land macht seinen Bürgern das Leben so schwer, weil es sie jeder Art Qualen aussetzt: von der unerträglichen Besteuerung bis zur Bürokratie als Strafmaßnahme, beide verbündet, um allem, was sich bewegt, ein Bein zu stellen: jungen Unternehmern, Menschen mit neuen Geschäftsideen, Kooperativen, Start-ups, Vereinigungen. Ihnen allen geht es schlecht in Italien. Sie werden gesund geboren, doch das Land schröpft sie oder lässt sie krank werden.

Die Wut der Italiener ist so groß, so grimmig, so atavistisch, dass es nur noch Parteinahmen wie beim Palio gibt, die nicht mehr auf den Sieg setzen, sondern nur verhindern wollen, dass die Nachbarviertel gewinnen, die Viertel der Geschwister, der Cousins, der Neffen, der Onkel, der Freunde, der Bekannten.

Woher ich das weiß? Ich bin in einer Gegend aufgewachsen, wo die schlimmsten Tendenzen Italiens zwanzig, dreißig Jahre früher ankommen. Eines Tages ließ der Papst eine große Gruppe Künstler aus Osteuropa, die damals vom Sowjetkommunismus verfolgt wurden, nach Caserta kommen, wo ich lebte, als ich in deinem Alter war. Als Zeichen ihrer Dankbarkeit gegenüber meiner Heimatstadt, die sie aufgenommen hatte, bauten diese Künstler auf einem der belebtesten Plätze Casertas wunderschöne Spielgeräte aus Holz für die Kinder: ein herrlicher Hahn, ein lustiges kleines Flugzeug, eine lange Libelle, alle mit schönen Holzintarsien verziert. Die Kinder kletterten hinauf und schaukelten, sie streichelten die Figuren oder stellten sich davor und warteten, dass die Eltern sie fotografierten. Damals gab es noch keine Smartphones und Selfies, Fotos waren selten, denn es kostete viel Geld, die Filmrollen entwickeln zu lassen, also posierte man nicht oft für ein Foto, nur, wenn man vor etwas wirklich Schönem und Außergewöhnlichem stand. Und das war hier der Fall.

Eines Nachts, es waren noch keine zehn Tage seit diesem Wunder vergangen, kamen sie mit Äxten und Benzin auf den Platz, verbrannten alles und hinterließen ein Bild der Verwüstung.

Warum?

Weil diese Spielgeräte allen gehörten, und – denkt der Italiener – was allen gehört, ist nicht meins! Und wenn es nicht meins ist, will ich nicht, dass ein anderer hinaufklettert, ja, auch diese verdammte schöne Schaukel kann mich mal!

Wenn etwas mir gehört, beschütze ich es, bringe es zu mir nach Hause, stelle es in meinen Garten, und keiner darf es anfassen. Aber wenn es auch dir gehören soll, verbrenne ich es.

Eine verbreitete Mentalität in Süditalien, inzwischen leider auch im Norden anzutreffen, wo der Hass so gründlich Wurzeln schlagen konnte, dass er auch dort jene Urbanität zerstört hat, die von Rechtsdenken und Bürgersinn zeugt.

Heute gibt es diesen Unterschied zwischen Norden und Süden nicht mehr, es war leicht, alle davon zu überzeugen, dass jeder dir etwas wegnehmen kann, dass du umso mehr Rechte hast, je weniger Rechte du mit anderen teilst.

Ich gebe dir ein Beispiel. Hast du schon mal etwas vom *ius soli* gehört? Welchen Schaden hättest du, wenn deine Kameraden mit ausländischen Eltern bei ihrer Geburt die italienische Staatsbürgerschaft bekämen? Keinen. Doch von Norden bis Süden gehen die Leute auf die Barrikaden, damit dieses Mindestrecht nicht verliehen wird, damit man bis zum achtzehnten Lebensjahr warten muss, um einen Beamten zu hören, der bei der Verleihung sagt: »Willkommen bei uns!« Im Ernst: willkommen bei uns … Kannst du dir vorstellen, wie demütigend es ist, willkommen geheißen zu werden, obwohl man in Italien geboren ist? Obwohl man in Italien gelebt hat? Obwohl man von Geburt an nur Italienisch gesprochen, nur italienische Schulen besucht hat? Obwohl man schon immer Italiener war?

Es ist so, wie ich dir sage, der Italiener ist überzeugt, nichts wert zu sein, er weiß, dass niemand an ihn glaubt, dass der Staat nicht in ihn investieren wird. Also möchte er alle verstümmelt sehen, alle krank, alle verzweifelt, denn wer in der Hölle lebt, möchte nur noch, dass alle verdammt sind.

Doch verdammt, glaub mir, ist das ganze Land, ein Land, aus dem die Menschen seit hundertfünfzig Jahren ununterbrochen emigrieren. Verdammt waren die Migranten zur Zeit der Dagos, als man ihnen sagte, die Dümmsten würden emigrieren; verdammt sind sie heute, wenn man ihnen sagt, sie hätten keine Lust, Opfer zu bringen, sie seien faul, arbeitsscheu, Peter Pans, verwöhnt und infantil!

Wer weggeht, hat immer unrecht, vergiss das nicht.

In Italien hat unrecht, wer bleibt, doch noch mehr im Unrecht ist der, der weggeht. Und die italienische Emigration kehrt gerade jetzt zu ihrer dunkelsten Zeit zurück.

Bis vor wenigen Jahren emigrierte nämlich der »Kopf«, das heißt, es emigrierte, wer zur Universität ging, wer eine qualifizierte Arbeit suchte, wer besser verdienen wollte. Jetzt aber emigriert man wieder, um die niedrigsten und härtesten Arbeiten zu übernehmen. Warum das, wirst du dich fragen, gibt es in Italien denn keine niedrigen und harten Arbeiten? Natürlich gibt es die, doch oft ist es Schwarzarbeit, ohne Vertrag, ohne Garantien. Also emigriert man auf der Suche nach Arbeit, die zwar hart ist, aber Sicherheiten bietet. Hart, aber sicher, frei von den Launen eines Arbeitgebers, dem du heute nützlich bist und morgen nicht mehr. Denk daran, wenn man dir sagt, dass die Migranten nach Italien kommen, um den Italienern die Arbeit wegzunehmen. Die Migranten nehmen den Italienern keine Arbeit weg, sondern sind als Menschen ohne Aufenthaltsberechtigung gezwungen, Arbeiten zu Bedingungen anzunehmen, die die Italiener nicht akzeptieren wollen. Erst sagten wir: Die Migranten nehmen Arbeiten an, die die Italiener nicht mehr machen wollen, doch jetzt müssen wir hinzufügen: zu Bedingungen, die die Italiener nicht akzeptieren wollen. Weißt du, was man dir darauf antworten wird? Dass es in jedem Fall Schuld der Migranten ist ... dass sie den Arbeitsmarkt ruinieren, wenn sie bereit sind, ohne Vertrag und für drei Euro die Stunde zu arbeiten. Wenn du diese Reden hörst, schrei, dass man das Opfer nicht in den Henker verwandeln kann, dass die Schuld nicht beim Ausgebeuteten liegt, sondern immer und allein beim Ausbeuter. Dass wir die Kette Herr-Sklave niemals zerreißen können, wenn die Gesetze nicht geändert werden.

Ja, die Auswanderung von Italiens Arbeitern hat wieder begonnen, und die Neuheit ist, dass im Unterschied zur Vergangenheit heute zuerst die Kinder auswandern, weil sie keine Arbeit finden. Doch dann holen sie die Eltern nach, die ihre Arbeit inzwischen verloren haben.

Je weniger demokratisch dein Land ist, desto weniger investiert es in dich, je weniger dein Land an deine Chancen glaubt, desto mehr bist du gezwungen, es verzweifelt zu verlassen. Und du wirst auch dann verzweifelt weggehen, wenn deine Emigration eine kulturelle ist.

Ich bin emigriert, also werde ich dir nicht sagen, dass du es nicht tun sollst, aber ich bitte dich, dies in Erinnerung zu behalten: Auch wenn du gehst, wirst du die Probleme nicht lösen.

Wenn du auswanderst, wirst du in London, Berlin oder New York von Rechts wegen bekommen, was du in Italien nur als Gefälligkeit oder Privileg haben kannst, denn in Italien bekommst du auch die niederste, die schwerste, die am schlechtesten bezahlte Arbeit immer nur durch Vermittlung, durch Verhandeln. Auch im Ausland kann es dir passieren, dass du für eine Arbeit überqualifiziert oder unterbezahlt bist, ja, es wird dir mit Sicherheit passieren, aber es gibt einen Unterschied: Wenn du in Deutschland oder Frankreich ausgebeutet wirst, ist es dir gelungen, dich ausbeuten zu lassen. In Italien brauchst du, sogar um dich ausbeuten zu lassen, eine Gefälligkeit oder jemandes Gnade.

Es ist, wie ich sage, wenn du keine Lösung findest für das, was in Italien geschieht, wirst du dem Land auch durch deinen Weggang nicht wirklich den Rücken zudrehen können.

Es gibt ein Indiz, das ein Gradmesser für das tiefe Unwohlsein des italienischen Emigranten im Ausland ist: die Sprache.

Die italienischen Emigranten, die nach Australien, nach Kanada, in die USA gingen, haben ihre Sprache nicht weitergegeben. Warum?

Weil sie nicht wollten, dass ihre Enkel die Sprache des Landes lernten, das sie schlecht behandelt und vertrieben hatte, die Sprache eines verkommenen Landes, von dem alle schwärmten wie von einer wunderschönen Bucht, einem herrlichen Abendessen, einem fantastischen Himmel, das aber in Wirklichkeit ein äußerst gewalttätiges Land war, von dem der Emigrant seine Kinder fernhalten wollte. Ein Land, in das keiner seine Kinder oder Enkel zurückkehren sehen will. Wenn sie zurückkehren, muss es eine Ferienreise sein, ein Besuch bei einem Verwandten auf dem Friedhof, eine Hochzeit, aber nur, um danach sofort wieder abzuhauen.

Warum kann Andrew Cuomo nicht Italienisch sprechen?
Warum konnte James Gandolfini nicht Italienisch sprechen?
Warum kennt Madonna kein einziges Wort auf Italienisch?
Warum kennt Lady Gaga höchstens vier Worte auf Italienisch?
Warum verstand Dean Martin kein Italienisch? Warum sprechen Rocky Graziano, Robert De Niro, Al Pacino, Francis Ford Coppola, Martin Scorsese kein Italienisch?

Ganz einfach. Weil ihre Eltern nicht wollten, dass sie es lernten. Sie wollten, dass die »polpetta« italienisch war, die Lieder, die Pizza, San Gennaro, aber nicht das Recht, nicht die Organisation, nicht die Institutionen, nicht die Wählerstimme, nicht ihr Leben ... sie wollten nicht, dass ihr Fleisch und Blut in das Land zurückkehrte, dem sie mit so großer Mühe hatten entfliehen können.

Wahrscheinlich wirst du emigrieren, wohin auch immer. Wenn du aus dem Süden stammst, wirst du in den Norden oder ins Ausland emigrieren, wenn du aus dem Norden stammst, wirst du nur ins Ausland gehen, nach Südkorea, nach Albanien, wo Tausende Italiener sind, nach Kanada, nach Frankreich, nach Portugal, du wirst überall hingehen. Heute erscheint dir das vielleicht undenkbar, wie mir, als ich in deinem Alter war. Ich wollte im Süden aufwachsen und leben, ich habe mich mit meiner südlichen Heimat zutiefst identifiziert, ich fühlte mich von ihr beschützt. Stattdessen ...

Wenn du es woanders versuchen willst, wirst du gehen, aber vergiss nicht, dass es keine Schande ist, bleiben zu wollen. Und es stimmt nicht, wenn sie sagen, die italienische Emigration habe sich verändert, heute gingen nur die Talente, die Köpfe, die Erasmus-Generation, die studiert hat, die sich im Ausland zu bewegen weiß, die sich nicht in einem Little-Italy, in den Ghettos aus lauter Landsleuten einschließen muss, weil sie sich unter die Einheimischen mischen, gemütliche Wohnungen im Stadtzentrum mieten und internationale Freundschaften pflegen kann. Wer heute weggeht, empfindet oft die gleiche Demütigung, den gleichen Kummer, gerade weil er zwei Sprachen beherrscht und fast immer einen Doktortitel in der Tasche hat. Und glaub auch nicht denen, die dir sagen, das sei ganz natürlich, ein jugendlicher Wunsch nach Erfahrungen im Ausland. Die jungen Deutschen, Spanier und Franzosen machen ihre Auslandserfahrung, aber danach kehren sie meist zurück.

Warum kehren wir nicht zurück? Weil es in Italien nicht die geringste Aussicht auf eine Arbeit gibt, zu der man zurückkehren kann, also bleibt man besser im Ausland und wirft die Jahre des Studiums, der Masterprüfung, der Promotion nicht weg. Außerdem gewöhnt man sich jedes Mal, wenn man nach Italien zurückblickt, ein wenig mehr daran, in einem Land zu leben, wo alles funktioniert, einem Land ohne Schmiergelder und Empfehlungsschreiben. Dann wird es schwierig, nach Italien zurückzukehren. Wenn du dann aber sagst, dass Italiens Anomalie dir, vom Ausland aus gesehen, noch unerträglicher erscheint, werden sie dir entgegnen, dass du deine Heimat nicht liebst, dass du sie verrätst, dass du ihr nicht helfen willst, sich von den »Vorurteilen« zu befreien, die das Ausland noch immer von Italien hat.

Weißt du, was das Commonwealth ist? Eine ideale Vereinigung, kein geografischer Raum, sondern ein Super-Staat, der sich entlang historischer Linien erstreckt. Es ist die Geschichte der britischen Krone außerhalb ihrer Landesgrenzen, die Geschichte ihres Kolonialismus, ihres Imperialismus, ihrer politischen und wirtschaftlichen Expansion. Ich habe an uns immer wie an ein Commonwealth gedacht, aber eines, das nicht aus Kanonen und Gefängnissen, aus Bodenschatzgruben und Herrschaft besteht, sondern ein riesiges Commonwealth, vielleicht das größte und würdevollste der Welt: das Commonwealth der Migranten! In diesem Punkt übertreffen uns nur die Chinesen. Auf hundert Italiener, die in Italien leben, kommen neun, die im Ausland leben. Heute leben fast fünfeinhalb Millionen Italiener im Ausland, darunter 850 000 in Argentinien, 750 000 in Deutschland, über 600 000 in der Schweiz, über 400 000 in Brasilien und in Frankreich, über 300 000 in England und fast 300 000 in den USA. Doch die Zahl, die mich am meisten beeindruckt, ist die der Nachkommen unserer Emigranten. Ihre Anzahl überall in der Welt wird auf sechzig bis achtzig Millionen geschätzt.

Das bedeutet, wenn die Italiener, die im 19. und 20. Jahrhundert auswanderten, im Land geblieben wären, würden wir heute die Bevölkerung von Deutschland und Frankreich zusammen übertreffen, wir wären zwischen 120 und 140 Millionen Menschen. Denn auf diese Anzahl kommen die Nachfahren von Italienern in aller Welt. Und weißt du, was daran so skandalös ist? Das größte Paradox? Die ausgewanderten Italiener haben mehr Nachkommen als jene, die in der Heimat geblieben sind, die über die ganze Welt verteilte italienische Gemeinschaft ist größer als die, die jeden Morgen innerhalb ihrer nationalen Grenzen erwacht. Und noch immer können wir keine Schlussfolgerungen aus dieser Diaspora ziehen und uns von der Rhetorik befreien, den Phrasen vom schönsten Land, der besten Küche, den sinnlichsten Frauen und Männern. Stattdessen sollten wir vom ersten Schultag an, von der ersten Unterrichtsstunde in Geografie an die Wahrheit sagen: Italien ist von den Alpen, dem Apennin und von der Emigration geformt. Italien ist strukturell seit Jahrhunderten ein Land der Auswanderung.

Nein, fang du gleich damit an. Wenn man dich auffordert, drei Wörter mit Italien zu verbinden, sag nicht:

Mode
Essen
Fußball

Du sagst:

Mode
Fußball
Emigration

Oder:

Pizza
Mafia
Emigration

Oder:

Kunst
Schönheit
Emigration.

Die Reihenfolge dieser drei Wörter kannst du dir aussuchen, aber sorg dafür, dass »Emigration« immer dabei ist, denn der Italiener, der auswandert, ist die Ikone unseres Landes, so wie Ferrari, Parmesan, Chianti und San Gennaro.

Jedes Geschichtsbuch müsste ein Kapitel über die italienische Emigration enthalten. Handbücher ohne dieses Kapitel dürften nicht zugelassen werden, weil sie so nutzlos sind wie ein Fahrrad ohne Räder oder eine Waschmaschine ohne Trommel. Jeder Politiker, der darin nicht investiert, der darüber nicht nachdenkt, der keine Lösungen für diese Plage sucht, muss als blind oder verrückt angesehen werden.

Was ist dieser Fluch?

Woher kommt er?

Wie bekämpft man ihn?

Und was bedeutet es, wenn man sagt: Besinge deine Heimat, erzähle von der Schönheit deiner Stadt, lerne, die Größe deines Landes zu sehen?

Was ist die Schönheit eines Landes, das seit anderthalb Jahrhunderten der halben Welt Köche, Lagerarbeiter, Hausangestellte und Tellerwäscher liefert?

Ist das so in Deutschland?

In Frankreich?

In England?

Nein, in keinem anderen europäischen Land ist das so.

Kein anderes Land in Europa leidet an einer solchen Krankheit. Wir sind kein entwickeltes Land, wir sind kein demokratisches Land, wir sind Geschwister der Türkei, Indiens, Bangladeschs, Sri Lankas, Albaniens, wir gehören zu jener menschlichen Spezies, die nicht auf Reformen, auf den Traum von der Revolution warten kann: Heute muss gegessen, heute muss die Würde bewahrt werden, heute muss der Lohn, die Pension, die Rate gezahlt werden. Also emigriert man. Glaub nicht an das Gerede vom reichen, fortgeschrittenen, hoch entwickelten Land, das wäre ein Fehler. Das ist Italien auch, aber nur in manchen Gegenden, und das war es, in manchen Jahren, aber jetzt ist es das schon nicht mehr.

Diesem Land fehlt die Verarbeitung seiner Probleme, und ein Land ändern zu wollen, ohne dessen schmerzhafteste Missstände zu bearbeiten, ist, als würde man ein Spielfeld betreten, ohne eine Vorstellung von den Spielregeln zu haben, oder ein Haus bauen, ohne zuvor bei einem Geometer oder einem Ingenieur den Bauplan bestellt zu haben. Eine Stadt entsteht auch ohne Flächennutzungsplan, aber danach biegt man sie nicht mehr gerade. Wer nicht mit einem Plan, einem Projekt, einer Idee beginnt, kann Probleme später nicht mehr lösen. Dann wird man sich wieder einmal mit dem üblichen Loblied auf das schönste Land, die kreativste Bevölkerung, die originellste Musik begnügen, ein Refrain, den niemand glaubt, der in der täglichen Routine nur noch ein nutzloses Hintergrundgeräusch ist, und wenn du an der Reihe bist, wegzugehen, wird er zum unerträglich lauten Lärm.

Von der Schönheit Italiens reden zu hören, während du die Koffer packst, ein Flugticket kaufst und eigentlich lieber bleiben möchtest, wird dich nur aufschreien lassen.

Dann schrei, dass es kein Privileg ist, zu gehen! Schrei, dass man als Italiener, um unabhängig zu sein, heute wie gestern emigrieren muss! Schrei, dass man mit einem regulären Vertrag keine Wohnung mieten kann! Schrei, dass du keine einzige Bewilligung innerhalb normaler Fristen bekommen kannst! Schrei, dass man in Italien für die Gründung eines Start-ups siebzig verschiedene Bescheinigungen braucht, während man im Ausland in vierundzwanzig Stunden ein Start-up aufmachen kann und in den ersten Jahren keine Steuern dafür zahlt! Schrei, dass Projekte für Grafik, Film, Comics, Mode, Musik, Restaurants, Kultur, Sport und Umwelt nur auf diese Weise erfolgreich werden können!

In Italien ist alles schön, aber wenn es um Visionen geht, um ein politisches Projekt, um Investitionen in Veränderung, dann erfährst du, dass du keinen einzigen Schritt machen kannst. Es ist ein herrliches Fleckchen Erde, aber geh ins Ausland und hör dir an, was Unternehmer und Investoren sagen. Sie sagen, dass sie hier bei uns Häuser und Werkshallen schwarz, ohne Vertrag mieten müssen, dass sie keine ordnungsgemäßen Zulassungen bekommen, wenn sie nicht die »richtigen« Getriebe ölen, dass sie auf eine normale Bescheinigung Ewigkeiten warten müssen; sie sagen, dass wir öffentliche Ausschreibungen auch heute noch frisieren, sie glauben nicht, dass es bei Stellenausschreibungen ehrlich zugeht, sie sagen, in Italien sei nichts gesetzliches Recht und alles Zugeständnis.

Doch darüber will in Italien niemand nachdenken, man hält das lieber für Europas Neid auf dieses so schöne und kreative, so ordentliche und gesetzestreue Land. Ein wunderbares Land, wo die Blutung der Emigrantenströme jedoch nicht aufhört.

Ich verstehe, dass du aus dem Treibsand dieses Landes herauskommen, dass du fliehen willst. Doch ich möchte dir sagen, dass dort draußen kein Eldorado auf dich wartet. Darum überleg dir genau, ob es das ist, was du willst. Denn wer emigriert, ist für immer gezeichnet, wie durch einen Fabrikationsfehler – beim ersten Unfall wird man dir Vorwürfe machen.

Davon handelt die Geschichte, die ich dir jetzt erzählen will.

SCHREI, DASS DAS FEUER DICH ÜBERALL ERREICHEN WIRD, WENN DU DEN BRENNENDEN WALD NICHT RETTEST.

28.
GLORIA

> Wenn ihr aber das Recht habt, die Welt in Italiener und Fremde aufzuteilen,
> dann sage ich euch, in eurem Sinn habe ich kein Vaterland und beanspruche
> das Recht, die Welt in Entrechtete und Unterdrückte einerseits,
> Privilegierte und Unterdrücker andererseits aufzuteilen.
> Die einen sind mein Vaterland, die anderen meine Fremden.
>
> DON LORENZO MILANI

Zweitausendfünfhundert Pfund. Wie viel das ist? Knapp unter dreitausend Euro. Wenn eine Familie dreitausend Euro in einem Jahr sparen könnte, könnte sie sich von dem Geld nicht mal ein gebrauchtes Auto kaufen.

Für eine Firma sind dreitausend ersparte Euro noch weniger wert, sie könnte damit höchstens einen Umtrunk für ihre Angestellten veranstalten oder eine Ferienreise für die Familie des Direktors, doch diese Reise müsste sie auf jeden Fall als Geschäftsreise deklarieren, bevor sie am Ende des Haushaltsjahres in der Bilanz auftaucht. Dreitausend gesparte Euro sind wirklich wenig für ein Unternehmen.

Seit dem 14. Juni 2017 kann ich die Summe von dreitausend Euro nicht mehr aussprechen. Seit diesem Tag habe ich dreitausend Euro aus meinem Rechnungsbuch gestrichen, denn um dreitausend Euro zu sparen, wurden zwei italienische Jugendliche, die nach London ausgewandert waren, getötet. Ich möchte, dass du ihre Geschichte kennst. Um sie zu erzählen, musste ich mir das vorstellen, was sich anhand der Zeitungsartikel, des Prozesses, der Erklärungen der Eltern und der Fotos nicht eindeutig rekonstruieren ließ.

Ich bin besessen von dieser Geschichte, es gibt andere, ähnliche Geschichten, aber manche schreien lauter in mir, und ich kann dir nicht einmal genau erklären, warum.

Dutzende Male habe ich diese Geschichte aus meinem Buch gestrichen und wieder hineingenommen, denn ich wusste, dass ich etwas Unsägliches beschreiben muss, den Tod eines Kindes für die Eltern. Ich habe diese Geschichte so oft aus dem Buch gestrichen, weil ich weiß, dass jedes Wort über Gloria und Marco bei ihren Eltern, ihren Freunden, ihren Verwandten die Wunde wieder aufreißt.

Wenn du sie jetzt liest, musst du wissen, dass das purer Zufall ist, denn ich habe die Geschichte im letzten Sekundenbruchteil, bevor das Buch in Druck ging, wieder hineingenommen. Und das nur, weil es mir im Vergleich zum Risiko, andere zu verletzen oder mir Details der Geschichte ausgedacht zu haben, die nicht der Wirklichkeit entsprechen, wichtiger erschien, den beiden Ehre zu erweisen. Und gegen die zu schreien, die unterstellten, Gloria und Marco seien an ihrem Tod »mitschuldig« gewesen. Schuldige gab es ganz eindeutig, aber woanders.

Wenn eine Mutter schwanger ist, empfindet sie eine verhaltene Freude, eine halbe Freude, denn sie hat das Gefühl, ihr Bauch wäre aus Glas und schon ein Nichts könnte ihn zum Zersplittern bringen. Sie hat Angst, schlecht zu essen, weil ihr Kind darunter leiden könnte; sie hat Angst, zu nervös zu sein und dadurch das Wohlbefinden ihres Kindes zu beeinträchtigen; sie hat ständig Angst, bei der Geburt könnte etwas schiefgehen, und Angst, dass sogar diese Angst schädlich sein könnte.

Ich glaube, das waren ungefähr die Gedanken und Ängste von Emanuela Disarò während der neun Monate vor dem 2. Dezember 1991, an dem sie ihre Tochter Gloria zur Welt brachte.

Emanuela und ihr Mann, Loris Trevisan, erkannten sofort, dass ihre Befürchtungen während der neun Monate Schwangerschaft grundlos gewesen waren, denn Gloria war ein gesundes, schönes und sehr waches Kind, und die Eltern lebten in dem Gefühl, dass sie vom Glück besonders begünstigt waren.

Von klein auf zeichnet Gloria gern, sie liebt geometrische Zeichnungen, die man mit Winkeldreieck und Lineal anfertigen kann, wie Zeichnungen von Zügen, Brücken und Häusern. Aber sie zeichnet auch gerne Porträts der Menschen, die sie lieb hat, die Cousine, den Bruder, die Freundinnen.

Gloria ist ein fröhliches Mädchen, sie entwickelt sich gut, hat enge Freundinnen und eine ausgezeichnete Anlage zum Lernen.

Oft verlieren Kinder beim Heranwachsen ein wenig von ihrer Schönheit, aber Gloria bewahrt sich den fröhlichen Blick eines Menschen, der auf die Welt vertraut.

Ich habe mich öfter gefragt, warum so viele junge Menschen zwischen Padua und Venedig Architektur studieren. Mir wurde geantwortet, dass ein Studienabschluss in Architektur in ganz Italien begehrt ist, obwohl der zunehmend engere Markt weniger Arbeitsmöglichkeiten bietet. Denn in Italien geboren zu sein, verleiht dir eine besondere Prägung – sie spricht von der unleugbaren Schönheit italienischer Architektur.

Doch ich bin sicher, dass nicht nur die Nation, die Stadt oder die Gegend, in der du geboren bist, deine Entscheidung beeinflusst. Bei Gloria haben die alten Glockentürme, die über der Poebene aufragen und ein Spiel aus vertikalen und horizontalen Linien bilden, ja vielleicht wirklich eine Rolle gespielt, aber ich glaube, es war etwas Persönlicheres, der Wunsch, Schönes für andere zu gestalten, Ordnung in einen Raum zu bringen. Denn Harmonie in der Umgebung der Menschen zu schaffen, bedeutet schon, ihre Probleme zu lösen. Der Raum ist wie ein Saatfeld: Je besser du ihn planst, je schöner und funktionaler du ihn machst, desto mehr Früchte bringt der Samen.

Unsere Lebensumwelt nimmt uns auf, nährt uns, prägt uns, und das will Gloria tun, harmonische Räume schaffen, in denen Menschen ihren Wunsch nach Schönheit verwirklichen können.

Das Foto vom Tag ihres Diploms in Architektur zeigt eine glückliche junge Frau, die sich gerade einen Traum erfüllt hat, einen Traum, der umso schöner ist, weil nicht nur sie ihn hatte, sondern auch ihre Eltern, die sie auf dem Foto umarmt. Ein Fest ist doppelte Freude, wenn alle belohnt werden.

Das ist Italien. Ein Land aus Familien. Eine unendliche Fläche aus Familien, die versuchen, tragende Struktur zu sein in einem Land, das keine Struktur hat. Familien, die sich mit größter Sorgfalt um ihre Kinder kümmern, sie gewissenhaft großziehen, achtgeben, das richtige Maß für ihr gesundes Heranwachsen einzuhalten, weder zu viel noch zu wenig Wasser, nicht zu viel und nicht zu wenig Sonne. Die italienische Familie ist besorgt und flößt diese Sorge auch den Kindern ein. Sie weiß, dass sie ihre Kinder auf Schritt und Tritt beschützen muss, sie weiß, dass niemand anderes es tun wird. Also gilt ihre ganze Sorge, vom Tag der Geburt eines Kindes an, wie sie es schützen kann, vor Schmerz, vor Ungerechtigkeit, vor Gewalt, vor Arbeitslosigkeit, vor der Unmöglichkeit, seine Neigungen zu pflegen.

In einem Land ohne Hoffnung blickt die Familie nicht zuversichtlich in die Zukunft ihrer Kinder. Wer in Italien Kinder hat, weiß, dass er sie zeitlebens unterstützen muss, denn wenn ihnen die Unterstützung der Familie fehlt, wird der Staat nicht für sie sorgen.

Ein Kind ist in Italien dazu verdammt, seiner Familie fast immer auf der Tasche zu liegen. Tatsächlich verläuft die soziale Trennlinie nicht mehr zwischen Reichen und Armen, sondern zwischen denen, die von der Familie unterstützt werden, und denen, die dieses Glück nicht haben. Zinslose oder günstige Darlehen für junge Menschen, wie in Nordeuropa, gibt es in Italien nicht.

In Italien muss man seinem Kind nicht nur die Geburt, das Aufwachsen, das Studium garantieren, man muss ihm immer helfen. Mit dem Ersparten, mit Bekanntschaften, mit einer Bürgschaft auf den Kredit und mit der Betreuung der Enkel, in der Hoffnung, dass die endlos langen Wartelisten für einen Kindergartenplatz kürzer werden.

Wenn du in Italien einem Kind keine Hilfe mehr bieten kannst, weißt du, dass es untergehen wird, weil außerhalb der Familie die Wüste beginnt.

Sosehr Loris und Emanuela sich bemühen, ihre Tochter vor Enttäuschungen abzuschirmen, wie alle Familien, am Tag des Diploms fällt dieser Schutz in sich zusammen: Es gibt keine Arbeit in Italien. Arbeit gibt es nicht einmal für Gloria, eine talentierte junge Frau, die Englisch kann, die die digitale Welt versteht und ein Abschlusszeugnis mit Bestnote hat. Arbeit gibt es weder für sie noch für ihren Verlobten Marco, auch er mit der unermüdlichen Liebe einer italienischen Familie großgezogen, die ihn bis zum Studienabschluss begleitet hat.

Gloria und Marco haben sich auf der Universität kennengelernt.

Als Gloria zu Hause von ihm zu erzählen begann, müssen ihr Bruder und ihre Mutter gedacht haben, dass sie übertreibt, denn Verliebte halten wir meist für überspannt. Als sie ihn dann aber kennenlernten, erinnert sich Glorias Mutter in einem Interview, mussten sie zugeben, dass Gloria mit keinem Wort übertrieben hatte, es waren wohlabgewogene Einschätzungen gewesen. Marco war wirklich wie einer jener Bäume, die aus jedem Lichtstrahl Kraft für die Fotosynthese schöpfen.

Für Marcos und Glorias Eltern muss es schwer gewesen sein, in Italien Kinder in die Welt zu setzen. Wie oft werden sie an den Tag der bestandenen Abschlussprüfung gedacht haben, als sie sich mit dem Gedanken abfinden mussten, dass ihre Kinder weggehen würden.

Dieser Tag kommt. Gloria und Marco haben sicher darüber nachgedacht, dass sie in Italien nur auf einen befristeten Job hoffen konnten, vielleicht in einem Callcenter, und frühestens zehn Jahre nach ihrem Studium auf eine Festanstellung, aber nicht unbedingt auf dem Gebiet, das sie studiert hatten. Gloria wäre dann über fünfunddreißig, und mit den Ersparnissen und einer kleinen Unterstützung der Familien könnte sie zusammen mit Marco einen Kredit aufnehmen und ein Kind planen.

Doch Gloria hat wahrscheinlich nicht die Absicht, »sich durchzuschlagen«, von einem Gelegenheitsjob zum nächsten zu wechseln, ihren Eltern auf der Tasche zu liegen und zehn lange Jahre zu warten, bis sie sich mit Marco ein Leben aufbauen kann. Wie viele ihrer Kommilitonen zieht sie es vor, Italien zu verlassen.

Gloria möchte ihre Familie unterstützen können, wenn es notwendig ist, ihre menschlichen und professionellen Fähigkeiten im Ausland einsetzen, weil sie sicher ist, wo immer sie hingeht, das Ausland wäre auf jeden Fall weniger geizig als ihre Heimat.

Es ist ein seltsames Land, in dem Gloria aufgewachsen ist, ein Land, wo man den Staat ungefähr zwei Mal trifft, nämlich wenn man krank wird und wenn man zur Schule geht. Denn in vielen Jahren schlechter Verwaltung und Politik konnte Italien, wenigstens zum Teil, zwei Bereiche intakt halten: das Schulwesen und die Gesundheit der Bürger. Doch Italien, das Geld ausgegeben hat, um Gloria gesund am Tag ihres Diploms ankommen zu lassen, hat jetzt, wo sie gesund und diplomiert ist, nicht mehr die Absicht, weiterhin in sie zu investieren.

Das Absurde ist, dass Glorias Ausbildung den italienischen Staat – grob gerechnet – von der Grundschule bis zum Hochschulabschluss etwa 150 000 Euro gekostet hat. Das ist so, als würde der italienische Staat sein Geld in den Bau von Autobahnen investieren, die er nie benutzen wird.

Im Ausland ist man hocherfreut, diese Früchte zu ernten, die andere gesät haben, indem man hoch qualifiziertes Personal einstellt, dessen Ausbildung keinen einzigen Euro gekostet hat.

Als Glorias Curriculum auf dem Tisch des Londoner Architekturbüros Peregrine Bryant landet, erkennt derjenige, der ihre Angaben liest, dass die Absenderin eine gut ausgebildete Person ist, und kontaktiert sie umgehend, um ein Einstellungsgespräch mit ihr zu führen.

Nach der Begegnung im Sitz der Firma in Fulham ist man fest entschlossen, sie anzustellen, denn sie ist nicht nur fachlich kompetent, sondern auch bescheiden und tatkräftig, wichtige Eigenschaften, die Menschen entwickeln, die in Ländern mit geringen Chancen aufwachsen.

Gloria wird ihren Eltern erklärt haben, was diese schon ahnten: Sie hat eine Arbeit im Ausland gefunden und möchte gehen, denn sie hat nicht studiert, um ihr Diplom in einer Schublade liegen zu lassen.

Ihre Mutter muss das Gefühl gehabt haben, dass die Zeit sich zurückdreht bis zu den Monaten vor Glorias Geburt, als sie eine verhaltene, von Sorge verschattete Freude empfand. Aber wie alle Mütter – so erzählt sie – verheimlicht sie der Tochter ihre Befürchtungen, umarmt sie und segnet sie.

Marcos Eltern müssen das Gleiche tun, denn auch er hat in London Arbeit gefunden, eine Stelle, für die man sich in Italien mindestens zehn Jahre lang hocharbeiten und geduldig suchen muss.

Dass Gloria und Marco zusammen nach England gehen, beruhigt die Familien, denn die erste Zeit ist die härteste, und zu zweit hält man besser durch.

In London mieten Gloria und Marco eine Wohnung im dreiundzwanzigsten Stock des Grenfell Tower in North Kensington.

Das Viertel ist schön, liegt zentral, und die Fassade des Turms aus vierundzwanzig Stockwerken wurde vor Kurzem mit Aluminiumplatten verkleidet, die ihm den Glanz der New Yorker Wolkenkratzer verleihen.

Es war eine große Bausanierung im Umfang von zehn Millionen Pfund, die den Wert der Immobilie beträchtlich erhöhte und die Wohnungspreise steigen ließ. Auch das Innere der Wohneinheiten wurde modernisiert und funktional ausgestattet. Die beiden jungen Leute sehen ihre tausend Pfund Monatsmiete gut angelegt, denn das Schauspiel, das sie täglich aus ihrer Wohnung in über zweihundert Fuß Höhe bei wechselndem Lichteinfall erleben, ist diese Ausgabe allemal wert.

Kurz nach ihrer Ankunft macht Gloria ein Foto von der Skyline der Stadt und postet sie auf ihrem Facebook-Profil. Die Freundinnen kommentieren: »Fantastisch!«, »Du hast es geschafft!«, »So eine schöne Stadt!«.

Schon nach wenigen Monaten in London entwirft Gloria für das Architekturbüro Peregrine Bryant ihr erstes Projekt, während Marco sich durch sein gutes Englisch und seine diskrete Art auszeichnen kann.

An einem Frühlingsabend, es ist der Abend des 13. Juni 2017, kommt Gloria mit Sushi nach Hause, so stelle ich es mir vor, sie hat sie im benachbarten Viertel Notting Hill gekauft, und Marco betritt die Wohnung mit Blumen, denn Liebende feiern den Moment, wenn sie sich am Ende des Arbeitstages wiedersehen.

Vielleicht haben sie nach dem Essen ihre Lieblingsserie auf Netflix geschaut, wie viele ihrer Altersgenossen, und kurz nach Mitternacht schminkt Gloria sich vor dem Badezimmerspiegel ab, während Marco noch am Schreibtisch sitzt und einen Entwurf fertigstellt.

Bevor sie das Licht löscht, wird Gloria noch einen letzten begeisterten Blick durch das große Wohnzimmerfenster auf den Londoner

Nachthimmel geworfen haben, denn dieser Anblick, den sie sofort mit ihren Freundinnen teilen wollte, kann sie immer wieder daran erinnern, warum sie hier ist, so viele Kilometer von ihren Freundinnen, dem Bekannten und ihrer Familie entfernt. Er macht sie stolz und entschädigt sie für die Mühe der Studienjahre, er verleiht ihr Kraft für das Leben in diesem neuen Land, so weit weg von allem, was für sie Zuhause bedeutet.

Vielleicht hat sie sich gerade hingelegt und die Augen geschlossen, doch sofort wieder geöffnet, denn es klingelt an der Tür. Sie steht auf und wundert sich, seit die beiden in London sind, hat noch keiner um diese Uhrzeit geklingelt, ja nicht mal tagsüber hat jemand unangekündigt geläutet, denn sie sind noch nicht lange hier. Marco sagt vielleicht, sie solle wieder schlafen gehen, er wird nachsehen, wer da ist. Doch Gloria folgt ihm, und als er öffnet, bleibt sie hinter ihm stehen. Es sind die Nachbarn, sie sagen, im vierten Stock sei ein Feuer ausgebrochen, sie wissen nicht, was sie tun sollen.

Marco ruft die Feuerwehr an, er fragt, ob sie schon jemanden geschickt haben. Die Feuerwehr bestätigt ihm, eine Einheit sei schon an Ort und Stelle, sie bitten ihn, ruhig zu bleiben. Marco legt auf, geht zum Fenster und späht nach unten, kann aber nichts sehen. Er beruhigt die Nachbarn, die Feuerwehr ist schon dabei, den Brand zu löschen, vielleicht hat es im vierten Stock einen Kurzschluss gegeben, und dann haben die Flammen, man weiß nicht wie, auf die Außenwände der Wohnung übergegriffen.

Die Nachbarn entschuldigen sich für die Störung und kehren in ihre Wohnung zurück. Gloria geht wieder ins Bett, Marco zeichnet weiter.

Zwanzig Minuten später klingeln die Nachbarn erneut, die Flammen seien jetzt auch von hier oben zu sehen, der Brand scheint absolut nicht unter Kontrolle. Gloria schaut aus dem Fenster, und ohne den Nachbarn zu antworten, nimmt sie das Telefon und ruft ihre Mutter an.

»Mama, im vierten Stock ist ein Feuer ausgebrochen, es brennt schon seit einer halben Stunde …«

»Nehmt zwei nasse Handtücher, wickelt sie euch um den Kopf und geht sofort durchs Treppenhaus nach unten!«, rät Emanuela.

Gloria erinnert sich erst jetzt wieder an die Nachbarn, sagt ihnen, was die Mutter ihr geraten hat, nasse Handtücher auf dem Kopf, dann reicht sie Marco das Telefon, denn Emanuela will mit ihm sprechen, Gloria ist zu aufgeregt, ihren Worten kann die Mutter das Ausmaß der Gefahr nicht entnehmen.

Marco beruhigt Emanuela, er wird noch einmal die Feuerwehr anrufen und ihr dann Bescheid sagen. Den Feuerwehrleuten sagt Marco, sie seien bereit, zusammen mit den Nachbarn über das Treppenhaus nach unten zu gehen, sie werden sich ein nasses Handtuch auf den Kopf drücken, um ihre Haare gegen die Flammen zu schützen, und die Flammen an ihrer Kleidung gegenseitig mit einer Decke ausschlagen.

Die Feuerwehrleute sagen, sie sollen nicht runtergehen. Sich nicht vom Fleck bewegen, in der Wohnung warten. Sie sagen, keiner könne durchs Treppenhaus hinunter, dort schlagen die Flammen hoch, das sei zu gefährlich, außerdem gebe es keinen Grund zur Panik, denn die Situation sei unter Kontrolle, sie werden hochkommen und alle abholen.

Als Gloria die Flammen am Fenster ihrer Wohnung ankommen sieht, ruft sie ihre Mutter zum letzten Mal an:

»Es gibt keine Hoffnung mehr, Mama ... Ich bin im Wohnzimmer und sehe überall Flammen, wir können nur warten ... Ich glaube nicht, dass es so enden muss, Mama, ich will das nicht glauben ... Es tut mir so leid für euch, Mama ... Jetzt will ich bei Marco sein ... Wir müssen jetzt Addio sagen, danke für alles, was ihr für mich getan habt ... seid stark!«

Zwei Jahre vor der Nacht, in der Gloria ihre Mutter anrief, um ihr Lebewohl zu sagen, präsentierten die Auftragnehmer des Sanierungsprojekts der Kensington and Chelsea Tenant Management Organisation (KCTMO) und der Royal Borough of Kensington and Chelsea (RBKC) – die Gesellschaften, die damals die gesamten Immobilien verwalteten und die Sanierungsarbeiten überwachen mussten – zwei verschiedene Kostenvoranschläge für die Außenverkleidung des Wolkenkratzers. Der erste war geringer, denn die Platten waren von minderer Qualität, es war kein feuerresistentes Material. Aber damit ließen sich etwa dreihunderttausend Pfund sparen. Die Ersparnis war in Wirklichkeit noch größer, doch die Auftragnehmer präsentierten offenbar einen gefälschten Kostenvoranschlag, um einen Gewinn damit zu erzielen.

Als der Kaufvertrag für diese Platten unterschrieben werden sollte, entschieden die Manager der KCTMO und die Beamten der RBKC sich für den ersten Kostenvoranschlag, den weniger kostspieligen, bei dem die Gesellschaft zweitausendfünfhundert Pfund pro Wohnung sparen würde. Etwas weniger als dreitausend Euro.

Die Ermittlungen und der Prozess gegen die beauftragten Firmen, gegen die KCTMO und die RBKC, laufen noch immer.

Marcos Vater hat ausgesagt, er habe gefühlt, dass er seinen Sohn zum zweiten Mal eines gewaltsamen Todes sterben sah, als der englische Minister für die Beziehungen zum Parlament, Jacob Rees-Mogg, erklärte, Gloria und Marco hätten in jener Nacht nicht auf die Anweisungen der Feuerwehrleute hören sollen, denn wenn sie den Turm sofort verlassen hätten, hätten sie sich noch rechtzeitig retten können.

Marcos Vater hat ausgesagt, diese Behauptung habe das Andenken der beiden jungen Menschen geschmäht, weil man den Verdacht wecken wollte, die beiden seien gestorben, weil es ihnen an Intelligenz oder gesundem Menschenverstand gefehlt hatte. Aber sie wurden ermordet, sie und siebzig weitere Mieter, und verantwortlich seien eine immer gierigere, verantwortungslose Industrie und die Unfähigkeit der Einsatzkräfte.

Es stimmt, dass wir nicht mehr mit der Pappschachtel ins Ausland gehen, dass wir in vielen Fällen ein Diplom haben und die Sprache des Landes kennen, wo wir leben werden. Doch genau wie zur Zeit der Dagos wird der Emigrant immer dann, wenn etwas schiefgeht, weiterhin als dumm beschrieben, denn seine Intelligenz ist gefürchtet, seine Intelligenz schafft Konkurrenz. Wenn du auswanderst, wenn du zum Ausländer wirst, darfst du niemals stören, nicht einmal dann, wenn du versuchst, nicht zu sterben.

SCHREI, DASS MAN AUF EINEM VERMINTEN GELÄNDE NICHT TANZEN KANN,
DASS MAN AUF DER LAVA EINES VULKANS NICHT TEE TRINKEN KANN,
DASS DU KEIN SONNENBAD AUF EINER PLASTIKINSEL NIMMST.

Paul Bracchi, »Profits of Misery: How People ›Who Fitted Out Grenfell Tower on the Cheap‹ Are Mired in Claims of Tax Avoidance, Shoddy Work and Shameful Management Despite Six-Figure Salaries, £ 2m Homes and Even a Gong«, in: *Daily Mail*, 16. Juni 2017, https://www.dailymail.co.uk/news/article-4612322/People-fitted-Grenfell-Tower-mired-accusations.html.

Rowena Mason und Libby Brooks, »Shifty shades of May: Boris Johnson dodges voters in week of election pain«, in: *The Guardian*, 8. November 2019, https://www.theguardian.com/politics/2019/nov/08/shifty-shades-of-may-boris-johnson-dodges-voters-in-week-of-election-hell.

Robert Booth, »Green Lights to Shine for Grenfell Victims on Anniversary of Disaster«, in: *The Guardian*, 12. Juni 2020, https://www.theguardian.com/uk-news/2020/jun/12/green-lights-to-shine-for-grenfell-victims-on-anniversary-of-disaster.

Ders., »Grenfell Firm Took Some of Cladding Savings for Itself, Inquiry Told«, in: *The Guardian*, 20. Juli 2020, https://www.theguardian.com/uk-news/2020/jul/20/grenfell-firm-rydon-promised-five-times-to-appoint-fire-safety-advisers-inquiry-told.

Ders., »Grenfell Refurbishment Firm Called Residents Who Complained ›Rebels‹«, in: *The Guardian*, 22. Juli 2020, https://www.theguardian.com/uk-news/2020/jul/22/grenfell-refurbishment-firm-called-residents-who-complained-rebels.

Mark Townsend, »Grenfell Families Want Inquiry to Look at Role of ›Race and Class‹ in Tragedy«, in: *The Guardian*, 26. Juli 2020, https://www.theguardian.com/uknews/2020/jul/26/grenfell-families-want-inquiry-to-look-at-role-of-race-and-class-in-tragedy.

MARCO GOTTARDI

ATEM

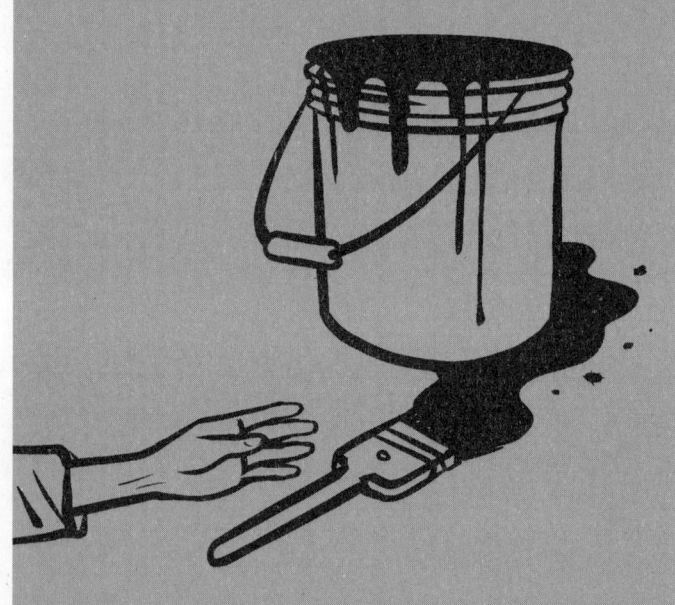

29.
THE TAG WRITER

Ich schreie, also bin ich.
REINALDO ARENAS

Es ist in Syrien passiert. Die Forderung der Bevölkerung nach Reformen, ungehindertem Zugang zu Nachrichten, Freilassung der politischen Gefangenen und einem Ende der gewalttätigen Übergriffe der Polizei hat einen regelrechten Rachefeldzug des Staates gegen die Zivilbevölkerung ausgelöst. Eine mehrheitlich sunnitische Bevölkerung, die von der regierenden alawitischen Minderheit diskriminiert wird.

Ja, du wirst sehen, dass es auch das in der Welt gibt: Nicht nur Minderheiten, die von Mehrheiten diskriminiert und verfolgt werden, sondern auch Mehrheiten, die von Minderheiten verfolgt und diskriminiert werden. Andererseits ist eine Minderheit keine mehr, wenn sie zum Clan wird und jedes Mittel nutzt, um die Mehrheit der Bevölkerung zu unterdrücken und zu entrechten. Genau das hat Baschar al-Assad getan, er hat sich die Macht des Clans gesichert, indem er Behörden, Bürokratie, Waffen, politische Ämter, militärische Aufgaben und das Nachrichtenwesen ausschließlich von seinen Leuten kontrollieren ließ. In Assads Syrien und vor ihm im Syrien seines Vaters muss jeder, der regieren, in den Nervenbahnen der Staatsmaschinerie operieren will, ein Zertifikat besitzen, eine Herkunftsbezeichnung, die er stets gut sichtbar vorzeigen muss. Und das kann nur eine einzige Marke sein: Alawit. Sie garantiert ihm, dass sämtliche Teile der Maschinerie seinen Befehlen gehorchen werden und dass die Milizen an seiner Seite stehen, alle verbunden durch einen Pakt, der mehr wert ist als ein Gehalt oder ein Arbeitsvertrag, mehr sogar als das Gesetz selbst: ein ethnischer Pakt, eine Bruderschaft, die dem ungeschriebenen Gesetz des Blutes gehorcht.

Der Zivilbevölkerung, die weiß, dass sie von diesem Pakt ausgeschlossen ist, dass sie kein Teil dieses Fleischs und Bluts werden kann, jagt diese Blutsbruderschaft seit jeher so große Angst ein, dass sie, um diese Angst zu überwinden, als Erstes erklären muss: »Wir haben keine Angst!« Das war das Erste, was die Menschen Assad entgegenschrien. »Wir haben keine Angst!«, bedeutet, wir haben Angst, aber wir lassen uns von unserer Angst nicht aufhalten. Diesmal werden wir die Angst mit Verachtung strafen, und keine einzige Grausamkeit wird uns bremsen, uns zu Statuen aus Stein machen, die keinen Schritt mehr tun können. »Wir haben keine Angst!«, bedeutet: »Halt ein, Tyrann!«, denn nicht einmal so etwas wie die sechstausend Kreuze, die Crassus zur Warnung an die Rebellen des Spartakus-Aufstands in Rom an der Via Appia aufstellen ließ, wird unsere Rebellion aufhalten.

Diese Geschichte wollte ich wie ein Märchen beginnen lassen, denn sie handelt von Kindern. Aber du bist kein Kind mehr, also lies sie als Tribut an all die Kinder, denen Assads Grausamkeit in den letzten Jahren keinen Ausweg ließ. Du wirst dich fragen, warum ich von den vielen Unterdrückungsmethoden, die Assad in Syrien anwandte, diese eine Geschichte für dich ausgesucht habe. Ich hätte dir von Streubomben, von Phosphorbomben, von Scud-Raketen erzählen können, die gegen die Zivilbevölkerung eingesetzt wurden. Ich hätte dir von der Gewalt in den Gefängnissen erzählen können, von Vergewaltigungen und endlosen Folterungen. Ich hätte von Assads Propaganda sprechen müssen, die seine Kritiker des Vaterlandsverrats beschuldigt oder von der Verschwörung ausländischer Mächte spricht, weil er einen Vorwand braucht, um der Bevölkerung das Recht auf Information, die Versammlungs- und Vereinigungsfreiheit, das Recht auf Zugang zu den Kommunikationsmedien und die Verbindung Syriens mit dem Rest der arabischen und der gesamten Welt zu verweigern – alles Freiheiten, die das Volk seit langer Zeit fordert. Ich hätte dir von den vielen Journalisten erzählen können, die Assad ins Gefängnis werfen ließ, weil sie in Zeitungen und den sozialen Medien von seinen Verbrechen berichteten oder Fotos von seinen Verbrechen machten. Wenn ich diese Fotos sehe, besonders die, die ein anonymer Fotograf – Deckname »Caesar« – dem Human Rights Watch übergab, überkommt mich eine unerträgliche Unruhe, ein Entsetzen, das vom Magen aufsteigt, bis es in meinem Kopf schreit. Dasselbe Grauen, das mich packen würde, wenn ich in ein Haus käme und einen offenbar verstörten Mann sähe, der ein Küchenmesser in der Hand hält, die Brillengläser blutbespritzt, die Hände und das Hemd blutgetränkt, dann zu Boden blicken und erkennen würde, dass die Körper, die er soeben massakriert hat, die seiner Kinder, seiner Frau und des Hundes sind.

Aber ich wollte dir nur eine Geschichte erzählen, die von Alàa.

Es ist ein Nachmittag am Ende des Winters in Daraa, dem äußersten Vorposten Syriens, verbarrikadiert an der Grenze zu Jordanien, gepeitscht von einem Wind, der immer heftig weht und voller Sand ist.

Der Name Daraa bedeutet auf Arabisch »Festung«, und Daraa war früher wirklich eine Festung, von der aus die Soldaten die Grenze beobachteten, in Erwartung eines Angriffs aus der Wüste.

Hast du dir schon einmal überlegt, dass wir Mauern nur gegen das Außen errichten, obwohl die Bedrohung öfter von innen kommt, wie eine Krankheit, die schon immer in unserem Körper verkapselt war?

Im Jahr 2011 kommt der Feind in Daraa von innen.

Es gibt nichts Schlimmeres, als in der Hölle zu leben, wenn das Paradies nur wenige Kilometer entfernt ist. Du glaubst, es mit Händen greifen zu können, es hört nicht auf, dich zu rufen und durch deine Träume zu spuken, wie die Sirenen der südlichsten Stadt von Spanien, Tarifa, wenn sie die Massen der in Tanger versammelten Migranten wie eine mächtige, verführerische Halluzination zu sich ruft.

Weniger als zehn Kilometer von Daraa entfernt liegt die jordanische Grenze. Aber auf dieser Seite bezahlt man Worte des Protests mit Folter und Tod, auf der anderen erhält man Zugeständnisse und Reformen.

Jordanien ist kein Eldorado, aber von Daraa aus gesehen ist es ein Paradies. Drüben gibt es einen Herrscher, der seinen Kindern ein Vater sein will, hier dagegen den Typ Vater, der jeden Abend seinen Gürtel ablegt, um seine Kinder damit blutig zu schlagen.

Abdulla II. bin-al-Hussein, König von Jordanien, und Baschar al-Assad, Präsident von Syrien, sind beide in den Sechzigerjahren geboren. Zwischen der Geburt des Ersten und des Zweiten liegen knapp drei Monate – also erklärt kein Generationenabstand ihre unleugbaren Unterschiede.

Beide übernehmen die Macht in ihrem Land um das Jahr 2000, im Abstand von einem Jahr. Faktisch sind beide Monarchen, auch wenn Baschar sich lieber nur Präsident nennen lässt.

Beide haben im Ausland studiert, beide haben viele Jahre in England verbracht, beide haben eine westliche Bildung. Und du weißt, wie der Westen ist, oder? Er hypnotisiert dich: *Die Simpsons*, *Star Trek*, Rockmusik, Pop, Punk, Punchlines, Tangas, Piercing, Shatush, Tattoos, Selfies, Mojito, Aperol Spritz, Trendthemen, Pizza, Joints, Skateboards, Street-Art ... Wenn du dir auch nur eine einzige von diesen Drogen in die Vene jagst, wird die Idee einer streng nach militärischen Kriterien geordneten Gesellschaft ungenießbar. Es ist also kein Zufall, dass beide Herrscher auch im religiösen Fundamentalismus einen Störfaktor sehen. Obendrein stammt der erste, der König von Jordanien, aus einer wenig orthodoxen Ehe, die Gegenstand vieler Mutmaßungen war, seine Mutter war Engländerin, eine Frau aus dem Westen, die nie zum Islam übertrat. Und der zweite, der syrische Präsident, gehört einer religiösen Gruppierung an, den Alawiten, die im Land eine Minderheit darstellen.

Der Erste gewährt Reformen, damit die islamistischen Fundamentalisten die Trennung zwischen Religion und Staat nicht unterminieren. Der Zweite zerquetscht aus Vorsicht alles, was sich bewegt, damit ihn keiner aus dem Sattel hebt. So landen in Syrien die laizistischen Progressiven, die nach Freiheit und Demokratie dürsten, ebenso im Gefängnis wie die Fundamentalisten, die fanatischen Anhänger der Tradition und der Reinheit der Sitten.

Daraa ist eine Stadt, in der die religiöse Mehrheit lebt, die sunnitische, die gegen Assad opponiert, und weil sie südlicher als Damaskus liegt, wird sie von den Peitschenhieben des Windes früher getroffen als die Hauptstadt.

Das macht sie zu einer verwundbaren und verdächtigen Stadt. Wenigstens würde Assad jederzeit darauf schwören, dass im Falle eines Sturms der Wind von dieser Grenzstadt her wehen wird.

2001, am Nachmittag eines mediterranen Wintertages, der schon stark nach Frühlingsluft riecht, kommt eine Gruppe Jungen aus der Schule. Sie bleiben stehen, um etwas an die Außenmauern des Schulgebäudes zu schreiben.

Du weißt es, deine Altersgenossen auf der ganzen Welt wissen es: Es gibt keinen Protest, der nicht mit einer Schrift auf einer Mauer begonnen hätte. Die spontanste rebellische Tat eines Jungen ist, »Nieder mit der Schule« an die Wand seines Klassenzimmers zu schreiben. Auch der Aufstand der syrischen Kinder beginnt so, mit einem »Nieder« auf der Mauer. »Nieder mit dem Regime«. Das schreiben just in jenen Tagen auch ihre ägyptischen und tunesischen Altersgenossen. Sie schreien, dass die arabische Welt in Aufruhr ist, dass sie sich entlang der ganzen Mittelmeerküste erhebt, um Rechte zu fordern, um einen Frühling zu verlangen. Nicht den, mit dem die Jahreszeiten wechseln, sondern den Frühling der Geschichte, der Freiheit und Demokratie bringt.

Protestaufschriften an Mauern, sagte Keith Haring, müssen mit rotem Spray geschrieben werden, denn »Rot ist eine der kräftigsten Farben. Es ist wie Blut, es springt sofort ins Auge!«

Die Jungen in Daraa schreiben mit rotem Spray einen persönlicheren Satz, verglichen mit den Slogans der nordafrikanischen Jugendlichen, deren Aufstand früher begann. In Daraa wird ihr »Nieder« zu »Nieder mit Assad«.

Die Nachricht, dass regimekritische Slogans an der Mauer einer Schule unter der Sonne ungestört vor sich hin trocknen, gelangt schnell nach Damaskus. Die Reaktion lässt nicht lange auf sich warten. Der Geheimdienstapparat, der Mukhabarat, wird beauftragt, die Graffiti-Sprayer aufzustöbern.

Geheimpolizei, das scheint ein Oxymoron zu sein. Das Wort »Polizei« hat die Wurzel *polis*, im Altgriechischen »Stadt«, also der Ort, wo die Bürger in Gemeinschaft zu leben beschließen, denn nur gemeinsam lässt sich das Leben der Menschen organisieren. Verbindet man aber das Adjektiv »geheim« mit dem Substantiv »Polizei«, spürt man sofort das Werkzeug staatlicher Gewalt, die Aufhebung von Rechten, das Gegenteil der Polis.

Die Bevölkerung von Daraa wird informiert: Sie kommen aus Damaskus, sie suchen nach den Kindern. Aus Damaskus wurden Spähpanzer und Kampfpanzer geschickt, um die Kinder aufzustöbern. Aus Damaskus hat man den lokalen Ordnungskräften bereits Anweisung gegeben, die Wassertanks zu durchlöchern, das Internet abzustellen und die Stromgeneratoren zu konfiszieren, bis die Kinder zum Vorschein kommen.

Also graben die Kinder eine tiefe Grube, lassen sich dort hinunter und bleiben eine ganze Nacht lang darin versteckt, damit Assads Männer sie nicht finden. Doch die haben Hunde, die darauf abgerichtet sind, den Atem von Dissidenten zu wittern, die schlagen Menschen blutig, um Informationen aus ihnen herauszuholen: »Wo sind sie? Wo habt ihr sie zuletzt gesehen?«

Schließlich finden die Männer die Grube. Sie holen die Kinder heraus und bringen sie zurück zur Schule, wo sie die Mauern »beschmiert« haben.

In der Turnhalle werden sie in einer Reihe aufgestellt. Einer ist dicklich und hat die Augen eines Engels, einer ist sehr mager, man sieht sämtliche Knochen, einer hat einen schlauen Gesichtsausdruck, einer ist schüchtern, sein Gesicht ist mit Pickeln übersät, einer zittert, hält mit Mühe den Urin zurück, weiß, dass er sich vor Angst in die Hose machen wird. Einer ist mutig, fordert die Männer mit Blicken heraus, macht sich andauernd bemerkbar – wenn es ans Foltern geht, sollen sie ihn nehmen.

Am Ende der Reihe, halb versteckt zwischen den Beinen der Großen – die alles tun, um ihn zu schützen –, steht ein sechsjähriges Kind. Sein Blick ist leer, er versteht nicht, warum er nachmittags in der Schule ist, wenn die Lehrerin weit und breit nicht zu sehen ist.

Er kann noch nicht schreiben. Am Tag, an dem das Graffiti entstand, hat er nur seinen älteren Bruder begleitet. Alàa, so heißt er, dürfte streng genommen gar nicht hier sein, denn er hat nichts geschrieben, er hat nur gezeichnet, ein bisschen rote Farbe in die vom Bruder geschriebenen Buchstaben hinein gemalt. »Regime« und »Demokratie« sind jedenfalls viel zu abstrakte Begriffe, als dass sie von einem so kleinen Jungen verstanden werden könnten.

Als die Soldaten ihn entdecken, lächeln sie ihn interessiert an, der ältere Bruder versteht, was vor sich geht, und sagt, der Kleine sei unschuldig, denn er könne noch nicht schreiben. Doch die Männer entgegnen, dass es unwichtig sei, ob er schreiben könne oder nicht, denn wenn er es lerne, werde er sicher die falschen Wörter schreiben. All die Wörter, die er von seinem Vater, diesem Hund, diesem Verräter, gelernt hat. Schlechter Baum bringt faule Früchte. Aber wenn sie mit ihm und seinen Kameraden fertig sind, werden sie seine Mutter suchen und ihr den richtigen Samen in die Gebärmutter pflanzen, damit wird sie ein gesundes Kind zur Welt bringen, ein Kind, das die richtigen Wörter schreiben und denken wird. Ach was, sie werden gar nicht nach ihr suchen müssen, sie wird heulend angelaufen kommen und wissen wollen, was ihrem armen, »von Assads böser Polizei gefolterten« Kind passiert ist, und dann werden sie sich die Mutter auch vornehmen. Alle Mütter werden kommen und nach ihren Kindern fragen, und all diesen Müttern – da können sie sicher sein – werden sie es besorgen. Wenn stattdessen aber ihre Väter auftauchen, werden sie ihnen sagen, sie sollen die Mütter aufs Kommissariat schicken, denn Nachrichten über die Kinder werden nur den Müttern und nur persönlich mitgeteilt.

Zum Glück kann Alàa den Sinn dieser Reden nicht ganz erfassen, und als sie ihm die Handgelenke fesseln, weint er nicht einmal, er ist zu verwirrt von den Regeln dieses neuen Spiels, das er nicht versteht. Doch als sie ihn plötzlich hochheben, lässt ihn der heftige Ruck aufschreien. Um ihn zum Schweigen zu bringen, schlagen sie ihm mit einem Stock ins Gesicht, aus einem Auge spritzt Blut, aber Alàa hört nicht auf zu schreien und nach seiner Mama zu rufen. Sie soll sofort kommen und ihn holen, ihn nach Hause zurückbringen, denn hier will er nicht länger bleiben.

Aber die Mutter hört ihn nicht. Sie sucht ihn seit Stunden, aber sie kann ihn nicht hören.

Irgendwann gibt Alàa auf, Mama wird nicht kommen, wird ihn nicht nach Hause zurückbringen. Niemand wird ihn retten. Also steigt er aus dem Spiel aus. Er will nicht mehr mitmachen. Die Soldaten holen ihn mit einer genau berechneten Anzahl von Stromstößen ins Spiel zurück. Die Stöße sind zu schwach, um ihn zu töten, aber stark genug, um ihn wiederzubeleben. Folter funktioniert nur, wenn mitgemacht wird, wenn der Gefolterte das Spiel mit Leib und Seele mitspielt. Folter ist zeitaufwendiger, aber lehrreicher als der Tod, denn sie lehrt, dass ein Regime dir den Tod niemals umsonst schenkt. Unter einem Regime musst du dir den Tod verdienen.

Assads Regime schenkt Alàa den Tod erst nach drei Tagen des Spielens. Frag dich nicht, wie man ein sechsjähriges Kind foltern kann. Frag dich nicht, warum sie sich ausgerechnet den Kleinsten aussuchen. Sie nehmen den Kleinsten, um zu zeigen, dass sie vor nichts haltmachen werden.

Was ich dir hier erzähle, habe ich anhand der Geschichten von Alàa, von Hamza Ali al-Khatib und vieler anderer syrischer Kinder rekonstruiert, deren Zeugnisse uns dank der Freiwilligen von Save the Children und Human Rights Watch erreicht haben. Geschichten wie die der Kinder von Daraa schaffen es selten bis zu uns, doch wenn sie dir begegnen, sammle sie, lerne zu verstehen, woher sie kommen, und schrei sie heraus.

SCHREI, WENN SIE KINDER ZUM SCHWEIGEN BRINGEN.

Das Kapitel ist inspiriert von allen Geschichten der gefolterten und mit der Vergewaltigung ihrer Mutter und dem Tod ihres Vaters bedrohten syrischen Kinder. Für viele sind die Drohungen wahr geworden. Die Geschichte des sechsjährigen Alàa wurde den Freiwilligen von Save the Children in einem Flüchtlingslager in Jordanien von einem syrischen Kind erzählt.

Zur Geschichte von Hamza Ali al-Khatib siehe den Artikel von Hugh Macleot und Annasofie Flamand, »Tortured and Killed: Hamza al-Khateeb, Age 13«, in: *Al Jazeera*, 31. Mai 2011.

Die UNO hat 256 Zeugnisse für Folterungen an Minderjährigen gesammelt, die von Assads Regime in Syrien zwischen März und November 2011 verübt wurden. Die Geschichte von den Schülern und ihren Graffitis an den Mauern des Schulgebäudes, auf die erst die Repressalien der Sicherheitspolizei und dann die bekannten Proteste der Bevölkerung folgten, wird unter anderem in dem kurzen Dokumentarfilm von 2017 erzählt: *The Boy Who Started the Syrian War*.

Zum Ton der Antworten, die den Eltern gegeben wurden, die sich an die Behörden gewandt hatten, um etwas über ihre gefolterten und in vielen Fällen getöteten Kinder zu erfahren, siehe: Alia Malek, *The Home that was our Country: A Memoir of Syria*, New York 2017: »Die verängstigten Eltern wandten sich an die Behörden und fragten nach ihren Kindern. – Vergesst eure Kinder – war die Antwort. – Wenn ihr Kinder haben wollt, macht neue. Und wenn ihr nicht wisst, wie man das macht, bringt uns eure Frauen, dann kümmern wir uns darum.«

Zu Assads Unterdrückung des regimekritischen Wortes siehe Abdullah Alhallak, *Un vulcano chiamato Siria. Testi e testimonianze* (Ein Vulkan namens Syrien. Texte und Zeugnisse), Mailand 2018; Carla Del Ponte, *Gli impuniti. I crimini in Siria e la mia lotta per la verità* (Die Ungestraften. Die Verbrechen in Syrien und mein Kampf für die Wahrheit), Mailand 2018.

30.
LUFT

> Wenn es Meinungsfreiheit in China gäbe,
> hätte es keine Corona-Krise gegeben.
> VERNA YIU

Der Schrei des gerade aus dem Fruchtwasser gekommenen Neugeborenen, dem zum ersten Mal Luft in die Lungen strömt, ist der gleiche Schrei, der uns vom Leben trennt, wenn der Körper keine Luft mehr bekommt.

Der erste Schrei sagt der Mutter besser als jedes Wort, dass die Geburt abgeschlossen ist, das Leben begonnen hat.

Der letzte Schrei ist ein letzter Ruf vor dem Ende. Man findet ihn in Kriegsberichten: Die sterbenden Soldaten rufen »Mama!«.

Die Soldaten des Ersten Weltkriegs, die die Wirkungen des Senfgases erfuhren, erschraken so sehr, dass sie ihr ganzes Leben lang versuchten, es zu vergessen. Wer überlebte, wollte keinen Knoblauch und keinen Senf mehr im Haus haben, weil deren Geruch ihn an das Gift erinnerte, das er an der Front eingeatmet hatte.

Hitlerdeutschland entdeckte ein neues Gas, das Nervengas, das im Gegensatz zum Senfgas keinen Geruch, keine Farbe und keinen Geschmack hat. Dieses Gas drang in die Lunge ein, ohne dass man es merkte, leerte sie innerhalb weniger Sekunden und ließ den Menschen kaum mehr Zeit zu schreien.

Hunderte Liter dieses Gases wurden in Nazideutschland produziert, denn Hitler war besessen vom Gas, weil er das Gas überlebt hatte.

Hitler hatte, im Unterschied zu Goebbels, der am Ersten Weltkrieg nicht teilgenommen hatte, an der Front gekämpft und wollte das Zeichen eines Überlebenden des Gaskrieges im Gesicht tragen. Ja, dieser Schnurrbart, den heute keiner mehr will, um nicht mit den Gräueln der Naziherrschaft in Verbindung gebracht zu werden, dieser »Zweifingerbart«, den Charlie Chaplin zur Karikatur machte und der heute lächerlich wirkt, war ein klares Erkennungsmerkmal. Denn warum sollte man sich einen solchen Bart wachsen lassen, wenn Bärte doch eigentlich eine ästhetische Funktion haben? Warum keinen langen preußischen Schnurrbart, diesen Walrossbart, den Bismarck trug, oder den Zwirbelbart des Kaisers? Den dichten Latino-Bart von Emiliano Zapata oder, warum nicht, den üppigen Garibaldi-Bart?

Nein, Hitlers Schnurrbart hatte mit alldem nichts zu tun, und auch nichts mit dem Spitzbärtchen, das man früher »die Zierde des Kinns« nannte. Hitlers Bart war kein ästhetisches Ornament, kein Kontrast im Gesicht, um die Gesichtszüge hervorzuheben. Für Hitler hatte dieser Schnurrbart nur eine Bedeutung: »Ich habe das Gas überlebt!« Für Hitler war dieser Bart eine codierte Botschaft an alle, die die Schrecken des Gases erlebt hatten und die ihre langen Schnurrbärte hatten kürzen müssen, damit sie unter eine Gasmaske passten.

Er hatte sich den Bart so geschnitten, als er Rekrut war. Vorher war er lang und an den Enden geschwungen gewesen, wie die damalige Mode es vorschrieb. Doch der Bart musste auf diesen geraden Schatten über dem Mund zurückgestutzt werden, weil die Gasmaske über einem langen Schnurrbart auf den Wangen nicht mehr eng am Gesicht gehaftet hätte.

Gasangriffe sind so grausam, dass die Welt beschloss – zum ersten Mal 1925 in Genf, dann 1993 in Paris –, das Töten mit Gas zu verbieten, während es weiterhin erlaubt war, mit Bomben in die Luft zu jagen, mit TNT zu zerfetzen, mit Maschinengewehrsalven zu verstümmeln. Niemand darf einem Menschen die Luft nehmen, sie ihm aus der Luftröhre saugen, während der ganze Körper nach Luft giert: Die Poren suchen sie, die Augen suchen sie, die Nase sucht sie, der Mund, die Hände und die Leber. Ja, das Genfer Protokoll und die Pariser Konvention legten fest, dass dies nie mehr geschehen durfte. Aber es ist wieder geschehen,

Giftgase wurden von Mussolini in Libyen und Äthiopien eingesetzt, 1988 von Saddam Hussein gegen die Kurden in Halabdscha, 2013 und 2018 von Assad in Ghouta.

Wenn man im Ersten Weltkrieg den Geruch von Knoblauch oder Senf roch, bedeutete das, dass man viele Kilometer von bewohnten Orten entfernt war. Das Gas zu überleben, war eine Sache der Soldaten. In den Schützengräben zog man sich, sobald die Luft ungesund wurde, die Gasmaske über, die zur Ausrüstung gehörte, und genauso mechanisch, wie man sich den Helm enger schnürte, wenn es Granaten vom Himmel regnete, begann man durch den Filter der Gasmaske zu atmen.

In Ghouta aber, einer Region östlich von Damaskus, wo zwei Millionen Menschen lebten, setzte die syrische Regierung – und das kannst du dir jetzt vorstellen, weil ich dir von Assad erzählt habe – Gas gegen die Zivilbevölkerung ein, die keine Gasmasken zur Verfügung hatte. Egal, ob es schwangere Frauen oder kleine Kinder waren. Erst erschreckte das Regime die Menschen mit Granaten und Bombenangriffen, und wenn sie sich dann in den Kellern der Wohnhäuser selbst in die Falle begeben hatten, sog das Gas alle Luft aus diesen unterirdischen Räumen.

Die Überlebenden, die etwas entfernt von Assads Gas atmen konnten, filmten die Szenen, um alle Beweise zu sammeln, die sie dann den Ärzten und Freiwilligen von Human Rights Watch übergaben. Es sollte nicht möglich sein, zu bestreiten, dass sie Überlebende von Gasangriffen waren, das hätten sie nicht akzeptiert. Die Bomben, die sie fallen sahen, enthielten kein TNT, sondern giftige Dämpfe, und ihre noch immer verseuchten Körper bewiesen es.

Jedes Mal, wenn sie nach dem Aufprall einer Bombe keine Mauer einstürzen, kein Gebäude zusammenfallen, keinen Regen aus Gesteinsbrocken und keinen Brand sahen, bemerkten sie, dass die Menschen ringsum trotzdem starben, sie starben wie in einem Stillleben, in ihrer letzten Bewegung erstarrt: der eine beim Versuch zu fliehen, der andere beim Schreien, einer beim Versuch, mit dem eigenen Körper einen Sohn abzuschirmen.

Diejenigen, die nicht in unmittelbarer Nähe der Explosion geatmet hatten, konnten die Treppen hoch und hinaus auf die Straße laufen, um dann fast sofort auf dem Bürgersteig zusammenzubrechen. Die Körper, die nicht genug Kraft besaßen, um es auf die gegenüberliegende Straßenseite zu schaffen, bogen sich noch ein paar Sekunden lang unter Krämpfen. Sie starben, auch wenn es denen, die sie von ferne beobachteten, so vorkam, als lebten sie noch, denn sie sonderten Flüssigkeiten ab: Schaum aus dem Mund, Rotz aus der Nase, Fäkalien und Urin aus dem Bauch.

Die Hunde schossen davon, rannten wie der Blitz über die Straße, kamen aber fast nie auf der anderen Seite an, sondern brachen mitten auf der Straße zusammen, noch bevor der Kotflügel eines Autos sie streifen konnte. Wenn Frauen über die Straße liefen, legten sie, bevor sie stürzten, das Bündel in ihren Armen vorsichtig am Boden ab. Die Alten fielen rückwärts um, als hätte etwas Unerwartetes sie zurückgestoßen.

Wer das Glück hatte, die Dämpfe nur oberflächlich einzuatmen, konnte sich etwas weiter entfernen. Mit dem Auto, zu Fuß, auf dem Lastwagen eines Bekannten suchten diese Menschen nach frischer Luft. Mit allen Kräften drängten sie vorwärts, immer in der Angst, ihre Muskelkraft könne auch sie plötzlich im Stich lassen. Denn um sie herum hatten viele es versucht, aber ihre Beine hatten nicht durchgehalten.

Alle, die Lebenden wie die Toten, waren Ausdünstungen des Nervengases ausgesetzt gewesen, und alle – sowohl jene, die sofort zusammengebrochen waren, als auch jene, die fliehen konnten – wiesen Symptome von Erstickungsanfällen auf: Die einen zeigten Spuren einer Atemlähmung, andere hatten Krämpfe oder Schwindelanfälle, wieder andere erbrachen sich, verloren das Bewusstsein, hatten Durchfall, mussten unfreiwillig Wasser lassen oder liefen um die Augen und den Mund bläulich an.

Assad leugnete den Einsatz von Giftgas, und als die Fotos, die Filme, die Interviews und die Zeugenaussagen eintrafen, die Human Rights Watch, Ärzte ohne Grenzen und die Kommissare der UNO gesammelt hatten, sagte er, diese Raketen seien aus den Vierteln der Aufständischen abgeschossen worden, also von dem Teil der Syrer, die nach dem Arabischen Frühling von 2011 demonstriert hatten, um Demokratie, Reformen und schließlich auch Assads Absetzung zu fordern. Unter ihnen waren auch die Eltern von Alàa und seinen Freunden, den gefolterten und getöteten Kindern, von denen ich dir erzählt habe.

Bevor das Gas im Jahr 2018 wieder vom Himmel fiel, hatte ein Mann in den Kellern von Ghouta mit dem Handy das Weinen seiner Tochter gefilmt und das Video dann gepostet, in der Hoffnung, außerhalb von Syrien würde es jemand hören.

Das Weinen dieses Mädchens macht mich verrückt. Ich habe dieses Video sehr oft gesehen, weil ich wollte, dass mein Zorn niemals aufhört. Ich wollte nicht traurig, ich wollte wütend sein, weil Assad diesen Kindern die Luft zum Atmen nahm. Das blasse, in den grauen Schleier gezwängte Gesicht dieses Mädchens, seine zarte, vor Schluchzern brechende Stimme, die um Essen, um Decken bittet, darum, nach draußen gehen zu dürfen, nach Hause, und darum, dass der Bombenregen aufhört, ist mir in die Glieder gefahren und hat mich nie mehr verlassen.

Haben wir damals aufgeschrien? Nein, wir haben geschwiegen, wir haben den Mund gehalten. Wir haben zugelassen, dass das Gas wieder einmal eingesetzt wurde, wir haben uns damit begnügt, darüber zu debattieren, ob es sich um Sarin oder Chlorgas handelte ... Und während man feststellte, welche Art Gas benutzt wurde, hat nur dieses eine Mädchen geschrien.

Dieses Mädchen besitzt all den Mut, von dem ich in diesem Buch zu erzählen versucht habe. Dieses Mädchen steht weder auf Seite der Rebellen noch auf der Assads, es schreit, mehr nicht. Es hat Angst, ist zu Tode erschrocken, aber es schreit, es entscheidet nicht, denn es hat keine Wahl, es kann weder aufseiten derer sein, die das Gas abgeworfen haben, noch aufseiten der Islamisten des IS, die Assad bekämpfen. Sein Schmerz ist der wahre Befreiungskampf.

Fühl dich nicht stark, wenn du beschließt, den Weg des Schmerzes nicht zu gehen. Lass dich nicht von dem einwickeln, der sagt, dass

Trauerglocken immer Totenglocken sind. Oder von dem, der den grauen Schleier des Mädchens als Alibi benutzte, um die Glocken nicht zu hören.

Assad wird als einer der großen Schlächter in die Geschichte eingehen, wie Hitler oder Stalin. Trotzdem werden viele Leute bereit sein, ihn zu verteidigen – und sie tun es jetzt schon. Menschen, die sogar die Realität leugnen, die sagen, es gebe keine Beweise, die Videos seien keine Videos, die Stimmen seien keine Stimmen, die Zeugenaussagen keine Zeugenaussagen, die Toten keine Toten. Warum tun sie das?

Hat Assad sie bezahlt?

Hat Assad sie begünstigt?

Hat Assad sie zum Abendessen eingeladen?

Hat Assad sie je getroffen?

Hat Assad ihnen irgendeine Ehre erwiesen?

Haben sie, vielleicht heimlich, gemeinsame Interessen?

Nichts von alledem. Alle Diktatoren haben dieses große Glück: Sie haben überall Freunde, ohne sie sich verdienen zu müssen wie normale Menschen. Assad hat Freunde, die bereit sind, wie Löwen zu kämpfen, um seine Taten zu verteidigen, Freunde, die bereitwillig schwören, dass er nie Giftgas eingesetzt hat, nie Kinder foltern ließ, nie versucht hat, sein Volk zu strangulieren.

Warum? Warum tun sie das?

Weil sie glauben, das kleinere Übel zu wählen. Sie sind überzeugt, dass sie sich nur zwischen den Karten entscheiden können, die auf dem Tisch liegen. Und dabei gehen sie den Diktatoren in die Falle. Auch wenn du es nicht weißt, ein Diktator setzt dich immer an den schon gedeckten Tisch, er zwingt dich, zu glauben, dass es nur zwei Wege, zwei Möglichkeiten gibt. Das Problem ist aber, dass beide aus seiner Feder stammen. Die Alternative zu seinem Regime hat er selbst geschaffen, eben damit du wählen musst.

Das habe ich Dutzende Male in meiner Heimat erlebt. Wenn ein Boss einem Bauern seine Ländereien entreißen will, kommt er nicht sofort mit einem Angebot. Vorher verbrennt er die Ernte des Bauern, dann stiehlt er ihm die Werkzeuge, dann tötet er seine Tiere, und erst wenn der Bauer gebrochen ist, wenn er am Boden liegt, kommt der Boss mit seinem Kaufangebot.

Auch Assad hat das so gemacht. Einen Tag nach dem Beginn des Arabischen Frühlings hat er befohlen, die gewalttätigsten Islamisten, die sich der schlimmsten Verbrechen schuldig gemacht hatten, aus den syrischen Gefängnissen zu befreien. Dann hat er eine Weile abgewartet, damit sie sich ungestört bewegen, sich organisieren, neue Kämpfer rekrutieren und sich sogar bewaffnen konnten. Erst als sie zum schwarzen Block des IS angewachsen waren, hat er allen gesagt: Entscheidet euch, entweder ich oder das Inferno. Aber dieses Inferno hat er selbst geschaffen.

Das hatte schon Stalin in Katyn getan. Ja, er wandte die gleiche Strategie an, er ließ Tausende polnischer Offiziere umbringen und gab dann den Nazis die Schuld, um sich so als einzige Alternative zu Hitler zu präsentieren.

Für dich ist es heute selbstverständlich, dass es zwischen Stalin und Hitler keine mögliche Wahl gab, so wie es morgen offensichtlich sein wird, dass es zwischen Assad und dem IS keine gab. Dennoch würden viele schwören, dass Assad das geringere Übel ist.

Fall du nicht darauf rein, geh nicht in die Falle der falschen Alternative. Es gibt bei Assad ebenso viele »Katyn« wie Angriffe, die er als Werk des IS ausgab ... Ich sage es dir noch einmal, es ist eine uralte Strategie, Schrecken zu verbreiten, indem man einer wilden Bestie das Halsband löst, und, kurz bevor ihre Zähne sich in dein weiches Fleisch bohren, zu sagen: »Entscheide dich, entweder sie oder ich.«

Frag dich immer, ob es eine Wahl gibt.

Lies, vertiefe deine Kenntnisse, versteh.

Wie soll ich verstehen? Eine Rakete ist eine Rakete! Ich kann eine Rakete nicht fragen, wer ihre Großeltern mütterlicherseits sind, oder an ihrer dialektalen Färbung erkennen, aus welchem Viertel von Damaskus sie stammt. Raketen fallen, und dann finde mal heraus, wessen Kinder sie sind ...

Ist es das, was du mir sagst?

Nein, das stimmt nicht, auch Sprengstoffe, Geländewagen mit Ladeflächen für den Raketenabschuss, Maschinengewehre, Pistolen und Pumpguns erzählen ihre ganze Geschichte, so wie Menschen. Jedes Kaliber, jede Schussweite, jede Zündkapsel hat ein Herstellungsdatum, eine Fabrik, sie verweist auf eine Regierung, eine Transaktion zwischen zwei Ländern. So kannst du nach einem Angriff, der den Aufständischen zugeschrieben wird, die Überreste einer Rakete einsammeln, zum Beispiel einer vom Kaliber 140 mm, also einer Rakete, die große Mengen Sprengstoff zünden kann, die sich nicht fernsteuern lässt, die du nur aus einer Distanz von höchstens zehn Kilometern abschießen kannst.

Was soll ich damit?, wirst du fragen, mich interessiert das Wer, nicht das Wie.

Ja, aber zum *Wer* gelangst du nur über das *Wie*. Die Art Raketen, die von Assad mit Nervengas gefüllt wurden, gehörten nicht zur Ausrüstung der Rebellen. Ein Kaliber von 140 mm ist etwas aus alten Zeiten, man kann die Detonation nicht unvorbereitet auslösen, man befiehlt den Raketenabwurf nicht übers Internet. Um eine Rakete vom Kaliber 140 mm explodieren zu lassen, braucht man eine Abwurframpe, die auf einen schweren Panzerwagen montiert ist, einen vom Typ B-14, der heute nicht mehr hergestellt wird. Gegen Ende der Sechzigerjahre aber wurden mehrere Hundert dieser schweren Wagen von russischen Herstellern an die syrische Regierung verkauft.

Eine Rakete mit Sprengstoff zu füllen, ist relativ leicht, das kann auch ein aufmerksamer Zivilist, aber einen chemischen Wirkstoff in einer Rakete zu verbauen, ist etwas anderes. Für diese sehr schwierige Operation braucht man ausgebildete Mannschaften, die sich mit Schutzanzügen und Gasmasken vor den Ausdünstungen schützen können, weil das Austreten der kleinsten Menge Giftgas genügen würde, ihnen augenblicklich die Luft zu nehmen.

Gas zu benutzen, ist verboten, aber niemand bestraft die, die es tun. Assad hat es eingesetzt, und niemand hat ihn dafür zur Verantwortung gezogen. Doch vergiss nicht, wer chemische Waffen einsetzt, kann seine Spuren nicht verwischen, denn jeder Angriff mit Gas trägt eine eindeutige Unterschrift.

Wenn du gründlich recherchierst, wirst du früher oder später immer verstehen, du wirst die Unterschrift immer lesen können.

Halte dich nicht für schlau, wenn du glaubst, dass du zwischen A und B wählen konntest. Frag dich stattdessen, ob A und B nicht dasselbe sind. Du darfst dich erst dann stark fühlen, wenn du den Betrug hinter der vermeintlichen Auswahl erkennen kannst. Sich für den Besseren zu halten, ohne einer Sache auf den Grund gegangen zu sein, ist, als würde man glauben, man könnte einen Boxkampf gewinnen, wenn man einmal im Monat trainiert. Die Muskeln, die Beweglichkeit der Beine, die Schnelligkeit der Rechten erfordern ständiges Training, Zeit und Mühe. So ist es auch bei der Suche nach der Wahrheit.

Das Gleiche trifft auf die Toten im Mittelmeer zu – man verlangt von dir, dich zwischen A und B zu entscheiden.

»Was willst du«, fragt man dich, »die Menschen retten oder sie an der Ausreise hindern? Denn je mehr du rettest, desto mehr werden kommen!«

Doch zwischen diesen beiden Optionen gibt es keine Wahl, wer es so darstellt, spielt nur das Spiel von Stalin in Katyn oder von Assad in Ghouta: Er verdoppelt sich selbst und sagt dir dann, dass du wählen kannst. Wer dir das erzählt, will gar keine Lösung, er fragt dich nur, wie du diese Menschen lieber sterben sehen willst: »In den lybischen Gefängnissen oder im Mittelmeer?« Und je öfter du sagst, dass du ihren Tod *nicht* willst, desto öfter wird dieser Mensch dich fragen, *wie* sie deiner Meinung nach sterben sollen.

Dieser Kurzschluss in der Kommunikation wird dadurch ermöglicht, dass du eine Lösung finden willst, während derjenige, der dich zwingt, zu wählen – der dir A oder A vorschlägt –, das Problem mitnichten angehen oder lösen will, er will dich nur davon ablenken. Aber das will er mit deinem Segen, mit deiner Zustimmung, sogar mit deiner Beteiligung tun.

Wähle nie zwischen A und A. Wenn sie dich zu einem »A gleich A« zwingen wollen, dann schrei! Stürz den Tisch um, wenn du merkst, dass die Karten, die sie darauf abgelegt haben, alle gleich sind. Entscheide dich niemals zwischen dem, der mehr gestohlen hat, und dem, der weniger gestohlen hat, zwischen dem, der mehr getötet, und dem, der weniger getötet hat, verweigere dich immer diesem Betrug, denn es gibt keine mögliche Option, wenn zwischen den Alternativen, die sie dir unterbreiten, deine eigene fehlt. Wenn die Alternative, die sie dir vorschlagen, eine falsche Alternative ist, heißt das, du musst die Alternative, du musst deine Partei selbst finden. Und wenn es deine Partei nicht gibt, mach dich selbst zur Partei, werde aktiv. Ich habe mich bewusst für die Form eines Buches entschieden, um zu dir zu sprechen, und jetzt sage ich dir, warum.

Wenn ein Buch uns sehr gut gefällt und wir dann den Film oder die Serie sehen, die nach diesem Buch gedreht wurden, sind wir nie zufrieden. Ist dir das schon mal aufgefallen? Die Umsetzung dessen, was wir gelesen haben, durch einen Regisseur entspricht nie dem Universum, das das Buch in uns geöffnet hat, dem, was wir uns vorgestellt haben, den geistigen Vorgängen, die es angeregt hat, den Überzeugungen, zu denen wir durch die Lektüre gelangt sind, den Mechanismen, die es ausgelöst hat. Meistens machen wir den Regisseur oder den Drehbuchautor dafür verantwortlich, wir nennen ihn einen Verräter: »Er hat sich nicht an den Text gehalten!« Doch vielleicht hat er sogar mit dem Schriftsteller gesprochen, hat sich von ihm beraten lassen, hat ihm Fragen gestellt, gerade weil er ihm treu bleiben wollte.

Was in der Verfilmung fehlt, was wir darin nicht finden, konnte der Regisseur aber gar nicht hineinbringen, weil es nicht im Buch steckte. Es war in uns, wir haben es aufgebaut, als wir jedes Wort mit einem Stein verbanden. Der Regisseur hat nicht die geringste Chance, aus der Hälfte des Buches zu schöpfen, die vom Leser gebaut wurde.

Denn ein Buch ist kein fertiges Endprodukt, kein geschlossener Kreis, kein »Alles-inbegriffen-Paket«. Es ist kein Film, es ist keine Serie auf Netflix, in der man schon alles findet, was gebraucht wird: Ton, Bild, Gedanken und Handlungen, Ursache und Wirkung.

Wenn du liest, kannst du nicht passiv bleiben, du kannst das Schauspiel nicht auf dem Sofa liegend genießen. Wenn du bei einem Buch nicht aktiv wirst, wenn du ihm keine Bilder, Körper und Stimmen verleihst, bewegt sich gar nichts. Wenn du bei einer Abzweigung nicht selbst entscheidest, welchen Weg du nimmst, bleiben die Worte des Buches hilflos. Darum habe ich mich für ein Buch entschieden und für keine andere Form, um zu dir zu sprechen. Um das Brot zu brechen. Eine Hälfte für mich, eine Hälfte für dich.

Jede Nacht, in der ein Boot umkippt, schreien die Kinder, die ins Meer fallen, nach ihren Müttern. In der schwarzen Luft schreien sie »Mama!«. Wenn das Wasser unter ihnen eiskalt ist und der Himmel darüber nachtdunkel, schreien sogar die Erwachsenen »Mama!«. Das schreien sie auch am Tag, wenn sie seit Stunden auf dem Meer sind und keine Hilfe kommt, wenn sie in der Ferne sogar das Festland sehen können, ihnen aber bei jedem Ruderschlag Wasser ins Gesicht schwappt, eine Welle aus Salz ihnen in die Nase dringt und alle Luft aus ihren Lungen verdrängt. Wenn sie die Ruder nicht mehr bewegen können, schreien sie »Mama, ich schaff es nicht mehr!«, »Mama, ich gebe auf!«, »Mama … es ist vorbei!«. Sie rufen die Mutter, die bezahlt hat, um sie am Leben zu erhalten, als sie in den lybischen Lagern festsaßen. Sie hat bei sämtlichen Verwandten die Runde gemacht, damit das Geld für die Gefängniswärter ankommt.

Keine afrikanische Familie zählt weniger als hundert Personen, denn die afrikanische Familie muss alle Strukturen ersetzen, die es in Afrika nicht gibt. Wenn du einen schnellen Überblick haben willst, wie viele Strukturen, wie viele Institutionen, wie viele Rechte in einem Land fehlen, versuch herauszubekommen, wie groß die durchschnittliche Familie in diesem Land ist. Ob sie sich auf die Verbundenheit zwischen Eltern und Kindern beschränkt und dabei höchstens die Großeltern einbezieht oder ob es einen Zusammenhalt aller Cousins und Cousinen, Onkeln und Tanten, Neffen und Nichten bis zum dritten, vierten Grad gibt, egal ob blutsverwandt oder angeheiratet.

In Ländern, in denen ausschließlich das Militär oder wenig mehr die öffentliche Ordnung garantiert, kann man sich nur an die Familie klammern. Davon war in diesem Buch schon die Rede, erinnerst du dich? Wenn die Infrastruktur fehlt, wenn der Staat wegschaut, wenn nichts den Einzelnen stützt, wird ein Cousin dir helfen, Arbeit zu finden, ein Onkel dich aus dem Gefängnis holen, und auch wenn du heiratest, wird es besser für dich sein, im Umkreis des Familienclans zu bleiben, dann riskierst du nichts, dann kannst du sicher sein, dass der Mensch, der sich mit dir verbindet, auf deiner Seite steht.

Je mehr Rechtsstaatlichkeit, je mehr Arbeit, je mehr Gesetzmäßigkeit es in einem Land gibt, desto mehr Chancen hast du, dich von deiner Familie zu lösen und deine eigenen Träume zu verfolgen. Je mehr von alldem fehlt, desto eher musst du dich damit abfinden, Teil des Traums deiner Familie zu sein. Und wenn du resignierst, wenn du dich der Erpressung eines Traums beugst, obwohl er nicht deiner ist, wird jeder Tag Opfer von dir verlangen.

Wenn in Afrika einer Pech hat, wenn er allein bleibt, wenn er verloren ist, schreitet die Familie ein. Die Mutter fängt im Morgengrauen an, alle Verwandten abzuklappern, die, die in der Nähe wohnen, und die, die weit entfernt leben. Sie bittet sie um Hilfe für den Sohn, der in Schwierigkeiten steckt, für den Sohn, der in Libyen mit dem Tod ringt, den Sohn, den man jetzt zurückholen will. Mit dem Geld der ganzen Familie bezahlt sie die Gefängniswärter, damit sie ihn wenigstens am Leben lassen, ihm zu essen geben, ihn aus dieser Hölle befreien, ihn nach Hause schicken. Doch zurückschicken werden die Gefängniswärter ihn niemals, denn auf dem Rückweg ist er nichts mehr wert, während er, wenn es weitergeht, immer noch den Preis für seine Freilassung wert ist, den er bezahlen wird, sobald er im Land der Arbeit angekommen ist. In Ländern ohne Rechte ist nichts umsonst, nicht mal in einem Gefängnis direkt vor dem Mittelmeer gefoltert zu werden, nicht mal ein Platz auf einem schlechten Schlauchboot, wo die Dieselschwaden und das Salzwasser dir die Beine verbrennen, und auch ein Schlafplatz in einem leer stehenden Haus in einer europäischen Stadt hat einen gesalzenen Preis, der mit einem oder zwei Jahren Arbeit dort, wo der Schiffbrüchige ankommt, bezahlt werden muss – wenn er denn ankommt. Erst wenn dieser Schiffbrüchige seine Schulden beglichen hat, wird er anfangen, Geld nach Hause zu schicken.

Vergiss das nicht, die Menschen, die die lybischen Lager überleben, haben zu Hause eine Mutter, die bezahlt hat, damit sie am Leben bleiben, es ist dieselbe Mutter, die ihre Kinder an ein grausames Schicksal gekettet hat, indem sie sie zur Welt brachte. Doch nach dieser Mutter rufen sie zum letzten Mal, wenn alles aus ist, denn ihr Schicksal mag noch so grausam gewesen sein, der letzte Schrei ist wie der erste.

»Mama ... es ist aus!«, war auch der letzte Schrei von George Floyd. Seine Geschichte kennst du wahrscheinlich schon, und dann weißt du auch, dass ihm die Luft, die er im Körper hatte, für eine lächerliche Summe genommen wurde, zwanzig Dollar, ein falscher Geldschein, mit dem er ein Päckchen Zigaretten gekauft hatte. Ein Schein, von dem George Floyd höchstwahrscheinlich nicht wusste, dass er gefälscht war – warum wäre er sonst rauchend vor dem Laden stehen geblieben, wo er mit dem Schein bezahlt hatte?

Auf jeden Fall können zwanzig Dollar nicht der Preis für ein Leben sein.

Genau das ist aber an jenem Tag, dem 25. Mai 2020, in Minneapolis passiert. Floyd saß noch rauchend vor dem Tabakladen in seinem Auto, da klopften zwei Polizisten ans Autofenster und befahlen ihm, auszusteigen. George öffnete die Tür, stieg aus und ließ sich Handschellen anlegen. Als sie ihn gegen die Hauswand des Tabakladens stießen, hockte er sich auf den Boden und wartete. Er wartete, während die Polizisten miteinander sprachen, er wartete, während sie ihre Kollegen anriefen, er wartete, während die Polizisten die üblichen Verfahren einleiteten.

Als die Verstärkung eintraf, hat George Floyd sich zum Polizeiauto führen lassen, ohne Widerstand zu leisten, ohne zu protestieren, ohne zu fluchen. Doch als er einsteigen sollte, hat ihn etwas zurückgehalten. Er muss überlegt haben, wie viel Kubikmeter Luft in dem hinteren, von der Fahrerkabine abgetrennten Raum des Autos enthalten sein mochten, und hat wohl geschlossen, dass es wenig war. »Mann, ich leide an Klaustrophobie, ehrlich. Ich kann da nicht atmen«, hat er dem Polizisten gesagt. Vielleicht hat er auch überlegt, dass er vom Kopf bis zum Becken neunzig Zentimeter maß und vom Becken bis zu den Füßen noch mal hundert, außerdem von einer bis zur anderen Schulter mindestens fünfundsechzig, und dass all diese Zentimeter niemals in den hinteren Raum passten oder sich jedenfalls ziemlich zusammenquetschen mussten. »Ich kann da nicht atmen«, hat er wieder gesagt. Wenn sie mit einem anderen gepanzerten Wagen gekommen wären, vielleicht einem Transporter, wäre das klaustrophobische Gefühl wahrscheinlich verschwunden, denn in einen Transporter steigt man ein und aus wie über die Treppe im eigenen Haus.

Als der Beamte Derek Chauvin eintraf und das Kommando übernahm, wollte er keine Zeit mit derlei Betrachtungen verlieren, er zog es dagegen vor, George Floyd für seine friedliche Weigerung zu bestrafen. Er fragte sich auch nicht, ob es eine übertriebene Maßnahme war, einem Mann Handschellen anzulegen, weil er vermutlich einen gefälschten Zwanzigdollarschein in Umlauf gebracht hatte, und ebenso wenig kam ihm der Gedanke, dass ein derartiger Einsatz von Polizeikräften – vier, ihn eingeschlossen – womöglich unangemessen war, um einen unbewaffneten Mann festzunehmen, der den Zigarettenverkäufer weder getötet noch verletzt noch bedroht hatte. Chauvin überlegte nicht, ob er sich angesichts einer offensichtlichen Panikattacke nicht weniger feindselig, weniger bedrängend, weniger grausam verhalten sollte, denn für ihn war George Floyd kein Bürger, der vielleicht einen Fehler gemacht hatte, sondern ein Gegner, den er mit eiserner Härte behandeln musste. Um den Kampf gegen diesen Gegner zu gewinnen, befahl Derek Chauvin seinen Kollegen, George zu Boden zu werfen und neben das Auto zu schleifen, wo er selbst ihn bewegungsunfähig machte, indem er ihm ein Knie auf den Hals setzte, sodass Georges Gesicht vor dem Autoreifen auf den Asphalt gedrückt wurde.

Was an dieser Geschichte so unglaublich ist, was sie so außergewöhnlich macht, ist, dass Derek Chauvin etwas wusste, was andere Polizisten wie er – Polizeibeamte, die beim Missbrauch ihrer Macht entdeckt werden – nicht wussten: Derek Chauvin wusste, dass er von einer Videokamera aufgenommen wurde. Während er sich mit seinen schweren Springerstiefeln auf dem Asphalt abstützte, um Druck auf George Floyds Hals auszuüben, nahm ihn eine Videokamera auf, und das war ihm bewusst. Er wusste also auch, dass die Art und Weise, wie er diese Verhaftung durchführte, von allen gesehen werden würde. Seine Verwandten würden ihn in den Fernsehnachrichten sehen, ein Lehrer in Oslo würde ihn sehen, ein Student in Dakar, ein Kommissar der UNO in New York, ein Arbeiter in Hongkong. Derek Chauvin wusste, dass man ihn für immer in dieser Haltung in Erinnerung behalten würde: wie er, die Hände in den Hosentaschen, ohne sich zu schämen, ohne sich anzustrengen, George Floyd auf den Boden presste. Er wusste, dass George Floyd nicht mehr viel Luft in der Lunge blieb, denn George selbst hatte es ihm gesagt, er selbst hatte ihn gebeten, sein Knie ein wenig anzuheben, damit er atmen konnte.

Aber Derek hob das Knie nicht an, er riet George, den Mund zu halten, weniger Luft zu verbrauchen.

Acht Minuten und sechsundvierzig Sekunden brauchte Derek Chauvin, um alle Luft aus George Floyds Lunge zu drücken. Acht Minuten und sechsundvierzig Sekunden, in denen er völlig gelassen bleibt, den Blick starr in die Videokamera gerichtet.

Als Floyds Lungen schließlich keine Luft mehr zur Verfügung haben, fängt sein ganzer Körper an, sie zu suchen, die Poren suchen sie, die Augen suchen sie, die Nase sucht sie, der Mund, die Hände und die Leber. Zuletzt schreit George Floyd: »Ich atme nicht mehr ... Mama, es ist aus!«

Als die Augen der Welt dieses Video sehen, identifizieren sich die Schwarzen sofort mit George Floyd.

Und die Weißen? Nein, die Weißen identifizieren sich nicht mit Derek Chauvin. Die Menschheit ist eine: Es gibt keine Weißen und Schwarzen, es gibt keine Frauen und Männer, Erwachsene und Kinder, Muslime und Juden, es gibt nur Gerechtigkeit und Ungerechtigkeit, und das ist der einzige Wettstreit, bei dem du Partei nehmen darfst.

Ich habe einen Krankenpfleger gefragt, einen, der in den dunklen Monaten der Pandemie in der Poebene an vorderster Front stand. Ich habe ihn gefragt, was man empfindet, wenn man mit Covid-19 infiziert ist. Er sagte, es sei, als würde dir jemand urplötzlich die Luft abdrücken, als würde man dich zwingen, plötzlich unter einem sehr starken Wasserfall zu atmen, als würde dir eine Pumpe in den Mund gestoßen, die dir alle Luft aus der Luftröhre saugt, und dann fängt dein ganzer Körper an, sie zu suchen, die Poren suchen sie, die Augen suchen sie, die Nase sucht sie, der Mund, die Hände und die Leber, genauso wie das Kind es bei seiner Geburt tut, wenn es aus dem Fruchtwasser gerissen wird und ihm zum ersten Mal unerwartet und sehr schmerzhaft Luft in die Lungen strömt.

Derselbe Krankenpfleger hat mir vom unaufhörlichen Sirenengeheul der Krankenwagen erzählt, davon, wie sich die Anrufe schwindelerregend vervielfachten, von den vielen Menschen, die ihm am Morgen die Tür öffneten, damit er einen Kranken abholen konnte, und die dann nachmittags selbst abgeholt werden mussten.

»Wir sind nicht im Krieg!«, hat dieser Krankenpfleger gesagt. »Die Metapher vom Krieg ist falsch! Wir sind nicht im Krieg, wir müssen gemeinsam vorgehen. In einer Notlage müssen wir uns umeinander kümmern, in einer Notlage brauchen wir gegenseitiges Verständnis, Gespräche und eine gemeinsame Richtung, denn wir müssen nicht siegen. Wir müssen gesund werden. Es ist völlig unwichtig, wie wir dieses Virus in hundert Jahren nennen werden, ob wir ihm eine Nationalität geben, ob wir uns an das Virus als chinesisches, italienisches oder amerikanisches Virus erinnern werden. Es ist unwichtig, wer als Erster einen Impfstoff entwickeln wird. Wir stehen nicht an gegnerischen Fronten, es gibt keine Generäle, wir müssen keine militärischen Ziele bombardieren und Eisenbahnstrecken oder Flughäfen in die Luft sprengen. Entweder wir werden gemeinsam gesund, oder niemand wird sich retten können ...«

Ja, er hat recht, wir sind nicht im Krieg, im Krieg lernt man, allen zu misstrauen, die eigene Rettung für das Wichtigste zu halten, an den eigenen Keller als sicherste Zuflucht zu denken, Grenzen mit Stacheldrahtzäunen zu schützen. Die Metapher vom Krieg ist nützlich, um Corona mit der Politik zu verbinden, aber der Umgang mit der Pandemie ist keine politische Frage, und ebenso wenig geht es darum, ob man für die »Schwarzseher« oder die »Leugner« Partei ergreifen soll.

Der einzige Unterschied ist der zwischen vereint und getrennt, wobei »vereint« bedeutet, für die Schwächeren zu sein, und »getrennt«, zum Nachteil der Schwächeren zu handeln.

Der Umgang mit der Pandemie ist keine politische Frage, er ist eine Frage von Rechtsstaatlichkeit und Demokratie. Je weniger Rechtsstaatlichkeit und Demokratie es gibt, desto schneller schreitet die Pandemie voran, und ihre Schäden haben einen Kaskadeneffekt, einer ist im anderen enthalten, wie die Matrjoschka-Puppen.

»Wir sind nicht im Krieg!« Der Krankenpfleger hat recht, auch der Impfstoff ist politisch weder links noch rechts, denn die Antworten der Wissenschaft sind nie rechts oder links. Und wenn man die Wissenschaft für politische Propaganda benutzt, kommen grausame Wissenschaftler vom Typ Lysenko dabei heraus, von dessen pseudowissenschaftlichen Verirrungen ich dir erzählt habe. Fall nicht darauf herein, bewahre dir deinen klaren Verstand, schau nie mit den Scheuklappen deiner politischen Orientierung oder deiner Religion auf die Wissenschaft. Um mehr Chancengleichheit zu schaffen und die Bürgerrechte zu wahren, muss die Wissenschaft frei sein und sich nur dann zu Wort melden dürfen, wenn sie ausreichend Daten besitzt, wenn sie genügend Studien durchgeführt hat, wenn die Diskussion sich auf gleichwertige und seriöse Studien stützt. Niemals darf in der Diskussion eine Studie gegen eine Meinung ausgespielt, die Durchführung von Versuchen als Alternative zu optimistischen Beschwörungen dargestellt, ein Wagnis anstelle eines ausgewogenen Verfahrens angeboten werden.

Die Politik hat die Wissenschaftler gezwungen, sich im Tempo von Internet und Presseagenturen zu Corona zu äußern. Die Politik hat die von den Wissenschaftlern nach und nach angestellten Vermutungen jedes Mal wie Orakelsprüche präsentiert und ihnen so die Autorität genommen. Das wissenschaftliche Vorgehen erfordert Überprüfungen, nicht die Vorahnung eines Sechsers im Lotto. Wissenschaftler brauchen lange Zeiträume für ihre Beobachtungen und die systematische Auswertung der Daten. Eine wissenschaftliche Theorie kann nicht von einem Blogger, einem Influencer oder einem scharfsinnigen Leitartikler auf der Grundlage von Gefühlen und Eindrücken entwickelt werden. Schnelle Antworten sind keine Sache der Wissenschaft. Die Wissenschaft muss Daten vergleichen, Daten, die im Krankenhaus erhoben, die von Notärzten beobachtet, die von Forschern im Labor gewonnen wurden. Eine Hypothese ist für die Wissenschaft nicht mehr als ein Arbeitsprogramm, ein Forschungsprozedere, eine Fährte, die verfolgt wird, sie ist keine Antwort. Aber jedes Mal, wenn ein Wissenschaftler, ein Arzt oder ein Virologe ein Forschungsprozedere vorstellt, verbreitet das Netz seine Aussagen wie eine bestätigte Wahrheit.

Wir haben von den Virologen, den Ärzten, den Forschern verlangt, uns im Minutentakt zu erzählen, was sie gerade im Mikroskop sahen, und dabei vergessen, dass eine Momentaufnahme für die Wissenschaft nicht ausreicht. Der Kurzschluss deiner Waschmaschine bei Gewitter ist keine Wissenschaft. Wissenschaft ist der Kurzschluss sämtlicher Waschmaschinen der Welt bei Gewitter.

»Wir sind nicht im Krieg!« Das Gegenteil zu behaupten, ist gefährlich, weil im Kriegszustand alles in den Hintergrund rückt, auch die Zeiten, die die Wissenschaft braucht, die Pflichtethik und die Methode.

»Wir sind nicht im Krieg!« Auch aus einem anderen Grund sind wir es nicht, denn im Krieg hört man auf, wachsam zu sein, die Scheinwerfer gehen genau dort aus, wo sie eigentlich immer eingeschaltet bleiben müssen. Und von dieser Stille, diesen nur noch auf die Krankheit gerichteten Scheinwerfern profitiert dann die Organisierte Kriminalität.

Jeder Tag der Pandemie hat Blutungen verursacht, die kriminelle Organisationen sofort begierig gestoppt haben.

Stell dir das Viertel Matamoros in Mexiko-Stadt an der Grenze zu den USA in den Tagen vor, in denen das Fieber aufflammt und die Menschen nicht wissen, was sie davon halten sollen, in denen sie nicht verstehen, aber die alten Menschen sterben sehen. Es sind viele, zu viele, ihre Anzahl lässt sich nicht vergleichen mit denen, die normalerweise sterben, und sie alle haben die gleichen Symptome: Sie fühlen, wie sie ersticken, sie bekommen keinen Sauerstoff mehr in ihre Lungen, nachts findet man sie reglos mit aufgerissenen Mündern.

»Was ist das?«, fragen die Menschen. Doch der Staat antwortet ihnen nicht, er hält sich zurück, weiß nichts, versteht auch nicht. Er scheint seinen Bürgern zu sagen: »Kümmert euch selbst darum.« Aber sie können sich nicht selbst kümmern, sie erkranken weiterhin, und als die Regierung die ersten Schließungen anordnet, wird das Einkommen knapper, die Einkäufe werden von Woche zu Woche spärlicher, und dann reicht es nicht mehr bis zum Monatsende. Da tauchen in den leeren Straßen von Matamoros die ersten SUVs auf, Dutzende SUVs. Einer hinter dem andern, wie ein düsterer Trauerzug.

Die Frauen beeilen sich, ihre auf den Balkonen spielenden Kinder hereinzuholen, sie schließen die Rollläden, während die Männer die Fallgitter der Geschäfte herunterlassen. Alle sind auf eine Schießerei gefasst, eine Abrechnung, einen Kampf zwischen den Kartellen. Denn das passiert täglich in Matamoros, wo Corona das Morden nicht aufgehalten hat – in Mexiko verzeichnet man seit Beginn der Epidemie neunundneunzig Tote am Tag, einer mehr im Vergleich zu den Monaten davor.

Mit SUVs wurden in den Straßen von Matamoros immer nur Waffen und Drogen transportiert, niemals etwas anderes. Darum verlässt niemand das Haus, als die bedrohliche Kolonne der SUVs anhält, doch die Blicke der Menschen hinter den Rollläden sind besorgt, sie wollen den Grund für diesen Besuch erfahren. Beim Klacken des ersten Kofferraums an der Spitze der Kolonne weiten sich die Pupillen, sie halten das für den Beginn eines Maschinengewehrfeuers. Doch da öffnen sich die Wagentüren eine nach der anderen, und eilfertige Arme machen sich ans Entladen. Sie entladen ... Tüten, Tausende Tüten aus dem Supermarkt. Darin sind Öl, Milch, Brot, Honig, Nudeln, Bohnen, Reis, Soße und Zucker. Hinter den Vorhängen atmen alle erleichtert auf.

Als sie dann den ersten Mutigen erblicken, der sich der Wagenkolonne nähert und eine Tüte geschenkt bekommt, stürzen alle auf die Straße, obwohl die Leute, die die Wagentüren geöffnet haben, schreien: »Te traeré la comida, abuela ... Quédate en casa, no bajes, quédate en casa ... no bajes, abuela!« Aber immer mehr Familien kommen heraus, Kinder, Alte. Einer der Männer aus den SUVs geht zum Kofferraum, wühlt darin, nimmt einen Brustlatz, hängt ihn sich um und macht mit dem gut sichtbaren Brustlatz ein Foto von den Kindern, den Müttern, den Alten, die herbeigelaufen sind, um die wunderbaren vollen Einkaufstüten von Matamoros zu erhalten. Auf dem Brustlatz steht »Golf-Kartell«, und alle, die ihre Tüten soeben nach Hause gebracht haben, wissen, was das bedeutet, denn schon oft haben sie für das Golf-Kartell das lokale Marihuana und Heroin und das kolumbianische Kokain in Zellophan verpackt, damit es über die Grenze bis ins Herz der USA reisen kann.

Nein, sie fragen sich nicht, warum das Golf-Kartell jetzt Lebensmittel verteilt. Essen ist Essen, und wenn du Hunger hast, streckst du die Hand aus und nimmst es, von wem auch immer.

Die vom Kartell wollen ihre Leute schützen, den Stadtvierteln helfen, die sie kontrollieren, sich ihre Arbeitskräfte erhalten, denn sie wissen, dass sie ohne diese Menschen nicht weit kommen. Also organisieren sie zweimal pro Woche diese SUV-Kolonnen, sie helfen früher und besser als ihre Nachbarn, die USA, die den eigenen Bürgern wochenlang keine Hilfe gewähren, sie ohne Unterstützung und ohne jeden Schutz lassen: Hausmeister, Fahrer, Krankenpfleger, Haushaltshilfen, alle werden alleingelassen und müssen sich selbst helfen. Wer kann, verbarrikadiert sich zu Hause, schützt sich, während die, die nichts haben, weiter arbeiten, ja die Situation nutzen, um doppelt so viel zu arbeiten, denn ihr Präsident hat ihnen ja versichert, dass nur die Schwachen sich das Virus einfangen. Doch dann erkranken auch sie in exponentiell steigender Zahl, stecken sich gegenseitig an, bis sie ausscheiden.

Erst in dem Moment begreift die amerikanische Gesellschaft, dass sie gerade die Menschen, auf denen ihre Effizienz basiert, im Stich gelassen und schlecht behandelt hat, dass es diese Menschen sind, denen weniger Rechte, keine Unterstützung und Fürsorge gewährt wurden. Aber die verweigerten und eingeschränkten Rechte werden für die Bessergestellten jetzt zum Problem, denn ihre Köche, ihre Chauffeure, ihre Babysitter, ihre Hundesitter erkranken und lassen sie allein – ohne Fahrdienst und Haushaltshilfe, mit knittrigen Kleidern, mit nicht ausgepackten Koffern, mit der Wohnung, die geputzt, dem Mittagessen, das gekocht, dem Kind, das beaufsichtigt, dem Einkauf, der gemacht werden muss. All jene, die glaubten, die Welt im Griff zu haben, sie am Laufen zu halten – Bankdirektoren, Politiker, Berater, Großaktionäre, Investoren –, erkennen, dass sie ohne die anderen wie gelähmt sind, keinen Schritt mehr tun können. Jahrelang haben sie auf Kosten eines vergessenen, vernachlässigten, schlecht bezahlten Teils der Gesellschaft gelebt. Einer sozialen Schicht von entscheidender Bedeutung, die diesen Leuten jetzt erzwungenermaßen die Rechnung für ihre Marginalisierung präsentiert.

Na ja, wirst du sagen, wenigstens einmal hat es in Italien besser geklappt. Nein, in Italien hat es nicht besser geklappt, denn in Italien hat die pandemische Notlage eine Krise verschlimmert, deren Keime wir seit langer Zeit im Körper der Nation tragen. Der Norden, die wirtschaftlich reichste Region Italiens, die zu oft gedacht hat, dass sie gegen das organisierte Verbrechen immun sei, dass die Camorra und die N'drangheta ein Phänomen Süditaliens sind, die dem Süden einen Mangel an Moral vorwirft, mangelnden Willen zu arbeiten und mangelnde Produktivität – dieser Norden öffnet jetzt allmählich die Augen und sieht die Wirklichkeit so, wie sie ist. Im Süden schießen die Mafia-Organisationen und rekrutieren Arbeitskräfte, im Norden dagegen werden sie fett. Im Süden arbeitet die Mafia ohne jede Schnittstelle, benutzt ihre echten Nachnamen, ihre eigene Sprache, im Norden dagegen lässt sie Zwischenhändler, Anwälte, Steuerberater und Investoren für sich arbeiten. Denn das Mafia-System ist vor allem mimetisch, es nimmt die Farbe des Körpers an, in den es sich integriert. Im Süden bedeutet die Mafia Folklore, Prozessionen, ein Schutzpatron, oft der Letzte, dem man sich verschreibt, im Norden bedeutet sie Liquidität, Investition, Umsatz, Unternehmen. Darum ist der Norden während der Pandemie von dem Mechanismus überrollt worden, der den Süden zerfleischt hat, und das, während die ganze Region in Flammen stand. In dieser Hinsicht ist der Süden stärker, denn er ist das Leben in gebückter Haltung gewohnt, der Norden aber hat noch immer die Illusion, gegen Organisierte Kriminalität immun zu sein. Als die Unternehmer der Brianza in der Lombardei einer nach dem anderen untergingen, war das ein umso größeres Trauma, als es völlig unerwartet kam.

Hier ist kein anthropologischer Unterschied im Spiel, es ist nicht so, dass die Leber oder der Magen eines Unternehmers aus Caserta keine Tritte spüren, nein, dieser Mann ist nur an Tritte gewöhnt. Wenn ihn die Gewalt, die immer straffrei bleibt, vor seiner Haustür erwartet, ist er nicht überrascht, im Gegenteil, er tut das, was der Priester und Kämpfer gegen die Mafia Don Puglisi tat, als er vor seinen Mördern stand. Er dreht sich einfach um und sagt: »Damit hatte ich gerechnet.« Der Unternehmer aus der Brianza aber hatte nicht damit gerechnet, denn man hatte ihm eingeredet, dass der Staat nur im Süden abwesend ist, dass das organisierte Verbrechen nur im Süden ungestört agiert.

Männer wie Gelindo Riva, Lorenzo Rigamonti oder Loris Bonacina ... Das sind erfundene Namen, ich schreibe sie nur, damit du dir die Situation besser vorstellen kannst. Stell dir also vor, diese Namen hätten ein Gesicht, eine Stimme, einen schmächtigen Körper, oder nein, eher die dunkle Haut und die kräftigen Hände eines Mannes, der im Leben immer gearbeitet hat, dem im Leben nie etwas geschenkt wurde, der nie Rabatt bekam und nie darum bat. Stell dir einen Mann vor, der in Brianza sein eigenes Hotel – einen Familienbetrieb – aus dem Nichts geschaffen hat, der sich Tag und Nacht darum kümmert wie um sein Kind. Er wacht bei Tagesanbruch auf, schlägt sich die Nächte mit Kalkulationen um die Ohren, macht nie Ferien, ein unermüdlicher Arbeiter, penible Kontrolle der Bilanz, die stimmen muss, stets pünktliche Bezahlung der Zulieferer. Wenige Angestellte, ausgewählte Speisen, gepflegte Geranien an den Balkonen, gebügelte Laken, die frisch gewaschen duften. Nie eine Zahlungsfrist überschritten, keine Steuerschulden, keine unbezahlten Bußgelder, kein Strafzettel, niemals verspätete Entlohnung der Angestellten.

Dann kommt Corona, der Betrieb steht still, und der Staat verordnet überall Kurzarbeit. Doch das Kurzarbeitergeld kommt nicht an, also stopft Gelindo Riva die Löcher und bezahlt seine Angestellten aus eigener Tasche, bis er nicht mehr kann, weil das Geschäft sich nicht wieder belebt und die Steuerbescheide trotzdem weiter eintreffen.

Nachdem er sämtliche Banken der Gegend abgeklappert hat, ohne die vom Staat versprochenen Hilfen zu erhalten, wird aus seinen Sorgen Verzweiflung. Und genau in diesem Moment bekommt er Besuch von einem vertrauenswürdigen Mann mit gepflegten Händen und gestärktem Hemdkragen, einem Mann, der in die italienische Tourismusbranche investieren will, und zwar im Auftrag einer Gesellschaft mit Sitz in

Luxemburg. Der unerwartete Besucher zeigt Gelindo Riva das Geld, erklärt ihm, wie das Unternehmen wieder hochgefahren werden kann, und bittet ihn dann, mit einer Minderheitsbeteiligung von dreißig Prozent in seine Gesellschaft einsteigen zu dürfen. Gelindo Riva akzeptiert, denn so kann er am Ruder seiner eigenen Firma bleiben und wieder Liquidität erwerben, die er dringend benötigt, um neu anzufangen.

Abends im Bett denkt er über diese Begegnung nach, die er als einen Segen empfindet. Jetzt kann er seinen Angestellten wieder in die Augen sehen, kann wieder vor den Bankschalter treten, aber nicht mehr, um zu betteln, wie in den vergangenen Monaten, beim verzweifelten Versuch, sein Geschäft zu retten, sondern, um Bargeld einzuzahlen. Doch der Tourismus will nicht wieder Fahrt aufnehmen, und die Fristen für die Steuernachzahlung werden nicht mehr lange verschoben. Also ruft Gelindo Riva den Mann mit den gepflegten Händen an, der die luxemburgische Investmentgesellschaft vertritt, und bittet ihn, im Austausch für mehr Liquidität Mehrheitsgesellschafter zu werden. Und so hat die N'drangheta, ohne einen Schuss abzugeben, ohne Drohungen, ohne gegen Gesetze oder Tabus zu verstoßen, den Betrieb von Gelindo Riva übernommen und ist sicher, dass sie nach und nach auch den Rest der Geschäftszweige in der Brianza in ihre Hand bekommen wird.

Corona ist nicht die Pest, die wahre Pest ist die wirtschaftliche, die soziale Pest, die diesen morschen Kapitalismus zerstört. Während alle darauf warteten, dass die staatlichen Institutionen den Banken Garantien gaben, dass die Politiker sich darauf einigten, wem sie Corona-Hilfen gewähren sollten, dass die Bürger unterstützt wurden, ist überall dort, wo der Staat wegen objektiver Probleme oder Unfähigkeit nicht hinkam, jemand anderes eingeschritten.

Versuch, dir auch das vorzustellen: In Rom gibt es ein Restaurant, das »Da Rosa« heißt, oder vielleicht »Da Mario«, »Da Ciccio«, »Da Romolo« oder »Il Colosseo«, »L'obelisco« oder »Il Santo« – aber es gibt auch ein Restaurant, nein, mehr als eins, wo die Angestellten schwarz arbeiten. In einem dieser Restaurants arbeitet Danilo, vierzig Jahre, ein Diplom als Technikgutachter, zwei Kinder und eine Mietwohnung in Parco Leonardo. Im Lockdown verliert Danilo seine Arbeit, und da er auf dem Papier nicht existiert, er ist kein angestellter Arbeiter, kann er nicht einmal mit Kurzarbeitergeld rechnen wie die Angestellten von Gelindo Riva.

Danilo hat von seinen Kollegen gehört, dass die Geldverleiher in der Stadt die Zinsen gesenkt haben, dass sie um diejenigen werben, die nicht länger auf die versprochenen finanziellen Hilfen der Regierung warten können.

»Wer weiß denn schon, wann diese Gelder ankommen«, denkt Danilo, »ich glaube schon lange nicht mehr an Versprechen.«

Die Nordeuropäer senken weiterhin den Daumen, den Italienern darf man kein Geld geben, sagen sie, denn man weiß ja, wie das in Italien läuft, alles landet bei der Mafia.

»Was für ein Scheiß!«, denkt Danilo. Als bräuchte die Mafia Geld von Europa, als hätten die Mafia-Organisationen nicht sowieso schon Geld, als wollten sie nicht bloß arme Teufel wie ihn aussaugen, Leute, denen Europa jetzt nicht helfen will und die genau darum gezwungen sind, sich anderswo Unterstützung zu holen. Als würde das Geld der Mafia nicht schon längst Oxford-Englisch sprechen oder nicht schon längst die Hudson Bay verstopfen. Als wäre die »Mafiasierung« des Kapitals nicht schon seit Langem ein Entwicklungsstadium in der Geschichte des Kapitalismus, als wäre die Mafia keine Krankheit, die Wirtschaft und Finanzen befällt, eine ansteckende Krankheit, die die Länder einander schon seit einiger Zeit weitergeben, so wie sie sich, ohne es zu wissen, monatelang das Virus weitergegeben haben. Genau das Gegenteil ist wahr, denkt Danilo, man darf die Körper nicht im Stich lassen, denn die Parasiten tötet man nicht ab, wenn man die Körper sterben lässt. So läuft das bei der Mafia nicht, die Mafiosi halten die Körper, von denen sie sich ernähren, am Leben, und wenn diese Körper zusammenzubrechen drohen, wenn sie glauben, sie können nicht mehr, heben die Mafiosi sie auf und ernähren sie, damit sie ihnen weiterhin nützlich sein können. Diese Art Parasiten bekämpft man nicht, indem man ihre Wirtskörper schwächt, so liefert man sie ihnen aus, man liefert ihnen alle aus, auch die, die geschworen hatten, sie würden sich nie und nimmer mit der Mafia einlassen!

Doch als seiner Familie langsam die Lebensmittel ausgehen, hört Danilo auf, Wucherzinsen zu fürchten, denn für ihn ist es schlimmer, dem enttäuschten Blick seiner Lieben zu begegnen, als dem bösen Blick desjenigen, der ihn bedroht. Und sich in die Hände eines Wucherers zu begeben, denkt Danilo, ist schließlich etwas anderes, als sich in die Hände der Mafia, der N'drangheta oder der Camorra zu begeben. Die lokalen Banden des Viertels haben immer darauf geachtet, eine Grenze zwischen sich und den Geldverleihern zu ziehen, denn die Wucherer sind unpopulär, und das organisierte Verbrechen möchte von den Gemeinden als Hilfe in der Not, als private Wohltätigkeitsorganisation wahrgenommen werden. Es stimmt zwar, dass die Geldverleiher sich für das Eintreiben der Schulden derselben Personen bedienen wie die Mafia und dass sie ohne deren Zustimmung keinen Schritt tun, aber Danilo möchte glauben, dass man mit den Geldverleihern keinen lebenslangen Pakt schließt, dass man, sind die Schulden einmal bezahlt, wieder frei ist und neu anfangen kann.

Sobald die Wirtschaft wieder auflebt, denkt Danilo, wird er jeden Sonntag arbeiten, nicht nur samstags, wie ohnehin schon, und dann wird er den Kredit, den er jetzt aufnehmen muss, nach und nach abbezahlen.

Danilo ist nicht auf der Straße aufgewachsen, aber er kennt die Szene, darum ist es seltsam, dass er vergessen hat, wie die Wucherer in Rom genannt werden. Sie heißen dort *cravattari*, weil sie dir, wenn du das Geld nicht zurückzahlst, eine Krawatte um den Hals schlingen und dann fest zuziehen, bis dein Gesicht blau anläuft, bis dein ganzer Körper anfängt, nach Luft zu suchen, bis die Poren sie suchen, die Augen, die Nase, der Mund, die Hände und die Leber.

Warum sollten die Wucherer dir sonst in vierundzwanzig Stunden das gewähren, was die Banken dir in vierundzwanzig Monaten nicht gewähren? Und warum ohne Garantie? Sogar dann, wenn die einzige Garantie, die du bieten kannst, die Tatsache ist, dass du deine Schulden nicht bezahlen können wirst?

Es stimmt nicht, dass der Geldverleiher keine Garantie verlangt. Die Garantie ist dein Leben, die Garantie ist dein zerschossenes Bein, die

Brandwunden an deinem Körper, die Vergewaltigung deiner Tochter, dein angezündetes Haus. Und damit nichts davon passiert, wirst du alles tun: die Verwandten um Hilfe bitten, dein Auto zu Geld machen, dein Haus verkaufen. Du wirst verkaufen, betrügen, stehlen, vielleicht sogar morden. Doch vielleicht geht es für dich gut aus, und du bist der »Glückliche«, dem sie vorschlagen, deine Schulden zu bezahlen, indem du den Strohmann für sie machst. Dann überschreiben sie dir Häuser und Gesellschaften, die dir nicht gehören, oder du sollst einem, dessen Wahlkampf sie organisieren, viele Stimmen bringen.

Ja, aber wenn du nicht der Glückliche bist? Wenn etwas schiefläuft?

Viele Fragen kannst du dir allerdings nicht mehr stellen, wenn du von Schulden zermalmt wirst, wie Danilo. Wenn du deinen Job verlierst, weißt du genau, dass es böse enden wird für dich, und dann schreckst du vor nichts mehr zurück, auch vor den Wucherzinsen nicht.

Also beschließt Danilo nach einer schlaflosen Nacht, die *cravattari* um einen Kredit zu bitten.

Als der Lockdown beendet ist, kehrt er ins Restaurant »Da Rosa« zurück, in der Hoffnung, mehr zu arbeiten, um seine Schulden zurückzahlen zu können. Inzwischen gehen die Leute wieder auswärts essen, aber an seinem Platz im Restaurant arbeitet jetzt die Tochter von Rosa, die in London studierte und sich ihren Lebensunterhalt mit einem prekären, aber gut bezahlten Job verdiente. Wegen der Pandemie hat Rosas Tochter ihre Arbeit verloren und ist nach Rom ins Restaurant ihrer Mutter zurückgekommen. Das versteht Danilo, denn er hätte es genauso gemacht, auch er hätte seiner Tochter Arbeit verschafft, doch wenn er nach Hause, zu seinen eigenen Kindern zurückkommt, kann er es ihnen nicht erklären, denn sie sind zu klein, um zu verstehen, was Rosas Tochter passiert ist.

Die Angst ist jetzt seine Lebensgefährtin, sie erwartet ihn jeden Abend, wenn er nach Hause kommt, nachdem er auf der Suche nach einer Anstellung kreuz und quer durch die Stadt gelaufen ist. Sie bindet ihm jeden Morgen die Schuhe zu, während er daran denkt, wann er im Treppenhaus dem Vermieter begegnen wird, der jeden Morgen wegen der Miete vor der Tür steht. Die Angst erwartet ihn, wenn er zum Abendessen heimkehrt, sie hilft ihm, die Einkaufstüten zu tragen, die immer weniger enthalten. Jeden Morgen verlässt Danilo das Haus, er tut so, als ginge er zur Arbeit, stattdessen sucht er fieberhaft Stellenanzeigen, fragt bei Bekannten, ruft Freunde an, kommt immer wieder in die Bar und ins Restaurant unten im Haus, um zu fragen, ob sie etwas für ihn haben. Keiner will ihn, keiner ruft an. Es ist immer dieselbe Leier: Die Gaststätten sind in Schwierigkeiten, viele haben schon dichtgemacht, die, die noch nicht schließen, können ihre Angestellten mit Müh und Not behalten. In den Nachrichten, im Radio, im Fernsehen sagen sie, es gebe durchaus eine Nachfrage nach Arbeitskräften, und das macht ihn noch wütender, denn die Arbeitsplätze, von denen die Fernsehnachrichten sprechen, sieht er nicht, vielleicht sind sie weit weg, und ihm hilft ohnehin niemand, diese Arbeitgeber zu kontaktieren. Die Tage vergehen, es findet sich keine Arbeit, das Telefon bleibt stumm. Schon spürt Danilo den Druck der Krawatte um seinen Hals, dabei trägt er keine, schon spürt er, dass ihm die Luft ausgeht, dass sein Atem Stunde um Stunde flacher wird. Genau das wollen die *cravattari*, er soll ihren Atem im Nacken spüren.

Am Monatsende stehen sie tatsächlich vor der Tür. Sie versetzen ihm zwei heftige Stöße und geben ihm noch sieben Tage Sauerstoff. Die Woche vergeht, sie kommen zurück, und als er ihnen nichts geben kann, schleifen sie ihn in eine Gasse und verprügeln ihn.

Danilo steht wieder auf, säubert sich, geht schwankend zurück, bleibt aber nicht vor seinem Haus stehen. Er geht weiter, bis zu einer Baustelle um die Ecke, wo gerade ein Haus gebaut wird. Er geht hinauf in den zweiten Stock, hängt das Seil, das er gerade gekauft hat, an einen Metallhaken, der aus einem Zementpfeiler ragt, schlingt es sich um den Hals und springt ins Leere.

Während er, noch bei Bewusstsein, baumelt, suchen seine Poren nach Luft, die Augen suchen sie, die Nase sucht sie, der Mund, die Hände und die Leber. Dann sein letzter Schrei.

**SCHREI, WENN DU FÜHLST,
DASS SIE DIR DIE LUFT ZUM ATMEN NEHMEN.**

Das Motto dieses Kapitels stammt aus dem Artikel von Verna Yiu, »If China Valued Free Speech, There would Be No Coronavirus Crisis«, in: *The Guardian*, 8. Februar 2020, https://theguardian.com/world/2020/feb/08/if-china-valued-free-speech-there-would-be-no-coronavirus-crisis.
Von Verna Yiu siehe auch: »Fates of Coronavirus, SARS Doctors Shift Focus to China Rights«, in: *Voice of America*, 12. Februar 2020.

Zu Hitlers Schnurrbart siehe: Rich Cohen, »Becoming Adolf«, in: *Vanity Fair*, 9. Oktober 2007, https://www.vanityfair.com/news/2007/11/cohen200711.

Zum Syrien-Problem und Assad siehe: Carla Del Ponte, *Im Namen der Opfer. Das Versagen der UN und der internationalen Politik in Syrien*, Altendorf 2018, und: Sam Dagher, *Assad or We Burn the Country. How One Family's Lust for Power Destroyed Syria*, New York 2019.

Zu den Gasangriffen in Ghouta siehe die Reportage von Human Rights Watch, *Attacks on Ghuta. Analysis of Alleged Use of Chemical Weapons in Syria*, 2013. https://www.hrw.org/sites/default/files/reports/syria_cw0913_web_1.pdf.

Den Schrei des kleinen Mädchens, das von seinem Vater in einem Keller in Ghouta gefilmt wurde, kann man hier hören: https://www.youtube.com/watch?v=rHHgEDOxtYk.

Zum Mord an George Floyd: https://www.bbc.com/news/world-us-canada-52861726 und https://www.youtube.com/watch?v=VhwxGzYU2ts.

ÜBERGABE

Lieber Roberto, Schüler am Diaz-Gymnasium, der du gerade aus dem Schultor kommst, mit deinen langen, rotblonden Haaren – wo zum Teufel sind sie hin, diese Haare? –, dem nervösen Gang, dem Leben eines Anarchisten, willst du dich wirklich nicht umdrehen? Du willst wirklich nicht stehen bleiben, ja? Du willst nicht hören, was ich dir zu sagen habe?

Nein. Du willst nicht. Wenn du dich umdrehst, würdest du mich vielleicht nicht mal erkennen, dich in den Zügen des Mannes nicht wiedererkennen, der heute vor dir steht. Nein, hinter dir. Und vor allem würdest du niemals glauben können, was ich dir zu sagen habe.

Der Schmerz ist unsagbar, das wissen alle, die davongekommen sind, doch ihre größte Angst ist, dass man ihnen nicht glaubt. Denn den Schmerz schüttelt man mit der Zeit von sich ab, aber dass einem nicht geglaubt wird, ist eine Strafe, die man niemals verbüßt hat.

Na gut, dann geh doch, wenn es das ist, was du willst, halte ich dich nicht auf, verfolg deinen Traum bis ans Ende. Geh ruhig nach Neapel, davon träumst du doch, oder? Nimm dir ein Zimmer, eine Studentenbude in den Quartieri Spagnoli, dann stell ein Bett rein, wahrscheinlich durchgelegen, leg viele Wolldecken drauf, so sparst du die elektrische Heizung, die zu viel kostet.

Häng ein Poster von deinem Majakowski an die Wand und das Filmplakat vom »Camorrista«, ich kann dich nicht aufhalten, denn du willst diese Dinge ja unbedingt sagen, du lebst in der Illusion, die Realität verändern zu können. »Die revolutionäre Kraft einer Buchseite!«, »Die Macht des Wortes!«, wie oft habe ich dich das sagen hören.

Dann geh, hol dir einen Schreibtisch vom Sperrmüll, stell einen Computer drauf und schieb das Ding vors Fenster, dann schreibst du live – das wolltest du doch, oder? – und mittendrin in der Realität, die du in Worte fasst.

Geh, ich kann nichts mehr für dich tun. Was soll ich dir sagen? Dir wird ja sogar der potthässliche Schrank in diesem möblierten Zimmer schön vorkommen, und auch die ausgeblichenen Tapeten, den bröckelnden Putz wirst du bedeutsam finden. Dann geh doch, ich halte dich nicht auf, kauf dir die schwarze Vespa, flitz wie besengt hierhin und dahin, verbohr dich in den Spruch, den du dir selbst als Arbeitsprogramm ausgesucht hast, in das du dich flüchtest: »Du musst nicht hingehen, dir die Dinge anzusehen, die Dinge müssen dich sehen.« Denn du willst ja unbedingt dahin gehen, wo sie passieren, du willst das Adrenalin spüren, denn »wenn die Dinge dich sehen, verändern sie dich. Wenn du aber die Dinge siehst, bist du derjenige, der sie verändert.« Na los, Superman, geh.

Aber pass auf, denn deine Gewissheit, ein Land verändern zu können, das ein einziger Widerspruch ist, droht zu scheitern! Du hast dir doch nicht etwa in den Kopf gesetzt, dass es leicht wird? Ach ja, natürlich, ich erinnere mich, du sagst ja auch immer: »In dem Land geboren zu sein, das man verändern will, das ist die Kraft!« »Das ist der Vorteil!«

Was für ein Vorteil ist das? Natürlich erinnere ich mich, aber ich möchte es von dir hören, um zu sehen, ob du wirklich immer noch daran glaubst: »Der Vorteil ist, sich bewusst zu sein, dass man für die anderen zu den Letzten gehört, während man selbst sicher weiß, gerade darum unter den Ersten zu sein, den Besten in Überlebenstüchtigkeit und Anpassungsfähigkeit.«

Na, dann geh, was hält dich zurück? Folge deiner Obsession, geh, und dann schrei auf, schrei, dass man die Camorra überleben muss, schrei, dass dieses System alles beherrscht, dass es große Hände hat, die alles wegfegen können.

Geh, aber vergiss nicht: Was du erzählen wirst, ist für den, der es von außen betrachtet, so ungeheuerlich, dass viele, zu viele dir nicht glauben werden. Im Angesicht des Abgrunds lautet die Reaktion immer: »Das ist nicht wahr.«

Und die anderen? Die mittendrin leben? Die wissen, dass es wahr ist? Werden auch sie den Mut haben, zu sagen, dass es nicht wahr ist? Nein, sie werden dir sagen, man wisse das alles schon, du hast nichts Neues entdeckt. Und sie werden dir auch sagen: »Wer hat dich denn dazu gezwungen?«, »Kümmere dich um deine eigenen Angelegenheiten, dann lebst du hundert Jahre.«

Du aber, Schüler am Diaz, glaub ihnen nicht, wenn sie sagen: »Es ändert sich sowieso nichts«, »Für wen hältst du dich eigentlich?«, »Es ist besser, wenn du an deinem Platz bleibst«. Und lass dich nicht von denen einschüchtern, die alles leugnen werden, denn so ist es, sie werden es leugnen. In den lybischen Lagern haben sie Frauen und Kinder gefoltert: »Das ist nicht wahr.« Die Mafia zerstört die gesunde Wirtschaft der ganzen Welt: »Das ist nicht wahr.« Der Planet Erde stirbt: »Das ist nicht wahr.« Angesichts so großer Starrköpfigkeit wird dir oft der Satz von Leopardi einfallen: »Die Menschen hassen nie so sehr den, der Böses tut, noch das Böse selbst, wie den, der es beim Namen nennt.« Und du?

Was tust du angesichts dieser Tatsache?

Wie bitte? Du bleibst neutral?

Neutralität gibt es nicht, denn der Neutrale ist der Komplize!

Du hast von dem Arzt gehört, der auf das Coronavirus in Wuhan hinwies? Von den Menschen, die wegen der Pest in Neapel und Mailand Alarm schlugen? Und denen, die im 19. Jahrhundert vor der Cholera warnten? Sie alle haben das gleiche Schicksal erlitten, sie wurden isoliert und bestraft.

Denn immer denkt man: »Vernichte sie, und die Krankheit ist vernichtet.« Beseitige den, der »Feuer!« ruft, und das Feuer ist gelöscht.

Die erste instinktive Reaktion ist bei allen gleich, und wenn du das leugnest, bist du nicht ehrlich. Wenn der Wecker läutet, werfe ich etwas auf ihn, und wenn ich nichts zum Werfen habe, versetze ich ihm einen Tritt. Der Wecker hört auf zu läuten, und ich schlafe weiter.

Ein Sprichwort sagt: »Den Boten trifft keine Schuld«. Mir kam ein

Verdacht, also habe ich den Ursprung des Sprichworts gesucht und herausgefunden, dass genau das in der Antike passierte: Ein Bote, der schlechte Nachrichten überbrachte, wurde getötet. So geschah es 491 v. Chr. den persischen Boten des Darius, die nach Sparta und Athen geschickt wurden, und 438 v. Chr. den zu Phidias geschickten Boten aus Rom. Die Liste ist lang. Schließlich war man gezwungen, den Boten einen Schutzbrief mitzugeben, damit sie am Leben blieben, weil schon das Anhören der schlechten Nachricht bei den Adressaten den Impuls auslöste, ihre Überbringer zu töten. So war es damals, so ist es heute. Das war der Impuls, das war die Antwort.

Die Regung des Ärgers und der Ablehnung, die spontan ausgelöst wird von dem, was uns verletzt und in Aufregung versetzt, ist ein menschlicher Impuls, ebenjener, den Leopardi bedauert: die schlechte Nachricht mit ihrem Überbringer zu identifizieren.

Du aber gib nicht nach. Widersteh dem Impuls, den zu überwältigen oder zu entfernen, der das Böse beim Namen nennt. Beschäftige dich mit dem Bösen, untersuch es, um Lösungen zu finden. Und fall auch nicht auf die Lüge herein, dass die Welt nur böse ist. Ja, ich sehe nicht mehr viel Hoffnung. Vielleicht bist gerade du die letzte Hoffnung, du, der jetzt an meiner Stelle im Diaz auf der Schulbank sitzt, du, der noch fast alles beschließen muss, du, der wählen muss, welcher Seite der Welt er glauben soll, du, der entscheiden muss, wie weit er im Schatten bleiben und wie weit er auf der Suche nach Licht gehen will. Vor allem musst du entscheiden, was du im Dunkeln lässt und was du ans Licht bringst. Wie auch immer deine Entscheidung ausfällt, das Wichtigste ist, dass du eine Entscheidung triffst, dass du immer eine Entscheidung triffst. Dass du immer entscheidest, auf welcher Seite du stehen willst. Partei zu nehmen, bedeutet nicht, parteiisch zu sein, im Gegenteil, es bedeutet, sich zur Verkörperung einer Weltsicht zu machen. Heute lehren uns die Politiker nicht mehr, Partei zu ergreifen, wie noch während meiner Schulzeit. Heute zielt die Politik nicht mehr darauf ab, die Wähler zu motivieren, »die eigene Seite zu wählen«, stattdessen will sie verhindern, dass die anderen die gegnerische Seite wählen, verhindern, dass die, die nicht auf ihrer Seite stehen, überhaupt wählen gehen. Heute versuchen die als erfolgreich geltenden Imageberater, die politischen Berater, die Experten für Kommunikation nicht einmal mehr, die Menschen zum Wählen zu bewegen. Sie wissen, dass Gleichgültigkeit ihr mächtigster Verbündeter ist. Sie investieren auch nicht mehr in Propaganda, wie Goebbels im 20. Jahrhundert. Oft sucht die Politik nicht einmal mehr nach Argumenten. Und das aus einem einfachen Grund: Du kannst nur versuchen, die anderen zu überzeugen, wenn du Ideen hast, wenn du an etwas glaubst. Glaubst du aber in Wirklichkeit an gar nichts, bleibt dir nur, Hass zu schüren, um einzig und allein dein eigenes Interesse durchzusetzen. Genau das wollen sie dir sogar einreden, dass das Eigeninteresse die letzte verbliebene Wahrheit ist. Und wenn einer dir sagt, das sei nicht wahr, das Eigeninteresse sei nicht der Antrieb der Welt, dann belügt er dich – behaupten sie. Wer sagt, er kämpfe für die Rechte aller, einschließlich der seiner Feinde, ist garantiert ein Schlitzohr, einer, der daran verdient. Nur der, der zugibt, für seinen eigenen Nutzen zu agieren, wird als ehrliche Haut wahrgenommen, als einer, der es verdient hat, dass man ihn wählt.

Wenn jemand dir sagt, er habe die Absicht, dich zu verarschen, ja, dann glaubst du ihm, denn vielleicht stimmt es gar nicht, aber sicher ist, dass du nichts Schlimmeres von ihm zu erwarten hast. Und wenn er dich dann wirklich verarscht, hast du den Beweis für seine Ehrlichkeit – immerhin hat er dich gewarnt, er hat nicht gelogen. Eine Art umgekehrtes Eheversprechen: »Ich gelobe, dass ich dir immer untreu sein werde, in guten wie vor allem in schlechten Tagen.« Verdient ein so aufrichtiger Partner etwa nicht, geheiratet zu werden? Was nützt es, denen zu folgen, die sich für Rechte aufopfern, die doch niemals durchgesetzt werden? Denen, die dich als Kämpfer für aussichtslose Sachen anwerben wollen? Nein, der Politiker, der dir gefallen soll, ist einer, der seine Karten sofort auf den Tisch legt, der sofort sagt, dass er nichts für deine Rechte und die Rechte derer unternehmen wird, die schlechter dran sind als du. Der sich darauf beschränkt, Lotterielose zu verschenken: Einer wird gewinnen, alle anderen bleiben zurück, werden vielleicht krepieren – na und? Das Leben ist ein Glücksspiel, es gibt immer einen, der am Ende die Zeche zahlt, und umso besser, wenn du es nicht bist. Wenn du nicht der bist, den das Schicksal zwingt, für alle zu zahlen, dann darfst du hoffen, die richtigen Zahlen für den Jackpot in der Tasche zu haben. Sollen die anderen doch zum Teufel gehen.

Es gibt keine Verdienste mehr, keine Inhalte, rein gar nichts. Und die Schlammschlacht funktioniert heute andersherum: Sie diskreditieren dich nicht, um, wie früher, zu beweisen, dass sie »die Ehrlichen«, »die Tüchtigen« sind. Es geht ihnen nicht mehr darum, zu sagen »Wir tun das Richtige« und »Ihr tut das Falsche«. Sie wollen sagen, dass wir alle korrupt und unehrlich sind. Ja, das ist die letzte verbleibende Wahrheit: Wir sind alle gleich, also Verarscher oder Anwärter auf diesen Job.

Den Sinn des Ganzen, lieber Schüler am Diaz, habe ich nicht gefunden.

Der Tod ist dumm, wie das Leben. Zufällig. Wir werden geboren, weil zwei Menschen uns an einem trägen Nachmittag gezeugt haben. Wir sterben an einem Virus, das uns urplötzlich infiziert. Das würde genügen, um ihnen im Grunde recht zu geben.

Viele lehren die Bosheit als Mittel, um sich überlegen zu zeigen, um zu behaupten, dass man alles verstanden hat, denn zu sagen, dass wir alle korrupt sind und alle dem Abgrund entgegenrennen, ist sowieso nie verkehrt.

Pessimismus aber, und ich bin der Erste, der ständig vom Pessimismus in Versuchung geführt wird, ist ein Laster. Mach nicht den Fehler, ihn mit einer Tugend zu verwechseln. Und das sage ich dir nicht, weil ich Hoffnung habe. Die Hoffnung dieses Roberto von damals – des Schülers am Diaz – ist mittlerweile für immer verloren. Doch auf dem Weg, den ich gegangen bin, habe ich mich nur im Kampf als Mann gefühlt, nur im Kampf habe ich ein tiefes Gefühl der Zugehörigkeit zur Menschheit empfunden.

Hör mich an, füll die Leere, die du fühlst, mit Kenntnissen, denn Kenntnisse zeigen immer einen besseren Weg als den, der im Bauch, in der Wut entsteht. Das ist ein Strudel, der dich früher oder später verschlingt, nachdem er ordentlich an dir genagt hat.

»Denn wo viel Weisheit ist, da ist viel Grämens; und wer viel lernt, der muss viel leiden«, sagt die Bibel. Ich sage dir: Wo viel Weisheit ist, da gibt es umso mehr Möglichkeiten, das Leiden zu verstehen. Die Geschichten, die ich dir erzählt habe, helfen dabei, sie schärfen deinen Blick, lassen dich das Leiden besser verstehen, statt dich von ihm lähmen zu lassen. Ich weiß, dass Geschichten vom Leiden sofort Fragen wecken. Wem nützt es? Lohnt sich das Kämpfen in einer so verkehrten Welt?

Doch zu wissen, wo Ungerechtigkeit ihren Ursprung hat, hilft uns, sie zu verstehen. Und das Verstehen macht unseren Schutzschild breiter, vermehrt unsere Muskelmasse, verbessert unsere Konstitution, füllt die Lücken in unserer Herde, zeigt uns die Richtung, macht uns listig, lässt uns die Gefahr, die Falle vorhersehen. Die Ungerechtigkeit zu sehen, stärkt unsere Widerstandskraft.

Siehe da, du bist ja doch stehen geblieben, du drehst dich um. Endlich hast du mich gehört!

Aber jetzt will ich nicht mehr, dass du mir begegnest, ich drehe dir den Rücken zu, ich bin derjenige, der weggeht.

Alles, was ich dir geben konnte, ist in diesem Buch enthalten, in seinen Worten. In meinen Worten.

In den Worten eines Menschen, der verstanden hat, dass das Glück entweder allen gemeinsam ist oder nicht ist, dass Wohlstand entweder allen gehört oder nicht ist, dass die Freiheit entweder die Freiheit aller ist oder nicht ist.

SCHREI, DASS ES SICH UNTER DIESEN UMSTÄNDEN NICHT ZU LEBEN LOHNT, SCHREI, DASS SICH ALLES ÄNDERN MUSS!

Zum Negationismus und der Neigung zum Verdrängen in Zeiten von Epidemien siehe vor allem das Kapitel XXXI der *Brautleute* von Alessandro Manzoni. Aber auch:

Frank M. Snowden, *Naples in the Time of Cholera, 1884–1911*, New Haven 1965.

Ders., *Epidemics and Society: From the Black Death to the Present*, New Haven 2020.

SCHREI

Schrei, wenn man dich zur Vereinfachung zwingt.

Schrei, dass du von dem lernst, der anders denkt als du.

Schrei, dass das Vaterland anzuklagen nicht bedeutet,
es in Misskredit zu bringen!

Schrei, wenn – auch bei dir – die Gewissheit siegt,
dass sich nichts ändern wird.

Schrei, dass jeder das Recht auf seinen intimen Raum hat.

Schrei, dass du nicht zum bewaffneten Milizsoldaten
eines Krieges gemacht werden willst.

Schrei, dass es niemals nur Worte waren.

Schrei, dass das Wort dem Feuer standhält.

Schrei, wenn sie intelligente Techniken benutzen,
um die Wahrheit zu verdunkeln.

Schrei, wenn die Menschen guten Willens in den Dreck
gezogen werden, wenn man die Helden verspottet.

Schrei, wenn sie die Dichter töten.

Schrei, dass du die Quelle jeder Nachricht suchen wirst.

Schrei, dass du eine Idee nicht nur glauben wirst,
weil sie dich beruhigt.

Schrei, dass sie beurteilen sollen, was du tust, nicht, was du bist.
Schrei, dass du auf jeden Fall immer verteidigen wirst, was du bist.

Schrei, dass man dein Land nicht kaufen kann.

Schrei, dass die Politik dich nicht streicheln darf,
dass sie dir nicht sagen darf: Du bist gut, die anderen sind böse!

Schrei, dass kein Auslöser die Bewegung anhalten darf.

Schrei, wenn sie sich der Eidechse entgegenstellen und sagen,
sie hätten sich dem Drachen gestellt.

Schrei, dass du nicht zum Asket werden musst,
um zu kämpfen.

Schrei, dass du nicht schlafen kannst, wenn andere nicht schlafen,
dass du nicht essen kannst, wenn andere nicht essen,
dass du nicht gesund werden kannst, wenn andere nicht
gesund werden, dass du nicht lieben kannst,
wenn andere nicht lieben dürfen.

Schrei, dass du niemals sagen wirst: »Selbst schuld!«

Schrei, wenn sie dich in Klassifizierungen zwängen,
wenn sie dich einschließen wollen in einer Zahl,
in einem Glaubensbekenntnis, in einem Körper, in einer Farbe.

Schrei, wenn sie versuchen, uns gegeneinander aufzuhetzen.

Schrei, dass Listen Brandzeichen sind
und dass du niemanden brandmarken willst.
Schrei, dass es nicht stimmt,
dass das Böse immer authentisch ist und das Gute nie.
Schrei, dass es das Gute gibt, kostenlos und uneigennützig,
und dass du es um jeden Preis verteidigen wirst.

Schrei, wenn inmitten der Stille ringsumher
ein Leben zu Boden fällt.

Schrei, dass die Lüge tötet.

Schrei, dass das Feuer dich überall erreichen wird,
wenn du den brennenden Wald nicht rettest.

Schrei, dass man auf einem verminten Gelände nicht tanzen kann,
dass man auf der Lava eines Vulkans nicht Tee trinken kann,
dass du kein Sonnenbad auf einer Plastikinsel nimmst.

Schrei, wenn sie Kinder zum Schweigen bringen.

Schrei, wenn du fühlst, dass sie dir die Luft
zum Atmen nehmen.

Schrei, dass es sich unter diesen Umständen
nicht zu leben lohnt.
Schrei, dass sich alles ändern muss!

TEXTNACHWEISE DER MOTTOS

Ray Bradbury, *I Sing the Body Electric. And Other Stories*, William Morrow Paperbacks 1998.

Carl Schmitt, *Der Begriff des Politischen*, Text von 1932 mit einem Vorwort und drei Corollarien, © 2015 Duncker & Humblot GmbH, Berlin.

Sylvia Plath, *Ariel. Gedichte*, übertragen von Erich Fried, © Copyright by Ted Hughes, © Suhrkamp Verlag, Frankfurt am Main 1974.

Virginia Woolf, *Die Wellen*, aus dem Englischen von Maria Bosse-Sporleder, © S. Fischer Verlag GmbH, Frankfurt am Main 1991.

Ahmet Altan, *Ich werde die Welt nie wiedersehen. Texte aus dem Gefängnis*, übersetzt von Ute Birgi-Knellessen, Fischer 2018.

Nadeschda Mandelstam, *Erinnerungen an das Jahrhundert der Wölfe*, aus dem Russischen von Ursula Keller, Die Andere Bibliothek, © Aufbau Verlage GmbH & Co. KG, Berlin 2020.

Anna Achmatowa, *Im Spiegelland. Ausgewählte Gedichte*, aus dem Russischen von Alfred-Edgar Thoss, Piper, München 1994.

José Saramago, *Das Tagebuch*, aus dem Portugiesischen von Marianne Gareis und Karin von Schweder-Schreiner, Hoffmann und Campe, Hamburg 2010.

Daphne Caruana Galizia, *Sag die Wahrheit, auch wenn deine Stimme zittert. Die Aufzeichnungen der ermordeten maltesischen Journalistin*, aus dem Englischen von Hans Freundl, aus dem Italienischen von Walter Kögler, Orell Füssli Verlag 2020.

Romain Gary, *Du hast das Leben vor dir*, © 2017 Edition Blau im Rotpunktverlag, Zürich.

Iris Murdoch, *The Message to the Planet*, Penguin 1989.

Eugenio Montale, *Die Geschichte II*, aus dem Italienischen von Michael von Killisch-Horn, in: Joachim Sartorius, *Niemals eine Atempause. Handbuch der politischen Poesie im 20. Jahrhundert*, KiWi, Köln 2014.

Peter Brook, in: Jan Kott, *Shakespeare heute*, mit einem Vorwort von Peter Brook, aus dem Polnischen von Peter Lachmann, Alexander Verlag, Berlin 2013.

Guido Piovene, *18mal Italien*, aus dem Italienischen von Herbert Schlüter, Piper, München 1968.

Ein packender
Gesellschaftsroman
über eine Generation
ohne Zukunft

ALLE LIEFERBAREN TITEL, INFORMATIONEN UND SPECIALS
FINDEN SIE ONLINE

www.dtv.de **dtv**

»Ein starkes Plädoyer!«

Martin Schulze, *F.A.Z.*

Ü.: Andreas Wirthensohn. 448 Seiten mit Karten und Register. Gebunden

Timothy Garton Ash ist leidenschaftlicher Europäer. Schon vor 1989 wollte er sich nicht mit der Teilung des Kontinents abfinden, bis zuletzt kämpfte er gegen den Brexit. Nun schreibt er seine ganz persönliche Geschichte Europas, die 1945 mit der Stationierung seines Vaters als Besatzungssoldat in Deutschland beginnt. Er erzählt von Freunden wie Václav Havel, erinnert sich an den Mauerfall, berichtet vom Jugoslawienkrieg, der Eurokrise und dem Flüchtlingsdrama und liefert eine scharfe, eindringliche Analyse der neuesten europäischen Geschichte. Der Angriff auf die Ukraine zeigt, wie dringend wir einen freien und geeinten Kontinent brauchen – niemand verkörpert diese Idee überzeugender als Timothy Garton Ash.

hanser-literaturverlage.de

HANSER